金融ビジネスモデルの変遷

明治から高度成長期まで

編　粕谷　誠
　　伊藤正直
　　齋藤　憲

日本経済評論社

はしがき

　本書は、地方金融史研究会に属する有志が組織した金融のビジネスモデルに関する研究会の成果の一部を取りまとめたものである。地方金融史研究会は、戦間期の金融危機に関する研究会を組織し、その成果を石井寛治・杉山和雄編『金融危機と地方銀行──戦間期の分析──』（東京大学出版会、2001年）として取りまとめた。このプロジェクトを通じて、証券業務への関与の度合や自己資本の充実度合などが、銀行が危機に陥る要因として大きくかかわっていること、および危機に際して破綻するか、生き残るかに大きく影響していることが改めて意識され、日本の銀行をより広い金融ビジネスのあり方の中に位置付ける必要があるのではないか、ということで、上記の研究会が組織されたのであった。以上の経緯から、地方銀行を軸とした分析になっているが、戦前の地方所在の銀行は、戦後の規制体系に縛られた地方銀行と異なり、多様性を含んでいることを、都市銀行や不動産銀行（農工銀行）、あるいはアメリカの事例と対比して明らかにしたつもりである。以下、本書の内容を紹介しておこう。

　「第1章　日本における金融ビジネスモデルの変遷（粕谷誠）」は序論であり、金融業におけるビジネスモデルが、（保険を除けば）銀行、投資銀行、ブローカーという3つの類型に分けられ、実際の金融機関はこれらを兼営することもあるが、その広がりはさまざまであるとしたうえで、明治から金融自由化までのビジネスモデルがいかに展開したのかを、規制体系とかかわらせて概観している。

　「第2章　明治期における安田銀行のビジネスモデル（迎由理男）」は、のちに五大銀行のひとつとなる安田銀行について考察し、1886年にそれまで主たる資金源であった官公預金を失うと、日本銀行等からの借入金によって資金不足を補填しつつ、有価証券投資（1892年まで）と貸出を拡大したこと、本店のみならず、それまで消極的であった地方支店でも、近代的な製造業のほか、製糸

業やさらには他の銀行への融資も拡大していったことなどを一次史料にもとづいて明らかにしている。

「第3章　金融危機と銀行経営——1910年代前半の広島県・山口県の事例を中心に——（高嶋雅明）」は、1910年代前半に金融恐慌に見舞われた広島県・山口県の銀行を事例として、金融恐慌への耐性には、自己資本が大きく影響していること、金融恐慌後の整理では、東京や大阪所在の大銀行による救済とそれにともなう系列化と地元の実業家による経営のてこ入れという2つの再建パターンがあったと主張している。

「第4章　三十四銀行の経営者と経営実態（齊藤壽彦）」は、大阪の有力銀行で、1933年に鴻池銀行・山口銀行と合併して三和銀行となった三十四銀行の経営者が、サウンドバンキングを志向しながら、商業銀行主義に徹せず、工業金融（設備融資）を行ったこと、しかし工業金融をおこなう際には、自己資本を充実し、一定金額を限って実施するという堅実性を備えており、これがサウンドバンキングを志向する経営者の方針から導き出されていたことを明らかにしている。

「第5章　『ハイリスク選好型』銀行ビジネスモデルの掉尾（小川功）」は、1922年末に破綻した日本積善銀行が、支店や実質的な本店であった大阪支店でほとんど貸出しを行わず、経営者である高倉為三が株式などの自己売買に運用する投資ファンドに近いものでありながら、その資金の調達先は、零細な預金者であり、運用の実態は全く知らされていないという「虚構ビジネスモデル」であり、預金者には預金がほとんど払い戻されなかったことを詳細に実証している。

「第6章　両替商系銀行における破綻モデル（石井寛治）」は、両替商を出自とする諸銀行が、預金獲得に熱心で自己資本比率が低く、割引手形業務が多く、預貸率が高く、かわりに証券保有が少なく、預証率が低いという商業銀行的な性格を持っていたことを確認したうえで、加島銀行と中井銀行が、系列企業へ融資を集中させて破綻するという機関銀行的性格が希薄だったにもかかわらず金融恐慌に際して破綻した要因として、経営陣が融資先の審査を怠り、かつ自

己資本の充実を怠るという経営行動をとったことを指摘し、これが両替商系の商業銀行が破綻するモデルであると結んでいる。

「第7章　第八十五銀行の金融ビジネスモデル――1900～1935年――（邉英治）」は、埼玉県川越市を本店とする中規模銀行である第八十五銀行について、同行が有価証券所有を戦間期に増加させ、貸出の担保も安全な資産を低い掛け目で取るなど安全性を志向していたことに加えて、支店監督を強化し、重役会の合議体制を強化するなど、ガバナンスの改革も行っていたことが、金融危機の戦間期を乗り越えて存続できた要因であり、そうであるから、地元への貸出も行えて、地元に貢献できたのであるとしている。

「第8章　名古屋有力3行のビジネスモデル――1920～1930年の有価証券所有を中心として――（西村はつ）」は、戦間期における愛知県所在銀行の有価証券所有について、有力銀行であった愛知銀行・名古屋銀行・明治銀行を中心に考察し、不況に際会した当時の銀行は一般に有価証券所有を増やす傾向にあり、3行の中では愛知銀行が最も有価証券所有に積極的で、それに名古屋銀行が次いでいたが、第一次大戦後の恐慌で打撃を受けた明治銀行は資金調達コストが高く、低い利回りの有価証券に投資することが出来ず、リスクの高い貸出を中心にし、昭和恐慌で打撃を受けたことを明らかにしている。

「第9章　不動産銀行の『不動産金融ビジネス』の特質と意義――東京府農工銀行を素材にして――（植田欣次）」は、債券を発行して不動産関連貸出を行うという戦後にはみられないビジネスモデルをとった日本勧業銀行と府県の農工銀行のうち、東京府農工銀行を事例として、そのビジネスモデルについて考察している。日本勧業銀行に合併される直前の1936年に東京府農工銀行は、巨額の不良貸出を抱えていたが、東京府が出資するという特殊銀行であったためか、普通銀行の破綻があいつだにもかかわらず、同行の信用は揺るがず、低利で債券を発行することが可能で、利鞘を十分に確保し、自己資本を充実していくことが可能であったことを明らかにしている。同行は景気が回復し、不動産価格が上昇したときに、担保物件を売却して回収することを考えていた。

「第10章　戦後改革期の地方銀行――『考課状分析』を素材として――（伊

藤正直）」は、高度成長期の地方銀行のビジネスモデルを、アンダーローン（預金額が貸出額を超える）でコールローンのローンポジションであり、かつサウンドバンキング、と捉えたうえで、この特徴がいつ成立するのかという問題意識から、地方銀行の財務諸表を分析した結果、高度成長直前の1954年には、上位地方銀行の一部しか、上記のビジネスモデルに該当していないことを明らかにしている。

「第11章　地域開発と金融ビジネスモデル（池上和夫）」では、高度成長期の山梨県を対象として、県の財政力が弱く、国庫補助金に依存する割合の高い地域（これが後進地域の財政上の特徴となる）において、政府資金が公金を取り扱う地方銀行（山梨中央銀行）に収納された場合、1963年の地方自治法の改正により、金庫制度から指定金融機関制度（預金制度）に変更されたことにより、収納金を預金として運用することが可能となり、メリットが増加したことが、地方債（県債や市債など）を購入することを可能とし、地方銀行と地方政府の強い結びつきを形成したことを明らかにしている。

「第12章　インサイダー・レンディング再考――産業革命期米国ニュー・イングランド地方の銀行と産業金融――（黒羽雅子）」は、19世紀初頭のニュー・イングランド地域で盛んであったというインサイダー・レンディング――銀行の複数の経営陣が自己の関係する企業に行う融資の融資全体に占める比率が高い――について、資本が希少な状態において、信用創造を行いその不足を補い、借手情報の収集の困難性を克服することが出来るという特徴を持っていたとしている。日本の機関銀行は破綻にいたるものとして非難されることが多いが、一見したところ良く似たモデルが、異なった機能を果たしたことに注意を促している。

最後になったが、研究の便宜を図っていただいた地方銀行協会をはじめとする関係各位、また出版が困難な中で、本書の刊行を引き受けていただいた日本経済評論社社長の栗原哲也氏および編集部の谷口京延氏に深く感謝したい。なお、この研究の実施に当たっては、平成17年度より平成19年度まで科学研究費補助金（基盤B、課題名、「金融ビジネス・モデルの変遷」、課題番号17330079、

研究代表者　専修大学教授　齋藤憲）が支給されていることを感謝の気持ちと共に記しておく。

2010年2月19日

粕谷　誠
伊藤正直
齋藤　憲

目　次

はしがき　i

第1章　日本における金融ビジネスモデルの変遷
　　　　　……………………………………………………粕谷　誠 1

　1　金融ビジネスモデルとその特徴　1
　2　戦前期のビジネスモデル　4
　3　高度成長期のビジネスモデル　16
　4　金融自由化による変化　26

第2章　明治期における安田銀行のビジネスモデル
　　　　　……………………………………………………迎　由理男 33

　はじめに　33
　1　明治10年代の安田銀行　34
　2　明治中期における有価証券運用と地方支店取引　43
　3　本店の取引関係　53
　おわりに　64

第3章　金融危機と銀行経営
　　　　　――1910年代前半の広島県・山口県の事例を中心に――
　　　　　……………………………………………………高嶋雅明 73

　はじめに　73
　1　地方における金融恐慌　74
　2　八田家と八田貯蓄銀行　80
　3　山口県下の銀行動揺と再建　86

第4章　三十四銀行の経営者と経営実態……………齊藤壽彦 103

　はじめに　103
　1　三十四銀行の経営者群像　105
　2　一瀨粂吉論　112
　3　三十四銀行の経営実態　118
　おわりに　132

第5章　「ハイリスク選好型」銀行ビジネス
　　　　モデルの掉尾……………………………………小川　功 141

　はじめに　141
　1　銀行と証券関係者との相対関係による類型化　143
　2　日本積善銀行・高倉為三の虚偽性　148
　3　「ハイリスク・テーカー」の暴走を抑制できぬ行内事情　151
　4　「ハイリスク選好型」投資手法の結末　158
　5　「ハイリスク選好型」銀行ビジネスモデルの掉尾　163
　おわりに　166

第6章　両替商系銀行における破綻モデル…………石井寛治 175

　はじめに　175
　1　商業銀行としての性格と破綻原因　175
　2　中井銀行の発展と破綻　178
　3　加島銀行の発展と破綻　184
　4　破綻銀行の利益処分　193
　おわりに　197

第7章　第八十五銀行の金融ビジネスモデル
　　　　――1900～1935年――……………………………邉　英治 205

はじめに　205
　　1　経営諸比率からみた特徴　207
　　2　有価証券投資の特徴　213
　　3　貸出の特徴に関する考察　217
　　4　リスク・マネジメント　221
　　5　経営首脳陣と経営理念　223
　　おわりに　225

第8章　名古屋有力3行のビジネスモデル
　　　──1920～1932年の有価証券所有を中心として──
　　　　……………………………………………………西村はつ　231

　　はじめに　231
　　1　3行経営トップの履歴　233
　　2　有価証券所有の拡大　235
　　3　社債投資の拡大　241
　　4　収益構造の推移　250
　　おわりに　253

第9章　不動産銀行の「不動産金融ビジネス」の特質
　　　と意義──東京府農工銀行を素材にして──
　　　　……………………………………………………植田欣次　259

　　はじめに　259
　　1　大都市農銀の延滞の深刻化
　　　　──東京府農銀の延滞金分析──　260
　　2　延滞金増大に対する農銀の対応　263
　　3　収益動向と不動産銀行の特質、農工債券の安全性　269
　　おわりに　275

第10章　戦後改革期の地方銀行
　　　　――「考課状分析」を素材として――……伊藤正直　279

　はじめに　279
　1　戦後地方銀行の展開過程（1945〜1955）　282
　2　銀行別財務データからみた諸特徴　285

第11章　地域開発と金融ビジネスモデル………池上和夫　305

　はじめに　305
　1　「後進地域（整備地域）」における財政金融措置　306
　2　地域開発と地方銀行　316
　おわりに　322

第12章　インサイダー・レンディング再考
　　　　――産業革命期米国ニュー・イングランド
　　　　地方の銀行と産業金融――…………黒羽雅子　329

　はじめに――米国ニュー・イングランド地方の初期銀行の
　　　　概要とインサイダー・レンディングの発見――　329
　2　問題の所在――インサイダー・レンディングとは――　336
　3　インサイダー・レンディングの諸相
　　　　――時期と分布――　339
　4　インサイダー・レンディング再考
　　　　――インサイダー・レンディングはビジネスモデル
　　　　たり得るか――　347
　おわりに　353

索　引　359

第1章　日本における金融ビジネスモデルの変遷

粕谷　誠

1　金融ビジネスモデルとその特徴

　ビジネスモデルとは、小野桂之介と根来龍之によれば、「自分がどのような事業活動をしているか、あるいはこれからどういうビジネスを構想したいかを表現するモデル」であり、どのような顧客に、何を、どう魅力づけして提供するかを表現する戦略モデル、戦略を支えるためのオペレーションの基本構造を表現するオペレーションモデル、事業活動の利益を確保するために、収入を得る方法とコスト構造を表現する収益モデルの3つを最低限含む、とされる[1]。また国領二郎によれば、「①だれにどんな価値を提供するか、②そのために経営資源をどのように組み合わせ、その経営資源をどのように調達し、③パートナーや顧客とのコミュニケーションをどのように行い、④いかなる流通経路と価格体系の下で届けるか、というビジネスのデザインについての設計思想」である、とされる[2]。ここではビジネスモデルをややルースに、「いかなる経営資源を組み合わせて、どのような商品を開発・製造・販売し、収益をあげるかを示すモデル」と考えておく。

　本章では金融ビジネスモデルを対象とするから、対象とする商品は金融商品となる。金融商品における製造工程というのは、預金の約款や証書を印刷することなどが該当するのであろうが、あまり大きな意味を持たず、商品の開発と販売が問題となる。すなわちいかなる金融商品を開発し、どのように販売し、

収益をあげるかのモデルの変遷を概観することが本章の課題となるが、江戸時代の金融ビジネスについては別に考察したので、本章では明治以降のビジネスについて考察する[3]。ところで金融とは、現在のキャッシュフローと将来のキャッシュフローを交換するものであり、貯蓄超過主体が投資超過主体の発行する将来の支払の約束を購入し、その支払の約束が実現されたときに収益を得るものである。投資超過主体と貯蓄超過主体がそれぞれ独自に契約を結ぶときに、取引コスト（取引相手を探索するコスト、取引相手の信頼性を評価するコストなど）が高い場合は、第三者が間に入り、そのコストを軽減することにより、双方（もしくは片方）から対価を得ることはビジネスたりうる。自己の資金を貸し付ける金融業者は古くから存在してきたが、それとともにこうした取引コストの低減によって収益を得る金融仲介業者も古くから存在してきた。

金融には、究極の投資超過主体が発行する証券を究極の貯蓄超過主体が直接購入する直接金融と、究極の投資超過主体が発行する証券を金融仲介機関が買い取り、究極の貯蓄主体は金融仲介機関が発行する間接証券を購入する間接金融がある。直接金融の場合は、金融仲介機関が、金融商品の買い手を見つけることで対価を得るのが基本的なパターンであるが（募集取扱）、金融商品の発行を引き受けるというリスクを負うことによる対価を得たり、商品の発行企画すなわち設計にかかわったりすることで対価を得ることもある（引受および発行取扱）。これらの業務を行うものは投資銀行と呼ばれることが多い。また発行済みの商品の保有者がそれを売却するときに、その取引相手を見つけることで対価を得ることも可能であるが、同時に自ら商品を購入し、高く売却することで利益を得ることもある（ブローキングおよびディーリング）。これらの業務を行うものは、ブローカーと呼ばれることが多い。間接金融の場合は、信用ある仲介機関が金融商品を発行して資金を調達し、投資超過主体の発行する商品を購入し、両者の利回りの差を対価として取得することが一般的である。こうした業務を行うものは、銀行と呼ばれることが多い。金融の基本的なビジネスモデルは、投資銀行、ブローカー、銀行の３つからなる。これらの３つを専業にする必然性はなく、２つもしくは３つを兼営することがありうる。

銀行は銀行券や預金という商品を発行し、これらが一般的な取引の決済に用いられることによって、取引コストが大幅に節減されるという効果がある。銀行は銀行券や預金を発行して資金を調達し、貸付などを行い、その利ざやを収益とするのであるが、銀行の資産が貸し倒れなどで不良となり、債務である預金や銀行券を返済できないとなると、その預金や銀行券は取引に用いられなくなり、さらに銀行同士は資金を融通しあっているから、一部の銀行の破綻は、健全な銀行の破綻の引き金になり、こうなると経済全体に大きな影響を及ぼすこととなる。このため銀行券の発行を集中し、金融危機の際に流動性を供給する中央銀行が政府のなんらかの形での支援で設立され、さらに銀行の行動に政府が歯止めをかける金融規制が実施される。銀行には政府規制が大きな影響を及ぼすことが特色のひとつであるといえる。日本の場合は、政府が銀行制度を外国から導入したが、外国にはさまざまなタイプの銀行が存在していたため、多種類の銀行制度が導入され、日本国内で独自の発展を遂げたことに特色がある。またこうした経緯によって、金融規制が比較的に早くから導入されたといえ、中央銀行としての日本銀行は1882年に設立されている。また銀行が非常に早く普及すると、政府は銀行数が過多であると認識し、20世紀初頭から設立を規制し始めたが、資本金を基準とする小規模銀行の設立規制であったため、規制を回避する金融機関が在来の金融手法と結びついて多数設立され、問題を惹起したので、政府がそれらを法的に定義し、規制することでさらに多様な金融機関が出現することとなった。また預金金利を政府が規制することが戦時期に開始され、戦後のある時期までそれが継続していったが、金融が自由化され、またコンピュータなどのテクノロジーが変化することで、銀行をめぐる環境は1980年代以降劇的に変化していった。

　これに対し、投資銀行やブローカーは、決済にかかわっていないので、規制は比較的緩やかであり、当初は大蔵省が規制当局となっていなかった。ただし銀行への規制が強まると証券への規制も強化されるようになった。また証券価格下落が銀行の経営に悪影響を与え、銀行危機となることを回避するために、銀行が投資銀行の業務を行うことに対して規制がかけられることもあり、日本

では戦後改革の過程で明確となった（いわゆる銀証分離）。しかし金融自由化は、こうした規制をも緩和し、証券業をめぐる環境も激変していったのである。

2 戦前期のビジネスモデル

(1) 普通銀行

日本の最初の銀行は、アメリカの国法銀行制度をモデルに制定された国立銀行条例（1872年制定）にもとづく国立銀行であり、発券銀行であったが、預金・貸出・為替・証券保有という銀行の基本業務を営むことができた。1882年に日本銀行が設立されると、1883年には営業期限の20年で国立銀行券を消却することとされ、20世紀初頭に多くの銀行が普通銀行に転換した。国立銀行の設立が締め切られたあとは、銀行券を発行しない私立銀行が設立された。これらの銀行は、1893年施行の銀行条例で設立根拠を与えられ、特殊銀行と区別するために、普通銀行と呼ばれるようになった。

お雇い外国人シャンド（A. A. Shand）は、国立銀行に対し経営指導を行ったが、預金の性質に応じた運用を行うことを薦めていた。一般的にはイールドカーブは右にあがるから、短期預金を長期貸付に回す方が利益が出るが、預金払い戻しに応じる必要があるので、短期運用で、準備金も多くすることを薦めているのである[4]。長短のマッチングを行うことを指導していたのであるが、預金は当座預金と期限が1年未満の定期預金が中心であり、短期貸出中心の運用とならざるを得なかった。ただし日本では商業手形はあまり普及せず、3カ月程度の手形貸付が運用の中心となり、株式や不動産を担保とすることも多かった。しかも手形はしばしば書き換えられており、普通銀行は古典的な商業銀行の理念からは乖離していた[5]。

銀行の健全性には、長短のマッチとともに、融資の集中を避けてリスクを分散することも必要である。国立銀行条例は、預金に対し25％の準備をおくことを定めるとともに、ひとつの貸出先に対して資本金の10％以上の金額の貸出を行

うことを禁じる大口融資規制の規定を含んでいた。銀行条例にも当初は大口融資を規制する条項が含まれていたが、1895年の改正でこの条項は削除された。ところがこの規制が撤廃されるとすぐに20世紀初頭から、銀行重役の関係企業に融資を集中させる機関銀行の弊害が指摘されるようになった[6]。1927年の銀行法が施行され、銀行検査が強化されると、過度な融資集中はとくに中小銀行の場合、是正指導を受けるようになった[7]。

　支店を設置するとともに、銀行合併を通じて、店舗網が構築されていった。東京・大阪・名古屋に所在する大銀行は、六大都市を中心に店舗を設置するとともに、地方にも店舗を展開していった。これに対して、地方で合併を重ね、大銀行となり、やがて東京や大阪に進出していく銀行はみられなかった。大蔵省は戦間期には地方の声を受け、大都市所在銀行が地方所在銀行を合併することに消極的となり、地方的合同を推し進めていった[8]。いわゆる一県一行主義である。この結果、大都市所在で大企業を主たる顧客とする都市銀行と地方所在で地方企業・商人を主たる顧客とする地方銀行に徐々に分化していった。さらに都市銀行のうち有力な数行は、1910年代以降、公社債の発行が増加すると公社債引受という投資銀行業務に進出し、さらに外国為替業務にも進出していった。三井銀行・三菱銀行・住友銀行は、ロンドン、ニューヨーク、上海などに支店を設置し、外国為替を本格的に取り扱うようになった[9]。公社債引受や外国為替への進出の有無は、顧客基盤の相違からもたらされていたと考えられる。

　以上の普通銀行のビジネスモデルの違いを数字によって確認しておこう（表1-1）。普通銀行のなかから5大銀行（安田・住友・三井・第一・三菱）とそれにつづく都市所在3行（三十四・山口・川崎第百）および地方銀行の中で預金額が多かった芸備銀行と第一合同銀行を選び、金融恐慌で預金が小銀行から大銀行に移動し、大銀行の地位が高まったといわれる年であることと社債の発行が極めて多かった年であることから1928年の数値を取った。5大銀行の預金額はほぼ拮抗し、都市所在の3行がその6割ほどであったが、最大クラスの地方銀行でも1割台に過ぎなかった。預金額でみても大きな格差があったが、外

表1-1 戦前期の銀行のビジネスモデル

銀行名	預金額(1928年末) 百万円	指数	外国為替勘定(1928年末) 千円	指数	社債引受額(1928年) 千円	指数	社債筆頭引受(1928年)	社債単独引受(1928年)
安田	722	115	10,667	25	77,890	96	9	3
住友	643	103	49,539	117	40,640	50	4	2
三井	607	97	119,942	282	174,348	214	15	8
第一	597	95	2,866	7	53,848	66	8	3
三菱	562	90	29,346	69	59,848	74	8	4
三十四	391	63	4,988	12	20,332	25	4	2
山口	348	56	4,785	11	10,057	12	0	0
川崎第百	334	53	10,193	24	9,390	12	0	0
芸備	89	14	0	0	8,333	10	1	0
第一合同	66	11	0	0	2,917	4	1	0

出典：各社営業報告書、各社社史、日本興業銀行編『社債一覧』日本興業銀行、1970年。
注：(1) 指数は5大銀行の平均を100とした指数。
　　(2) 社債が共同引受された場合は、シンジケートで均等に引き受けたと想定。

国為替業務でみると、三井銀行が多く、住友と三菱がそれに続き、第一と安田は都市所在の3行とほぼ同水準で、大きな格差があり、地方銀行は全く取り扱っていなかった。社債引受では、三井銀行が突出し、他の5大銀行がそれに続き、都市所在3行は地方銀行より優位ではあるが、地方有力銀行も地元企業の社債発行にかかわって、それほど大きな差とはなっていないことがわかる。ビジネスモデルという点では、社債引受と外国為替も営む三井・三菱・住友の3行と、預金では拮抗するが、社債引受・外国為替でおとる安田・第一、それよりさらに預金と社債引受がおとる三十四・山口・川崎第百、最後に外国為替はまったく営めないが、社債引受は行っている有力地方銀行である芸備・第一合同というように分けられる。もちろん群小の地方銀行は、預金がさらに劣り、外国為替も社債引受も行えない、ということになろう。

　なお1923年に信託法・信託業法が施行され、三井信託をはじめとして、4大財閥がいずれも信託業に参入する一方、既存の中小信託会社は免許が得られず、その数は激減した。信託会社の主要商品は、指定金銭信託の合同運用であり、元本保証の特約をつけ、さらに一定程度の利回り保証をつけることも可能であ

ったから、商品の性格が預金に非常に似ていた。金銭信託は実績配当であり、銀行の協定預金金利以上の利回りが実現されたので、銀行定期預金との競合を避けるため、金銭信託は大口・長期に限られることになったが、銀行から信託会社に大量の資金が流れたといわれている[10]。ビジネスモデルの観点からみると、銀行が確定利率を支払って預金を獲得し、リスクを負担して貸出を行い、その利ざやを収益とするのに対し、金銭信託は顧客が運用リスクを負い（その代わり高い利回りを期待できる）、信託会社は顧客から信託報酬を得るという相違があったことになる。金銭信託の報酬率は契約書に最高率を規定し、その範囲内で受託者が定めるとされている[11]。報酬率をめぐる信託会社間の競争については明らかではないが、信託会社は高率配当によって金銭信託を集めるために信託報酬を操作して確定利付に近い運用をしており[12]、三菱信託と住友信託の例では、他社との競争上、契約者への利回りを出すために信託報酬率を操作していたので、その意味では銀行のビジネスモデルと大差がなかった[13]。

　信託会社は大口・長期資金を調達し、貸出や債券に投資するのであるが、決済業務は行わず、ロットが大きいため、店舗の数が少なく、職員も少なくてすむところが、都市銀行のビジネスモデルと異なっていたが、公社債の引受、販売という投資銀行業務を営み、一部の信託会社が外国業務も営んでいた点は、都市銀行と共通していた。

(2)　株式ブローカー・株式現物商・公社債業者

　戦前期の大企業の自己資本比率は高く、銀行融資は在庫や売掛の信用を供与することが多く、設備などは株式によって資金を調達することも多かった[14]。ここに株式引受による発行業務を営む投資銀行が発生する余地があるはずであるが、戦前期には発起人が株主を集め、会社を設立するのが一般的で、一般公募によって株式を募集して会社を設立することは一般的ではなかった。そして1930年代には、会社による子会社の設立が増加した。また増資も既存株主に新株を割り当てることが一般的であり、ここでも公募は、ブーム期にときにプレミアムをともなって一部行われる程度であった[15]。株式による投資銀行の発生

の余地は限られていたのである。

発行済みの株式の流通については、東京株式取引所・大阪株式取引所を中心に、全国に取引所が設立され、仲買人（取引員）が株式売買の仲介を行った。これらの取引所では株式の実物取引とともに清算取引が行われていたが、清算取引には取引所への集中義務があったのに対し、実物取引にはそれがなかったので、取引所の場外に実物取引を媒介する現物商と呼ばれる取引業者が成長した。そして現物商間の取引を付け合せる才取人が需給調整を促進した。現物商の有力なものは、投資家との取引関係を基礎に1910年ごろから現物団と呼ばれるシンジケートを組織して、株式や公社債の引受や募集取扱に従事するようになった。もちろん取引所仲買人で現物商をかねるものもあった。ただし1918年に東京株式取引所は、才取人に取引所立会場に入ることを認め、取引所の現物取引が増加し始めたこと、1922年に取引所法が改正され、場外現物市場が禁止されたこと、さらに1920年代は不況で株式取引が不振となったことなどから、株式現物団の活動は活発ではなくなっていった[16]。

1920年代は株式発行が低位にとどまっていたのに対し、債券発行が増加し、銀行や仲買人の債券業務が伸張した。国債や一流事業債は一流銀行が引き受け、それ以外の業者がそれを下引受するか、募集を取り扱い、それ以外の債券については、一流銀行以外の業者が引き受けるか、募集を取り扱うことが一般的であった。債券市場の拡大の中で、一流銀行にとどまらず、債券にかかわる投資銀行業務を拡大した業者が存在したのである。その中には、銀行免許を持っていた藤本ビルブローカー銀行、野村銀行、小池銀行、神田銀行や仲買人免許を持っていた山一、川島屋、および債券発行銀行（日本興業銀行、日本勧業銀行）関係会社（日興証券・日本勧業証券）などがあったが、大蔵省が公社債業務を中心とする銀行の銀行免許を認めない方針を採ったため[17]、これらは証券業者となっていった。1920年代までは証券に株式を含まないことが一般的であったから[18]、この名称は業務の実態を表していたのである。これらの証券業者は公社債業者ともよばれ、全国的な支店網を持ち、公社債を銀行などの金融機関を中心とする顧客に売り捌いていった[19]。国債の流動性は比較的高く、発行

後取引所や相対で売買が行われていたが、地方債・社債の流動性は低く、顧客は購入後、償還まで持ち続けるケースが多かった[20]。ただし大銀行が一流企業との間に強固な関係を築いており、公社債業者が一流企業の債券発行企画や引受にかかわることは、非常に困難であった。

(3) 債券発行銀行

　松方正義は1881年に日本銀行設立の必要を論じた際に、貯蓄銀行と債券を発行し農工業の起業を助ける勧業銀行を設立することを構想していた[21]。普通銀行をアメリカ・イギリスから導入したのに対し、ドイツ・フランスなどの不動産金融制度を学んだ結果であった。そして1890年ごろには、有価証券担保金融を行う金融機関として興業銀行が構想されるにいたり、1897年に日本勧業銀行、1902年に日本興業銀行が設立された（このほか北海道に北海道拓殖銀行、各府県に農工銀行が設立された）。両行はそれぞれ日本勧業銀行法、日本興業銀行法という特別な立法にもとづく銀行であり、日本銀行や横浜正金銀行などとともに特殊銀行といわれ、債券を発行して融資を行うことに特色があった。政府は株主の中から総裁を任命することができるなど、強い監督権限を持っていたが、両行に出資しておらず（日本興業銀行には皇室が出資）、株主総会を通じて支配することは想定されていなかった[22]。政府の強い権限は、債券という独自の商品を与えられていた見返りと解するほかない。また債券に政府保証が付されることがあったが、逆に言えば、その他の債券に政府保証がついていたわけではないことになる。政府の意向に沿った貸出を行い、それが不良債権化すると、株主は損失を受け、債券の償還にも問題が生じることになるが、例えば日本興業銀行の場合、政府がそうした損失を補償する措置を取っており[23]、株主や債券保有者はこうした暗黙の政府保証を期待していたと考えられる。

　両行は当初の構想では十分な業務が行えず、1911年に日本勧業銀行法が改正され、農業・工業への貸付を行うという目的が改正され、不動産金融を行う機関となり、日本興業銀行法もしばしば改正され、業務範囲が拡張され、資本輸出入まで含めた業務を行うこととなった。また第一次大戦後は、勧銀・興銀と

も救済融資に従事したが、これらの資金は大蔵省預金部が両行の債券を購入することで調達されており、金融市場で調達された訳ではなかった。日本勧業銀行では、農業・工業での資金需要が少なく、市街地金融の需要が増加していたことに対応して、1911年に目的規定が削除されており、日本興業銀行では、普通銀行が有価証券担保金融を盛んに行っており、もともと業務が競合していた。大企業は株式や社債で長期資金を調達しており、その結果自己資本比率が高く、銀行融資は在庫金融などの用途に用いられていた。このように長期信用銀行が債券で資金を調達し、工業の設備投資のために長期融資を行う、というビジネスモデルは成り立っていなかったといえる（日本興業銀行は債券引受では大きな役割を果たした）。日本興業銀行が債券を大量に発行し、融資量を急速に伸ばしていったのは、日中戦争が勃発し、金融規制が強化された時期である。

日本勧業銀行・日本興業銀行とも預金の取扱が限定されていたので、本店のみの営業が長く続いた。日本勧業銀行は各府県に農工銀行が存在し、農工債券の引受と農工銀行による代理貸付など親密な関係にあったので、支店設置は困難であり、1918年に大阪支店が設置されたのが最初である。しかし1921年いわゆる勧農合併法が成立し、徐々に農工銀行を合併していくと、その店舗を引き継いでいった。農工銀行は府県内に複数の店舗を持つこともあり、日本勧業銀行は農工銀行の支店や出張所を合併後廃止することもある一方、合併した府県に新たに店舗を設置することもあった。1944年にすべての農工銀行が合併されたので、この段階で日本勧業銀行は全国的な店舗網を持つにいたっていたのである。これに対して日本興業銀行は、そうした関係をもつ銀行がなかったので支店を設置していったが、その数は限定的であり、1930年末に存在したのは、日本橋（東京）、大阪、神戸、名古屋の各支店のみであり、1944年末でも大阪、神戸、名古屋、福岡、仙台、富山、広島、札幌の8支店を数えるのみであった（日本橋は廃止）。

(4) 貯蓄銀行・営業無尽・信用組合

証券業務が富裕者を顧客としたのは当然として、当時の普通銀行も比較的富

裕な商人等を主要な顧客としており、徐々に対象顧客階層を下げていったが、今日のように普通に庶民が銀行に口座をもてたわけではなかった。普通銀行の対象としない顧客を対象としていたのが、貯蓄銀行、営業無尽であった。またこれとは別に、信用組合が多数組織された。

　政府は貯蓄奨励の観点から、1875年から駅逓寮貯金（郵便貯金のはじまり）の取扱を開始していたが、預け入れの限度があり、広く大衆の貯蓄を保護することを目的としていた[24]。ところが同時に、国立銀行などで貯蓄預金の取扱が始まっており、これらの貯蓄を保護するために、松方正義は1881年に債券発行銀行とともに貯蓄銀行を構想していた。そして1893年に貯蓄銀行条例が施行され、貯蓄銀行の業務が規定された。貯蓄銀行は、複利預金もしくは新たに1口5円未満の預金を取り扱えるものとされたが、普通銀行も利息を顧客口座に入金することで、実質的に複利をつけることができたので、実質的には5円未満の預金を扱えることが、貯蓄銀行の独占業務であった。その一方で預金者保護の観点から、資金の運用に制限があった。資金運用制限に貯蓄銀行は反対し、1895年には貯蓄預金の一定割合を支払準備として国債等で運用し供託するということを除いて、運用制限が撤廃された。貯蓄銀行は貯蓄預金以外の預金を扱うことができ、かつその預金については供託の義務がなかったので、銀行のうち貯蓄銀行業務を取り扱うものが貯蓄銀行であり、かつ貯蓄預金とその他の預金の比率などには何の規制もなかったから、限りなく普通銀行に近いものも存在した。貯蓄銀行は貯蓄銀行と名乗る義務すらなかったのである[25]。

　1900年ごろ定期積金（据置貯金）という商品が開発されている。これは月掛などで所定の金額を集め、満期日にあらかじめ定められた金額（利子を含む）を給付するもので、毎月集金に来てくれるので、貯蓄が続きやすく、資金が必要な場合には、掛込額の範囲内で貸出を受けることができ、返済条件も長期割賦返済であるということから、1910年ごろから急速に発達した。不動貯金銀行は定期積金によって預金額を伸ばし、最大の貯蓄銀行となっている。1915年には定期積金が貯蓄銀行の独占業務として貯蓄銀行条例に規定された。

　政府は零細貯蓄の保護の強化を目指し、1922年から貯蓄銀行法を施行した。

貯蓄銀行の独占業務として、1回10円未満の金額を預金として受け入れること（普通貯金）と定期積金（据置貯金）を規定し、独占業務を拡張する一方で、定期預金など一部の業務を認めたほか、普通銀行と貯蓄銀行の兼営を禁止した（決済を担う当座預金は禁止）。そして定期預金なども含めて資金運用の規制を大幅に強化し（大口融資規制をも含む）、最低資本金を引き上げた。これによって貯金の安全性は高まったと考えられるが、運用利回りが低下し、「将来性に妙味がないという考えや、増資がむずかし」いとの理由から、多くの貯蓄銀行が普通銀行に転換したといわれている。そして弱小な貯蓄銀行を整理統合し、過当競争を排除し、資本を充実させ、資金運用を制限して、「貯蓄預金の安全な保管機関」とするところに貯蓄銀行法の狙いがあったとされている[26]。

　貯蓄銀行から普通銀行への大量の転換とは、どういう事態だったのであろうか。貯蓄銀行法施行前の貯蓄銀行は、普通銀行が貯蓄銀行業務を兼営しているものであり、業務の比重はさまざまであった。新たに設定された最低資本金を満たせずに、廃業するか合同した貯蓄銀行とともに、兼業禁止を受けて、貯蓄銀行業務を廃業して普通銀行に純化するケースも多かった。貯蓄銀行業務を廃業する際に、貯蓄銀行としてとどまるものに事業譲渡する場合もあったが、新たに貯蓄銀行を設立して貯蓄銀行業務を移管することもあった。その際に大蔵省が一県一貯蓄銀行を勧奨したので、複数行で貯蓄銀行が1行設立されることも多かった（貯蓄銀行としてとどまるものは、当座預金は何らかの形で整理する必要があったが、定期預金は受け入れることができた）[27]。こうして貯蓄銀行数は1921年末の636行から1922年末には146行へと顕著に減少した[28]。表1－2によれば、貯蓄銀行法の施行のあとで、1行あたりの自己資本金額が低下し、それまで資金調達の中心であった諸預金が減少するとともに、1行あたりの貯金額が増加していたことは、貯蓄銀行以外の業務が中心であった貯蓄銀行が普通銀行に転換し、貯蓄銀行業務を何らかの形で処分したものが多かったことを示唆する。

　運用規制が厳しく、運用利回りが低下することが予想されたのにもかかわらず、1927年以降、東京預金利子協定の定期預金金利（甲種）と東京貯蓄組合銀

表1-2 貯蓄銀行法施行による変化

	1921年		1922年	
		1行平均額		1行平均額
貯蓄銀行数	636		146	
公称資本金	561,798	883	83,681	573
払込資本金	325,728	512	33,660	231
積立金	99,748	157	15,549	107
貯金	570,661	897	549,587	3,764
諸預金	1,375,329	2,162	101,658	696
借入金	83,350	131	14,773	101
再割引手形	12,324	19	270	2
自己資本比率	17.2		6.9	

出典:『銀行局年報』各年版。
注:(1) 公称資本金以下再割引手形まで単位は千円、自己資本比率の単位は％。
(2) 自己資本比率は、払込資本金と積立金の合計額の払込資本金・積立金・貯金・諸預金・借入金・再割引手形の合計額に対する比率。

行預金協定の定期預金金利および据置貯金金利は同一であったから（定期積金については不明）[29]、貯蓄銀行の利益が低下することが予想される。しかしもしそうだとすれば、なぜ貯蓄銀行にとどまった銀行が100行以上も存在していたのであろうか。もちろん零細な規模の預金や据置貯金・定期積金しか預かれないということはあり得ようが、「零細な貯蓄預金の安全な保管機関」という公益を担った、というのがこれまでの暗黙の解釈であろう。しかしここでは別の解釈を考えてみたい。表1-2にみられるとおり、貯蓄銀行法の施行により、貯蓄銀行の自己資本比率は顕著に低下していた。普通銀行と貯蓄銀行の自己資本比率をいくつかの年次について算出してみると、貯蓄銀行法施行前は、普通銀行と貯蓄銀行の間に大きな相違がなかったが、施行後になると貯蓄銀行の自己資本比率は顕著に低下し、普通銀行のそれの3分の1か4分の1でしかなかった（表1-3）。貯蓄銀行法施行前に貯蓄銀行の自己資本比率が普通銀行のそれと変わらないのは、普通銀行業務の比率の高い貯蓄銀行の数値に引っ張られたためと考えられ、東京貯蔵・川崎貯蓄・大阪貯蓄・東京貯蓄・安田（金城）貯蓄・不動貯金という貯蓄中心の貯蓄銀行の自己資本比率は貯蓄銀行法施行前から1ケタ台であり、施行後も低位にとどまり続けた[30]。貯蓄銀行法施行前も

表 1-3　普通銀行と貯蓄銀行の自己資本比率

(単位：100万円、％)

	自己資本	預貯金合計	借用金	自己資本比率
	1914年			
普通銀行	533	1,520	123	24.5
貯蓄銀行	99	376	20	20.0
	1918年			
普通銀行	675	4,639	288	12.0
貯蓄銀行	224	1,289	58	14.3
	1923年			
普通銀行	2,034	7,805	937	18.9
貯蓄銀行	53	694	9	7.0
	1928年			
普通銀行	1,972	9,331	1,037	16.0
貯蓄銀行	53	1,250	7	4.0
	1936年			
普通銀行	1,685	11,008	550	12.7
貯蓄銀行	91	1,843	1	4.7

出典：『銀行局年報』各年版による。
注：(1)　自己資本は、払込資本金と積立金・準備金の合計、自己資本比率は、自己資本の自己資本・預貯金合計・借用金の合計額に対する比率。
　　(2)　1922年1月の貯蓄銀行法施行前は、普通銀行が貯蓄銀行業務を兼営することが認められていた。1913年は専業貯蓄銀行の数値、1918年は貯蓄銀行を兼営する普通銀行の普通銀行にかかわる数値を含む。

貯蓄預金には運用制限があり、預金の一部を国債で運用するなどの義務があったが、貯蓄銀行法施行後は、運用制限の範囲がすべての預金に拡張されるとともに強化され、貯蓄銀行の資産が減価するリスクが低下し、同時に資産の収益性も低下したと考えられる。しかし貯蓄銀行の自己資本比率が低かったことを考慮に入れると、これらのことは貯蓄銀行の貯金の方が普通銀行の預金より安全であったこと、および貯蓄銀行の自己資本利益率が普通銀行のそれより低いことを直ちには意味しない。すなわち貯蓄銀行は「ローリスク運用と高いレバレッジ」、普通銀行は（相対的に）「ハイリスク運用と低いレバレッジ」というどちらも合理的なビジネスモデルであったということになる[31]。ここで資産の収益力とリスクについては詳しく考察し得ないが、戦前日本の金融当局は自己

資本比率に対する観念が希薄であり、貯蓄銀行の合理的な行動を見落としていたといえる。そしてマーケットは規制を受け入れたが、法律の狙い（願い？）とは異なるところで動いていたのである（預金者からみれば、貯金がかならずしもより安全だとは認識していなかった、ということになる）。

　無尽とは古くから存在した相互金融の一形式で、無尽講などと呼ばれる組合を組織し、一定間隔で集会し、各人が毎回掛金を拠出し、拠出された合計金額に対して抽籤もしくは入札によって落札者を決めて給付金を支給していき、全員が給付金を取得するまで、会を続けていくものである（1回給付金を受け取るとその後は掛金を拠出するのみ）。営業無尽は、無尽講が組合員相互の関係であったのに対し、同様の仕組みを無尽業者と無尽参加者との関係に置き換えたものであり、すでに江戸時代から存在していた。営業者は無尽を管理し、無尽講では途中脱会者が出ると運営に支障が出るが、それを営業者が替わることなどの対価に収益を得ていた。給付金を受けた場合は、その後の掛金の支払が滞りがちになるので、営業者は担保を徴収するか保証人を出すように請求した。

　営業無尽には、東京式（期間中の掛金高が同じで、最終回で給付を受ける加入者の掛金累計額は給付金を超える）と大阪式（回数によって掛金額が異なり、最終回で給付を受ける加入者の掛金累計額は給付額を超えない）とその折衷式があり、いずれも掛金の単純な合計額は給付額の単純な合計額を超え、これが無尽業者の利益となり、また余裕資金を運用するなどの利益もあった。大阪式の方が普及しており、金融機関としての性格がより強く出た。東京式の最終給付者をみれば、掛金の方が給付金より多く、掛込期間中の利息も得られていないから、無尽に加入して損をしているが、初期に給付を受ければ資金を取得して、徐々に返済するという金融を受けることができるというメリットがあった。また落札者を入札で決める場合は、落札者はその回の給付金予定額よりかなり低い金額で落札し、剰余金が出るので、その一部は加入者に分配されるから、かならず最終落札者が損失を蒙ると決まっているわけでもなかった。営業無尽は1915年の無尽業法で規定され、同法には資金運用の制限も規定されていた[32]。

　一定間隔で掛金の集金があり、給付金が得られるという形態は、据置貯金・

定期積金と近かったから(据置貯金・定期積金では積立額を限度に貸し付けるのが一般的)、両者は競合する関係にあった[33]。担保が存在するか保証が受けられるのであれば、銀行から資金を借り入れることが可能なはずであり、それでも営業無尽に頼るということは、担保や保証人の質が悪くて銀行の審査に通らないか、無尽の方が担保の掛目が甘かったということであろう。また初期に抽籤で給付金を得られれば、安く資金を調達できるという射幸性も魅力であった。

本格的な相互金融組織としては、信用組合がある。1900年の産業組合法によって信用組合が設立されるようになったが、1917年の産業組合法の改正により会員外から貯金を受け入れ、手形割引業務も可能で、大蔵省の監督を受ける市街地信用組合が設立可能となった。市街地信用組合は、1943年に単行法である市街地信用組合法によって規定されることとなった。信用組合の中央機関としては産業組合中央金庫が1923年に設立されている。信用組合は出資金・準備金のほか、貯金で資金を調達し、貸付金(および手形割引)を行い、余剰資金を預け金や有価証券で運用するものであり、銀行のビジネスモデルに似ているが、決済機能を持っていないことと組合員相互に資金を融通することを主眼としていることが異なっていた(市街地信用組合は組合員外貯金を受け入れ)。

3　高度成長期のビジネスモデル

(1)　戦時経済統制と戦後改革による金融再編成

1937年の日中戦争勃発以降、金融統制が強化され、金融制度が改められていったが、敗戦後はGHQの指導により、さらに金融の再編成が進められた。普通銀行では1928年の銀行法の施行により、最低資本金が引き上げられ、最低資本金を下回る無資格銀行の単独増資が基本的に認められなかったことから銀行合併が進展した。日中戦争勃発後にさらに銀行合同が進められ、地方銀行では一県一行がほぼ実現し、都市銀行同士の合併も行われた。普通銀行数は、1926

年末には1,420であったが、銀行法による無資格銀行の猶予期限が終了した1932年には538となり、1937年には377となっていたが、1945年には61となった。なお1950年代の前半に12行の地方銀行の設立が認められたが、その後は金融自由化まで合併・転換などを除き新設が認められなかった。

　貯蓄銀行も地方的合同が進められたが、1943年には普通銀行が貯蓄銀行業務および信託業務を兼営することを認める法律（兼営法）が施行され、貯蓄銀行と普通銀行との合併も始まった。1945年には都市所在の貯蓄銀行9行が合併し、新たに日本貯蓄銀行が設立され、1945年9月末の貯蓄銀行数は4となった。1948年に日本貯蓄銀行は普通銀行に転換し、協和銀行となり、なお残った3つの貯蓄銀行のうち2つは普通銀行に転換し、1つが普通銀行に合併され、1949年に貯蓄銀行は消滅した[34]。

　信託業法が1923年に施行されたあと、信託会社数のピークは1927年の39社であったが、1940年になお28社存在していた。1943年の兼営法の施行により、信託会社と銀行との合併が進んだが、財閥系の有力信託会社は独立会社としてとどまり、1945年末に7社となった。戦後の混乱のなかで長期資金の獲得は困難で、これらの会社は兼営法にもとづき信託業務を兼営する銀行となったが[35]、行名には信託を残した（信託銀行）。戦後の混乱が収束し、信託銀行の主力商品として新たに貸付信託が開発されると、大蔵省は信託業務を主たる業務とする信託銀行と普通銀行を分離する方針を採り、信託業務を兼営していた地方銀行の信託業務は信託銀行に移管され、信託業務を兼営していた都市銀行の信託業務は、銀行から分離されて、新たに東洋信託銀行と中央信託銀行が設立された。しかし大和銀行だけはこの行政指導に従わず、信託業務を兼営する銀行としてとどまった。こうして信託銀行7行と信託兼営都市銀行1行が存在することになったが、前者は預金吸収や店舗設置に制限があり、後者は貸付信託を販売することができなかった[36]。

　特殊銀行は戦後に廃止されることになった。日本勧業銀行は各府県の農工銀行を合併し、全国的な店舗網を持っており、また大企業相手の長期金融を行っていなかったので、普通銀行となった。北海道拓殖銀行は、1939年の北海道拓

殖銀行法の改正により、短期貸出に関する制限が撤廃され、また預金については当初から制限がなかったが、1937年には預金残高が債券発行残高を超え、1943年には債券の発行を停止しており、普通銀行業務が中心となっていた。さらに同行は北海道内の普通銀行を合同していたが、1944年には北海道銀行と合併し、北海道の普通銀行は消滅していた（1945年には北海貯蓄銀行も合併）。北海道に強固な店舗網を持ち、普通銀行業務が拡大していたことから、北海道拓殖銀行も普通銀行となることを選択した[37]。これに対して日本興業銀行は、復興金融金庫の長期貸出しに関与していたこともあり、1950年にいったん普通銀行となったのち（この間も銀行等の債券発行等に関する法律により旧特殊銀行は債券発行を継続）、1952年に新たに制定された長期信用銀行法にもとづく銀行となった。同法にもとづく銀行としては、このほか日本長期信用銀行、日本不動産銀行（1957年、のち日本債券信用銀行）が設立された[38]。

　無尽会社は1943年に貯蓄無尽で一時先掛けが認められ、定期預金類似の商品を持つにいたったが、1945年から定期預金・普通預金の取扱を認められ、銀行と業務が近接していた。さらに1949年には無尽の本質であった組を組成せず、一定の給付金を定めて、一定期間内に掛金を払込み、期間の中途もしくは満期に給付をなすいわゆる見做無尽が認められ、新たに（殖産）無尽会社が設立された。無尽会社は1951年の相互銀行法により、無尽（相互掛金業務）・貯蓄預金（定期積金）・普通銀行業務を営める中小企業金融機関である相互銀行となった[39]。市街地信用組合・信用組合法にもとづく信用組合などは、1949年に中小企業等協同組合法による信用協同組合となった。しかしこの法律は、業域・職域の信用協同組合に適合的で、地域にもとづき会員外から預金を受け入れていた旧市街地信用組合とは適合的ではなかった。その結果1951年に信用金庫法が制定され、560の組合が信用金庫に改組されたが（新設1を含め561金庫となる）、信用協同組合法にもとづく信用組合も残された。信用組合は組合員や非営利団体から預金を受け入れ、組合員に貸付と手形割引などが行えたのに対し、信用金庫は会員・会員外から預金を受け入れ、会員への貸付・手形割引・内国為替などが行えた[40]。

さらに農業協同組合も農村に強固な地盤を持ち、系統機関として農林中央金庫をもっていた。農林中央金庫は1959年に政府出資を償却して農業協同組合等の民間のみの出資となり、1961年からは理事長も総代会で選出されるようになった。農林中央金庫は傘下団体からの預金のほか、債券を発行して資金を調達している。商工組合中央金庫（1936年設立）は政府のほか商業組合・工業組合などが株主となり（理事長も政府任命）、傘下団体の預金のほか債券を発行して（一部は財政投融資で購入）、中小企業ないしその組合への貸出を行った。商工組合中央金庫の方が政府の関与が強い。

このほか日本開発銀行・日本輸出入銀行・国民金融公庫・住宅金融公庫・中小企業金融公庫などの政府系金融機関が設立されていった。これらの機関の資金源は、郵便貯金などからなる資金運用部資金や簡保資金（簡易生命保険や郵便年金積立金）などからなっており、財政投融資計画にもとづいて資金の配分が決定されている[41]。日本開発銀行については、同行から融資を受けるという事実がその企業の評価を改善し、民間銀行からの借入額を増加させる効果があることが確かめられている[42]。

証券会社については、株式取引所の仲買人以外は免許が必要でなかったが、戦時統制の進展にともない、現物商は1938年の有価証券業取締法によって免許が与えられることになった。また同年に有価証券引受業法が施行され、有価証券の引受業者に免許が与えられることになったが、銀行・信託など別の法律で規制されているものは本法の対象外であり、証券業者8社に免許が与えられた（8社で合同が進み、野村、山一、日興、大和、日本勧業の5社となる）。有価証券には株式が含まれていなかったが、当局の許可を得て日本勧業を除く各社が株式業務を兼営した。また1941年から引受会社が投資信託の募集を開始したが、途中解約の規定がないなど不十分な商品内容であった。

戦時中の規制によって、取引所仲買人・現物商・引受業者に規制が及ぶようになったが、占領軍の政策により、証券業をめぐる環境は大きく変化した。1948年改正の証券取引法によって、公共債を除く銀行の引受業務が禁止され、銀行業務と証券業務が分離されることになり、野村・山一・日興・大和を中心

とする引受会社の系譜を引く業者がおもに有価証券の引受を行うこととなったが、逆に社債申込証の作成などの募集の受託業務は証券会社が行うことができず、銀行・信託銀行が行ったので、銀行・信託銀行の影響力は残された、ともいわれている[43]。また敗戦の直前から全国の証券取引所は閉鎖されていたが、1949年に再開されるときに、証券会社の店頭で売買を仕切ることと先物取引が禁止され、店頭での仕切りを行っていた現物商と取引所での清算取引に依存していた仲買人のビジネスモデルは根底から変化することを余儀なくされた。ただし先物取引については、1951年から証券金融と貸株による信用取引が始められた[44]。結果として、ほとんどの証券業者が顧客の注文を取引所に取り次ぎ、自己勘定で売買し、発行証券の募集取扱を行うが、体力のある大会社のみがリスクを負って発行証券を引き受けることになった。そのなかでも大手4社の存在はきわめて大きかった[45]。また1951年には証券投資信託法による投資信託の募集も開始された。

　再編成の方針は、銀証分離と長短分離として特徴付けられる[46]。銀証分離は、銀行の社債引受を禁止したもので、リスクの高い証券業務を銀行業務から分離し、金融システムの安定性を高めようとするものである。また長短分離は、商業銀行が当座預金・普通預金および定期預金（当初は1年までに限定）という比較的短期性の資金により短期貸出を行い、長期信用銀行・信託銀行などが債券や貸付信託によって長期資金を調達し、産業に長期貸出を行うというものであり、長短ミスマッチをなくし、やはり金融制度の安定性を志向したものであった。さらに外国為替及び外国貿易管理法などで対外的な資金流通に厳格な制限を付したうえで、臨時金利調整法により金利を制限し、金融機関の競争を制限し、金融制度の安定をもたらした。競争を制限する観点から、金融商品開発やサービスのあり方まで厳しく規制され、さらには出店も規制された[47]。

　高度成長期までの大企業は、戦前と比較して、自己資本比率が低く、社債の発行も制限されていたので、銀行借入金への依存度が高かった。金融機関の再編成とこうした資金調達の特徴から、戦後高度成長期の金融機関のビジネスモデルは、戦前のそれとは異なる特徴がみられることになる。以下それについて

簡単に考察を加えていく。

(2) 普通銀行

　1936年に全国地方銀行協会が設立され、そこに加盟する普通銀行と加盟しない普通銀行の区別は明確となり、前者を地方銀行、後者を都市銀行とすることが次第に一般的となっていった[48]。都市銀行は大都市を中心に全国的な店舗網を持ち、地方銀行は都道府県を中心とした店舗網を持っている。高度成長の初期にあたる1960年下期を取り上げ、都市銀行と地方銀行の相違、および戦前との相違を簡単にみておこう（表1-4）。都市銀行と地方銀行は預金額の平均で10倍程度の相違があった。そしてしばしばいわれるように、資金が不足する都市銀行はコールマネーを取り入れ、余剰の地方銀行はコールローンを放出していたが、総資産に占める貸出の比率は地方銀行の方が高い。これは都市銀行が外国為替の比重が大きいことなどによっている（表掲していないが都市銀行は現金の比率などが高い）。また外国為替利益や信託報酬を含むその他通常収入は、ほとんど都市銀行しか存在していなかった。つまり預金・貸出の規模格差のほかに、外国為替・社債受託などの業務は都市銀行に限られていたのであり、こうした相違がある点は戦前と共通している。ところで自己資本比率を見てみると3％程度であり（都市銀行の方が低い）、戦前期と算出方法が異なるが、自己資本比率の低下は明らかである。再建整備の過程で自己資本が減少したこと、所有株式に含み益があったこと（有価証券では地方銀行は社債の比重が、都市銀行はそれ以外の比重が高く、含み益は都市銀行の方が多いことが想定される）、および高度成長で貸出債権のリスクの懸念が減ったことなどが影響している。

　それぞれの業態における相違も大きく、預金額でみて都市銀行の最大（富士銀行）と最小（北海道拓殖銀行）で4倍、地方銀行の最大（埼玉銀行）と最小（富山産業銀行）で47倍の相違があった[49]。都市銀行の中位の第一銀行と富士銀行を比較すると、預金額では第一銀行は富士銀行の6割程度であったが、外国為替では4割ほどで、その他通常収入も3割である。外国為替や証券業務で

表1-4　都市銀行と地方銀行のビジネスモデル（1960年下期）

(単位：10億円、%)

	都市銀行平均	地方銀行平均	富士銀行	第一銀行	北海道拓殖銀行	埼玉銀行	京都銀行	富山産業銀行
預金	467.4	46.2	765.9	458.3	183.8	222.1	44.6	4.7
借入・コール	64.9	0.6	64.8	79.7	15.9	7.8		
外国為替	30.3	0.0	36.6	20.8		1.4		
株主勘定	17.6	2.1	26.1	18.8	11.7	7.9	1.7	0.2
資産合計	674.0	54.6	1034.7	664.0	248.7	271.9	52.5	5.5
コール・ローン	0.5	0.9	2.2			1.8	1.2	0.1
有価証券	76.6	8.1	117.9	79.7	35.7	32.5	7.3	0.7
貸出	387.7	37.0	610.9	416.0	148.5	180.4	35.9	3.6
外国為替	44.8	0.0	53.3	20.4	0.3	1.8	0.0	
その他通常収入	1.2	0.0	1.4	0.4	0.2	0.3	0.0	0.0
自己資本比率	2.6	3.8	2.5	2.8	4.7	2.9	3.2	3.3

出典：『全国銀行財務諸表分析』昭和35年下期。
注：(1)　該当する数値を抽出。貸借対照表のすべての項目を含むわけではない。
　　(2)　自己資本比率は、株主勘定×100÷資産合計で算出。
　　(3)　その他通常収入は、普通銀行合計で335億円であり、その内訳は、受入雑利息104億円、外国為替売買益46億円、信託報酬96億円、土地建物賃貸料70億円、その他168億円である。都市銀行が319億円とほとんどを占めている。

はかなり見劣りがしており、北海道拓殖銀行は地方銀行トップの埼玉銀行に似ていて、外国為替が極端に少なく、その他通常収入も少ない。地方銀行の中位の京都銀行や富山産業銀行ではほとんどない。都市銀行と地方銀行はカテゴリーで分かれるというよりもスペクトラムの上に位置しているといえよう。

　上位都市銀行の活動は、メインバンクとして定式化されるようになった。理念的にはメインバンクは、企業とくに大企業への融資額が最大の普通銀行であり、その企業が債券を発行する場合には受託銀行となる。そしてその企業と株式を持ち合い、メインバンクはその企業の大株主である。またその企業は決済資金をメインバンクに集中し、メインバンクは日常的な資金の流れからその企業の状態を把握することができる。メインバンクは企業の行動をモニターし、債権の安全性を確保する。通常は企業は多数の銀行から資金を借り入れるが、メインバンクが主としてモニタリングを行う。このモニタリングは銀行同士が相互に委託しあうものである。企業にしてみれば、こうしてメインバンクを受け入れることで、危機に際してメインバンクが救済融資団を組成するなどの行

動を取ってくれることを期待しており、受託手数料などメインバンクが得る利益は、その保険料に相当している。メインバンクのモニターが有効に機能すれば、株式市場を通じるのとは異なるガバナンスの仕組みが得られるのである。こうした仕組みは、規制当局の監視が補完していた[50]。戦前期の大企業が、高い自己資本にもとづき、大株主による執行役員のモニタリングをガバナンスの基礎としていたのとは異なる企業のガバナンスが出現したのである[51]。

(3)　長期金融機関——長期信用銀行と信託銀行——

　長期信用銀行と信託銀行は長期資金を調達し、電力・海運などの基幹産業に長期資金を融資した。企業の社債発行が規制されており、金融債の発行に優遇措置があったことが、こうしたビジネスモデルが成立した基本的要因であろう。両者とも店舗の設置は厳しく制限されていたが、少ない店舗と人員によりコストを抑えて資金を調達することができた。また外国為替などの業務にも進出しており、両者は似通ったビジネスモデルであったが、信託銀行は証券代行や不動産・遺言信託など独自業務を持っており、のちにこれらが信託銀行の特徴あるビジネスとなっていく。

　長期信用銀行は5年物の利付金融債と1年物の割引金融債を発行した。利付債は資金運用部・都市銀行によって主に消化されたが、1950年代半ば以降に銀行中心となり、1960年頃から個人の割合も徐々に増えていった。これに対し割引債は個人消化が中心であった。金融債は事業債の発行を規制した起債調整の対象からはずされていたうえに、資金運用部資金で消化され、さらに日本銀行借入担保として国債並みに優遇されるなど、さまざまな優遇措置を受けた。債券発行によって長期信用銀行は、固定金利の長期貸出を行うことができたが、日本開発銀行の貸出期間はさらに長期であった[52]。また長期信用銀行は6大企業集団から中立的な立場にあった。

　1952年の貸付信託法により生まれた貸付信託は、信託銀行が受託者となり、一定金額の受益証券を一定期間にわたって発行し、受益証券の保有者を委託者兼受益者とみなすものである。受益証券の期間は2年か5年で、一定期間中に

集められた資金は合同運用された。貸付信託は実績配当であるが、元本保証がついており、貸し倒れに備えた留保金を積み立てており、実質的には信託銀行が発表する予想配当率にしたがって配当される変動利付の商品である。貸付信託の途中解約は認められなかったが、譲渡可能であり、一定期間経過後には信託銀行による買取りも行われた。貸付信託は信託銀行の主力商品となったが、5年物の発行が多く、個人消化が中心であった。信託銀行は長期信用銀行と比較すると企業集団との関係が強く、企業集団内の都市銀行を補完する役割を果たしていた[53]。

当初は貸付信託5年物の予想利回りは利付金融債より高く、このため個人は貸付信託、日本銀行信用など優遇のある金融機関が金融債という消化先の違いがあったと考えられるが、1950年代後半から両者の間に大きな差がなくなり[54]、個人も利付金融債を消化するようになったものと思われる。さらに1965年の国債発行により金融債が日本銀行の買いオペの対象からはずされるといった金融機関にとっての実質的な商品性の改訂があり、個人消化の傾向が強まったといえよう[55]。

(4) 中小企業金融機関——相互銀行と信用金庫——

相互銀行は相互銀行法により相互掛金を独占業務として認められ、このほか定期積金と預金を受入れ、貸付や手形割引に運用した。営業区域を制限され、大口融資規制と支払準備率の規制があり、また中小企業金融機関という観点から1取引先への融資限度も規制されていた。相互銀行の独自業務であった相互掛金にかわって預金が主たる資金調達の手段となり、為替業務も行えるようになり、相互銀行は普通銀行化していった。

信用金庫は信用金庫法により預金と定期積金を受け入れ、貸出や為替などに運用したが、大口融資の規制と支払準備の規制があった。会員外からの預金を受け入れることが可能で、貸出は預金担保の会員外貸出のほかは、会員への貸出が認められ、会員資格は中小企業に限られたから、中小金融機関ということになる。やはり預金が主たる調達の手段であり、フルバンキングを行い、かつ

居住地基準を満たせば少額の出資で会員となれたので、普通銀行に類似した性格を強く持つようになった。

相互銀行・信用金庫とも1950年代には店舗開設が都市銀行や地方銀行より多く認められたため、預金量ののびがそれらより高かったが、以後は店舗の拡張が制限されたため、大きな資金シェアの変動はなくなった[56]。貸出先が中小企業であったため、長期信用銀行・信託銀行・都市銀行の主要な貸出業種であった電力・ガス・運輸および卸売業（商社を含む）などへの貸出が少なく、建設業・小売業・サービス業・その他などへの貸出が多かった。

(5) 証券会社

証券取引法により清算取引や実物取引の場外仕切りに依存していた証券会社のビジネスモデルは変革を迫られた。戦後の企業の増資は戦前と同じく額面価格による株主割当が中心であり、株式引受のニーズは少なかった。また社債の発行が規制され（日本銀行適格担保事前審査制度や格付けによる起債調整など）、低利での発行となり、金融機関が消化したが、流通市場を欠いていた。また国債は1965年まで発行されなかった。このように株式・公社債引受と公社債の流通が大きな業務ではないから、証券会社にとって、個人投資家の株式売買の仲介（委託売買）と自己売買が中心となるしかなかった。

個人投資家への販売は店舗網を必要とし、証券会社は登録制となったから、販売網を急速に構築していくこととなった。戦前に全国的販売網を構築していた大手4社が有利であったが、さらに投資信託委託と運用預かりが大手の会社（投資信託は14社、運用預かりは14社プラス5社）のみに兼業が認められ、投資信託を通じて顧客を開拓し、さらに運用預かりで顧客にとっての利回りを上げることが可能であったから、大手企業とくに大手4社にとって有利であった。しかも運用預かりの証券を担保に資金調達し、自己売買を行う余地が大きくなり、株主割当をうけて売却される株（打ち返し株）を自己保有し、バイカイ取引を通じて新たな顧客に推奨販売として売却することも容易となり、さらに投資信託で運用していった。4社のシェアは非常に大きいものとなった。こうし

たなかで大手会社は、歩合制の外務員による経営から年功制的人事制度による経営へと変化していった。

証券会社は打ち返し株を推奨販売していったが、これはある意味で、株式の残額引受をしていたのと近い機能を果たしていたといえ、販売網の充実している証券会社が望ましかった。逆に社債は証券会社が引き受けていたが、流通市場を欠き、消化機関は銀行などの金融機関であり、引受機能を発揮する余地は乏しかった。そのため4社共同引受で、主幹事持ち回り、というケースが多かった。公社債投資信託が導入されると、証券会社は理論価格で投資家から買い戻したが、これは価格変動や流動性のリスクを抱え込むこととなった。それでも起債市場の主導権を受託銀行から取り戻すために、積極的に取り組んだのである[57]。

証券恐慌と証券取引法の改正により、運用預かりが廃止され、投資信託委託も証券会社から分離され、証券会社が免許制となったが（証券不況のなかの1960年に店舗新設は制限されていた）、規模を基準に引受業務が認可される総合証券会社と委託売買・自己売買・売り捌きしか行えない証券会社が免許規制上存在することとなった。

4　金融自由化による変化

高度成長が終わるころ、高度成長期を支えた金融システムは変化を始めていた。大企業に代表される企業部門の資金不足が縮小し、かわりに政府の財政赤字が大きくなり、国債発行が増加したことと資本の自由化が進展していたことがその背景をなしていた。

国債の増発はそれを所有していた金融機関の売却圧力を高め、1982年の新銀行法の成立と証券取引法の改正をへて、銀行の国債窓口販売（1983年）と国債ディーリング（1984年）が開始された。証券業と銀行業の垣根が崩れ始めたのである。また株式発行では、1970年代から株式の公募時価発行が増加し、これとともに社債発行では、1966年時価転換社債が発行され、次第にその無担保化

も進展し、1979年には完全無担保転換社債が発行された。普通社債は銀行による担保受託と結びついた有担保原則が守られていたが、規制の緩やかな海外での起債が増加した。1980年の外国為替及び外国貿易法による原則自由化はこの流れを加速した。海外起債の増加による国内の空洞化もあり、1985年から完全無担保の普通社債が国内で発行されるようになった。大企業を中心に企業の資金調達の手段が多様化する一方で、金融債の相対的地位は低下していった。また貸付信託の資金運用も住宅建設など対象が拡大され、有価証券の保有も認められるなど、長期金融機関もその役割を変化させていった。

都市銀行は大企業の借入需要の低下に直面し、社債やエクイティによる調達に限界がある中小企業への貸出を増加させたが、これは既存の中小金融機関との競合を強めることとなった。金融の効率化行政が始まり、中小金融機関も効率化を進めることとなり、1968年の中小金融二法により、相互銀行は貸出先を中小企業に限定されるかわりに営業区域制限が廃止され、信用金庫は量的制約を付したうえで会員外貸出も行えるようになった。それと同時に中小金融機関の合併転換も促進されることとなった。ついに1989年には相互銀行の普通銀行への転換が始まり、1992年には相互銀行法が廃止された。

金利の自由化も徐々に進み、1979年にCD（譲渡性預金）の発行が開始され、1985年からは大口定期預金の金利自由化が始まった。金利とともに期間の設定も重要であるが、長短分離の原則から銀行の定期預金は1年が上限であり、ようやく1973年に2年となった。結局、1993年の金融取引改革法により、業態別子会社による銀行・証券・信託銀行・長期信用銀行の相互参入が始まることになって、預金の期間制限は撤廃されていった。この自由化の流れは、1997年の日本版金融ビックバンにより加速した。とくに証券関係では大きな変化があり、取引所への集中義務の撤廃、株式委託手数料の自由化などが実行された[58]。この自由化には、IT化の進展による情報機能の向上も大きな役割を果たしており、巨額の投資負担が必要なことから、金融機関の規模拡大を促すこととなった。また個人でもネット上で金融取引が完結するのが当たり前となり、金融機関のマーケティングを変化させ、店舗の意味を根本から変えつつある。

こうして商品開発・業務分野・金利が自由化され、IT化による規模拡大が要請されたことで、専門金融機関にもとづく金融制度は変化し、ユニバーサル化が進展していったのであるが、1980年代には資産価格の高騰が生じ、不動産や株式のブームが出現した。しかしこのブームは1990年代初頭に終焉し、多くの金融機関が不良債権を累積させることとなり、破綻する金融機関が増加するとともに（金融機関に巨額の公的資金が投入され、金融秩序の維持が図られた）、生き残りをかけた合併が進展し、銀行・信託・証券を含む巨大金融グループが誕生した。このなかで長期信用銀行は消滅し、貸付信託も募集が打ち切られ、高度成長を支えた長期金融の仕組みが消滅したことは象徴的であるが、もう一方の専門機関である中小企業金融機関も合併が進み、その数は減少している。また証券会社の合併も盛んである。しかしその一方で、新しい形態のネット銀行、ネット証券が生まれ、外国銀行の現地法人がリテール業務まで営むようになっている。さらには2007年以降の金融危機のなか[59)]、野村証券はリーマン・ブラザーズのヨーロッパ・中東・アジア事業を買収し、アメリカでの拡大を急いでいる。新しい金融商品やリスクマネジメントにもとづく厳しい競争と淘汰の流れは世界的に進みつつあり、終わることはないであろう。そのなかで1988年のバーゼルI以来、自己資本の役割が強調されているが、戦前と戦後の金融機関のビジネスを歴史的に比較してみても、その意味がよく理解できるであろう。

1) 小野桂之介・根来龍之『経営戦略と企業革新』朝倉書店、2001年、80頁。
2) 国領二郎『オープン・アーキテクチャ戦略』ダイヤモンド社、1999年、26頁。
3) 粕谷誠「金融ビジネス」宮本又郎・粕谷誠編『講座・日本経営史第1巻　経営史・江戸の経験』ミネルヴァ書房、2009年。
4) シャンド「銀行大意」日本銀行調査局編『日本金融史資料　明治大正編　第5巻』大蔵省印刷局、1956年、186頁。
5) イギリスの銀行家であったシャンドも商業手形中心の運用を理想としていたわけではなかったことは注意する必要がある。商業手形を理想とする思想は、松方正義らが学んだものであった（粕谷誠「近代企業の移植と定着」石井寛治・原朗・武

田晴人編『日本経済史1　幕末維新期』東京大学出版会、2000年)。
6) 加藤俊彦『本邦銀行史論』東京大学出版会、1957年、130頁、後藤新一『普通銀行の理念と現実』東洋経済新報社、1977年、第3章および粕谷誠「金融制度の形成と銀行条例・貯蓄銀行条例」伊藤正直・靎見誠良・浅井良夫編『金融危機と革新——歴史から現代へ——』日本経済評論社、2000年。なお大口融資規制が大蔵省の通達の形で実施されたのは1974年である。
7) 邉英治「大蔵省検査体制の形成とその実態」『金融経済研究』第20号、2003年、142頁。
8) 白鳥圭志『両大戦間期における銀行合同政策の展開』八朔社、2006年、117頁。
9) 都市銀行は株式引受を危険とみなしてほとんど行わなかった。株式を所有しなかったわけではないが、保有有価証券の中心は公社債であった。またブローカー業務にも進出していない。
10) 1924年に1口当たり受託金額500円、期間2年以上、利益保証率(上限)5.5%とされた(日本経営史研究所編『三菱信託銀行六十年史』三菱信託銀行、1988年、17頁)。
11) 野守廣・内藤章『信託経営論』千倉書房、1931年、102、137頁。
12) 麻島昭一『日本信託業発展史』有斐閣、1969年、325頁。金銭信託に対する自己資本の比率は低く、信託報酬率が低くても資本金利益率は高くなりえた。
13) 前掲日本経営史研究所編『三菱信託銀行六十年史』63頁および住友信託銀行五十年史編纂委員会編『住友信託銀行五十年史』住友信託銀行、274頁。
14) 本項の記述は、二上季代司『日本の証券会社経営——歴史・現状・課題——』東洋経済新報社、1990年、第1章によるところが大きい。
15) 志村嘉一『日本資本市場分析』東京大学出版会、1969年、第4章。
16) 岡崎哲二・浜尾泰・星岳雄「戦前日本における資本市場の生成と発展——東京株式取引所への株式上場を中心として——」『経済研究』第56巻第1号、2005年。
17) 浅井良夫「1927年銀行法から戦後金融改革へ」伊藤正直・靎見誠良・浅井良夫編『金融危機と革新——歴史から現代へ——』日本経済評論社、2000年。
18) 山一証券株式会社社史編纂室編『山一証券史』山一証券、1958年、669頁。
19) Makoto Kasuya, "Securities Markets and a Securities Company in Interwar Japan: The Case of Yamaichi," in Makoto Kasuya ed., *Coping with Crisis: International Financial Institutions in the Interwar Period*, Oxford: Oxford University Press.
20) Makoto Kasuya, "Bond Markets and Banks in Inter-war Japan," *Business History*, Vol. 51, No. 6, 2009.
21) 本項の記述は、日本勧業銀行調査部編『日本勧業銀行史——特殊銀行時代——』

日本勧業銀行、1953年、日本興業銀行臨時史料室編『日本興業銀行五十年史』日本興業銀行、1957年、加藤俊彦編『日本金融論の史的研究』東京大学出版会、1983年、第4章および第5章によるところが大きい。

22) 農工銀行には各府県が、北海道拓殖銀行には政府が出資した。またこれらの銀行は政府が監督権限を持ったが、取締役は株主が株主より選任し、取締役の互選で頭取が選任された。政府や府県は株主総会に影響力を発揮できるかわりに、代表者を直接選任することはできなかった。

23) 前掲日本興業銀行臨時史料室編『日本興業銀行五十年史』80および244頁。

24) 貯蓄銀行に関する記述は、協和銀行行史編纂室編『本邦貯蓄銀行史』協和銀行、1969年によるところが大きい。

25) 杉山和雄「貯蓄銀行の普通銀行化傾向」『地方金融史研究』第1号、1968年。

26) 前掲協和銀行行史編纂室編『本邦貯蓄銀行史』165〜166頁、浅井良夫「貯蓄銀行法の成立と独占的貯蓄銀行の形成（上）」『成城大学経済研究』第64号、1979年、76頁、進藤寛「地方貯蓄銀行の再編成」朝倉孝吉編『両大戦間における金融構造』御茶の水書房、1980年、522頁。なお貯蓄銀行は貯蓄銀行を商号に加えることを義務付けられたが、貯金銀行（例えば不動貯金銀行）、貯蔵銀行（例えば東京貯蔵銀行）などの商号も認められたようである。

27) 進藤寛「両大戦間における地方貯蓄銀行と地方銀行」『地方金融史研究』第8号、1975年。

28) 『銀行局年報』と『銀行総覧』では減少のタイミングが1年ずれており、前者の方が1年遅れて1922年となっている。

29) 後藤新一『日本の金融統計』金融経済研究所、1970年、264〜269頁。ただし貯金の利子には税制上の優遇があり、同じ利率ならば、貯金の方が有利であったし、貯蓄銀行は営業税が軽減された（前掲浅井良夫「貯蓄銀行法の成立と独占的貯蓄銀行の形成（上）」92頁）。

30) 前掲協和銀行行史編纂室編『本邦貯蓄銀行史』巻末付表。

31) Kasuya, "Bond Markets and Banks in Inter-war Japan" では、自己資本の低い普通銀行は、債券よりハイリスクな貸出を増やす傾向のあったことを確認している。また南條隆・粕谷誠「銀行のポートフォリオ選択の効率性に関する一考察——戦前期に本における普通銀行の資産運用を事例として——」『金融研究』第25巻第1号、2006年では、普通銀行がリスクとリターンを考慮した合理的なアセットアロケーションを実現していたことを実証している。

32) 前掲加藤俊彦編『日本金融論の史的研究』第12章、宮本又郎・高嶋雅明『庶民の歩んだ金融史』編集工房ノア、1991年、第1章から第3章、全国相互銀行協会編『相互銀行史』全国相互銀行協会、1971年、第1章。

33) 前掲協和銀行行史編纂室編『本邦貯蓄銀行史』137頁。このほか養老保険も類似の商品特性を持っていた。養老保険も契約者貸付を受けることが可能であった。
34) 前掲協和銀行行史編纂室編『本邦貯蓄銀行史』第7、8章。
35) 日本投資信託会社は投資信託受託会社となっていて、信託銀行に転換しなかったが、1950年に東京信託銀行に合併された。正確には信託会社はこの合併ですべて消滅した（日本銀行調査局編『戦後わが国金融制度の再編成』日本銀行調査局、1967年、93頁）。
36) 三井信託銀行60年史編纂委員会編『三井信託銀行60年のあゆみ』三井信託銀行、1984年、1～63頁。
37) 北海道拓殖銀行行編『北海道拓殖銀行史』北海道拓殖銀行、1971年。
38) なお戦前期に外国為替業務を行う特殊銀行であった横浜正金銀行は閉鎖機関となったが、その資産を引き継いで普通銀行である東京銀行が設立された。東京銀行は1954年に外国為替銀行法にもとづく唯一の外国為替専門銀行となり、支店の設置を制限されたことから同行も1962年から債券発行が認められた（東銀史編纂室編『東京銀行史』東銀リサーチインターナショナル、1997年）。
39) 前掲全国相互銀行協会編『相互銀行史』第2章。
40) 全国信用金庫協会50年史編纂室編『信用金庫50年史』全国信用金庫協会、2002年、第1章。
41) 日本銀行調査局編『わが国の金融制度』日本銀行調査局、1962年、第3部第12章。
42) 堀内昭義・随清遠「情報生産者としての開発銀行——その機能と限界——」貝塚啓明・植田和男編『変革期の金融システム』東京大学出版会、1994年。
43) 藤原賢哉「社債発行市場における幹事証券と受託銀行の機能について」『国民経済雑誌』第176巻第5号、1997年。
44) 非上場証券の決済も4日で行うこととされ、預け合いによる先物取引の発生余地が封じられた（前掲二上季代司『日本の証券会社経営』35頁）。
45) 証券業者は証券取引法により、免許制から届出制に変更されたが、1965年に再び免許制に戻された。
46) 金融再編成については、伊藤修『日本型金融の歴史的構造』東京大学出版会、1995年および杉浦勢之「戦後復興期の銀行・証券——『メインバンク制』の形成をめぐって——」橋本寿朗編『日本企業システムの戦後史』東京大学出版会、1996年によるところが大きい。
47) ただしコール市場は規制が緩く、そこでの金利は自由金利とみなしうるし、また貸出金利も規制されていたが、拘束預金により実効金利を引き上げることが可能で、実質的に貸出金利の規制は実効性が弱かったと考えられている。

48) 地方金融史研究会編『戦後史地方銀行史Ⅰ　成長の軌跡』東洋経済新報社、1994年、3頁でも地方銀行をこのように定義している。
49) 最小の都市銀行より最大の地方銀行の方が規模が大きく、1969年に埼玉銀行は地方銀行協会を離脱し、都市銀行となった。
50) 青木昌彦、ヒュー・パトリック、ポール・シェアード「日本のメインバンク・システム——概観——」青木昌彦、ヒュー・パトリック編『日本のメインバンク・システム』（白鳥正喜監訳）東洋経済新報社、1996年。
51) 岡崎哲二「日本におけるコーポレート・ガバナンスの発展——歴史的パースペクティブ——」『金融研究』第13巻第3号、1994年。
52) 個人投資家は、金融債の額面での買取を請求することができたので、金利上昇時にキャピタルロスなしに高利回債券に乗り換えることができた（辻村和佑「戦後の長期金融制度の意図と現実」『三田商学研究』第41巻第4号、1998年）。
53) フランク・パッカー「長期信用銀行の役割とメインバンク・システム」前掲青木昌彦、ヒュー・パトリック編『日本のメインバンク・システム』168頁。
54) 貸付信託のほうが若干高く設定されたことが、貸付信託の資金量の伸びをもたらした（三輪芳朗「『金融制度改革』と信託銀行」貝塚啓明・植田和男編『変革期の金融システム』東京大学出版会、1994年）。
55) 公社債引受協会編『日本公社債市場史』公社債引受協会、1980年、183、218、228、301、323頁、信託協会編『貸付信託資料集』信託協会、1992年、336頁。
56) 前掲全国相互銀行協会編『相互銀行史』、前掲全国信用金庫協会50年史編纂室編『信用金庫50年史』。
57) 前掲二上季代司『日本の証券会社経営』第2、3章、首藤恵『日本の証券業——組織と競争——』東洋経済新報社、1987年、第1章。
58) 西村吉正『日本の金融制度改革』東洋経済新報社、2003年、公社債引受協会編『公社債市場の新展開』東洋経済新報社、1996年。
59) 2008年リーマン・ブラザーズの破綻に代表される金融危機については、Gillian Tett, *Fool's Gold: How Unrestricted Greed Corrupted a Dream, Shattered Global Markets and Unleashed a Catastrophe*, Little Brown, 2009 が簡明な解説を行っている。

第2章 明治期における安田銀行のビジネスモデル

迎　由理男

はじめに

　本稿は資本主義確立期の安田銀行がどのような収益モデルを構築したのかを明らかにすることを課題とする。よく知られているように、安田銀行は六大都市銀行の一角を形成するが、総合財閥銀行の三井や三菱、住友と異なって、巨大な関係企業をもっていなかった。そのために関係企業の遊休資金を預金として取り込むことも、安定した融資先を確保することもできなかった。こうした安田銀行が三井銀行や三菱銀行に伍して成長していくためには、これら総合財閥銀行とは異なった収益モデルを形成するほかなかった。それが、急成長する投資家と結びつつ産業金融を展開する一方で、地方銀行との取引や地方金融に積極的に進出するというビジネスモデルであったと考えられる。当該期の安田銀行については、預金規模からみて都市銀行の地位を確たるものにしたこと、浅野や雨宮などに集中的に資金を供給するなどして産業金融機関化していったこと、しかし、他の財閥系銀行と異なって日銀依存を脱却できなかったこと、地方進出に積極的であったことなどについてはすでに先行研究で指摘されている[1]。筆者もこうした見方はおおよそ妥当であると考えるが、これまでの研究では同行の産業金融機関化については立ち入った検討はなされておらず、地方進出についても、地方でどのような業務を行っていたのかについてはなんら明らかにされていない[2]。そこで本稿では具体的に中央・地方における同行の取

引先を検討して、こうした指摘がどの程度妥当性をもっているのかを吟味しつつ同行が当該期にどのようなビジネスモデルを形成したのかを明らかにしたいと考える。

1　明治10年代の安田銀行

(1)　預金

　明治20、30年代の安田銀行の特徴を検討する前に、明治10年代安田銀行はどのような経営を行っていたのかを確認しておこう。

　まず、同行の預金の推移をみると、明治10年代半ば以降順調に増加していた預金は19年に大きく減少している[3]。以後預金は停滞し、明治19年の預金量を回復するのは明治26年である。この減少の原因として次の3点を挙げることができる。第一の要因は松方デフレによる不況である。この時期銀行預金全体が落ち込んでおり、同行も不況の影響を受けたことは容易に想像できよう。第二の要因は増資の影響である。同行は明治20年に20万円から80万円増資し、資本金を100万円としたが、その資金は積立金のほかに預金として積み立てられていた株主配当金が充てられた[4]。この配当金はすべて同行の別段預金とされていたから、明治20年にこの預金が資本金の一部に振り替わったため、預金は大きく落ち込むことになった[5]。第三の要因は官金預金が大きく減少したことである。明治19年に官金取扱いを次々に解除されるまで、同行は官金預金に依存しながら経営を行っていた[6]。支店の設置も基本的には官金取扱いに規定されていた。栃木支店や福島出張所、富山支店はいずれも国税取扱いや県為替方などを命ぜられて設置されたものである。官金取扱いに積極的であったのに対し、民間預金については消極的であった。例えば、宇都宮支店では金融緩慢で資金運用先に窮していたことを理由に、新規預金を謝絶しただけでなく、従来の預金も顧客に払い戻していることさえあったのである[7]。

　この官金預金の減少が同行にとっては何よりの打撃となった。同行は大幅な

第 2 章　明治期における安田銀行のビジネスモデル　35

表 2 - 1　安田銀行本店の資金源泉

(単位：円、%)

明治18年下		比率	明治20年下		比率
御用預	241,805	12	御用預	133,694	5
司 法 省	106,000		司 法 省	4,682	
東京裁判所	10,500		金 庫 局	129,012	
農商務省	82,100				
山 林 局	27,446				
改 修 所	15,759				
預り金	1,003,376	51	預り金	838,827	33
定 期 預 金	621,743		定 期 預 金	413,130	
約 定 当 座 預	258,591		約 定 当 座 預	252,555	
当 座 預	36,446		当 座 預 金	12,794	
単 厚 社	48,596		単 厚 社	63,076	
振 出 手 形	38,000		振 出 手 形	96,110	
			金銀売買元	1,162	
支 店	168,811	9	支 店	88,743	3
宇都宮支店	53,753		福 島 支 店	64,593	
栃 木 支 店	60,523		四十五銀行	17,500	
福 島 支 店	54,535		四十五桑名	2,650	
			割 引 手 形	4,000	
他 店	133,212	7	取引勘定	455,906	18
第十二銀行	93,000		日 本 銀 行	250,000	
その他22行	40,212		第 三 銀 行	15,000	
			十 五 銀 行	140,000	
			その他27行	50,906	
資 本	378,700	19	資 本	1,000,024	39
資 本	200,000		資 本	1,000,000	
積 立 金	133,000		前半期越高	24	
別段積立金	45,700				
損益勘定	46,806	2	損益勘定	54,989	2
合 計	1,972,714	100	合 計	2,572,059	100

出典：各期『実際考課状』、『富士銀行百年史別巻』532頁による。

預金減のために明治19年以降借入金に大きく依存するようになる。表 2 - 1 によれば、明治18年下期には本店の預金は100万円の民間預金（このうち21万円強が株主配当の積立部分）に加え、官金預金が241千円に達していた。さらに支店からの借りが168千円あり、この大部分が官金預金であるから、官金預金はおよそ40万円で、資金源泉の21％を占めている。明治20年下期になると、官

金預金はもちろん民間預金も大きく落ち込んでおり、代わって大きな比率（18％）を占めるのが取引勘定である。同勘定はのちの為替尻勘定に当たるものであるが、日銀、第三銀行、十五銀行からの借りが大部分を占めている。当時の財務諸表には借入金の勘定科目がなく、これら三行の決済尻の額が巨額に上っていることからしても、借入金がこの取引勘定によって処理されたものと見ていい。預金の減少によって借入金に依存せざるを得なくなったことが伺えよう。以後、民間預金が増大しなかったため、日本銀行、十五銀行、第三国立銀行などからの借入額は年を追うにつれ増加している。同行は民間預金増を図るためにも、これまでの官金預金取扱いを軸とする経営方針を改めざるを得なくなったのである。

(2) 資金運用

資金運用を図2-1によってみると、明治25年頃を境に大きく変わっているのがわかる。すなわち明治25年以降貸金が急増しているのに対し、それまでは有価証券運用が大きな比重を占めていたのである。有価証券の内訳をみると、明治19年までは公債と株式ほぼ同じぐらいだが、それ以降株式が急増、20年代前半は株式だけで貸出金にほぼ匹敵する。

明治初期から10年代、多くの金融機関にとって公債は最も魅力的な投資対象であり、安田銀行にとっても公債は有力な収益対象であった。同行の公債所有が多額に上ったのは官金取扱いの担保として公債を保有せざるを得なかったし、公債所有は安定的な配当をもたらしていたという事情があったからであるが、同行は単に配当利子の取得を目的として公債投資しただけでなく、公債売買を積極的に行っていた（この売買は図2-1で示した保有国債とは別に、勘定科目には「諸公債買入元」として処理されている）。表2-2に示したように、公債のトレーディング額は巨額に上っている。私立銀行の売買高が不明なので同行の売買高を国立銀行全体の売買高と比べてみると、同行の売買高は明治15年下期でそれらの8.3％、16年下期で16.3％、17年下期で10.8％に達するものであった[8]。

第2章　明治期における安田銀行のビジネスモデル　37

図2-1　安田銀行の資金運用推移

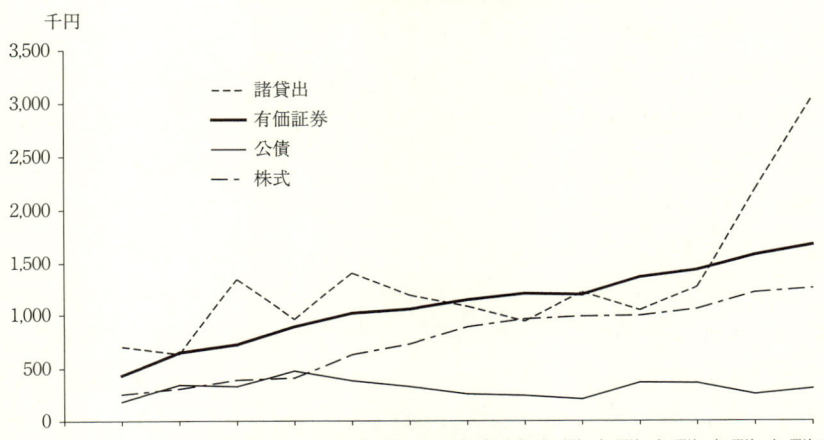

(千円, グラフ)
- --- 諸貸出
- ── 有価証券
- ── 公債
- ─·─ 株式

縦軸：0〜3,500（千円）
横軸：明治15年〜明治27年

出典：『安田銀行六十年誌』による。

表2-2　安田銀行本店の公債売買高推移

(単位：千円)

年　度	前期繰越高	当期買入高	当期売渡高	現所有高
明治13年下期	22	294	301	15
明治14年上期	16	355	328	42
明治14年下期	42	561	579	24
明治15年下期	103	639	703	38
明治16年下期	29	990	884	135
明治17年上期	110	548	610	47
明治17年下期	70	786	820	36
明治18年下期	49	1,158	1,161	46
明治19年上期	49	2,144	2,158	55
明治19年下期	58	2,056	2,072	42
明治20年下期	118	918	999	36
明治21年下期	7	377	370	14
明治22年下期	6	82	87	1
明治23年下期	17	469	451	35
明治24年下期	246	729	940	34
明治25年下期	25	510	489	46

出典：各期『実際考課状』により作成。
注：(1) 本店取り扱い分のみ計上。
　　(2) 明治18年以降は旧公債分を除く。
　　(3) 明治13年の七分利付き金禄公債の現所有高は前期繰越高、当期買入高、当期売上高によれば、マイナスになるが、原資料のまま計算した。

株式のトレーディングも行っているが、公債取引ほど恒常的ではない。ただ、明治20年上期と26年上期には巨額の株式売買を行い、莫大な利益をあげている[9]。

株式所有の状況をみよう。株式所有は明治10年代末から増加し始め、明治24年には貸出金に匹敵する額に達した。株式所有の増加は安田善次郎の積極的な投資活動の結果であった。明治10年代末から20年代前半、彼がどのような株式投資を行ったかについては窺い知ることはできない。『安田善次郎全伝』などから推測すると、第三国立銀行、第四十四国立銀行、第四十五国立銀行などの銀行株、水戸鉄道、甲武鉄道、両毛鉄道、北越鉄道などの鉄道株、東京電灯株、門司築港株などがその主なものであったと考えられる。銀行のほか、善次郎がこの時期とりわけ意を注いだのは鉄道事業と東京電燈である。彼はこれら企業の役員に就任し、それら企業のために多くの時間を割いている[10]。これら事業についての彼の投融資活動についてはのちに検討するが、ここで確認しておきたいのはこの時期から地方銀行と関わりをもっただけでなく、企業勃興期にいち早く鉄道事業に加わっているという点である。

貸金は明治19年をピークに25年まで停滞し、有価証券投資が貸金額を上回る年が多かった（前掲図2-1参照）。当該期の貸金の内容についてはほとんど明らかにしえない。『安田銀行六十年誌』では商工業者への小口融資が中心であったことを示唆しているが、明治17年上期考課状に記載された本店の貸付区分別口数では、旧士族層への貸付件数が50％、商業への貸付30％、銀行への貸付が10％となっており、旧士族への貸付や銀行への貸付が多い。1口当たり貸付高をみると、この時点で4,300円に達しており、明治8年下期の実質的な1口当たり貸金1,102円と比べてかなり大口化していることがわかる[11]。

(3) 支店の役割とその変化

明治20年代前半までの地方支店の役割についてみてみよう。明治10年代の地方支店は基本的には官金取扱い業務や日本鉄道資金の取扱い業務が中心で、資金運用には消極的であった。明治15年、18年の地方支店の預貸率はそれぞれ

55％、22％に過ぎなかった。預金貸金の地方支店の比率を見ても、明治15年、18年の地方支店預金の比率はそれぞれ20％、26％に達しているのに対し、地方支店貸金の比率はそれぞれ16％、10％に過ぎない。明治20年代前半、いったん減少した地方預金の比率は福島県為替方による官金預金の増大が寄与して再び増大しているが、この時期にも貸金の比重は依然低かった。要するに、明治20年代前半まで、支店は官金の取扱いが中心であったのである。したがって、これらの地域で官金取扱いを免ぜられると、同行は支店代理店網の改廃を断行すると同時に、支店の営業方針を見直さざるを得なくなった。すなわち、明治20年3月31日で、宇都宮ほか23カ所の現金支払所、農商務省・司法省などの各庁金銭支払事務取扱方、宇都宮・栃木・足利の金庫金取扱方を免ぜられると、同行は栃木支店を廃止したほか栃木県内の代理店をすべて廃止したのである[12]。

このように支店・代理店を廃止しただけでなく、同行は残った支店の営業方針を改めた。すなわち宇都宮では、県庁内にあった宇都宮支店とは別に明治19年下期に宇都宮商店を設置し、翌年同商店を宇都宮支店と改称した。同商店設置の目的は「栃木県下ノ物産ヲ繁殖スルノ目的ヲ以テ諸貸付金ヲナス」（『明治十九年下季実際考課状』）ことであり、「従前ノ穀物抵当貸付金ノ他銀行支店一般業務ヲ取リ扱フコト」（明治20年上）としたのである。こうして、同支店では預金が激減したにもかかわらず、預金を大きく超える資金が貸し出されることになった。同支店の貸出対象がどのようなものであったかはわからないが、「主トシテ貨物抵当ナルカ故ニ」（明治22年下）とあるように、商品抵当貸し、具体的には穀物抵当貸しが多かったのではないかと推測される[13]。

福島支店の機能も大きく変化したが、その変化はかなり遅い。同支店は明治16年2月福島県下福島区域国税取扱いのために福島出張所として設置された（明治18年支店に昇格）。明治20年4月には福島県金庫出納所事務取扱方を命ぜられ、官金取扱い業務は拡張された。官金取扱い業務が優先され、「生糸ノ意外ニ豊熟シタルノミナラス其購買力サヘ頗ル競進シタレハ金融自ラ其間ニ繁ヲ告ケシト雖モ国庫御用部ノ頻繁ナルカ為メ其機ニ投シテ充分斡旋ヲナスニ至ラス」（明治20年下）という状況を呈した。もっとも、同支店でも明治19年に二

本松出張所を設け、生糸抵当貸付金および荷為替を開始していた。『明治二十年下季実際考課状』には「二本松出張所ニ於テハ主トシテ生糸抵当貸又ハ生糸荷為替取組ノ便ヲ開キ以テ予想外ノ好結果ヲ得タリ」などと記されている。しかし、二本松での生糸貸付および荷為替は明治22年下期に全廃された[14]。こうして、明治25年上期まで「当支店ハ生糸ニ関係ノ取引ヲ為サルヲ以テ営業上差シテ著シキ事務モナク只国税地方税ノ扱ニ従事」(明治23年下)するという状態であった。

いったん生糸荷為替金融に乗り出しながら、すぐに撤退した理由については定かではないが、好不況の変動が激しくリスクが大きいうえに、一時的に多額の資金を要する製糸金融は同行の資金繰りを苦しくすると判断されたものと思われる。この時期、福島に相次いで設立された本店銀行はいずれも積極的に製糸金融を展開していたが、松方デフレに伴う折返生糸の不振によって大きな損害を被っていた。明治20年ごろになると、打撃を受けた本店銀行に代わって第一国立銀行や三井銀行などの支店銀行が貸出や荷為替金融の中心を占めるようになっていた[15]。しかし、これら支店銀行も製糸金融に失敗するなどして相次いで福島支店での貸出を縮小し、やがて撤退していった[16]。

これに対し、同行は逆に明治25年下期に荷為替金融を開始するなど貸出を積極化させた[17]。この半期、同支店定期貸金の期中貸付高は423千円(貸付残高は41千円)にのぼり、同行本店の期中貸付高401千円を凌いだのである。以後同店での貸出は急拡大していくことになる。貸出を積極化したのは同支店だけではなかった。この前後以降、安田銀行は支店を次々に設置する一方で、貸出業務も拡張したのである。この結果、地方支店の預貸率は明治26年以降急速に高くなり、明治27年には128％、30年には161％に達した[18]。

最後に、銭店についてみておこう。銭店は本来銅貨の両替を主たる目的としていたが、銅貨は払底して売買高は僅少で利益も上がらなかった。そのため有価証券売買とくに株式売買に乗り出すとともに、規程外担保貸付を積極的に行っていた[19]。しかし、明治22年下期に「近来株式市場ニ往々危険ノ形跡アルヲ以テ十一月上旬断然諸株式売買ヲ廃止」する一方、明治23年上期には貸付も従

来の積極的方針を一変して、貸出規程に従い確実堅固に行うこととし、規程外担保貸付を廃止した。そして銭店そのものも明治26年に廃止している。銭両替という安田の当初の事業は歴史的使命をここで終えたのである。

(4) 収益構造と利益金処分

当該期の収益の状況を表2-3によって見ておくと、以下の点を指摘できる。第一に、公債利息、公債売買益、株式配当、株式売買益などの有価証券投資の収益が大きな比重を占めている。とりわけ、株式配当益は同行に安定的な収益をもたらしていたことがわかる。明治17年までは利息収入の比率が高いが、この利息収入には、同年まで公債利子収入も含まれていた。半期3％程度の利廻りとすると、明治16年下期では公債収入が1万円程度になり、貸付利息収入は35％を占めるに過ぎない。しかし第二に、公債や株式の売買収入、あるいは地金銀売買収入は年によって大きく変動しており、かなりリスクの高い収入であったことがわかる。この時期安田銀行はまだ安定的な収益基盤を築きえていなかったのである。第三に、店舗別でいえば明治10年代は収益の90％前後を本店で得ており、支店収入は微々たるものに留まっているが、20年代半ばから次第に支店の比重が大きくなっていることである。明治32年になると収益の30％を支店で稼ぎ出しているのである。

第四に、官金取扱い利益が10年代半ばには収入の5～6％に達しており、かなり大きいことである。官金取扱いは、その預金が資金運用の資金源となったばかりか安定した手数料収入を同行にもたらしていたのである。

最後に、当該期の利益金処分に触れておこう。同行では、純益の40％を内部留保（非常積立金10％、銀行積立金30％）し、50％を株主への配当、10％を役員報酬とした[20]。このうち、配当はすべて別段預金として銀行に積み立てたから、実質的には利益金の90％を内部留保していたわけである[21]。明治19年末には、預金109万円、資本金20万円に対し、積立金は22万円に達していた。手厚い内部留保に加え、明治15、16年には不況による滞り貸しに備えて、4万円程度の滞り貸し準備金を計上していた。安田はきわめて慎重な財務政策をとって

表2-3 安田銀行の収益推移

科目	明治16年	比率	明治18年	比率	明治20年	比率	明治22年	明治24年
利　　　　息	37,604	47	24,154	27	39,598	41	—	—
割　引　料	—	—	8,346	9	1,079	1	2,666	1,134
手　数　料	555	1	658	1	438	0	1,152	236
公債証書売買益	15,507	19	8,823	10	5,014	5	1,307	1,718
諸公債利息	—	—	12,507	14	8,201	8	7,555	9,321
地金銀売買益	—	—	—	0	—	0	556	290
両替方利益	—	—	1,370	2	870	1	—	—
諸株式配当益	18,022	23	24,384	27	30,958	32	37,680	47,511
諸株式売買益	—	—	—	—	—	0	—	—
地所収入益	2,563	3	3,700	4	7,498	8	12,567	16,501
雑　　　益	—	0	—	—	—	—	2,671	993
公金取扱利益	5,527	7	4,827	5	3,320	3	4,851	2,675
合　　　計	79,781	100	88,859	100	96,979	100	71,276	80,383
支店利益金	4,191	—	4,120	—	3,091	—	2,675	5,557
当期利益金	43,146	—	46,162	—	54,966	—	63,450	58,018
本店当期利益金比率	90	—	91	—	94	—	88	86

出典：各期『実際考課状』、富士銀行『富士銀行百年史』。
注：(1) 明治26年は上期、それ以外は下期。
　　(2) 利息は明治22年以降は利息収入と利息支払いの差額が計上されており、それ以前と比較できない。
　　(3) 合計欄の数値と各科目を合計した数値は一部合致しないが、資料のままとした。

いたといえよう。

　以上、明治10年代から20年代前半の安田銀行の経営について検討してきてが、それをまとめると以下のようになる。

　10年代の安田銀行は官金取扱いを重要な業務としていた。官金預金は預金の半ばを占め、重要な資金源泉となるとともに、官金取扱い自体がかなりの手数料収入を生み出した。資金は本店で運用され、地方支店は官金出納機関（官金預金吸収機関）と位置づけられていた。資金運用は、貸付に匹敵するほどの資金が有価証券に投じられた。公債および株式への投資とその短期売買によって、収益の半ばを稼ぎ出していたのである。こうしたディーリング業務はかなり投機的であったけれども、一方で手厚く内部留保を積み増したり貸倒準備金を計上するなど、財務基盤は厚かった。

(単位：円、％)

	明治26年上期	明治28年	明治30年	明治32年
	—	14,914	—	—
	9,210	29,578	94,281	88,239
	285	14,099	20,141	28,014
	9,824	3,588	1,395	2664
	9,673	22,684	15,195	31,118
	307	628	3,913	2,753
	—	235	239	74
	72,479	49,014	98,114	124,497
	—	9,165	3,367	4,786
	14,921	19,255	21,379	32,478
	174	5,314	5,880	16,350
	2,069	—	—	—
	118,941	168,479	263,908	330,976
	12,799	19,325	40,934	58,187
	106,442	127,641	204,611	192,257
	86	85	80	70

しかし、明治19年官金取扱業務を解除された同行は業務のあり方を大きく見直すことを余儀なくされた。減少した預金を借入金によって補填しつつ同行が採ったのは、ひとつは企業勃興を主導した鉄道、銀行などへの投融資を積極化させることであり、いまひとつは地方での資金運用であった。明治25年以降貸出が急増し、またその増加以上に地方貸出が増加するのである。節を改めてこうした同行の新たな収益モデルを検討しよう。

2　明治中期における有価証券運用と地方支店取引

(1)　有価証券運用

　はじめに同行の有価証券運用について見ておこう。同行は他の財閥系銀行と比べると、三井銀行とともに有価証券運用比率が高かった[22]。安田善次郎は同行を通じて株式投資を中心に有価証券投資を積極的に展開していったのである。表2-4によれば、当該期には株式投資が多くなっているが、地方債や社債の引受業務に乗り出しており、これら地方債社債保有が増加していることが特徴としてあげえよう。とくに注目されるのは大阪築港公債（年利6％、最終償還期限1981年）の引受である。その発行総額は第一次築港公債が総額1,703万8,000円（明治30年〜37年）、明治38年の第二次築港公債が226万円であった[23]。安田銀行は同公債のほか長崎港湾改良公債（150万円）、福井県土木公債（25万円）などを引き受けている。社債については中国鉄道（明治60万円、明治31年）、徳島鉄道（30万円、明治32年）、川崎造船所（100万円、明治35年）、阪神

表2-4 安田銀行所有有価証券（明治32年）

(単位：円、％)

種別		金額	比率	種別		金額	比率
国債		131,900		（諸株式続き）			
	整理公債	44,350		保険	東京火災保険	384,314	16
	軍事公債	18,050			帝国海上保険	242,500	10
	海軍公債	19,500			東京海上保険	63	0
	金録公債	50,000			保険小計	626,876	26
地方債		989,500		鉄道	日本鉄道	2,138	0
	東京市公債	72,500			九州鉄道	150	0
	函館港改良工事費公債	49,000			北海道炭鉱鉄道	297	0
	神戸市水道公債	9,800			山陽鉄道	5,593	0
	大阪築港公債	633,200			甲武鉄道	182,937	8
	長崎港湾改良公債	225,000			参宮鉄道	150	0
社債		183,720			川越鉄道	5,400	0
	日本鉄道	350			青梅鉄道	10,000	0
	日本勧業銀行	71,870			成田鉄道	550	0
	日本郵船	65,000			岩越鉄道	460	0
	北海道セメント	5,200			中越鉄道	42,000	2
	中越鉄道	1,500			中国鉄道	280	0
	中国鉄道	39,800			七尾鉄道	32,970	1
諸株式		2,420,210	100		小田原電気鉄道	2,500	0
	日本銀行	220,000	9		武相中央鉄道	500	0
	日本勧業銀行	2,250	0		鉄道小計	285,925	12
	第一銀行	10,275	0	海運	日本郵船	1,550	0
	第三銀行	937,600	39		東洋汽船	29,650	1
	第四十一銀行	34,000	1		海運小計	31,200	1
銀行	第八十四銀行	46,200	2	その他	東京株式取引所	500	0
	第九十八銀行	66,100	3		東京電灯	450	0
	帝国商業銀行	375	0		東京建物	27,000	1
	日本商業銀行	80,200	3				
	明治商業銀行	49,840	2				
	福島農工銀行	1,420	0				
	銀行小計	1,448,260	60		合計	3,725,331	―

出典：安田銀行『営業報告書』（原本）により作成。

電気鉄道（150万円、明治36年）、北海道炭鉱鉄道（300万円、同年）千寿製紙（30万円、同年）などの社債を引き受けた。安田銀行は最も公社債引受業務に積極的な銀行の一つであり、明治38年担保付社債信託業務に乗り出したのも普通銀行の中で同行が最初であった。明治期に発行された担保付社債27銘柄のう

ち17銘柄を受託した日本興業銀行を別とすれば、同行は7銘柄を受託しており、普通銀行では最大の受託機関となっている[24]。公社債市場が十分に形成されてない中で、このように同行が公社債引受業務に積極的であったのは、公社債引受業務は負担も大きいが比較的有利な運用先であった[25]うえに、安定した融資先を十分には持っていない同行にとっては、地方自治体や鉄道会社、川崎造船所などとの結びつきは優良な資金運用先を確保する重要な機会であったからであろう。実際、同行と共同引受を行った第三銀行は大阪市と長崎市の公金取扱い銀行となるのであり、川崎造船はのちに同行の大口取引先のひとつになるのである。大阪築港公債のような巨額の公債引受が可能であったのは、同行の資金力に加え関係銀行を動員することができた点にあった[26]。同公債の場合には第三、安田、日本商業、明治商業の安田系銀行と北浜銀行でシンジケートを結成したし、他の場合には第三銀行との共同引受を中心に明治商業、京都、日本商業などが加わることがあった（徳島鉄道は安田銀行単独）。引受に加わらなかったほかの関係銀行は保善社からの指示によってその消化に携わったのである。

　所有株式についてみよう。所有株式を業種別でみると、銀行株が60％を占め、次いで保険、鉄道となっており、この3業種で所有株の95％を占める。銀行、保険株は日銀など特殊銀行と第一銀行、第十五銀行、東京海上を除けば、ほとんどが関係銀行、関係会社である。とくに多いのが所有株式の39％を占める第三銀行株である。明治32年時点では、同行の所有株式は保善社の所有株式を上回っており、第三銀行、東京火災保険、帝国海上保険では同行が筆頭株主であった。同行は保善社とともに安田の持ち株会社の役割を担っていたのである[27]。

　保有株式の11％を占める鉄道株式は、安田善次郎が鉄道事業へ積極的に関与したことを示している。この時期安田は甲武、中越、七尾鉄道を中心に鉄道事業に大規模な投融資を行っている。安田はこの時期近代産業に新たな収益機会を見出していくのであるが、この点についてはのちに検討したい。

　同行の株式所有高は明治30年前半ごろまで増加したが、明治34年以降40年まで株式運用は大きく低下した。したがって、株式配当や株式売買による収益の

比率は明治35年ごろになると12％に過ぎなかった。また、10年代末から20年代初頭にかけて、かなりの比率を占めた証券売買益も微々たるものになった。代わって貸付利息と割引料が収益の74％を占めるようになったのである。

(2) 地方支店における資金運用

次に、この時期の安田銀行の地方支店についてみよう。明治20年代後半から30年代にかけて安田は多くの銀行を系列化して、銀行網を全国に張り巡らした。安田銀行自体もこの時期支店網を拡大する。同行支店網の特徴は東北地方、とくに福島と秋田を中心に支店が展開されたことである。明治20年末には銭店、福島、宇都宮の3支店に過ぎなかった支店は明治36年には14を数え、そのうち福島県には6支店、秋田県には3支店が設置されている。すでに指摘したように、明治20年代半ばから支店では積極的な貸出がなされた。表2－5は明治32年における支店別の預金・貸出金を示したものである。これによれば、本店の預貸率87％に対し、支店のそれは123％に達している。本支店貸借から明らかなように、各支店は資金を本店あるいは借入金に依存しながら貸出を展開していったのである。同行の貸付金利は本支店間で大きな開きがあったから、支店で運用する方が有利ではあった[28]。1件当たり貸付金をみると、明治32年本店では9204円と著しく大口化しているのに対し、支店では1件当たり貸出額は392円に過ぎなかった[29]。地方支店は小口取引が多かったのである。

支店ではどのような貸出を行っていたかを、貸出の多い福島県内支店と秋田支店について検討しておこう。まず、福島県内支店。福島県内の各支店、出張所はとくに貸出超過が著しく、「羽二重ニ対スル荷為換貸付」[30]を目的として設置された川俣出張所などは明治32年で預金75千円に対し、貸出が327千円に達している。その担保は98％が生糸である。福島県内支店の貸出の中心は製糸金融であった。福島の製糸金融は生糸商人の集荷資金の供給が中心である[31]。福島県内支店によってどれほどの資金が供給されたであろうか。いま、明治32年の福島各支店・出張所の状況をみると、福島支店の当所約束手形の割引高は本店の割引高を凌ぎ、川俣出張所など他の県内店舗を合わせると624万円の巨額

第2章　明治期における安田銀行のビジネスモデル　47

表2-5　安田銀行本支店別預金貸出（明治32年）

(単位：千円、%)

本支店別	預金	比率	貸出	比率	預貸率	本支店へ貸し	本支店より借り	借入金	再割引
本　　店	7,554	80	6,541	74	87	656	49	2,064	418
福 島 支 店	365	4	488	6	134	412	453	148	62
宇都宮支店	221	2	247	3	112	7	78	—	—
秋 田 支 店	408	4	464	5	114	7	63	37	—
若 松 支 店	198	2	121	1	61	53	2	—	—
盛 岡 支 店	206	2	186	2	90	24	41	—	—
郡 山 支 店	114	1	201	2	176	1	91	—	—
中 村 支 店	71	1	84	1	118	6	12	—	—
横 手 支 店	77	1	38	0	50	1	6	—	—
青 森 支 店	50	1	42	0	84	60	34	13	—
川俣出張所	76	1	327	4	432	—	254	—	—
桑折出張所	73	1	91	1	124	—	24	—	—
支 店 計	1,858	20	2,289	26	123	572	1,057	198	—
合　　計	9,412	100	8,832	100	94	—	—	2,261	480

出典：『営業報告書』（原本）により作成。

に達している。各地へ向けた荷為替取組高でも同行福島県内店舗は489万円を数え、同行全体の87％を占める。では、こうした安田の資金供給は福島県内でどれほどの比重を占めたであろうか。『福島県統計書』によって明治32年の総貸出額に占める安田支店の比率を見てみると、割引手形では40％、荷為替取組では38％に達している。こうした荷為替資金だけではなく、安田は製糸業者に対して購繭資金も直接供給していた。すなわち明治30年5月、安達座繰製糸会社など17名に福島支店から繭などを担保として総額31万9,500円、若松支店からは製糸会社松下利平ほか6名に繭担保や信用で1万円が同支店から供給された[32]。福島県では安田銀行は最大の製糸金融機関として機能していたわけである。さらに、同行は生糸商人によって設立され、同県の中核的な製糸金融機関として機能した福島商業銀行にも出資し、安田銀行福島支店長であった一族の太田善弥が取締役に就任する[33]一方で、福島支店から同行に資金供給がなされている[34]。

(3) 秋田支店における資金運用

　秋田ではどのような貸出を行っていたのであろうか。秋田支店は明治29年6月に設立された。第一国立銀行撤退のあと進出し、国庫金取扱い業務を引き継いだ。秋田県には明治32年で銀行が14行設立されており、県外銀行としては安田銀行だけが支店を設置していた。預金貸出ともに秋田銀行に次ぐ地位にあった[35]。貸出が多いばかりでなく、安田は有力銀行である第四十八銀行を救済して、明治33年から同行支配人に竹内悌三郎、翌年取締役に安田善衛を就任せしめ、さらに39年には専務取締役に金原磊を充てるなど事実上同行を子銀行化していた[36]。また、明治31年4月秋田銀行からの申し出を受けて横手銀行整理を引き受け、整理資金2万円を貸し出すとともに監督者を一名派遣している[37]。

　『秋田支店稟議簿』によって同支店の貸出内容を検討してみよう。明治29年開業から38年末までの稟議件数は257件あるが、そのうち貸出関係の稟議が176件ある[38]。この取引先を分類すると表2－6のようになる。件数で多いのは商業であり、稟議に現れた取引相手は37名になる。業種別では貸金業、雑貨商、米穀商、荒物商、呉服太物商が多い。このうち、恒常的な取引相手として18名が確認できるが、彼らはいずれも県内有数の有力商人であった。同支店は有力商人に仕入れ資金や米穀など原料購入資金を供給していたわけであるが、次に見る農業者や金融機関などへの貸出と比べるとその取引額は少ない。彼らとの手形割引約定や当座貸越約定の極度額は通常1,000～3,000円程度であった[39]。

　農業者貸出について見てみよう。農業者への貸出に関する稟議件数は37に上る。農業者の大部分が大地主（所有農地の地価1万円以上）であった。では、大地主に対し同支店はどのような資金を供給したのであろうか。この点を表2－7によってみると、重複を除いた取引相手数19人に対する貸金のうち、農業資金や土地購入資金とされているのは合わせて4件である。その他の貸金は彼らのさまざまな兼業のための資金であった。倉庫業（小西伝助）、米穀購入資金（田口岩蔵、内藤他家治、大野忠右衛門）、小作人への農業資金、漁業資金貸付（三浦駒蔵）、北海道漁業資金（澤木震、目黒弥助）、生糸荷為替資金（近

第2章　明治期における安田銀行のビジネスモデル　49

表2-6　秋田支店取引先別稟議件数

職業等	稟議件数	取引相手数
商業	75	37
貸金業	12	8
酒造業	8	3
米穀商	3	3
呉服太物商	10	3
荒物商	7	4
雑貨商	9	6
農業	37	19
大地主	32	14
銀行	46	15
鉱山業	10	5
製糸業	1	1
その他会社	2	2
公共団体	3	3
その他	2	2
貸出関係件数計	176	—
稟議件数	257	—

出典：安田銀行『秋田支店稟議簿』により作成。
注：(1)　商業者には農業兼業者を含む。
　　(2)　大地主は地価1万円以上の土地所有者。
　　(3)　銀行には類似会社を含む。

伊佐衛門）、あるいは質屋業、貸金業（佐藤文右衛門）の資金である。彼らとの取引は頻繁で、多くが支店「創業以来ノ得意」であり、当座貸越や割引手形約定の極度額は商業者に比べると格段に大きかった。秋田支店は大地主と密接な関係を持っていたのである。

　秋田支店の大地主との密接な関わりは銀行への融資においても見ることができる。秋田支店にとって銀行類似会社を含む地方銀行は最も重要な取引先であった。銀行への貸出に関する稟議件数は46件で商業に次ぐ。表2-8に示したように、同支店は本荘銀行を除く県内銀行および山形県の六十七銀行と融資関係を持っていた。地方銀行に対する当座貸越や手形割引等の極度額は通常1万円から7万円と大きい。地方銀行は同支店の最大の顧客であったといっていい。同行が地方銀行へ供給した資金は、救済資金（第四十八銀行）、生糸資金、米穀資金、木材資金などであった。第四十八銀行への救済資金は、同表備考欄に

表2-7 農業者との取引（秋田支店）

(単位：円)

取引先名	職業等	貸出極度額	備考
大澤士郎	農業、銀行代理店	5,000	金融業貸付資金
大野忠右衛門	農業、精米業	20,000	新穀購入　一半は自己の営業に供し他は貸出に要す
河田與惣衛門	多額納税者、秋田銀行（取）	15,000	明治30年以降取引開始　資産60万円
		5,000	田地、肥料等の買入資金
小西伝助	農業、地主	10,000	倉庫業その他に対する資金　資産74千円
近伊左衛門	大地主	15,000	生糸に対する貸金荷為替
榊田清兵衛	大地主、大曲銀行・農工銀行（取）	10,000	
佐藤市郎兵衛	農業兼貸金業、大地主	3,000	当店設立以来の取引
佐藤文右衛門	貸金業、大地主、秋田銀行（取）	7,000	営業資金　資産12万円
沢木震吉	銀行業、呉服太物、大地主	20,000	魚肥製造販売資金
		15,000	北海道出稼漁業者の前貸金および仕入資金
塩田団平	農業、大地主	5,000	株式担保貸付5,000円あり
千田平三郎	農業、大地主	6,000	秋田駅前の開発資金
田口岩蔵	大曲銀行（専務）、大地主	10,000	米穀購入資金
舘岡重四郎	農業、大地主	2,800	農業資金　資産12万円以上
内藤他家治	農業、米穀商	4,000	米穀業開始資金　所有地価約1万円
成田直一郎	農業	4,000	
成田直衛	大地主、農工銀行（頭）	15,720	鷹の巣支店庫費消事件　元貸付高34,600円
長谷山荘助	農業	5,000	農業資金
三浦駒蔵	農業、大地主、米穀商、貸金業	10,000	小作人に対する農業資金および漁業資金の貸付
		8,000	地方農業作物および肥料等の資金一部貸付（小口）
目黒弥助	多額納税者、大地主	20,000	林野払い下げに対する準備
		2,200	営業資金　明治30年以降取引　資産30万円

出典：前掲『秋田支店稟議簿』。
注：(1) 職業欄の頭は頭取、専務は専務取締役、取は取締役。
　　(2) 貸出額、極度額は最も取引金額の多いものをあげた。

示したように総額16万円の巨額に上る。こうした資金供給にとどまらず、第四十八銀行の増資に当たっては、既発行株式だけでなく新規発行株式を担保とする資金供給も行っている[40]。米穀、木材、生糸は秋田の最重要移出物産であった[41]。同行は主としてこれらに荷為替資金を供給した。資金の供給方法を明治35年の、大曲、湯澤、五業、増田の各行に対する生糸資金供給の方法で見ると、銀行の指定する資産家2名以上を振出人または裏書人とし、銀行が裏書した約束手形を同行が割り引くというものであった[42]。指定された振出人、裏書人は大曲銀行では田口岩蔵（資産15万円以上）、榊田清兵衛（10万円以上）、湯澤銀行では小川長右衛門（15万円以上）、藤木安太郎（5万円以上）、五業銀行では富岡常吉（2万円以上）、前田助右衛門（5万円以上）、斎藤養助（5万円以

第2章　明治期における安田銀行のビジネスモデル　51

表2-8　金融機関との取引（秋田支店）

銀行名	資金の使途	貸出種別	貸出極度額
六十七銀行	米穀荷為替資金	割引手形	70,000
秋田農工銀行	—	—	40,000
大久保銀行	材木業	割引手形	30,000
	製糸資金	割引手形	5,000
	木材荷為替資金	貸越当座	25,000
	製糸資金		3,500
大曲銀行	米穀資金	当座貸越	40,000
	生糸資金	割引手形	20,000
雄勝銀行	—	割引手形	4,000
近合名会社	米穀生糸資金	貸付金	10,000
	養蚕資金	割引手形	3,000
五業銀行	生糸資金	割引手形	30,000
	米穀生糸資金	割引手形	20,000
澤木銀行	米穀資金	貸付金	25,000
	銀行業資金	当座貸越	25,000
第四十八銀行	同行救済資金	貸付金	20,000
能代銀行	木材米穀資金	割引手形	20,000
平鹿銀行	米穀荷為替資金	当座貸越	10,000
	米穀生糸資金	割引手形	20,000
本郷合名会社	米穀荷為替資金	割引手形	10,000
増田銀行	生糸米穀資金	割引手形	20,000
	生糸葉タバコ資金	割引手形	30,000
湯澤銀行	米穀生糸資金	割引手形	20,000
	生糸資金	割引手形	12,000
横手銀行	生糸荷為資金	割引手形	15,000

出典：安田銀行『秋田支店稟議簿』により作成。
注：(1) ほとんどの銀行と頻繁に取引を行っているが、資金の使途ごとに1度だけ表示した。
　　(2) 貸出額、極度額については、最も多いものをあげた。
　　(3) 農工銀行への貸出は預け金名義。

上）、増田銀行では小泉五兵衛（8万円以上）、佐藤與五兵衛（10万円以上）、佐藤清十郎（7万円以上）であり、いずれも各行の頭取あるいは取締役であるとともに、大地主であった。米穀資金、木材資金供給も基本的には同様の方法をとっていた[43]。要するに秋田支店は地主の土地信用に依拠しつつ小銀行に米穀、木材、生糸資金等を供給したのである。

　一方小銀行の多くは著しい貸出超過であり、生糸荷為替や米穀荷為替の取り組み時期には、安田銀行に依拠することが営業上不可欠だった。澤木震吉の経

営する澤木銀行は「殊ニ其創立ノ当初ヨリ常ニ当支店ニ従属シ久シク取引セルモノ」[44]で米穀金融の資金は専ら秋田支店に依存した。また、横手銀行は明治31年4月時点で、安田銀行の福島支店に1,892円、盛岡支店に1,000円、秋田支店に79,567円、本店に為替借18,156円、当座貸越91,034円の借入金（為替尻の借りを含む）があり、安田銀行のコルレス網や資金供給に依存しながら荷為替業務を展開していたことがわかる[45]。これら銀行の当座取引は「平素ハ返テ多額ノ預リ」となっていたが、資金需給期には極度近くまで引き出された。同行は「県下中央銀行ヲ以テ目セラ」[46]れ、「県下同業者の親銀行として常に為替尻決済元となり、金融の圧迫もしくは緩慢の危機に処して能く調節」[47]する役割を負っていたのである。

　銀行とともに1件あたりの取引額が大きかったのは鉱山業であった。明治35年から小坂鉱山（藤田組、極度額10万円、以下同様）、院内鉱山（古河、3万円）、尾去沢鉱山（三菱合資、2万円）鴇鉱山（山形勇三郎、3万円）、椿鉱山（長谷川芳之助、1万円）と割引手形ないし当座貸越約定を結び、運転資金を供給している。ただし、同行が鉱山との取引に積極的であったとはいえない。当時秋田には多くの鉱山が開削されていたが、同支店の取引対象になったのは財閥や著名な資産家の経営する鉱山だけであった。

　以上、明治20年代半ば以降、安田銀行は福島では生糸資金、秋田では地方銀行や地主を取引対象として地方主要物産の流通資金、とりわけ生糸や米穀資金を供給した。同行の支店収益は明治32年には収益全体の30％に達しており、この時期同行は地方貸出を重要な収益基盤とするに至ったのである。また、こうした資金供給を通じて同行は地方銀行の資金需給を調節する親銀行的な役割を果たしていた。

3 本店の取引関係

(1) 稟議簿とその内容

　安田銀行は地方支店で生糸や米穀荷為替資金を中心に資金供給を行い、地方貸出を重要な収益の柱としていったが、一方で本店では近代的企業への融資を積極化していた。この時期、同行は本店でどのような融資を行っていたのであろうか。この点を同行に残された『稟議簿』分析によって明らかにしよう。この本店『稟議簿』は明治27～37年まで残されているが、その間、明治31年下期、32年上下、35年下期、36年上期が欠如している。稟議の基準も定かではないが、稟議内容から推察すると、規程外担保や不動産担保については金額にかかわりなく稟議されている。規程担保の場合には、貸付については1万円以上、割引極度については1,000円以上、延期、再延期分、競売案件については1,000円以上が稟議の対象となっているようである。なお、かなりの額に達したであろう安田保善社への貸出は稟議対象になっていない。そこで、『稟議簿』の検討に入る前に、保善社への貸出に触れておこう。同行から保善社への貸出は明治34年では112万円で、保善社負債の27％を占めていた。以後、同行からの貸出は急速に増加している。30年代後半、同行が株式保有比率を低下させ、持ち株会社機能を低下させていくのに対して、保善社が株式所有を増加させていくが、持ち株会社機能を拡大させていくにつれて、資金調達における安田銀行借り入れ比率が急速に高まった。すなわち、明治38年末には負債527万円のうち242万円（42％）が同行からの借入金であった[48]。保善社は同行からの借り入れに依存しつつ持ち株会社機能を強化するのである。

　以下、『稟議簿』を通して本店の貸出先とその特徴を明らかにする。

　まず、貸出期間について見ておこう。貸出期間は大部分が1年未満（その多くが6カ月）で、1年を超えるものは6件を占めるに過ぎない。貸出期間1年の案件80件のうち少なくとも31件（11％）が定期貸しの極度設定の契約期間の

期限で、1年を期限として極度を設定するというものである。定期貸しは当座貸越と同様の短期貸しであるから、当初の貸出の大部分が6カ月程度の貸出であったと見ていい。ただし、実際には多くの貸出が延長されている。稟議案件の内、延期案件が58件あり、この中には甲武鉄道、浦賀船渠、雨宮敬次郎、森清右衛門、鹿島岩蔵など上顧客の大口貸しが含まれている。田中長兵衛（6カ年、10万円）や第八十四銀行（3カ年、6万円）などの長期貸しを含め考えると、稟議案件に占める実質的な長期貸しは件数で21％になる[49]。

融資方法の特徴として指摘しておかなければならないのは、公社債引受と同様大口貸付についてはしばしば関係銀行と共同貸付を行っていることである。第三銀行、日本商業銀行、明治商業銀行などとの共同貸付が多い[50]。船舶抵当貸付についてはほとんどすべてが帝国海上保険との連帯貸付となっている[51]。この時期本店では貸出の大口化が目立つが、大口貸付を可能にしたのは、日銀への依存や預金量の増加に加え、こうした関係銀行との共同貸付にあったと言えよう。

(2) 雨宮敬次郎・浅野総一郎の事業活動と安田善次郎

当該期の同行の大口貸出先は安田善次郎の意向が大きく関わっていた。彼は事業が成功するか否かの要件として、事業に公共性があること、利益の見込める事業であること、経済状況や競争相手の有無など投資環境が揃っていること、担当する人物をあげている[52]。とりわけ彼は人物を重視し、「一個の事業の成功するか失敗するかの根本原因は、一にも人物、二にも人物、其の首脳となる人物の如何に依って決することを言明して憚らぬ」とまで述べている[53]。実際彼は中央の事業にせよ、地方の事業にせよ、幾人かの人物を選別して彼らに大口融資を行っている。こうした人物としてよく指摘されるのは雨宮敬次郎や浅野総一郎である。まず、彼らとの関係を吟味してみよう。

当時の新聞雑誌が伝えるとおり、安田と雨宮の関係はきわめて深い。彼に対して35千円の貸出極度が設定されているほか、後述するとおり、安田の鉄道事業への巨額の投融資は多くは雨宮が中心となった事業である。また、第三銀行

からの雨宮への融資は安田銀行以上に巨額で、明治31年の同行からの雨宮への融資残高は765千円に達していた[54]。雨宮への融資のほか、雨宮グループへの融資も多い。阿部彦太郎、小松精一、市村宗兵衛、岩田作兵衛らへの融資がそれである。前三者への安田銀行の貸出はいずれも雨宮が裏書したり、保証人となったりした貸出であった。岩田は雨宮のパートナーで彼とともに様々な鉄道事業を展開した。

　では、浅野総一郎とはどうであろうか。この時期、安田は浅野の事業に投資を行っている。後年同行最大の融資先となる東洋汽船の設立（明治29年6月）に当たっては、安田は関係者を含めて4,846株引き受け、浅野の1万株に次ぐ大株主となった。また、浅野セメント合資会社（明治31年2月設立、資本金80万円）に対して10万円を出資している[55]。また、浅野とともに東京湾築港を企ててもいる[56]。しかし、この時期安田銀行が浅野関係企業に融資したのは『稟議簿』で見る限り東洋汽船への5万円の融資一度だけであり、浅野の事業に経営参加することもなかった[57]。安田銀行と浅野系企業との関係が深くなるのは日露戦後、同行による東洋汽船社債800万円の単独引受以降であると考えられる。

　雨宮敬次郎等以外に深い関係のあった事業家として、中央では大倉喜八郎、岩谷松平、鹿島岩蔵、森清右衛門、地方では杉山岩三郎、柳田藤吉などが挙げられるが、彼らについては以下で取りあげよう。

(3)　諸企業等への融資

　製造業　表2-9は稟議案件から1万円以上の大口貸出先を、重複分を除いて分類したものである。分類に当たっては、形式上は個人への貸出であっても、銀行あるいは企業の所要資金などと記述されている時には企業あるいは銀行への貸出としている。同表から以下の点を指摘できよう。第一に、製造業16社、運輸11社、金融32社となっており、製造業をはじめ全体として近代的企業および銀行との取引が相当の拡がりをみせていることである。第二に、業種別に見ると、繊維、鉄道、銀行との取引関係が多いのに対し、鉱山業との取引関係は

表2-9　本店・大口取引先の業種別等稟議件数

業種・職種等	稟議件数
鉱業	3
建設業	5
製造業	16
タバコ	1
繊維	7
製紙	1
化学	2
造船	1
鉄工・金属製品	4
電気ガス	2
運輸	11
鉄道	10
海運	1
金融保険	32
銀行	31
その他	1
不動産	1
雨宮グループ	5
商業	20
地方商工業者	11
華族	5
その他	3
不明	12
合　計	126

出典：安田銀行貸付係『稟議簿』により作成。

　少なくわずか3件（田中長兵衛への貸出を含む）しかないことである。第三に、地方商工業者との取引が多いという点である。こうした特長は安田善次郎の投資活動と密接に関わっている。以下では善次郎の投資活動を含めて取引先を見てゆこう。
　まず、製造業。製造業との取引は16社を数える（表2-10参照）。岩谷商会・岩谷松平（タバコ製造業）との取引は頻繁で、1回の貸出高も巨額である。取引対象が多いのは繊維業で、製麻業2社と紡績業4社、織物業1社が含まれる。製麻業は後に製造業における安田財閥の数少ない傘下事業となった。この当時

表2-10 諸企業等への貸出（本店）

	貸出先	業種	資本金	貸出額		貸出先	業種	資本金	貸出額
製造業	岩松商会（岩谷松平）	タバコ製造		500,000	運輸	中国鉄道	鉄道	5,000,000	50,000
	天満鉄工所	鉄工	20,000	60,000		江ノ島電気鉄道	鉄道	200,000	30,000
	鳥羽鉄工合資会社	鉄工	300,000	40,000		横浜電気鉄道	鉄道	1,000,000	30,000
	小名木川鉄工所	鉄工	50,000	18,010		七尾鉄道	鉄道	700,000	25000
	東京鉄工所	鉄工	―	12,000		中越鉄道	鉄道	350,000	20,000
	浦賀船渠	造船	1,000,000	10,000		豆相房総人車鉄道	鉄道	120,000	15,000
	西成紡績所	繊維	812,000	150,000		房総鉄道	鉄道	1,300,000	39,200
	日本細糸紡績株式会社	繊維	750,000	150,000		東洋汽船株式会社	海運	5,000,000	50,000
	日本織物株式会社	繊維	750,000	150,000	その他産業	大倉土木組	土木請負	―	100,000
	福山紡績	繊維	100,000	60,000		鹿島組（鹿島岩蔵）	土木請負	―	85,000
	西大寺紡績会社	繊維	400,000	20,000		吉田組（吉田寅松）	土木請負	―	10,000
	北海道製麻	製麻	1,600,000	100,000		有馬組（森清右衛門）	土木請負	―	50,000
	下野製麻株式会社	製麻	1,000,000	50,000		東京建物	不動産	1,000,000	15,000
	大坂硫曹株式会社	化学	500,000	30,000		東京商品取引所	金融	450,000	10,000
	獣脂肥料製造株式会社	肥料	100,000	10,000		函館電燈	電灯	1,200,000	30,000
	千寿製紙株式会社	製紙	1,000,000	50,000		東京電燈	電灯	1,300,000	20,000
運輸	甲武鉄道	鉄道	900,000	260,000		田中長兵衛	鉄鉱山	―	100,000
	東京市街鉄道	鉄道	15,000,000	250,000		手綱炭鉱株式会社	炭鉱	100,000	20,000
	京浜電気鉄道	鉄道	98,000	200,000		日本石油株式会社	石油	600,000	25,000
	常州太田鉄道	鉄道	160,000	65,000					

出典：前掲『稟議簿』、『銀行会社要録』、『府県統計書』などにより作成。
注：(1) 貸出額は複数回あるものについては、1件の取引額が最も大きい金額をあげた。
　　(2) 資本金は設立時、ただし、東京電燈は日本電燈との合併時の資本金。

　すでに下野製麻（資本金100万円、社長鈴木要三）は安田の傘下にあったが[58]、北海道製麻は渋沢喜作の経営であった。善次郎は製麻業内地三社（下野製麻、近江麻糸紡織、大坂麻糸）のカルテル形成に主導的役割を果たすが、その実施のために明治35年安田銀行から共同販売所に100万円を融資している（この融資は稟議に付されていない）。共販カルテルが実効をあげなかったため、この三社は合併して明治36年資本金200万円の日本製麻を設立した。さらに、日露戦後同社と北海道製麻が合併して帝国製麻が成立した。この間、安田は日本製麻の株式を買い増しして帝国製麻設立時には圧倒的な大株主となっており、安田善三郎が帝国製麻の社長に就任した[59]。

　同行取引の紡績業は日本細糸紡績を除くといずれも中小規模の紡績業であった[60]。このうち、西大寺紡績との取引は第二十二銀行あるいは杉山岩三郎の裏書した無担保貸出で、第二十二銀行と関わりの深い企業である。西成紡績は元

浪華紡績と称し、第三銀行の大口貸出先であった小田銀行が大株主であった。小田銀行が破綻した際、その資産の競売処分によって安田善次郎が同社を落札した。安田は同社を西成紡績所と名を改めて直接経営に乗り出し、安田の製造部門を統括する安田商事大阪支店に属せしめた。日本細糸紡績に対してはこの多額の融資のほか、15万円の社債保証がある[61]。

　鉄工業への貸出のうち、鳥羽鉄工合資と天満鉄工所は安田が経営に関与した企業である。鳥羽鉄工合資は船舶製造修繕及諸機械器具の製造を目的に明治29年9月、資本金35万円で設立されたものである。経営が悪化したため、安田に資金供給の依頼があり、善次郎は視察したうえで、経営者を刷新（田中武兵衛が社長就任）して5万円を貸し付けた。のち、都合13万円を融資し、安田商事から人を派遣して経営にあたっている[62]。天満鉄工所は明治28年、資本金2万円で元第三銀行大阪支店員らによって設立されたものである。第三銀行が工場を担保に融資していたが、経営が悪化して返済できなかったために、安田が借金元利を引き受けて工場を引き継いだ。安田は社名を安田鉄工所と変更し、安田商事大阪支店に管轄せしめた。事業引継ぎ後、第三銀行大阪支店から当座借越限度15千円を受けていたが、明治36年事業拡張資金として安田銀行から6万円融資された。

　造船業では函館船渠と浦賀船渠が取引先であった（ただし、『稟議簿』では函館船渠への貸出は確認できないため、表2-9には同社は含まれていない）。函館船渠（明治29年6月設立、資本金120万円）の設立に当たって安田善次郎は積極的には関わっていなかったものの、発起人に名を連ね大株主となった。明治35年同社がドッグ建設費に窮した際、安田は60万円の長期資金供給（2年、年利1割）に応じている[63]。浦賀船渠（明治30年6月設立、資本金100万円）については設立段階から関わった[64]。安田で1,000株を引き受けて安田善四郎が取締役に就いたが、明治39年には持株を450株に減らし、翌年にはすべて処分している。

　以上製造業への貸出を見てきたが、同行の貸出は善次郎の積極的な投資活動と関わっていたことが見て取れよう[65]。単に投資するだけではなく、この時期

の安田は融資の焦げ付きであれ、いくつかの企業を引き取り、経営にまで踏み込んでいる点に特徴があった。安田は種々の製造業を統括管理するために、明治32年に全額善次郎の出資で安田商事合名会社（出資金100万円）を設立した。安田商事は製釘業のほか鉄工、紡績、運輸、倉庫などの事業を統括した。ただし、直接関わった企業は鉄工と製麻業を除けば全体に小規模であり、経営的にも成功しなかった。明治末期、安田は次第に製造業から撤退するのである。

鉄道業　鉄道業への貸出先は前掲表2-10に示したとおりである。いずれの鉄道会社とも複数回の取引があり、貸出額も巨額であった。安田銀行にとっても善次郎にとっても、鉄道業は銀行業とともに最大の融資先であったし、投資先であった。供給資金はいずれも短期資金であったが、しばしば延期された。

安田善次郎は様々な鉄道事業に関わっている。彼が最も深い関係を持ったのが甲武鉄道（明治22年3月設立、資本金90万円）であった。同社は雨宮や岩田作兵衛が中心となって設立された。善次郎は自ら出資するとともに、安田銀行がもっぱら同社の運転資金を供給したようである。善次郎は明治21年5月から26年7月まで同社検査役を務め、辞任後には広田潤助、中根虎四郎を安田から監査役に派遣した。『安田善次郎全伝』によれば、彼は辞任後も相談役として常議員会、重役会議に常時出席している。

同鉄道のほか、安田銀行は雨宮や岩田が関わった豆相人車鉄道（明治28年7月設立、資本金12万円）、京浜電気鉄道、東京市街鉄道、房州鉄道などに融資している。こうした取引は雨宮らとの関係を軸に発展した。例えば、京浜電気鉄道は明治36年に岩田、次いで雨宮が専務取締役に就任する前後から、安田銀行との取引が開始された。安田は明治37年に100万円融資（稟議では20万円が確認できる）するとともに、中根虎四郎（安田銀行営業部長）を監査役に派遣した。以後、同社との関係は深まり、明治42年に150万円を融資するにあたって、安田の関係行社に組み込んだ。明治44年には同社社債150万円を安田銀行が引き受け発行している[66]。

様々なグループが出願した東京市街鉄道は、明治32年8月諸グループが合同して資本金1,500万円で設立された[67]。社長に雨宮敬次郎、専務取締役に藤山

雷太が就いた。安田は出資しなかったが、恐慌で資金調達に苦慮した雨宮らの懇請に応じて、株式払込資金の払込先を安田銀行にすることを条件に、同社株式を担保に資金を供給している[68]。

以上のほか安田が経営に関与した鉄道も多い。横浜電気鉄道（明治35年4月23日設立、資本金100万円）はのちの横浜市電であるが、安田は2,880株所有して筆頭株主となり、常務に安田の投資パートナーの一人であった中沢彦吉（東京建物社長、東京火災保険取締役）、取締役に武井守正（帝国海上火災社長）、監査役に安田善三郎、相談役に安田善次郎が就いた。支配人や庶務課長などが安田から派遣され、実質的に安田が同社の経営を担った[69]。

太田鉄道（明治26年8月創立、資本金16万円）は経営が悪化し、多額の負債を負っていた十五銀行に譲渡された。安田は同鉄道の経営に参加するため新たに設立された水戸鉄道（明治34年10月、資本金23万円）に出資し、安田から中根虎四郎と山中安吉が取締役監査役に就いた。明治40年7月には同社を十五銀行から買収し、安田家直営としている。

七尾鉄道（明治29年免許状下付、資本金70万円）は前田利嗣（2,000株）、松本重太郎（500株）、浅野総一郎（200株）らが大株主で安田は一族で400株を引き受けた。安田から安田忠兵衛が監査役に、善次郎が相談役に就任している。中越鉄道（明治28年免許状下付、資本金35万円）は大矢四郎兵衛が中心となって設立されたが、出身地の鉄道ということもあって善次郎が筆頭株主となり、監査役に安田善衛が就いた。中国鉄道（明治29年7月創業、資本金500万円）は安田のパートナーの一人であった杉山岩三郎の経営する鉄道であり、のちに安田の系列下に入った。

その他産業　鉱業・建設・公益関係企業との取引関係を見よう。鉱業関係企業との取引では、田中長兵衛に対して巨額の長期資金を供給している。すなわち、釜石鉱山の地所及び諸機械などを担保として、6カ年の長期資金を貸し出したのである。担保と期間から判断すると、釜石鉄山の開発資金であったと考えられる。田中とは明治26年にも長期取引があり、その時は20万円の融資で、第三銀行と10万円ずつ負担した。田中長兵衛との取引を別にすると、鉱業では

手綱炭鉱と日本石油との取引がそれぞれ一度あるのみである。安田は住友や三井などと異なりほとんど石炭金融に関わっていなかったといえよう。これは安田が大規模な石炭業や商社を持たなかったためかもしれない。当時優良鉱山への融資が金融機関や商社から盛んになされたが、融資の狙いのひとつは一手販売権の獲得であった。石炭を扱わない安田には炭鉱に融資をするインセンティブが働かなかったといえよう。しかし、安田が鉱山業に関心がなかったわけではない。すでに明らかにされているように、安田は鉱山業では釧路の硫黄鉱山を直営し、経営的にも成功を収めているし、炭鉱開発にも乗り出している。しかし、多額の出費を要したうえ炭質も不良であったため、結局は開発を中止し、石炭業から撤退した[70]。

　建設業（土木請負業）との取引関係は深い。大倉組、有馬組（森清右衛門）、鹿島組（鹿島岩蔵）、吉田組（吉田寅松）らが取引先であり、融資額も多い。とりわけ森清右衛門との取引は頻繁であった。彼らは鉄道ブームの中で鉄道建設を請け負うなどして急成長を遂げており、安田にとって格好の融資先であった。

　電燈事業も安田が一時期積極的に関わった事業である[71]。とくに東京電燈に対しては、善次郎は改革案を起草したり、監査役として重役会に参加したりしている。ただし、稟議には見合せとなった貸付案件が1件あるのみで、取引関係は希薄であった。

　銀行　次に、最も稟議件数の多かった銀行を見てみよう。表2-11が融資関係のある銀行であり、その数は31行に及ぶ。取引銀行所在地は全国に亘るが、地域的には富山県と長野県の諸銀行が多い。富山県の銀行との取引が多いのは同県が安田の出身地であり、安田銀行は一時県為替方を務め、県内地方銀行と代理店関係などを持っていたことがあったからであろう。長野県の銀行は製糸金融に中心的な役割を担った銀行であり、安田からの資金も製糸資金であった。資金はこの製糸金融をはじめ、米穀金融、肥料金融などの地域の物産の需要期や節季の資金需要期に供給されたものと救済資金として供給されたものに区別される。資金需給の調節のために恒常的に安田銀行と取引関係にあった地方銀

表 2-11 安田銀行本店の取引先銀行

銀 行 名	本 店所在地	稟議回数	貸出金極度額	用 途 等
秋 田 銀 行	秋田	1	50,000	―
☆第四十八銀行	秋田	2	20,000	整理資金他
第 五 十 銀 行	茨城	2	10,000	製糸金融
第百二十銀行	茨城	1	10,000	―
第八十八銀行	岩手	4	15,000	製糸金融
逸 身 銀 行	大阪	1	90,000	救済資金か
☆第二十二銀行	岡山	3	50,000	―
庭 瀬 銀 行	岡山	1	10,000	節季資金
鴨 東 銀 行	京都	1	10,000	酒造金融
九州商業銀行	熊本	3	50,000	米穀等資金
第百三十五銀行	熊本	1	100,000	―
第三十五銀行	静岡	1	50,000	―
山乃内銀行	静岡	1	28,000	米穀金融
☆第九十八銀行	千葉	2	20,000	製糸金融他
東都家寿多銀行	東京	1	3,000	―
☆第三十六銀行	東京	3	30,000	製糸金融
第八十九銀行	徳島	1	15,000	製塩資金
日 光 銀 行	栃木	1	50,000	整理資金
越中高岡銀行	富山	5	30,000	肥料金融、節季資金
新 湊 銀 行	富山	1	10,000	―
第四十七銀行	富山	12	25,000	米穀金融、肥料金融
第六十九銀行	富山	1	10,000	金融逼迫
第 十 二 銀 行	富山	1	100,000	―
中 越 銀 行	富山	多数	50,000	製糸金融
☆富山倉庫銀行	富山	1	10,000	―
六 十 三 銀 行	長野	3	40,000	製糸金融
第 十 九 銀 行	長野	7	30,000	製糸金融
第 十 四 銀 行	長野	2	20,000	製糸金融
新潟商業銀行	新潟	1	30,000	米穀金融
☆十 七 銀 行	福岡	1	160,000	救済資金
百二十二銀行	三重	1	35,000	―

出典：前掲『稟議簿』、ただし、本店所在地については、東京銀行協会銀行図書館『本邦銀行変遷史』1998年、等による。
注：(1) 貸出金額は、1回の取引が最大の取引額を上げた。
　　(2) ☆印は系列化された銀行。

行の中には、のちに系列化されていった銀行が存在する。資金の預託融通関係がのちに救済資金の供給に繋がり、やがて系列化されていったことが窺えよう。いずれにせよ、安田銀行の本店でも地方銀行を最も重要な顧客としていたので

ある。

(4) 地方商工業者と安田銀行

大口案件では銀行に譲るが、総稟議件数の中では当然商業者への案件が最も多い。後藤恕作（織物製造販売業）、久保田宗三郎、（織物商）、大田利兵衛、松沢與七（以上米穀商）、小松正一（材木問屋）、中北庄吉（鉄物商）、藤平重資（回米問屋）、北村鉄五郎（酒商）、守田重次郎（薬種問屋）、渋谷嘉助（銃砲商）、三吉正一（電気工場経営）、大橋新太郎（博文館主）らが大口（1万円以上）取引先であり、いずれも有力商工業者であった。

商工業者との取引で目立つのは、地方の有力商工業者との大口取引である。杉山岩三郎（岡山）、西谷秋八（小樽、回船業）、柳田藤吉（根室、水産物商）、濱谷濱蔵（小樽、水産物商）、江村源助（横須賀、海運業者）、河野廣吉（廣島、雑商）、岡本八右衛門（三河、米穀肥料商、碧海銀行取締役）、岩谷栄蔵（北海道松前、商船組頭取）、田中武兵衛（伊勢四日市、肥料商）らがそれである[72]。これらのうち、杉山、柳田などは善次郎の投資パートナーであった。杉山は第二十二銀行の取締役であり、中国鉄道や吉備鉄道を経営していた。34年恐慌で第二十二銀行が危機に陥ると安田に救済を求めた。同行が安田に系列化されて以降も同行取締役を務める一方で、安田と日本製銅硫酸肥料株式会社（資本金100万円）を設立し、共同経営している[73]。柳田は函館、根室を拠点として活動する海産物商であった。根室銀行（明治31年2月、資本金10万円）を設立するに当たって安田の出資を受け、同年11月に倍額増資の際、新株すべてを安田に引き受けてもらって、安田の系列化に入った[74]。この柳田と肥料（鰊締粕）取引を行っていたのが田中武兵衛で、函館、東京に支店を構えて、手広く肥料売買を展開していた。安田から資金供給を東京支店で受けている。また、前述した鳥羽鉄工の共同出資者でもあった。

以上、本店の取引先を検討してきた。本店運用の特徴として以下の点が指摘できよう。

第一に、近代的企業への融資は鉄道、紡績、造船、織物業、鉄工業、製麻、

製紙など広範囲にわたり、近代的企業とかなりの関わりをもっていることである。こうした融資の多くは投資と一体となってなされており、この時期安田は多角化を志向して企業への経営参加に積極的であった。安田銀行は融資や社債引受を通じてその一翼を担っており、かかる意味において産業金融機関的な志向を強く持っていた。ただし、同行と密接な取引関係にあった企業は鉄道、製麻、造船を除けば小規模の企業が多く、炭鉱業や電力業、石油業との取引関係は希薄であった。

第二に、地方銀行との取引がきわめて多いということである。安田は生糸や米穀資金供給を通じて地方銀行の資金需給を調整し、地方銀行の親銀行的な役割を果たしていた。これらの取引先の中からいくつかの銀行が関係銀行となっていることから明らかなように、継続的な資金供給を通して親子関係＝系列関係が展開していったのである。安田銀行にとっても、地方銀行は格好の優良貸出先であると同時に、総合財閥系銀行が享受しえた関係事業会社の遊休資金に代えて、こうした地方銀行の同業者預金を他銀行以上に取り込みえたのである[75]。

第三に、地方銀行との取引も含め、本店においても地方の有力商工業者との大口取引が顕著であるという点である。安田は彼ら有力商工業者の取引を通じて、地方企業や地方銀行の共同経営に踏み込み、収益機会を拡大している。この段階の安田銀行にとって地方有力商工業者は重要な顧客基盤だったのである。

おわりに

明治10年代後半から明治30年代の安田銀行の業務内容を、取引先を中心に検討してきた。明らかにしえたことまとめれば以下のようになる。

明治10年代の安田銀行は官金取扱いを重要な業務としていた。官金預金は預金の半ばを占め、重要な資金源泉となるとともに、官金取扱い自体がかなりの手数料収入を生み出した。資金運用は本店でなされ、地方支店は官金などの出納機関に過ぎなかった。資金運用は、貸付に匹敵するほどの資金が有価証券に

投じられた。公債および株式への投資とその短期売買によって、収益の半ばを稼ぎ出していたのである。こうしたディーリング業務はかなり投機的であったけれども、一方で手厚く内部留保を積み増したり貸倒準備金を計上するなど、財務基盤は厚く、他の投機的銀行と大きく異なっていた。

　しかし、明治19年官金取扱業務を解除された同行は業務のあり方を大きく見直すことを余儀なくされた。大きく減少した預金を借入金によって補填しつつ同行が採ったのは次のような資金運用である。

　ひとつは企業勃興を主導した鉄道をはじめ紡績、造船、製麻業など近代的企業や銀行などへの投融資を積極化させることであった。安田は雨宮や森清右衛門など急成長する鉄道事業家や建設業者と結びつつ近代的企業との取引を拡大したし、社債引受などを通じた長期資金の供給にも積極的であった。安田銀行は積極的に事業金融、産業金融に進出し、近代企業に顧客基盤を築いたのである。大口資金を供給しえたのは日銀への依存や預金量の増加に加えて、関係銀行との連携があったからであった。

　いまひとつは地方での資金運用であった。明治25年以降、同行は地方支店を増やし、地方貸出を増加させた。地方支店展開の中心であった福島では製糸金融、秋田では地方銀行や地主を取引対象として地方主要物産とりわけ生糸や米穀、木材等の荷為替資金を供給した。地方貸出は地方支店で行われただけでなく、本店の大口取引でも地方銀行や地方の有力商工業者への貸出が目立っており、同行は地方を重要な収益基盤としたのである。

　ところで、こうした地方取引の拡大は、企業勃興で資金需要が旺盛であったはずの都市で有力な貸出対象を見出し得なかったことを意味している。こうした点からすると、近代企業との結び付きも、限られたものであったと言わねばならない。中央での同行の資金運用は明治末期浅野系企業や川崎造船との関係の深化とともに拡大するのである。

　地方銀行との取引はこの時期格段に進展した。地方支店の最大の顧客は地方銀行であったし、本店においても有力な貸出対象であった。同行は製糸金融や米穀金融を中心とする地方銀行の資金需給を調整し、地方銀行の親銀行的な役

割を果たしていた。継続的な資金供給を通して親子関係＝系列関係が展開していったのである。安田銀行にとっても、地方銀行は格好の優良貸出先であると同時に、総合財閥系銀行が享受しえた関係事業会社の遊休資金に代えて、こうした地方銀行の同業者預金を他銀行以上に取り込みえたのである。

1) 加藤俊彦「安田銀行と安田善次郎」東京大学社会科学研究所『社会科学研究』第2巻第3号、1950年10月、129頁、石井寛治「金融構造」大石嘉一郎編『日本産業革命期の研究』上、1975年、109頁、浅井良夫「戦前期における都市銀行と地方金融——安田銀行支店網とその系列銀行に関する分析——」『金融経済』第154号、1975年10月、33頁。
2) 明治末期以降については、前掲浅井「戦前期における都市銀行と地方金融」ですぐれた分析がなされている。
3) 明治19年を100とする指数で預金の推移を見ると、明治15年57、17年95、20年63、22年83、24年70、26年144となっており、明治19年以降大きく落ち込んでいる（安田銀行『安田銀行六十年誌』1940年により算出）。
4) 安田銀行『明治二十年下半季実際考課状』、由井常彦編『安田財閥』日本経済新聞、1986年、85頁、浅井良夫「安田金融財閥の形成——保善社を中心とする株式所有構造について——」成城大学『経済研究』第84号、1984年3月、122頁。
5) 別段預金の金額は定かではないが、明治13年上期から20年上期までの株主配当金を単純合計すれば、31万6,500円に達する（富士銀行調査部百年史編さん室『富士銀行百年史別巻』1983年。
6) 同行の官金預金は明治17年末に917千円、18年には673千円で、それぞれ預金の55%、39%に達していたが、19年には303千円（預金の17%）に激減した。以後年々減少し、明治26年には128千円で預金の3%を占めるに過ぎなかった（前掲『安田銀行六十年誌』による）。
7) この点について、『明治十八年下半季実際考課状』は次のように述べている。「金融頗ル緩慢ニシテ殆ント運用ノ道ナキニ窮セシモノノ如シ故ニ利付預リ金ハ当季ニ於テ新ニ申込ム口ハ勿論之ヲ謝絶シ猶其従前ヨリ預リアル分モ之ヲ返戻シテ出入ノ権衡ヲ維持セント計リシ」。
8) 国立銀行の売買高は大蔵省銀行局『銀行局報告』による。
9) 『実際考課状』によれば、明治20年上期には株式58万8,292円を買い入れ、55万1,831円を売却して、15万4,679円もの巨額の利益をあげている。また、明治26年上期には、128万円買い入れ125万円を売却している。その結果、株式収入は前半期の

37千円から72千円に激増している。
10) 彼の活動については『安田善次郎全伝』第3巻、私家版、1927年に詳しい。
11) 明治8年と比較すると、同年の貸金は14万7,308円、口数は85口で1口当たり1,733円であった。これだけをみるとこの時点で1口当たり貸付金がかなり大口化していると考えられるが、このうち、1口5万4,735円が公債入方と記されている。これは、実質公債購入額であると考えられるから、この部分を除外して計算すると、1,102円となる。1口当たり貸付高は9年間で4倍になったわけである（『実際考課状』により算出）。
12) 『明治二十年上半季実際考課状』。
13) 『実際考課状』には、「穀物抵当貸金ハ総貸付高ノ八分ヲ占ム」（明治21年上期）、「肥料及穀商等ノ取引向ハ常ニ頻繁ナリシ」（明治24年上期）などと記されている。
14) 『明治二十二年下半季実際考課状』。
15) 杉山和雄「福島県の製糸金融」山口和雄編『日本産業金融史研究　製糸金融編』東京大学出版会、1966年、505〜506頁。
16) 第百国立銀行、第六十国立銀行、久次米銀行、第一国立銀行、三井銀行、掛川銀行、第七十四国立銀行などが福島、二本松、郡山などに進出したが、多くは20年代前半までに撤退している（安田銀行福島支店『沿革概要』1923年、『福島県統計書』による）。三井銀行は明治25年、第一国立銀行は明治28年に福島店を廃止した（前掲杉山「福島県の製糸金融」531頁）。第百国立銀行は明治22年に撤退したようである。
17) 「従来ハ官金取扱ニ止マリ本業部ハ至テ狭隘ナリシカ本年七月ヨリ荷為替取扱ヲ開始スルコト、ナレリ」『明治二十五年下半季実際考課状』。
18) 拙稿「明治中期における安田銀行の資金運用——安田銀行『稟議簿』の分析」北九州市立大学経済学部『商経論集』第45巻第1・2・3・4合併号、2010年3月、6頁を参照。
19) 『明治二十年上半季実際考課状』。
20) 「安田銀行規則」第18条（前掲『安田銀行六十年誌』56、59頁）。
21) この点について『明治二十年下半季実際考課状』は「創業以来利益金ハ一度割賦スルモ本行ノ基礎ヲシテ堅固ナラシムル為更ニ之ヲ別段預リトシテ毎期着々経営セリ」と述べている。
22) 明治32年の五大銀行の預証率をみると、三井51％、第一17％、三菱22％、住友23％であり、安田は42％であった。ちなみに、第三銀行は21％であった（各行行史による）。
23) 第三銀行『第三銀行創立三十周年記念号』1906年、16頁。
24) 前掲『富士銀行百年史』214頁。

25) この点について矢野文雄は「公債の利廻り其の他の条件も、実は余り香ばしき方にあらず。当時の金融上より言えば何人も飛付いて之に応ずべき程のものにあらざりしなり」（矢野『安田善次郎伝』中公文庫版、1979年、246頁）と述べている。しかし、明治31年の第2回募集で見ると、引受価格は91円50銭であったから、利廻りは15.8％であり、かなり有利な利廻りと考えてよい（前掲『安田善次郎全伝』第4巻、815頁）。また、いずれの場合においても発行総額の1％の手数料を受け取る取り決めであったし、募集した公債代金はもちろん大阪市築港費に収入する金銭はすべて無利子で第三銀行に預金する条件であった「大阪築港公債募集価格見込案」第三銀行重役席『参考書類』）。
26) 引受を可能にした他の条件として指摘しなければならないのは、築港公債を日銀の担保品とした安田善次郎の日銀への影響力である。日銀の担保品になるか否かは同公債の消化にとって重要な意味を持っていたから、善次郎は日銀総裁や理事に精力的に働きかけ、明治32年3月、日銀担保とすることに成功している（『安田善次郎全伝』第4巻、801頁）。
27) 前掲浅井「安田金融財閥の形成」127、143頁。
28) 明治32年12月の本支店の最低貸付金利みると、本店8％、福島支店10.9％、川俣出張所12％、秋田支店10％、青森支店10.6％などとなっており、本支店間の金利差は2％以上に達していた（『営業報告書』による）。
29) 安田銀行『営業報告書』（原本）明治32年下期、により算出。
30) 「川俣町、出張所開設ノ件」（安田銀行『会議簿』明治32年1月）は「全国中羽二重ノ産出最モ多キハ福井ニシテ川俣ハ第二位ニ居リ其産出年々増加シ本年ハ弐百五拾万円ニ達セリト云フ福島ノ生糸輸出高近年ノ平均壱万個此代金四百五拾万円ナレバ川俣其半数ヲ占ムルモノ、如シ……」と述べ、見込み収入3,000円のうち荷為換手数料1,750円、利息収入1,000円を見込んでいた。
31) 同県における製糸金融については、杉山和雄氏が生糸荷造所の商人によって設立された福島商業銀行の分析を中心にして明らかにしている（前掲「福島県の製糸金融」）。
32) 「割引金融之件」明治30年5月21日（安田銀行支配人役場『稟議簿』第貳号）、「繭預リ証書ヲ担保トシ信用割引之件」明治35年5月29日、同前による。
33) 太田善弥は善次郎の甥であり、明治24年から明治29年まで福島支店長を務めた。
34) 明治32年8月時点で、福島商業銀行に対し、極度額2万6千円の当座貸越約定が設定されている（「株券根抵当当座貸越ノ件」安田銀行『稟議簿』第六号、明治32年8月28日）。
35) 前掲浅井「戦前期日本における都市銀行と地方金融」56頁。
36) ただし、理由は不明であるが、翌年の明治40年には同行は第四十八銀行との系

列関係を断っている。
37) 「横手銀行引受ノ件」明治31年4月、前掲『稟議簿』第貳号。
38) 稟議には重複や実質複数の案件を1案件としているものなどがあるが、そのまま勘定した。貸出以外の案件はコルレス開設関係が31、その他50である。その他は、代理店事務、支店修繕、備品購入、支店人事、担保減額・差し替え、不良債権処理などである。
39) 以上、詳しくは前掲拙稿「明治中期における安田銀行の資金運用」16頁を参照されたい。
40) 「第四十八銀行増資払込資金ノ供給」明治36年12月、安田銀行『秋田支店稟議簿』。その要領は、一株50円に対し30円、優先株12円50銭に対し10円供給するというものであった。
41) 県外移出額は明治36年で米穀335万円、木材97万円、生糸57万円であった(『秋田県統計書』明治36年版による)。
42) なお、生糸金融では生糸荷為替のほか、購繭資金も供給していたが、ごくわずかである。
43) 稟議では次のように述べられている。「期限各手形九十日以上トシ書換一回限リ右振出人ノ内壱名ハ発行人トナリ他壱名ハ保証裏書ノ上之ヲ能代銀行ニ回付シ、同行ハ該手形ニ対シ裏書ヲナシタルモノヲ当支店ニ於イテ譲受クベキ取引方法ニ従ヒ同行カ木材及米穀等ニ対シ其貸出ニ要スル資金ヲ当支店ニハテ供給スル無担保手形割引ナリ」(「手形割引約定之件」稟第62号ノ2、明治35年10月、前掲『秋田支店稟議簿』第参号)。
44) 「抵当権設定貸出ノ件」明治36年2月16日、同前。
45) 「横手銀行関係調」明治31年4月7日、『秋田支店稟議簿』第一号。
46) 「横手銀行整理委嘱ノ件」明治31年4月28日、同前。
47) 秋田銀行『秋田銀行八十年史』1959年、324頁。
48) 前掲拙稿「明治中期における安田銀行の資金運用——安田銀行『稟議簿』の分析を中心に」19〜20頁。
49) 本店貸付係『稟議簿』によれば、延期案件58件に1年超の案件7件、あわせて65件で貸し出し期間のわかる303件の21％を占める。
50) 関係銀行との共同貸付は6件で、総額103万5千円に達している。
51) 帝国海上保険との共同貸付は8件、138千円を確認することができる。
52) 安田善次郎『意思の力』実業之日本社、1916年、138〜139頁。
53) 同前、137頁。
54) 第三銀行重役席『自明治三十一年六月至明治三十二年九月参考書類』明治36年6月、による。

55) 以上の所有株式数については「安田保善社とその関係事業史」編集委員会『安田保善社とその関係事業史』1974年、241、238頁による。

56) 明治32年、善次郎は浅野総一郎とともに東京湾築港計画請願書を内務大臣に提出したが、不許可となった。浅野総一郎と善次郎の共同事業であったが、資金はすべて善次郎が出資する予定であった（前掲『安田善次郎全伝』第4巻、810〜811頁）。

57) なお、明治31年の浅野セメントの社員総会で第一銀行、安田銀行から20万円の借入れが決議されたとあるが、安田銀行が融資したかどうかは『稟議簿』では確認できない。

58) 安田銀行は明治32年で同社株を4,266株（総株数の21％）所有し、筆頭株主であった（東京興信所『銀行会社要録』第4版、1900年による）。

59) 前掲由井「非金融事業への多角化とその限界」199〜202頁。

60) 1日平均運転錘数は福山紡績（広島）13,824錘、日本細糸紡績14,000錘、西大寺紡績が6,662錘、西成紡績9,469錘であった（各府県『統計書』明治32年版等による）。

61) 「社債保証申込之件」明治30年8月11日、前掲『稟議簿』第貳号。

62) 前掲『安田善次郎全伝』第4巻、740〜741頁。

63) 『安田保善社史稿本』3188頁、函館船渠株式会社『函館船渠四十年史』1937年、195〜198頁。明治40年にはさらに10万円を貸し増し、その際以前の融資分の金利を8％に引き下げている。

64) 前掲『安田善次郎全伝』第4巻には明治29年から30年にかけて、たびたび浦賀船渠に関する会議や重役会への出席が記述されている。

65) 由井常彦氏はこの時期安田善次郎が製造工業を含む諸産業へ多角的な投資を行いその経営にも積極的であったことを明らかにしている（由井常彦「非金融事業への多角化とその限界」前掲『安田財閥』）。以下近代企業への投資活動については同稿を参照。

66) 以上は、前掲『安田保善社史稿本』3231〜3241頁。

67) 善次郎自身も明治22年に田口卯吉、渋沢栄一等と東京市街鉄道の認可申請を行ったが、却下されている（前掲『保善社史稿本』1708頁）。

68) 藤山雷太「偶感」『安田同人会誌』第39号、1928年1月、3〜8頁。

69) 前掲『銀行会社要録』によれば、明治36年には庶務課長に川口慎（保善社社員）が就き、日露戦後には安田から派遣された小倉慎之介が支配人に就いた。

70) 前掲由井『安田財閥』217〜218頁。

71) この点については前掲『安田保善社とその関係事業史』154〜156頁。

72) 職業などは白崎五郎七『日本全国商工人名録』日本商工人名録発行所、1892年、

鈴木喜八・関伊太郎『日本全国商工人名録』1898年（渋谷隆一『明治期日本全国資産家地主資料集成』柏書房、1984年）等による。
73）　『安田保善社史稿本』3593〜3593ノ3頁。
74）　根室銀行『沿革誌』1923年、13頁。
75）　安田銀行の同業者預金比率がいつの時点から高くなったかは確認できないが、1920年代には預金総額の10％以上に達していた。とくに地方支店では20％に達しており、地方支店が地方銀行取引を広げるとともに増大したものと考えていい（拙稿「合同後の安田銀行——預金・貸出分析を中心に」『地方金融史研究』第33号、2002年3月、15〜16頁）。

第3章　金融危機と銀行経営
——1910年代前半の広島県・山口県の事例を中心に——

高嶋雅明

はじめに

　日清戦後の企業勃興は近代銀行業の設立・発展を内包していた。全国の普通銀行数は1901年末にピークを迎えるが、公称資本金は伸び続け10年後の1911年には4億4,500万円と1901年の1.23倍、払込資本金と積立金の合計（自己資本）は1.51倍に増えた。もっとも、個々の銀行の業態は多様で、それらは当初予定されたような商業銀行や預金銀行的特徴を必ずしも示さず、また、産業銀行的役割を担うものでもなかった[1]。

　本稿は危機とそれへの対応のなかに個々の銀行の特徴が顕著になるはずだと考え、いくつかの地方的銀行の分析を試みた。具体的には、1910年代前半（明治末・大正初）に広島県西部・山口県域で勃発した預金取付け・銀行休業という地方の「金融恐慌」の発端となり、それを一層深刻化させた、地域の有力銀行——八田貯蓄銀行（広島県）と周防銀行（山口県）——の休業・破綻の諸要因を検討することによって、それら銀行の持つ経営形態や経営方針の特徴を析出し、あわせて、危機に際会した他の銀行群の対応の諸相のなかに位置づけることにしたい[2)3)]。

1　地方における金融恐慌

(1)　1900年代の広島県・山口県域の銀行設立状況

　日清戦後の企業熱のなかで、広島県下でも銀行の設立が相つぎ[4]、全国的にも銀行数が最大を記録した1901年末（普通銀行1,890行・貯蓄専業銀行444行）で、広島県域の銀行数は43行（うち、貯蓄銀行20行）に達し（表3-1）、それ以降も明治末から大正初年にかけて銀行の新設は続き、1912年には59行となった。もっとも、県域の普通銀行・貯蓄銀行とも資本金規模は小さく、東京・大阪を除く全国府県平均を概ね下回っていた（1901～13年）[5]。比較的規模の小さい銀行が群集していたと考えられ、また、貯蓄銀行の数が多かった。それらの銀行の設立・経営に地主が関わることも多かったようである。

　1908年4月に県下の有力地場銀行15行によって相互扶助組織として広島県同志銀行共融会が結成されたが[6]、県内銀行全体に占める15行の比率は資本金46.5％、預金残高65.0％と高かったものの、預金量の1位の銀行は国立銀行から転換した第六十六銀行で、その預金残高は200万円を僅かに超えるにとどまった。なお、預金残高100万円以上の銀行は貯蓄銀行を含めて6行あり、のちに取り扱う八田貯蓄銀行は4番目に位置していた（15行合計の預金残高は1,522万円余）。

　支店・出張店・出張所を含む店舗数の推移をみると、日露戦争期以降に店舗数は大幅に増加しており、本店以外に店舗を5カ所以上持つ銀行は17行を数えた（1910年末）。他方、三井・住友・三十四・加島銀行といった都市大銀行の支店舗があり、山口県東部に本店を持つ福松銀行・周防銀行の店舗も漸次増えつつあった。ちなみに、1908年末で広島同盟銀行を構成する本・支店銀行は13行で、その預金残高は1,261万円余を示し、三井・住友・三十四銀行支店の3行の比率は5割近くに達した[7]。この時期の預金量をみると、最上位に住友・三井銀行支店が並び、地場の最大手である第六十六銀行も預金量では住友銀行

表3-1　広島県・山口県下の銀行・店舗数の推移

年	広島県全域			佐伯郡		山口県全域			玖珂郡		大島郡
	A	B	C	A	B	A	B	C	A	B	B
1897	23	20 (16)	6 (3)	—	—	7	15 (10)	5 (5)	—	2 (2)	
1904	43 (21)	77 (56)	10 (3)	3 (2)	10 (7)	28 (8)	85 (46)	6 (4)	5 (1)	8 (7)	11 (4)
1908	50 (24)	132 (94)	15 (2)	4 (3)	17 (10)	27 (8)	102 (52)	8 (5)	4	10 (10)	16 (3)
1912	59 (25)	175 (137)	18 (17)	4 (3)	22 (16)	28 (5)	119 (72)	12 (11)	3	14 (14)	17 (4)
1916	51 (24)	154 (135)	21 (21)	4 (3)	11 (8)	27 (3)	109 (76)	19 (12)	2	9 (8)	6 (4)

出典：『銀行総覧』各年版による。
注：A＝国立銀行・農工銀行を含む本店銀行数（貯蓄銀行数、内数。以下も同じ）。
　　B＝管内支店等店舗数（支店数）。
　　C＝うち、県外本店銀行支店等店舗数合計（支店数）。

支店の6割強にすぎなかった（ただし、貸出比率では都市銀行群は1割以下にとどまった）。

　山口県下では、広島県と比較して普通銀行・貯蓄銀行とも、その数は少ない。また、資本金規模別にみると、1900年末で百十銀行が公称・払込済とも60万円と県下で最も大きく[8]、馬関商業銀行・周防銀行がそれに次いだが、払込済額10万円以上の銀行は百十銀行のほか、馬関商業銀行・華浦銀行にとどまった。1910年末現在では周防銀行の膨張が顕著で同行の払込済資本金は30万円を超えたものの、県内銀行1行当たりの払込済資本金額は東京・大阪を除く全国府県のそれを下回っており、小規模銀行が展開する状況にあった。

　預金量からみると、1910年末では三井銀行下関支店を引き継いでいた百十銀行が540万円余と県域全体の2割強を占め、第百三国立銀行を合併した日本商業銀行の岩国・柳井支店合算の預金残高156万円余や第一銀行下関支店の166万円余の3倍以上もあり突出した規模を示した。県内本店銀行では周防銀行が預金量200万円台、大島銀行・小郡銀行・防長銀行・馬関商業銀行が100万円台を示した。

　山口県域の銀行店舗数の推移を表3-1で確認すると、日露戦争期以降に店

舗数は激増しており、とくに出張店・出張所の数が多くなっていた。1910年末で本店以外に5店舗以上を持つ銀行は10行を数え、うち、周防銀行と大島銀行はそれぞれ12の店舗を有していたが、周防銀行は広島県内と朝鮮釜山に3支店、大島銀行は郡内各所に支店・出張店を持っていた。また、岩国にあった福松銀行は8店舗のうち、6店舗を広島県下の広島市・佐伯郡に展開していた。他方、県外本店銀行の山口県内での展開は日本商業銀行・第一銀行以外に起業銀行が4店舗、広島市に本拠を置く岩谷銀行が3店舗を持っており、いずれも下関とその周辺および大島郡・玖珂郡に在った。山口県域では、県内に本店を持つ銀行の多店舗展開と広島県西部への進出、さらには、都市大銀行以外の銀行――起業銀行と岩谷銀行が中心――の店舗が目立った。

　1910年前後の山口県域では、日本海側を除く県域全般に店舗を展開していた百十銀行が預金量で大きな位置を占めつつ、海外移民が多い県東部の玖珂・大島・熊毛郡域では都市銀行の店舗設置（住友銀行柳井支店開設は1912年11月）も含め多くの中小銀行の設立と多数の店舗展開が見られた。他方、下関地域では同地域の商人達が主導して設立された馬関商業銀行が百十銀行と第一銀行下関支店に抗して銀行経営を行っていた。京都に本拠を置き西本願寺との関係が深い起業銀行もいくつかの店舗を持っていたが、預金量では前二者に及ばなかった。

　広島県および山口県域は海外移民が多く、したがって移民からの送金も多額にのぼり、そのことが同地域に多くの小規模銀行と店舗を生みだしたとされている。比較的限られた地域から海外移民が多かった山口県を例に若干の検討を加えておく。山口県下では大島・玖珂・熊毛郡、とりわけ前2郡の村々からの海外移民が多かった。出稼ぎを主とする移民たちは銀行・郵便局を仲介し、あるいは直接、携帯するかたちで本国送金を果たしており、その額は1910年前後で数百万円にも達した[9]。いま、移民送金額を200万円前後と見積るとして、その金額はさきの3郡内の銀行預金と郵便貯金額を合わせた878万円余（1911年末）の2割以上を占めた。移民送金のすべてが預貯金にならないのは当然としても、当地の銀行や郵便局にとって移民送金は重要な預貯金源泉であったと

推測される。

(2) 1910年代初めの金融恐慌

日露戦後の短い活況のあと、1907年春以降に各地で銀行の破綻・休業が相ついだ[10]。広島市内でも1908年2月に広島商業銀行が預金取付けに遭い、県下の有力銀行が相互扶助の組織として広島県同志銀行共融会を設置するほどであった（以下、表3-2を参照）。山口県下では県内の大銀行である百十銀行が日清戦後期の積極経営で破綻を来たし、1901年7月での不良債権268万円以上は貸出総額の3分の2に相当した。同行は毛利家から二度目であり、最終の支援を得て再建をはかり、日露戦後期もその善後策に追われていた。

越えて1912年7月に起業銀行（京都）の山口県内店舗での取付けがあり、同9月には山陽貯蓄銀行の広島県内本支店での取付けが山口県内にも波及し、1913年末に勃発した両県域にまたがる「金融恐慌」の先触れとなった。

日清戦後の1896年に真宗西本願寺派の檀信徒を背景に京都で設立された起業銀行は資本金200万円の大銀行で、大株主には大谷光瑞法王のほか、阿部市郎兵衛（滋賀、頭取）・小西新右衛門（兵庫）・杉本新左衛門（京都）・芝原嘉兵衛（同）・伊藤長次郎（兵庫）ら当時の企業家・有力資産家が名前を連ねており、山口県下の大株主としては毛利元敏（長府毛利家）・豊永長吉（取締役、旧藩士、日本舎密製造株式会社）らの名前があった[11]。1900年ごろには起業銀行とその別動隊である起業貯蓄銀行は山口県内で6店舗を展開していたが、1908年末には大島郡内（森野村が中心）にも出張所を設け、盛んに移民出稼資金を預金として吸収した。

起業銀行は1901年恐慌で平安紡績の不良貸付が問題となり、平井熊三郎（京都米穀取引所理事長、のち、衆議院議員にも当選）が京都の株主を代表して整理にあたり、頭取を襲った。しかし、平井の投機的活動や政治活動は起業銀行への不安を惹起し、1912年7月中旬に本支店とも取付けが起こり、銀行は休業に追い込まれた。破綻時の報告によると[12]、真宗信徒の信用に拠って、山口県下の各店舗の預金量は本店のそれを凌駕する程であったようで、預金残高192

表3-2　広島県・山口県域の金融恐慌略年表

年次	広島県内	山口県内
1908年	広島商業銀行取付け（2月） 広島県同志銀行共融会結成（4月）	
1909年		中須銀行（都濃郡）解散（5月） 山口県同志銀行同盟会（11月）
1910年		
1911年	日本銀行広島出張所、支店に昇格（6月）	百十銀行頭取室田義文辞任（1月）
1912年	山陽貯蓄銀行休業（9月） 八田貯蓄銀行取付け（9月）	起業銀行取付け（7月） 下関と県東部の銀行取付け（9月）
1913年	広島殖産銀行休業（8月） 八田貯蓄銀行休業（12月9日） 市内本支店銀行取付け、休業相つぐ（12月11〜12日） 日本銀行広島支店、広島銀行など4行に特別貸付（12月） 広島商業会議所「急告」配布（12月）	百十銀行、三菱・山口による再建（1月）
1914年	穀蓄合資（松永）休業（3月）、県東部に及ぶ 広島商業銀行、広島実業銀行を合併（6月）	福松銀行休業（1月） 周防銀行休業（3月）、県内諸銀行の取付け盛ん 周防銀行休業・下松銀行取付け（10月）
1915年	西備銀行など休業（1月） 広島殖産銀行、第十四銀行と合併（4月）	山口県下普通銀行不動産貸付貸替施行（日本勧業銀行、山口県主導、2月） 小郡銀行1カ月休業（7月）

出典：『創業百年史』広島銀行、1979年、『山口銀行史』山口銀行、1968年および1999年はじめ、『銀行通信録』、『大阪銀行通信録』、『防長新聞』、『関門日日新聞』などの記事による。

万円余のうち、下関支店35万円・長府その他出張所預金70万円であった。起業銀行の破綻によって、県内の中規模銀行ひとつ位の預金が引き出し不可能となった次第で、当時の地元新聞紙には起業銀行問題に関係する記事が頻りに掲載されたばかりでなく、再建途上の百十銀行にも預金取付けがあった[13]。また、前後して広島市内と県西部および山口県東部に店舗展開していた山陽貯蓄銀行も多額の貸出金固定化が表面化して預金取付けに遭い[14]、預金取付けの波は山口県東部へも及んできた。

　1913年の「金融恐慌」[15]の第一波は同年末に広島県西部の廿日市に本拠を置く八田貯蓄銀行の預金取付け勃発から始まり、広島市内の有力・脆弱を問わず多くの銀行が取付けに遭い、日本銀行の特別貸付[16]を引きだすことになった。

広島県西部の金融不安は同地に多くの店舗を展開していた山口県玖珂郡岩国の福松銀行を休業に追い込み[17]、さらに、同郡柳井に本店を置く周防銀行も休業することになった。この年、山口県内の諸銀行に対する取付けは盛んであったが、県内の大銀行である百十銀行も再建の途上で他を顧みる余裕はなく、多くの銀行がその対応に追われた。

広島県西部で勃発した1913年末の「金融恐慌」は翌年春以降に県東部に波及する動きをみせながらも、短期日で終息し、広島市内では銀行間の合併・買収が進んだ。他方、山口県下では県当局による不動産貸付の日本勧業銀行による貸替方策の実施にもかかわらず、1914年から15年にかけて銀行の動揺が続いた[18]。起業銀行の整理が長引いたばかりか、周防銀行も重役陣の軋轢から容易に整理が進まなかったことも銀行不安の懸念を増幅し、小郡銀行の場合は行員の公金費消問題から取付けに遭い休業に至った。かくして、今回の一連の取付け騒動によって、大島郡だけでも休業した銀行の預金高は起業銀行30万円・山陽貯蓄銀行9万円・周防銀行115万程とされているが、取付けられた預金の一部は郵便貯金に振り替えられたようで[19]、7月22日から9月21日までの2カ月間の郵便貯金高は前年同時期の20倍以上に達したという（大島郡平野部）。全県的にみて普通銀行の預金残高は1913年から14年にかけて1割以上減少し、貯蓄銀行の普通預金（定期預金・当座預金等の合計）と貯蓄預金は1912年以降大幅に減少した。逆に郵便貯金は1913年度末こそ前年比6％の減少を示したが、その前後の年次では10％以上伸びていた。

地方における「金融恐慌」惹起の理由として、『大阪毎日新聞』は「海外出稼人よりの送金」を目途に「小銀行の乱立」があり、これら小銀行は資金運用先に悩み「結局基礎の薄弱なる事業又は不動産に放資」し、高利を収むることがあるものの資金の固定化を招きやすく、預金取付けに極めて弱い銀行経営になっていること、さらには、都市の大銀行の進出も盛んで「小銀行は年々経営難に陥りつつあり」とし、それへの対応は「小銀行の併合」あるのみと論じていた[20]。さらに付け加えれば、この時期には「金融統計」に計上されず、また、『銀行総覧』にも登載されていない銀行店舗（支店・出張所・出張店あるいは

代理店）が結構あり、地場銀行が互いに預金獲得地域を拡大するために店舗を乱設する場合のみならず、県外とくに大都市所在の小規模銀行による店舗展開も無視できなかった。前者は当然に経営経費増に結びつき、それだけ収益を圧迫したであろうし、後者では信用薄弱な銀行の取付けが地域経済を混乱に陥れる危険度を高めることになったと考える[21]。

2　八田家と八田貯蓄銀行

　佐伯貯蓄銀行（のち、八田貯蓄銀行と改称、以下、八田貯蓄銀行と言う）を設立し経営した八田家は近世以来の山林地主であり、新田開発や醸造業にも手を広げ、庄屋や戸長をも務めた地方の名望家であった[22]。八田家家産の基盤は田畑耕地（新開地の所有）・山林所有にあり、幕末期には酒造業や醤油醸造業を手掛けていたことが分かっている。1884年には田畑耕地や宅地を合わせて150町歩（うち田119町歩余）を所有する大地主であり、山林所有面積も三代目新七（1838年相続）時代の1千町歩余から、1903年1,834町歩余、1910年2,387町歩余に増加した[23]。そのほか、この項の主題である八田貯蓄銀行（1897年、八田謹二郎が発起人となって佐伯貯蓄銀行として設立、1900年6月、商号変更）をはじめ、和洋食料雑貨販売や有価証券売買に従事する合資会社八田商店（1906年、八田徳三郎が中心）を経営し、鉱山（1907年以降、銅・錫・金山に投資あるいは経営参加。常盤鉱業株式会社など）や炭坑（明治末年以降、木屋瀬採炭株式会社や小野田炭砿株式会社に参画）経営にも乗り出した。5代目徳三郎時代（1904年相続）に事業範囲は一挙に拡大したようである。

　八田家の事業経営の全貌を明らかにできないが、1890年代以降に連年の如く残されている「第三種所得決定通知書」によると、課税所得は4代目謹二郎時代には1891年度7,976円から1903年度1万2,187円へ増加し、徳三郎が家督を継いで以降、1905年度3万2,146円（ほかに謹二郎370円）、1908年度2万1,535円（ほかに謹二郎8,744円）へと一層拡大しており、徳三郎時代に八田家の事業経営が膨張したことが推測される。事業の内訳では酒造・醤油醸造業が997円余

（1891年）・483円余（1903年）・521円（1905年）・1,212円余（1908年）と変遷しながらも、全所得に占める比率を大きく低下させた。他方、山林経営がもたらした所得は505円（1891年）・1,003円（1893年）・1万886円（1905年）・1万3,893円（1908年）と激増しており、全所得に占める比率も1891年6.3％から1908年45.9％と高まった。田畑耕地の小作経営が最重要であったことは当然であるが、徳三郎時代に山林経営の比重が一挙に高まったことも無視できない。なお、銀行休業時の調査であるが、株式の所有額は時価5万5,758円とあり、芸備鉄道1,485株・広島県農工銀行394株・広島銀行290株（新旧合算）・広島電燈791株に限られていた。県内有力会社・銀行に限った繋がりであった。

　八田謹二郎による銀行設立の意図を明確に示す資料は残されていないが、「八田家文書」に残されていた日付を欠く「銀行設立目論見書」によると、資本金規模100万円（四分の一払込）の銀行が想定されていた。また、郡内で別個の銀行設立計画があったようである（大竹貯蓄銀行）。八田はすでに第六十六国立銀行、第百四十六国立銀行の株主でもあり、後者が広島銀行に転換した際には大株主として監査役に就任するなど、近代銀行業経営についても一定の経緯があったと思われる。日清戦後期の銀行設立ブームのなか、県内でも有力地主層による銀行設立の動きもあり、銀行名称が郡名を示すことからも推測されるように、八田謹二郎は貴族院多額納税者議員に選出された程の名望家としての立場を踏まえて、地域の貯蓄金融機関の設立を企図したものと考える。銀行の設立は1897年6月で、当初資本金3万円（払込金1万500円）で出発し、1899年1月には倍額増資した（払込金は3万円）。以後、休業時まで変わらなかった[24]。他方、預貯金は1902年上期には払込済資本金の10倍を超え、日露戦後には県下の有力銀行のひとつになった。その後の動きは図3-1で示す通りであり、1912年上期末には預貯金184万5,000円余に達した。貸出や有価証券所有の動向も預貯金のそれに連動して伸びたが、1912年上期の有価証券所有の突出は株式所有を一挙に増やしたことによるが、その銘柄などは不明である。「営業報告書」が残されている1907年以降では、1912年上期に至るまで連年、毎期3,000円程度（払込金に対して1割）の配当と700～1,600円前後の賞与も

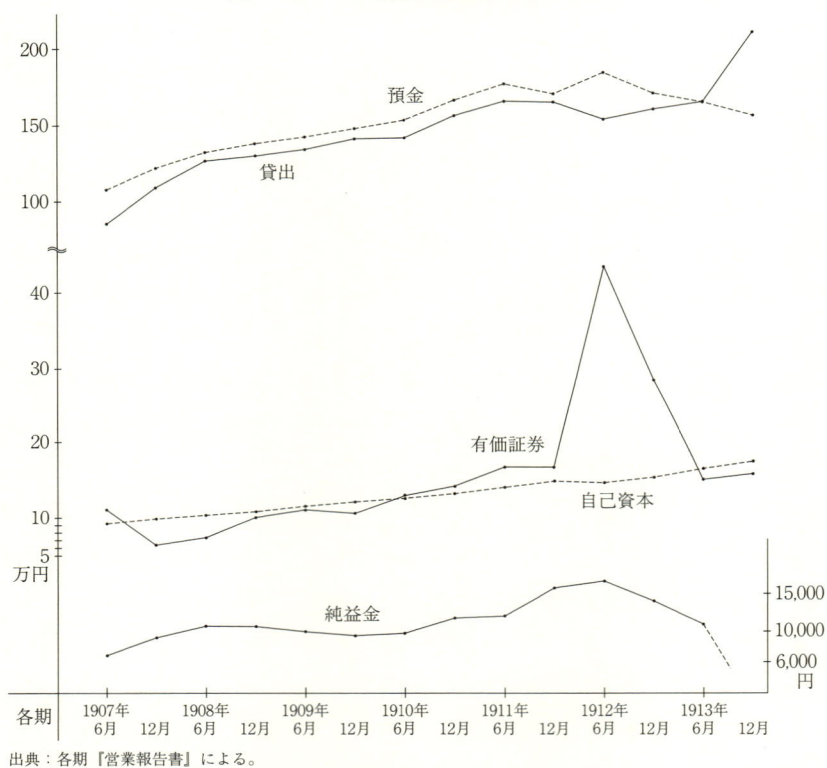

図 3-1　八田貯蓄銀行主要勘定の推移

出典：各期『営業報告書』による。
注：純益金は右目盛り。1913年下期は欠損20,669円であった。

計上しており、決算報告書をみる限り、取付け以前では順調に経営していたようにみえる。

　表 3-3、表 3-4 は八田貯蓄銀行の経営状況をいくつかの指標で示したものである。利用できる資料の関係上、休業までの10年足らずの短かい時期に限定されるが、表 3-3 から預貸率が一貫して高いこと、預証率は1912年度を除いて10％以下にとどまっているが、各期の預貸率と預証率の合計は1907年度を除いて100％を超えており、積極的な資金運用がなされていたことが分かる。他方、預金に対する支払準備率をみると、期を追うに従って概ね低下しており、

第3章 金融危機と銀行経営 83

表3-3 八田貯蓄銀行の資金運用状況

(単位:％)

年次各期		預貸率	預証率	支払準備率
1907年	上	79.7	10.3	18.5
	下	89.4	5.2	19.5
1908年	上	95.6	5.6	13.8
	下	94.3	7.3	16.5
1909年	上	94.3	7.8	14.5
	下	95.3	7.2	11.9
1910年	上	92.4	8.5	12.7
	下	94.2	8.6	15.8
1911年	上	93.4	9.4	10.6
	下	97.0	9.8	10.7
1912年	上	83.5	23.5	9.7
	下	94.0	16.6	7.7
1913年	上	99.5	9.1	5.5
	下	134.7	10.0	1.7

出典:各期『営業報告書』による。
注:支払準備率は預け金と金銀有高の合計／諸預金とした。

表3-4 八田貯蓄銀行の運用資産利回り・預金コスト・純益率

(単位:％)

年次各期		貸出利回り	有価証券利回り	預金コスト	総資産純益率	貸出利回りと預金コストの差
1907年	上	9.60	3.10	5.74	1.63	3.86
	下	10.26	5.53	6.99	1.77	3.27
1908年	上	10.65	6.36	8.03	1.81	2.62
	下	11.28	3.20	8.51	1.76	2.77
1909年	上	11.83	3.09	9.07	1.61	2.76
	下	11.99	4.36	9.71	1.37	2.28
1910年	上	11.80	4.52	9.10	1.38	2.70
	下	10.61	6.79	8.31	1.47	2.30
1911年	上	10.51	6.19	8.41	1.41	2.10
	下	11.24	6.97	8.94	1.84	2.30
1912年	上	13.09	2.02	8.75	1.82	4.34
	下	12.39	10.25	10.77	1.74	1.62
1913年	上				1.34	
	下	7.20	6.92	10.77	△1.75	△3.57

出典:各期『営業報告書』による。1913年上期の資料を欠く。
注:有価証券利回りには有価証券売買・評価損益を含む。預金コストは支払預金利息のみ。総資産には未払込資本金を含んでいない。

資金繰りが厳しかったのではないかと推測される。また、表3-4をみると、各期の貸出利回りは「営業報告書」に示されている利息歩合（貸金日歩2銭8厘～2銭2厘、割引手形日歩2銭8厘～2銭、1912年上期）を大きく超えるものではなかったが、支払利息／預金残高で示される預金コストは随分と高率で、八田貯蓄銀行が広島支店を開業した折の広告にみる定期預金（1年もの）年5分5厘、貯蓄預金年6分（1906年6月）を大幅に上回っていた。

したがって貸出利回り率と預金コストとの差は概ね数％にとどまっており、のちに見る周防銀行神田静治の試算を採用するとき、その差では営業費や配当・積立金のための利益金を捻出するのは難しかったと考えるが、払込金が小さかったこと（したがって配当額も小さい）や払込金の3～4倍に達する内部留保（自己資本は1912年末には15万円を超えた）が経費ゼロの運用資金源としての役割を果たしたこと、あるいは給与を含む営業経費が存外に小さかったこと（1910～11年の場合で、預金100円に対し日歩2厘強であった）を考慮する必要がある[25]。

八田貯蓄銀行の貸出状況を休業時の調査からみると[26]、休業時の貸出残高211万6,000円余のうち、固定分は貸付65％・割引手形45％で、合計84万8,000円余（全体の40％）が焦付きとされ、八田徳三郎が関わった木屋瀬採炭会社[27]や安治川地所（大阪）分61万円余が切捨てとなっていた。ちなみに、焦付き対象とはなっていないが、徳三郎は山林担保で22万円余の当座貸越勘定も持っており、銀行は徳三郎に対して少なくとも両者合わせて83万円余を貸出していたことになる。

預金勘定は休業時で154万円余（ほかに八田徳三郎名義の当座預金6万7,482円、公金預金3万1,221円あり）に達し、その構成は定期預金48.8％・当座預金12.2％・小口当座預金24.9％・貯蓄預金13.4％その他となっており、貯蓄預金の比率は小さかった。1口当たり金額別では、10円以下区分2万1,445円余（1万7,457口）に対し、5,000円以上区分46万9,848円（23口）と後者の大口預金比率は3割を超えた。また、預金のなかには芸備鉄道・広島電燈・沢原銀行名儀の担保付き特殊預金13万円余も含まれていた。

表 3-5　八田徳三郎個人資産負債表（銀行休業当時調べ）

(単位：円)

資　産（時価見積）		負　債	
田（150.09町歩）	835,560	八田貯蓄銀行借入金	617,344
畑（27.04町歩）	63,580	個人ヨリ借入金及	566,709
宅地（4.5209町歩）	44,042	保証債務※	
山林（1,500町歩見込）	1,899,450		
有価証券（4社分、評価額）	55,758	※別人・別会社名義で八田貯蓄銀行からの借入金となったものもあったようだ。	
大阪安治川地所 3万坪に対する権利	300,000		
横川倉庫土地建物	33,535		
八田貯金銀行当座預金	67,482		
合　計	3,299,407	合　計	1,184,053

出典：「八田家に関する書類　銀行休業当時調」による。

　その他、銀行の主な負債として資金繰りのための借入金・再割引手形があり、合計54万9,700円のうち、担保を提供して地元の金融市場で調達できた資金の比率は2割強で、その他は大阪金融市場などに頼っていた。

　八田貯蓄銀行の休業時の勘定をみると、預金・借入金・再割引手形・他店借などを合わせた負債総額220万円（自己資本勘定を除く）に対し、焦付き分を除いた債権は127万円程で、その差額は補てんされる必要があった。銀行は八田徳三郎の個人資産による補てんを求め、徳三郎は所有する田畑耕地や山林を提供してそれに応じた。ちなみに、銀行休業時の調査と思われる八田徳三郎の個人財産は表3-5の通りである。徳三郎は「木屋瀬採炭株式会社へ対シ約九拾万円也ノ資金ヲ直接間接ニ注入」し、その他に「直接関係ノ債権者」もあったようである。八田徳三郎は茨城県那賀郡山川村及び久慈郡小川村にまたがる丹生金山の開発（久慈川金山株式会社を引き継いだ常盤鉱業株式会社）にも参加したようで、鉱業権を引き継ぐ過程で大貸金業者である「宮城県、斉藤善右衛門」から22万円余の資金の融通を受けており、それらは結局、八田貯蓄銀行や八田徳三郎の債務となって残った[28]。

　営業再開時の「謹告」（1914年1月）によれば、預金支払保証として八田徳三郎所有不動産のうち、田畑76町6反13歩・山林1,373町8畝5歩（八田家山

林全部) を抵当とすることになった。提供された不動産の評価額はそれ以前に作成された「整理案」によると150万円以上と見積られていた。

以上の経緯は八田家（八田徳三郎）が地域における名望と若干の出資金によって八田貯蓄銀行を通して盛時に180万円の資金（預貯金）を獲得し、それを自らが企てた鉱山・炭坑経営へ投下していった状況を端的に示すもので、銀行の側からみれば、「機関銀行」としての経営行動そのものであり、激しい取付けに遭遇して極端な融資実態が暴露されるにいたった。八田貯蓄銀行は不良債権処理のための資金提供を八田家に求めて再建を図ろうとしたが、銀行存続の新たな見取図を描けないままに終わった。

3　山口県下の銀行動揺と再建

(1) 主要銀行の銀行経営の特徴

大正初年の銀行動揺の時期をはさむ前後の1911年と1915年の二つの時点をとって、本店銀行の預金量の変化をみておきたい。県下の大銀行である百十銀行と周防銀行は他と隔絶した動きを示したが、前者はこの間に約25％の増加があり、逆に後者は一挙に四分の一以下に減少した。その他の銀行群の位置をみると、1911年末より1915年末に若干とも預金増加があった銀行数は6行、逆に減少銀行は10行となり、大正初年の銀行動揺の激しさを反映したものとなっている。この間、全国地方銀行の預金量は約1.3倍に増加しており、預金量がそれ以上に伸びた県下の銀行は宇部銀行と華浦銀行の2行にとどまった。前者はこの時期の新設銀行であり、華浦銀行は明治末の経営不振から立ち直りつつある姿を示しており、いずれも特別な事由を持っていた[29]。県域の総預金高は全国平均並みに伸びていたから、結局、百十銀行と県外本店銀行支店が増加分の多くを吸収したことになる。

表3-6は、県下の主要銀行の経営動向を示したものである。概ね預金量の大きい銀行を取りあげている。各銀行とも自己資本や純益金の項目での変動が

表3-6 山口県下主要銀行勘定と経営状況

(千円、倍、％)

銀行名 年末	諸預金 (A)	諸貸出 (B)	有価証券 (C)	自己資本 (D)	当期 純益金	A/D	預貸率 (B/A)	預証率 (C/A)	支払 準備率	総資産 利益率
百十										
1903	1,997	4,521	610	685	10	2.9	226.4	30.5	8.3	0.4
1907	5,750	4,391	719	750	55	7.7	76.4	12.5	20.1	1.6
1911	6,101	4,549	1,970	929	35	6.6	74.6	32.3	13.0	0.9
1915	7,600	5,163	2,188	681	42	11.2	67.9	28.8	11.0	0.9
馬関商業										
1903	735	986	83	339	19	2.2	134.1	11.3	5.8	3.2
1907	1,309	1,690	142	472	27	2.8	129.1	10.8	8.5	2.6
1911	1,171	1,430	317	549	18	2.1	122.1	27.1	11.0	1.8
1915	528	816	213	617	14	0.9	154.5	40.3	19.5	0.9
周防										
1903	1,000	798	76	91	8	11.0	79.8	7.6	24.1	1.4
1907	1,959	1,218	529	488	9	4.0	62.2	29.1	12.6	0.8
1911	2,901	2,513	238	136	22	6.7	86.6	8.5	12.7	1.3
1915	691	726	10	504	△238	1.4	105.1	1.4	0.4	…
大島										
1903	581	504	22	97	9	6.0	86.7	3.8	25.6	2.4
1907	827	715	41	125	12	6.6	86.5	5.0	21.3	3.2
1911	1,335	1,204	62	192	18	7.0	90.2	4.6	15.9	2.2
1915	945	780	108	307	10	3.1	82.5	11.4	28.0	1.6
華浦										
1903	484	579	62	191	10	2.5	119.6	12.8	7.6	2.8
1907	537	584	71	153	―	3.5	108.8	13.2	10.4	―
1911	684	648	34	150	2	4.6	94.7	5.0	12.7	0.5
1915	1,006	920	84	213	12	4.7	91.5	8.3	16.4	1.9

出典：各期『営業報告書』、新聞紙公告などによる。
注：支払準備率は預け金と金銀有高の合計／諸預金として算出した。

　大きく、いずれも順調に経営を拡大していったとは言えず、総資産利益率も華浦銀行を除いて明治末から大正初年にかけて低下していった。百十銀行のように経営を持ち堪えて拡大していった銀行と破綻した周防銀行の違いを経営指標から一義的に決めることは難しいが、預貸率についてみると、前者が漸次改善しつつあるのに対し、後者は大幅に悪化していった。

　百十銀行は表示の時期において二度の大規模な経営再建を行っていた。融資

の数値の激変はその間の事情を反映したものである。諸預金の順調な伸びは県内主要地への店舗増設と1907年7月に三井銀行下関支店を営業譲受した影響が大きい。

　馬関商業銀行は1896年6月に、当時の赤間関市（下関市）に百十銀行に対抗して商人達によって設立された[30]。設立予定の3倍もの株式応募があり資本金30万円で発足した。頭取松尾寅三は紙問屋の家業を背景に電灯会社や米穀株式取引所などに関係し、赤間関商業会議所会頭にも就任し、政界にも進出した（衆議院議員・県会議員・市会議員）。常務取締役土井重吉は呉服問屋の家業を継承して、倉庫会社・汽船会社の設立・経営に関わり、松尾と同様に政界でも活躍した。下関における同行の位置であるが、西部銀行集会所報告によると、明治末・大正初年で百十銀行・第一銀行下関支店の後塵を拝しており、下関組合銀行の手形交換高でも第一銀行下関支店取扱高より低かった[31]。表3-6でみられるような馬関商業銀行の経営不安は2件10万円余の貸付焦付きと、その打開策を巡る経営陣の頻繁な交替にあったようである[32]。

　大島銀行は夙に指摘されているように、「郡立的銀行」として設立され、海外移民からの送金を預金として受け入れて預金量を急激に拡大し、郡外への貸付にも積極的だった[33]。とくに預金獲得では郡内各地に出張所（派出所）や取次所等を設置し、1912年6月末には郡内の2支店のほか出張所13、取次所6を擁するに至った。前掲の表3-1が示すように、郡内では県内本店銀行のみならず、県外銀行の店舗も多く設置されはじめた。大正初年の「金融恐慌」では、それら銀行店舗の休業などもあり、郡内の預金者を混乱させるにいたった。その影響も受け、1915年には大島銀行も預金量減少を記録した。

　華浦銀行は県下の主要塩田地域である三田尻で塩田地主や取引商人たちによって、1881年10月に貸金会社華浦組を引き継いで設立された私立銀行華浦組を出発点とし、1893年7月に銀行条例にもとづく銀行として発足した[34]。1900年前後にかけて預金量を拡大し、筑豊方面へも積極的に投資したが、その後の蹉跌を経て、1910年前後に神田友二ら柳井（玖珂郡）の実業家が参画して経営の立直しをはかった。表3-6で示されているように、同行の預金量が明治末か

ら大正初年にかけて増大していった要因でもあった。

(2) 周防銀行の経営方針とその実態

　周防銀行は柳井・岩国の商工業界の有力者を糾合し、玖珂・大島・熊毛の3郡域から出資者を募って、1898年11月に資本金30万円で設立された。大株主には地域を二分する有力者（地主、商人）である小田伴輔・神田友二のほか旧藩主も名を連ね、頭取はあえて両巨頭以外から選出したという[35]。少しのちの時期の資料になるが、周防銀行が神田友二らが設立した周防貯蓄銀行・日韓産業銀行を合併して資本金125万円と称した1912年末で、株主総数は736人を数え、100株以上の大株主は70人、その持株比率は50％近くあった[36]。

　図3-2と前掲表3-6によって周防銀行の主要勘定をみると[37]、まず、預金高では1900年末に50万円、1903年6月末に100万円、1909年末に200万円を突破し、1912年6月末には300万円超とピークに達した。1903年から6年間で預金量は110万円増加し、貸出増88万円・有価証券増22万4,000円とほぼ見合っており、他方、1909年から12年6月末までの数年間の預金増93万円に対し、貸出は127万円も増加し有価証券は逆に7万円減少した。後段の数年間で預金の激増とそれを上回る貸出増加がみられたことになる。預け金は概ね減少しつづけた。

　日露戦後の急激な預金増加に直面した神田静治（当初は取締役兼支配人、のち、1905年7月より常務取締役）は、資金運用方法を検討して、つぎのような方策があるとした[38]（資料1）。

　重役会での説明で、神田は第一の策は不良債権の累積を招く危険があり、第二の策は都会の金融市場でのみ可能であり、第三の策である有価証券担保貸出も地方では広島以外では難しく、かつ、その市場規模も大きくないとした。神田は従来通りの貸出を継続しつつ、銀行内の余裕資金を有価証券売買に投入して収益を挙げること（第四の策）が必要だとした。

　資料1　資金運用方法
　　　第壹　固定貸付即チ土地家屋及炭鑛山林等ノ貸付ニ依リ利殖ノ方法ヲ採

図3-2　周防銀行主要勘定の推移

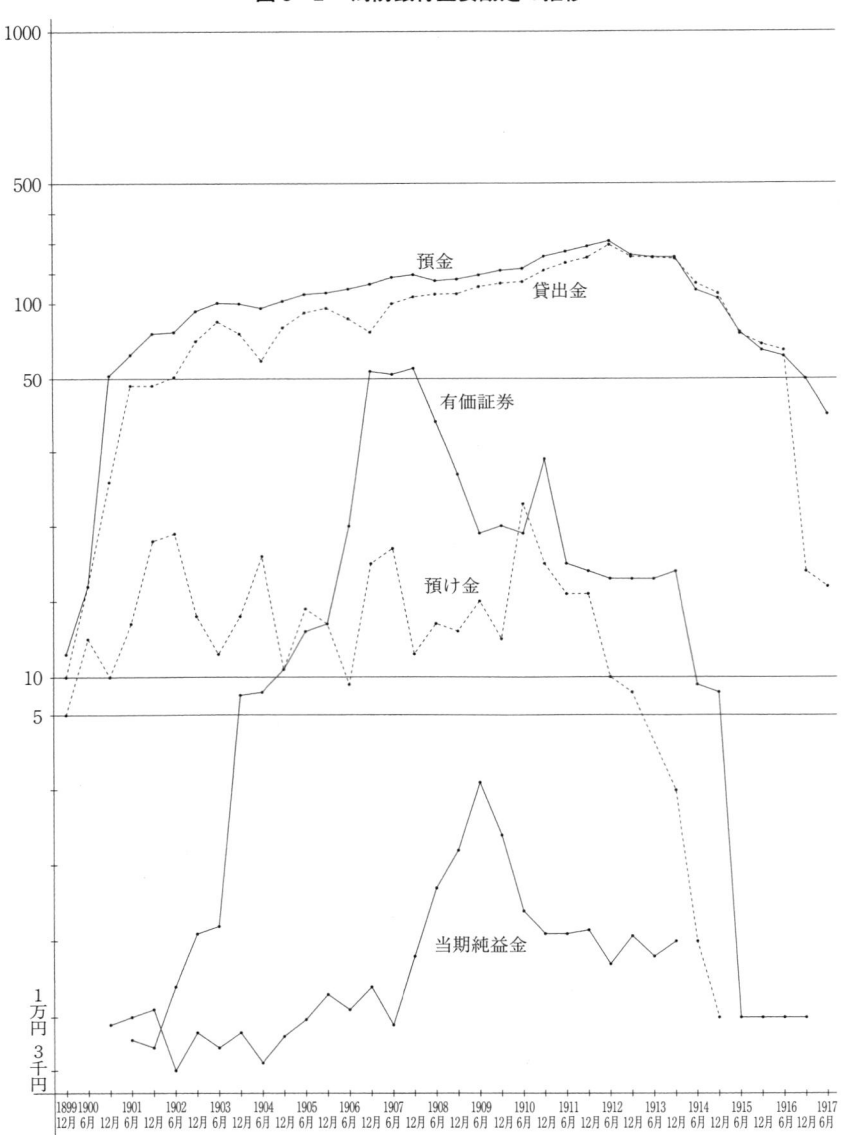

出典：各期決算公告による。
　注：当期純益金の1914年以降は欠損、預け金勘定は1915年以降なし。

ルコト
　　第弐　信用貸付即チ約束手形并ニ信用貸付及商業手形等ノ貸付ニ依リ利
　　　殖ノ方法ヲ採ルコト
　　第参　有価証券類ノ貸付ニ依リ利殖ノ方法ヲ採ルコト
　　第四　多額ノ遊金ノ生ジタル場合ハ是レガ利用法トシテ適宜有価証券放
　　　資ニ依リ利殖ノ方法ヲ採ルコト

　神田の第四の策についての説明は詳細を極めているが、その要点は資料２のようである[39]。まず、一では金融緩慢時の預金増加や預金支払準備（所有現金や預け金）といった遊金（直接放資せず、したがって収益を生まないもの）が必ず発生するが、その遊金に対しても預金利息その他の預金コストが発生しており、それは日歩２銭５厘以上（年利9.125％）になるとした。銀行としては、遊金からもそのコストを低減する収益の確保が必要であり、二で遊金利用の方法を列挙し、「有価証券放資」は「有価証券ハ日々公表サルベキ公定相場ヲ有シ其流通煩ル敏活ニシテ而カモ購入手続簡便ナルヲ以テ、之ニ対スル放資、機宜ヨロシキヲ得ハ頗ル有利ニシテ遊金利用ノ方法トシテハ之ニ優ルモノナシト断言スルモ躊躇セス」とした。

　三では有価証券放資の危険性について検討し、有価証券取引で価格変動が大きいことは当然で損失の原因は「価格ノ下落ニアラズシテ下落ノ時期ニ於テ売却セサルノ已ムヲ得サルニ立至リタル事情」にあるとし、定期取引も現物取引も取引の危険度には差異はないとしている。四では、遊金がない場合でも有価証券を所有していることは、緊急時の換金や融資を受ける場合の担保としても必要であると述べ、五でその手法について詳しい解説を試みている。とくに、配当源資として利益を裏面に隠しておく──秘密準備金──ことは、「会社内容ヲ知悉スルモノハ非認ス可カラサル経営上ノ要訣ト云ハサルヘカラス」（ママ）とし、銀行としては有価証券を乙例の形式、とくに他人名義を持って所有することが不可欠と断じた。

　神田が上記のような運用方針を採用しようとした背景には、預金増加に対応

する適切な融通先を容易に見出しえないという、同行が抱える独自の問題があった。日露戦後期の「営業報告書」の景況欄をみても、「資金ノ需要日ヲ逐テ緩却シ、之ト同時ニ預金増加ヲ助成シ金融ノ趨勢益緩慢ヲ来シ余資綽々タルヲ以テ、打算上主トシテ大蔵省券其他利廻リヨキ有価証券ニ傾注シ、且前期来極力国庫債券ニ応募シ遊金ノ活動ニ努メ」(1905年下半期)とか「放資ノ大部ハ主トシテ之ヲ最モ確実ナル有価証券ニ傾注セリ」(1906年上半期)といった記述が続き、「公債及有価証券時価平準積立金」「滞貸補塡積立金」などを新設するほどであった。超えて、1910年前後になると「金融緩慢ニシテ充分ナル放資ノ途ヲ得難ク」(1909年上半期)とか、公債償還が預金増加に結びついたものの、金融緩慢で所有公債価格の下落から「利益ノ幾分ヲ減殺セラルヽノ止ムヲ得」ない状況に陥っていた(1911年上半期・下半期)。

資料2　余裕資金の有価証券放資について
　一　銀行経営上ヨリ見タル遊金利用ノ必要
　　・準備金トシテノ遊金
　　・嫌悪スベキ性質ノ遊金——金融緩慢時ノ預金増加
　　〔参考〕
　　　預金コストの見積（百円に対する平均日歩）
　　　預金利息　　　　　　　1銭5厘5毛
　　　営業費　　　　　　　　5厘8毛4糸
　　　配当金・積立金・賞与金　4厘1毛1糸
　　　　計　　　　　　　　　2銭5厘4毛5糸
　二　遊金利用ノ方法
　　(1)　他ノ確実ナル銀行ニ再預金ヲ為スコト
　　(2)　比較的不確実ナル担保若クハ信用程度ニ甘ンジテ貸付割引ヲ為スコト
　　(3)　有価証券放資ノコト
　三　有価証券放資ノ危険ノ有無

(1)　有価証券自体ヨリ省察スル危険ノ有無—価格変動常ナキコト
　　　(2)　有価証券買入方法ヨリ見タル危険ノ有無—定期取引ニ取リタル場合
　四　有価証券放資ノ実例
　五　銀行ニ於ケル有価証券所有ノ方式
　　(甲)　表面上明カニ銀行所有ト見ルヘキ形式—直チニ銀行帳簿ニ反映
　　　(イ)　頭取名義　(ロ)　重役名義　(ハ)　支配人名義
　　(乙)　表面上個人名義トナス
　　　(1)　銀行帳簿ニ貸借記載スル
　　　(2)　貸付ノ形式、株式ハ銀行保管
　　　(イ)　重役個人名義　(ロ)　銀行関係者名義
　　　(ハ)　銀行ニ直接関係ナキモノ、個人名義
　　甲及乙(1)　有価証券所有変動・売却価格変動→銀行勘定ニ直チニ反映
　　乙(2)　予期セザル利益ヲ得タル場合ニ於テ、(※)秘密準備金トシテ積立置ク
　　　※配当源資トシテ利益ヲ裏面ニカクス、ソノ方法トシテ（イ）財産評価ノ高低ニ拠ル（ロ）預金通帳ノ出納形式ニ依ルコトガ考ヘラレル

　ところで、神田が融通資金に拠って行った取引の全体を十分には把握できていないが、融通資金の動向は表3-7の通りで、取付けによって経営困難に陥る以前では各月末限で70万〜80万円、多い時期には100万円を超えた。それは預金残高の5〜6割にも達した。神田が背任罪で訴追された際の裁判資料によると、大阪の証券業者との定期取引は広島瓦斯・大阪電燈など9銘柄を対象に、1909年中で186回、翌1910年中で26回も企てており（そののちも続く）、その収支決算は7,936円余の収益となった。また、神田は1904年7月から13年11月に

表3-7　融通資金と収益配当

年　月		融通資金合計　①	当期利益金	積立金	配当金	小口当座預金通帳から転記　②
1905年	6月	449 千円	9,728 円	3,000 円	5,175 円	円
	12月	769	13,405	7,100	5,625	
1906年	6月	753	11,257	5,500	5,625	
	12月	1,018	13,820	6,000	5,625	
1907年	6月	1,002	9,119	3,000	5,625	
	12月	843	17,650	9,000	5,625	
1908年	6月	779	26,943	10,000	15,625	
	12月	794	32,464	12,200	15,625	3,000
1909年	6月	760	41,117	25,000	15,625	6,000
	12月	693	33,672	17,800	15,625	1,825
1910年	6月	833	26,634	9,000	15,625	
	12月	885	23,583	3,000	15,625	8,556
1911年	6月	738	24,716	3,000	15,625	2,500
	12月	752	26,108	3,000	15,625	
1912年	6月	460	22,002	3,000	15,625	
	12月	525	27,733	3,000	15,625	
1913年	6月	308	25,290	3,000	15,625	
	12月	341	25,232	3,000	15,625	
1914年	6月	153	△18,297	—	—	
	12月	25	△82,221	—	—	

注：① 本店金庫内現在金高と有価証券其他各支店現在金高の合計。
　　② 神田静治名儀の「小口当座預金　内訳明細表」のなかの「普通利息以外ニ銀行ニ振替又ハ出金」欄の転記。「小田家」No.632「弁明書」に所収。

かけて、銀行から延べ115回、244万4,611円余を借り入れて運用しており、1910年から12年にかけてその回数・金額とも極めて多かった。取引条件は概ね貸付期間数カ月から1年未満、日歩2銭ないし2銭強、担保としては株式が多かったが信用貸もしばしばあった。これら取引のうち、過半数の67回は期限までに返済できず、1915年段階で銀行による担保処分を経て銀行の損失となった（約63万5,000円余）。

　神田静治名儀の「小口当座預金内訳明細帳」（秘密準備金管理のための個人名義預金通帳に相当、1908年6月～1914年12月）によると、「株式売買其他利益金」は5万7,990円余・所有株式配当が1万9,277円余計上されており、「株式売買損」は5,250円にとどまっていた。もっとも運用収益の表面化は表3-7

の最右欄の金額（表示外の若干の追加を含め2万2,256円余）に示すようである。多額の融通資金の運用からみて、いささか小さ過ぎる金額かと思うが、ここでは具体的な事例のひとつとして理解しておきたい。

　神田が提案して始めた資金運用方法は、資金繰りのために株価下落時に所有株式を売らざるを得ないという最も避けたい状況に追い込まれて破綻してしまった。神田がいう遊金を有効活用した有価証券売買取引による利益獲得といった経営方針はうまく機能しなかったことになる。

(3)　金融恐慌への対応の諸相

　大正初年の「金融恐慌」に際会して、取付け・休業に見舞われた銀行は山口県下で規模の大小を問わず13行に達した。これら銀行群の再建への足取りは順調とは言えず、また、一様ではなかった。対応の諸相を簡単に類別して示すと次のようになる（資料3）。

資料3　諸銀行の対応

・自力回復	大島銀行、福川銀行
・自主再建――成功	周東産業銀行（←由宇銀行）
――失敗・破綻	周防銀行（大6.5営業停止命令）
・有力銀行の傘下にはいる	百十銀行（三菱銀行・大阪山口銀行）、小郡銀行（藤本ビルブローカー銀行を介して百十銀行へ）、萩・防長銀行[1]（藤田銀行）、華浦銀行[2]（三十四銀行）
・有力資産家の出資を仰ぐ	下松銀行（久原の資本参加、長周銀行と改称）
・有力銀行が買収	馬関商業銀行（浪速銀行）、道源銀行（加島銀行）
・再建不首尾、他府県へ転出	周陽銀行（→岡山県）、福松銀行（→高知県）、関西銀行（→東京）

注：① 取付け・休業した銀行ではない。また、大阪藤田銀行の傘下にはいるのは1922年10〜11月である。
② 三十四銀行との業務提携は1921年7月。

　自力回復を実現した大島銀行や福川銀行の経営上の特徴として、(1) 相対的に自己資本が充実していたこと（前者は1912年上期に払込済資本金を3倍に増やし、後者は払込済資本金を上回る内部留保を実現しつつあった）、(2) 大島銀行では預金の大幅な減少を上回る貸出の縮小（預貸率は金融恐慌前後で10％以上変動）を実現し（郡外貸出の拠点である小松支店の貸出比率は7割から6割に減少）、福川銀行では焦付いた不良債権を内部留保で処理できたこと[40]、などを指摘できる。

　自主再建を成功させた例として、由宇銀行を取りあげたが、同行は経営不振のなか、折から同じ地域で企てられていた産業組合の親金融機関という産業銀行構想と接合するかたちで再建を果たしたものである[41]。実際には、由宇銀行を買収して周東産業銀行が設立された。もっとも、当初の構想は実現されなかったという。他方、周防銀行は福松・由宇銀行と合併して、さきの産業銀行構想の母体になろうと企図し、また、大阪方面で親銀行を捜したが実現できなかった。

　県下の銀行群のなかでは、有力銀行の傘下にはいって経営の立直しが図られた事例が多い。百十銀行は大正初年にいわば三度目の経営再建策として三菱合資会社（銀行部）と山口銀行（大阪）の支援を受けることになった。支援銀行は増資後の株式の45％（総株数3万株）を引き受けて（払込済資本金60万円に対しては新株第1回払込み済分16万8,750円）、百十銀行を子銀行化したことになる。三菱合資銀行部（1919年8月、株式会社三菱銀行設立）や山口銀行による百十銀行に対する指導の状況を十分には把握していないが、第一次大戦期をはさんだ時期の預金・貸出の伸び率はほぼ同じで、預貸率も80％を超えることはなかった。「終始着実温健ヲ旨」(ママ)とする経営方針の貫徹であった。

　華浦銀行は「金融恐慌」で経営困難に陥った訳ではないが、神田友二頭取が

三十四銀行小山健三頭取の銀行経営理念を受け入れ、自行の経営方針を転換して経営を安定させていったことが特徴的である。小山健三は銀行経営の理念として、銀行経営者は株式取引に手を出さないこと、銀行以外の事業に力をとられないこと、政治に関係しないこと、さらには、内部留保に努め貸出には事前調査が必要であること、などを示したという[42]。それは神田が持っていた地域産業の振興を第一とする産業銀行構想とも異なるもので、華浦銀行は預金の伸び以下に貸出を迎えつつ、有価証券所有や預け金（コール・ローン）でも運用をはかり、内部留保の伸び率は純益金のそれを絶えず上回る銀行経営を実現していった。

下松銀行の再建は地元出身の実業家による梃入れの事例を示している。久原房之助は阿武郡須佐町の出身であるが、自らが経営する企業群が第一次大戦期に大膨張する状況のなか、1917年には下松町域を中心に造船業を主眼とする大工場の建設に着手し、下松銀行は金融部門での活躍が期待され、資本金は３万5,000円から一挙に100万円（金額払込）とされ、久原系が６割を抑えた[43]。大戦期では地域経済が農地売却による工場建設のブーム期にあり、預金量と預け金額とが拮抗するといった特異な状況が生みだされた。大幅な貸出超を続けた明治期とは異なった経営状況であったが、経営方針の転換を意味するものではないだろう。

激しい取付けに遭わなかった銀行群でも、財界一般の不振もあり1914年下期には預金を減少させた場合が多かった。「金融恐慌」に巻き込まれなかった事由としては、(1) それ以前に貯蓄銀行から普通銀行に転換して、その業容を充実させていったこと（三田尻塩田銀行・防長銀行）、(2) 小さい資本金と相対的に分厚い積立金の存在（平生銀行・萩銀行・長門銀行）、(3) もともと預貸率が低く堅実な経営振りであったこと（萩銀行）、(4) 地域経済に結びついた経営であったこと（宇部銀行・船木銀行）、などが考えられる。しかし、いずれの銀行も「金融恐慌」前後で経営方針を変えていった訳ではない。

 1) 同時代的な考察については、さしあたり、渋谷隆一・麻島昭一監修『近代日本

金融史文献資料集成』のうち、『普通銀行・貯蓄銀行編』佐藤正則編・解説、2003年所収の諸論著を参照。
2) 本稿が取りあげる地域・時期に限った金融史研究はないようであるが（拝司静夫・牧村四郎編『日本金融機関史文献目録』社団法人全国地方銀行協会、1984年、310～313頁）、当該地域の銀行史である『山口銀行史』山口銀行、1968年および1999年、『創業百年史』（広島銀行、1979年）は、いずれも浩瀚な書物であり、可能な限り関連史料を渉猟し整理した貴重な地域金融史となっている。

　なお、研究対象の時期が異なるが、近年の研究成果として、畠中茂朗「明治前半期の三井銀行（三井組）の地方への展開過程」『山口県史研究』第8号、2000年や粕谷誠「戦間期における地方銀行の有価証券投資」『金融研究』第25巻第1号、2006年3月、日本銀行金融研究所、がある。
3) 利用した史料は「八田家」（広島県立文書館所蔵）や「小田家」（山口県文書館所蔵）といった「家」文書であり、いずれも銀行に関する史料群を含みつつ、文書群の性質上、銀行経営史それ自体を分析するには不十分であり、同時期の新聞・雑誌などの資料で補いつつ検討していった（西向宏介「地方名望家文書の構造――広島県佐伯郡玖島村八田家文書の場合――」『広島県立文書館紀要』第8号、2005年）。なお、紙幅の都合もあり、注記はできるだけ簡略・省略に従った。
4) 以下の章節の記述でも、広島銀行や山口銀行の『銀行史』に拠るところも大きいが、特段の場合を除き注記を省略した。
5) 全国普通銀行ないし地方銀行の計数については、後藤新一『日本の金融統計』東洋経済新報社、1970年に依拠した。
6) 前掲『創業百年史』133頁以下。
7) 「広島同盟銀行報告」『大阪銀行通信録』第136号、1909年1月。
8) 『山口県第17回勧業年報』（明治33年分）はじめ、各年次の勧業年報および『山口県統計書』1912年以降の各年版による。
9) 「本邦移民統計材料調査一件」（「外務省記録」外交史料館）。
10) 「広島市銀行業現情」『大阪銀行通信録』第137号、1909年2月、「広島銀行界の動揺」『東京経済雑誌』第1428号、1908年2月。
11) 第6期（1898年下期）の『営業報告書』によると、同行は本店のほか、大阪と赤間関に支店を設けていた。資本金200万円（払込済80万円）、諸積立金57,500円、諸預金1,887千円余、諸貸出2,425千円余、有価証券所有高471千円弱の規模を示し、同期の収益は7万5,101円余となっていた。また、この時期には本店における小口当座預金をはじめとする多額の預金を大阪支店や赤間関支店で運用していたようで、本店の支店勘定は60万円を超えた（京都府立総合資料館所蔵資料による）。
12) 「起業銀行の臨時休業」「京都起業銀行不始末事件」『銀行通信録』第54巻第323、

324号、1912年9、10月はじめ、『防長新聞』『関門日日新聞』『京都日出新聞』などの新聞記事に詳しい。なお、平井瑗吉『京都金融小史』同、1938年、108〜112頁、高橋眞一『京都金融史』同、1925年、123〜127頁も参照。
13) 『銀行通信録』第54巻第323号、1913年9月。
14) 「山陽貯蓄銀行臨時休業」『銀行通信録』同前。
15) 12月11、12日の取付けは広島貯蓄銀行42万6,000円・住友銀行広島支店30万6,000円をはじめ、広島同盟銀行の各銀行を襲い、同盟銀行16行の預金残高も6月末と比べて12月末には100万円以上(6%)減少した。
 「広島金融恐慌」(1913年)については、前掲『創業百年誌』134〜137、161〜162頁、『東洋経済新報』第655号、1913年12月25日、『銀行通信録』第57巻第339号、1914年1月などを参照。
16) 日本銀行広島支店の特別貸付は広島銀行・広島商業銀行・第六十六銀行支店をあわせて71万8,600円、その他為替資金支払高は住友銀行広島支店100万円余をはじめ、取付け両日で377万8,000円に達した。
17) 「福松銀行の臨時休業」『銀行通信録』第57巻第339号、1914年1月、「山口県銀行界の動揺」同前、第442号、1914年3月。『大阪銀行通信録』にも同じ時期に、いくつかの記事が掲載されている。前掲『山口銀行史』1968年、490〜492頁。
18) 同前。山口県下の銀行動揺に際して日本銀行広島支店長による周辺銀行の支援要請はあったものの、日銀特別貸付は実施されなかった(「大正2年末恐慌一件書類 営業係」日本銀行広島支店作成、「広島銀行『創業百年史』編纂資料」広島県立文書館、所収)。
19) 「貯金二百余割の増加」『関門日日新聞』1912年9月12日付夕刊、「山陽貯蓄銀行と大島郡」同前、9月13日付など。
20) 「地方銀行合併の要」『大阪毎日新聞』1914年3月31日付。
21) 「都会の小銀行と地方経済」『防長新聞』1916年9月26日付。
22) 八田家については、『平成15年度収蔵文書展 明治期地方名望家のあゆみ——佐伯郡玖島村八田家の歴史と文書——』広島県立文書館、担当西向宏介、2004年3月、および西向宏介「平成15年度文書館講演会 明治期の地主と名望家」(資料)、前掲、注3)の西向論文、松下孝昭「明治四十四年の貴族院多額納税者議員互選について——八田家文書の紹介——」『広島県立文書館紀要』第1号、1989年、小林和幸「『八田家文書』に見る八田謹二郎・徳三郎の国政との関わり」『広島県立文書館だより』第24号、2004年7月に拠る。同家文書の検索と研究動向については西向宏介氏にご教示を得た。以下、特段の場合を除き、個々の文書名や史料整理番号は省略した。
23) 同家の山林経営の特徴は「森林経営成績書」(1910年1月1日)で瞥見できる

(『広島県史』近現代資料編Ⅱ、広島県、1975年、393〜403頁)。

24) 八田貯蓄銀行については、八田家文書のほか、『芸備日日新聞』『中国新聞』によった。簡単な紹介は、前掲『創業百年史』付編255頁をみられたい。

25) 1910年12月28日調べの「店員給料調」によると、八田貯蓄銀行は本店以外に4支店を持ち、支配人以下33名の従業員を擁していたが、その給与支給額は月433円50銭で、賞与は若干の査定を含めて1,175円余（期末と賞与の合算）となっていた。同期の営業報告書に照らすと、給与支給額は損益計算書の損失勘定の給料項目に等しく、前期の賞与は利益処分の賞与額に等しかった。同行の言う賞与は役員賞与ではなく、従業員のそれであり、経費として計上されるべきものと考えるが、他年次で資料の照合も難しく、一応の指摘にとどめる。

26) 「八田家ニ関スル書類　銀行休業当時」「休業当時ノ諸貸付調」その他による。

27) 福岡県鞍手郡木屋瀬町に位置し、1893年に加藤周助が借区したあと、変遷ののち、1910年から同社が引きついだ（農商務省鉱山局『本邦重要鉱山要覧』1913年、ほか）。1910年4〜12月で4坑合計1億6,580万斤の出炭があったようで、八田徳三郎のほか、高束康一、立川斧太郎が取締役に名を連ねていた（八田家文書）。なお、同炭坑に関する資料については長廣利崇氏（和歌山大学経済学部）のご教示を得た。

28) 「丹生金山・常盤鉱業・鐘会社関係書類」（「八田家文書」No.5152の1-3）による。

29) 前掲『山口銀行史』1968年、515〜525、563〜582頁、その他、同時期の各種新聞記事による。先に倣い、以下でも注記は最小限にとどめ、『山口銀行史』を典拠とする場合は概ね注記を省略した。なお、『山口県史史料編　近代4』山口県、2003年、891〜935頁も参照。

30) 『山口銀行史　資料編』山口銀行、1999年、353〜354頁、畠中茂朗「明治・大正期の山口県における近代企業の発展と地域経済の変容——下関の諸企業を中心として——」『社会文化研究所紀要』第48号、2001年7月、九州国際大学社会文化研究所、『日本之関門』第2編第1巻、1917年1月所収の「馬関商業銀行」を参照。畠中茂朗氏には同行に関して史料の提供やご教示を得た。

31) 『大阪銀行通信録』『下関商業会議所報告』による。

32) 「商業重役問題」『馬関毎日新聞』1916年2月12日付、をはじめ、『馬関毎日新聞』『門司新報』所載の記事による。

33) 前掲『山口銀行史』1968年、476〜494頁。

34) 同前、515〜526頁。

35) 前掲『山口銀行史　資料編』1998年、付編355〜356頁、柳井市史編纂委員会『柳井市史（通史編）』柳井市、1984年、742〜753頁。小田伴輔・神田友二とも1898年時点で玖珂郡の地価1万円以上大地主であり、神田は多額納税者でもあった。

36) 「株式会社周防銀行株主人名録」(1915年12月末日現在)。
37) 各新聞紙に掲載の決算公告による。
38) 以下、周防銀行の分析は山口県文書館所蔵の「家別け」文書群のうち、「柳井市金屋　小田家文書」に所収の「周防銀行」と一括してとりまとめられた史料群によるが、同史料は周防銀行混乱時の裁判事件にかかわるものである。原則として文書名・整理番号は省略した。
39) 「弁明書」(小田家632) 其の他。
40) 福川銀行については、前掲『山口銀行史』1968年、453〜457頁を参照。
41) 神田友二らの産業銀行設立計画は1914年4月以降、しばしば新聞紙でも報じられた(「産業銀行設立協議」『防長新聞』1914年4月18日付ほか)。曲折ののち、1917年8月に設立された周東産業銀行については、前掲『山口銀行史』1968年、556〜560頁を参照。
42) 前掲『山口銀行史』1968年、523〜525頁。小山健三については、三十四銀行編『小山健三伝』同、1930年をみられたい。
43) 「下松銀行増資」「買収金の取扱」「下松銀行に望む」『防長新聞』1917年10月2日、17日、11月9日付など。前掲『山口銀行史』1968年、413〜418頁、米本二郎『伝記久原房之助翁を語る』株式会社リーブル、1991年、524〜530頁。

〈付記〉　本稿作成に際しては、広島県立文書館、山口県文書館、山口県史編さん室、山口銀行に随分とお世話になった。また、西向宏介氏・畠中茂朗氏・長廣利崇氏にも種々のご教示を得た。末尾ながら、お礼申し上げます。
　本論文は、『広島経済大学経済学論集』第30巻第3・4号(2008年3月)所収の拙論に加筆訂正を付したものである。収録にあたって、ご配慮いただいた広島経済大学経済学会に謝意を表わします。

第4章　三十四銀行の経営者と経営実態

齊藤壽彦

はじめに

　銀行経営は経営者、とくに経営者の経営理念に依存するところが大きい[1]。各時代にあって、その時代の制約や限界を創造的に破壊し、新たな制度・技術を創造してきた企業家たちによって日本の経済発展が実現された[2]。

　銀行についていえば、銀行経営形態、経営モデルを次のように類型化することができる。①健全銀行、放漫銀行・機関銀行、②商業銀行、産業銀行・工業銀行、農業銀行、外国為替銀行、植民地銀行、③銀行専業銀行、兼営銀行・ユニバーサル銀行、④普通銀行、特殊銀行・公的銀行。このような銀行経営の経営形態に応じて銀行経営理念も異なってくる[3]。また、銀行経営者の経営理念通りに実際の銀行経営がなされるとはかぎらない。

　我が国の普通銀行の経営モデルとしては銀行の健全、堅実経営（サウンド・バンキング）、あるいは商業銀行が代表的なものである。銀行の健全経営は債務超過に陥っていない状態となっている支払能力（solvency）と大きな損失なく決済資金を確保できる状態となっている流動性（liquidity）の維持とを求めるものである[4]。自己資本、資産内容、経営、収益性、流動性、市場リスク感応度（Sensitivity to Market Risk）の観点から（CAMELS）銀行の健全性が評価されることもある[5]。商業銀行とは商業手形割引などの短期金融を行う銀行のことである。

日本の銀行経営者研究としてはこれまでに様々な研究が行われている[6]。だが銀行経営者の理念、すなわち経営における信念、経営方針についての基本的な考え方にまで踏み込んだ研究は多くない。

スコットランド出身の銀行家、アラン・シャンドがイギリスの商業銀行主義を基礎としたサウンド・バンキングの理念を日本に持ち込んだ[7]。1866年にはすでに横浜の銀行にいたシャンドは、明治5年7月（陰暦）の大蔵省への雇い入れ契約に基づき、10月に紙幣寮書記官に任ぜられた。シャンドは、大蔵省が1873（明治6）年12月に刊行した我が国最初の簿記の教科書といわれる『銀行簿記精法』の原作者であり、ギルバート、バジョット、マクラウドらのイギリス人金融学者達の書物を基礎に『銀行大意』（大蔵省刊行、1877年5月）を執筆した。かれはイギリス風の商業銀行を銀行の理想像とした。シャンドは「日本国立銀行事務取扱方」（大蔵省銀行課から刊行された1877年12月創刊の『銀行雑誌』に連載）をも執筆した。また、大蔵省の官吏や第一国立銀行の行員に対して教育を行った。さらに銀行検査に参加し、銀行検査を通じて日本の銀行業者に銀行の理念を吹き込み、銀行実務を指導した。銀行検査については1872年に公布された国立銀行条例第17条に規定されていたが、最初はたんなる書面検査にとどまっており、実地検査が行われるようになったのはシャンドの派遣に始まるといわれる[8]。

シャンドは日本の銀行業務の生みの親であり、サウンド・バンキングの理念の伝道者でもあった。第一国立銀行の佐々木勇之助や長谷川一彦等はシャンドから学び、その後新設された銀行の行員達は第一国立銀行にやってきて佐々木や長谷川から銀行業務の講習を受けたのである[9]。

しかし、シャンドを尊敬していた渋沢栄一は、銀行の理念についてはシャンドと一線を画していた。かれは単なる健全経営（サウンド・バンキング）だけを銀行経営の目標とはしておらず、銀行を殖産興業の手段して利用しようと考えていたのである[10]。事実、日本の銀行はイギリス型の商業銀行として発展することはできなかった[11]。その多くは機関銀行と呼ばれる性格を持つようになり、不動産金融に傾斜する中小銀行も輩出した[12]。理念としてのサウンド・バ

第4章 三十四銀行の経営者と経営実態　105

ンキング、商業銀行は長く日本の銀行業者の理想像として掲げられたが[13]、実際には長期金融あるいは証券業務をも兼営するものとして発展したのである[14]。その商業銀行モデルからの乖離の形態は多様である。

本章においては日本におけるサウンド・バンキングの理念と現実の事例的研究を行うこととし、三十四銀行の経営者の経営理念と同行の実際の銀行業務との関係を考察する。三十四銀行をとりあげるのは同行の経営者がサウンド・バンキングの経営理念を明確に有していたと考えられるからである。本章では三十四銀行経営者、とくに小山健三および一瀬粂吉に焦点をあてて、サウンド・バンキング理念の日本における展開を明らかにするとともに、その理念と同行の銀行業務の実態との関係について論じたい。このような研究が全くないわけではないが、その理念の銀行業務実態への貫徹あるいは理念と現実との乖離が充分に解明されていないと思われるのである。

1　三十四銀行の経営者群像

(1)　岡橋治助

第三十四国立銀行は大阪の繊維関係の有力商人たちが設立した銀行であった。1878（明治11）年4月13日に発足した。頭取は岡橋治助であった。かれは若いころ奈良から大阪に出て木綿問屋の経営に従事していた。かれは呉服商を糾合して第三十四国立銀行を設立し（発起人は7名）、長く頭取をつとめた。岡橋は和歌山第四十三国立国立銀行をはじめ日本共同、中立（のちの日本中立）、中立貯蓄等の諸銀行に関係して初期の大阪金融界に重きをなした。

岡橋は大阪綿紡績界の草分けの一人である。岡橋治助は、紡績業の勃興期を迎えた1887年にわが国紡績界の草分けのひとつ天満紡績を設立し、社長となっている。また、原料を輸入する会社が必要となり、1892年には日本綿花が設立されたが、岡橋は発起人に加わった。このほか大阪、河南の諸鉄道、日本生命、日本火災、日本海陸保険等の保険事業、日本倉庫、帝国物産等30余社の事業の

創設に参画し、大阪財界の発展に尽すところが大きかった。岡橋は松本重太郎、田中市兵衛と並んで明治中期に大阪財界で雄飛した偉材である[15]。

岡橋の事業経営は頗る堅実細心で、投機的機運の横溢した当時としては稀にみる手堅さがあった。岡橋は産業企業への参画と銀行経営とは区別していた。相次いで多くの銀行が行き詰るなかで、第三十四国立銀行の経営は着実に発展した。銀行経営においては堅実主義と商業金融重点主義を採用した。サウンド・バンキング、商業銀行の経営理念は岡橋が採用するものとなった。三十四銀行の堅実経営の基礎はすでに創業当初から植えつけられていたのである[16]。松本重太郎の関係する事業に資金を注ぎ込んだ第百三十国立銀行は、松本の関係する事業の機関銀行的色彩が強かった。岡橋の方針は松本の方針とは対照的なものであった[17]。第三十四国立銀行の経営の心構えは、「およそこと進むに鋭きものは華麗なれども破れやすく、だんだんに進むものは質朴なれども維持するの力を有して保ちやすし。ゆえに進取を好まず、漸進をもって目的とするは本行創立以来の持論」であるとした[18]。もっとも、のちに同行の頭取となる小山健三の批判もあり、岡橋がサウンド・バンキングに徹底していたとはいえない。

第三十四国立銀行は1897（明治30）年9月、普通銀行に転換し、株式会社三十四銀行となった。

(2) 小山健三

岡橋治助は20年にわたる長い間、頭取の座にあった。この間に多くの企業と関係をもった。岡崎自身が「自分ノ発起ニ係ル」とした会社は20社に及んだ[19]。岡橋の片手間の銀行経営には限界が見えてきた。それになによりも三十四銀行は発足当時の小規模銀行から大阪における有力銀行へと成長していた。

1899（明治32）年1月に岡橋治助頭取が退任した。新しい時代に適応した新しい人材が求められていた。岡橋の片手間の銀行経営には限界があった。三十四銀行は小規模銀行から大阪における有力な銀行へと成長していた。日本銀行大阪支店長片岡直輝の推薦により、文部次官小山健三が頭取に就任した。片岡

第4章　三十四銀行の経営者と経営実態　107

と小山は1892（明治25）年ごろ、第二次伊藤内閣の河野敏鎌文部大臣の秘書官として机をならべたことのある旧知の間柄であった。

　1899年1月に三十四銀行頭取は岡橋治助から小山健三に引き継がれた。小山を選んだ背景には機関銀行を容認する岡橋を追い落とすという狙いもあったようである。同年4月1日の日本中立、日本共同の3行合併に際して、三十四銀行に内紛があったことを小川功は指摘している[20]。同年1月に合併委員長の片岡が指名した新銀行の役員の人事（三十四銀行の役員から選出）に対し、岡橋は中立、日本共同両行の株主の意向を無視していると不服を抱き、監督に推されたものの、同年4月末に監督を辞任し、5月に重役改選を主張した。実は日本中立銀行、日本共同銀行は岡橋系の資本グループのための機関銀行としても機能していたのである。

　不良債権の発生を機会に日本中立銀行、日本共同銀行を三十四銀行に合併することを推進した立役者の一人である日本生命副社長の片岡直温は、機関銀行を批判しており、共同銀行の三十四銀行への合併もこの趣旨から行ったと回顧している。共同銀行の不良債権は三十四銀行に引き取られている[21]。合併後の岡橋や小山・片岡との役員人事をめぐる対立は大蔵大臣松方正義の調停によって処理されたが、岡橋はこののち財界から遠ざかっていった[22]。

　小山は1858年に武州忍（おし）に生まれた。小山健三は教育界の人であった。14歳の時に忍藩庁から教学助教を申し付けられた小山は、以後教育関係の道を歩んだ。1881（明治14）年に文部省に入り、1892年には文部大臣秘書官となった。1895（明治28）年には東京高等学校の校長に就任、1898年には文部省実業教育局長を兼任、31年5月に文部次官となったが、2カ月で辞任した。我が国はじめての政党内閣といわれる大隈内閣が生まれたときで、文部大臣が1年間に5回も代わる現状に嫌気がさしたのであろう[23]。小山は専門経営者として三十四銀行に招致され、頭取となる。

　小山は頭取に就任すると直ちに自分の経営方針を明確に打ち出した[24]。小山は、とかく投機家の機関銀行的色彩の強かった銀行のあり方をきびしく批判し、三十四銀行を近代的な商業銀行に育てようとする決意を明らかにしている[25]。

小山健三は、銀行は「努めて多額の預金を収集するを以て営業上の眼目とす」と述べ、貸付は自己の資力（資本金積立金預金を限度とすべきであると考え、支払準備の充実を重視し、預金銀行主義を採用した。銀行経営の安定のためには地方銀行は平素都市銀行と密接な取引関係を保つとともに基礎薄弱な小銀行が合併を図り支払準備問題を解決すべきであると考えていた[26]。

　小山は数多くの産業、企業の経営に関与した松本重太郎とは大きく異なり、「一人一業」を実践した。三十四銀行を本拠として、これに立て籠もり、あえて他を顧みようとはせず、一意専心、銀行のために身を捧げたのであった[27]。

　明治末年に華浦銀行頭取神田友二が小山に面会して銀行経営の秘訣を問うた時、小山は「当路者は株式に手を出さぬ事、頭取たるものは決して他に力を分たぬ事、政治に関係せざる事、配当を控えて積立金を大にする事、貸出金をなす前に充分信用を調査する事」を挙げている[28]。小山は信頼、信用を重んじ、「失信則不立」と揮毫している[29]。

　小山は恪勤勉励の人であった。朝早くから出勤し、長時間勤務した。東京から帰阪の時は夜汽車を利用し、朝早く大阪駅に着くとそのまま銀行に出勤し、不在中に山と積まれた書類に目を通し、平日よりも遅く帰宅した[30]。

　大日本製糖が破綻した折、三十四銀行も大口債権者であったが、小山頭取は率先して私財提供を申し出て、同行に累が及ぶのを免れしめた。すなわち1909（明治42）年4月に大日本製糖の疑獄事件が発生し、同社が企業整理に入ると、三十四銀行は同社に対して26万円の固定貸を行っていたから、同年7月に小山健三は大日本製糖への債権償却のため私財10万円提供した（ほかの重役は10万円）。この日本銀行に供託された資金は1912年の1月の株主総会で返還されることとなったが、この私財提供行為は小山の声望を高めるものとなった[31]。

　小山は関西金融界を代表した。大阪銀行集会所委員長、大阪手形交換所委員長としても活躍した。福澤桃介（大同電力社長）は次のように書いている。

　「東に澁澤榮一、西に小山健三があり、東西における金融界の両大御所として人も許し自らも許し、時の政府が公債を募集するとか金融界の大問題を解決するというような場合には、大蔵大臣はかならずこの両大御所の意見を

徴するのが例だった」[32]。

小山は幼いころ故郷を出てしばらく東京の塾に学んだほかは、徹頭徹尾自習独学の人であった。古今東西の教育学、経済学、銀行、財政に関する書物を耽読した。直接英書、英字新聞を読んだ[33]。

第一次大戦の末期に英仏露三国が約3億円の円貨公債を発行したが、小山はロシア政府分にかぎり日本政府の保証を条件とするならば引き受けると強く主張した。それがいれられたおかげで東西各銀行は、革命政府が帝政時代の対外債務の支払いを拒否したにもかかわらず日本政府から償還を受けて株主や預金者に迷惑をかけずにすんだ[34]。

小山は堅実経営方針を採用した。松本重太郎のように不振に陥っている自分の経営する事業に救済資金を供給するということがなかった。小山の堅実経営方針は景気の好不況に関係なく、変わるところがなかった。小山は第一次大戦期や大戦直後の世間の風潮に誘惑されず、慎重に銀行経営を行った[35]。小山は投機を排除し、1922（大正11）年に石井定七事件をひきおこすことになる大投機師石井定七が三十四銀行に近寄ろうと絶えずその機会をうかがっていた時もこのような人物を近づけてはならぬとしっかり帯をしめていたので、同行は石井との取引を開始しなかった[36]。小山は石井定七が破綻した事件のことを「投機者を相手とする事は慎むべき教訓」であると述べている[37]。

1枚の伝票でも内容は吟味するというのが小山健三の日常業務に対する姿勢であった。小山は銀行の方針については決して幹部にもらさず、いよいよ実行というときに発表した。経営方針の決定は小山の胸のうちにあった[38]。

(3) 菊池恭三

1923（大正12）年12月の小山急逝のあと、翌年8月、大日本紡績の社長菊池恭三が頭取に就任した[39]。菊池恭三は1859年に川名津の庄屋の家に生まれ、文武館、大阪英語学校などで英語を学び、上京してから工部大学校に入り、卒業する時には成績優秀で工学士の学位をもらった。明治22年4月に平野紡績に採用されるとただちに紡績機械研究のために英国に派遣された。菊池は紡績技術

と経営革新で紡績業飛躍の基礎をつくった。すなわち、菊池は3つの紡績会社（平野紡績、尼崎紡績、摂津紡績）の技術責任者を兼務し、紡績業を育成した。また、細糸紡出の新技術を編み出し、輸入品を駆逐した。さらに技術者から社長に登りつめ、紡績のさらなる発展を導いた[40]。菊池は、大日本紡績（1818＝大正7年6月に尼崎紡績と摂津紡績との合併によって成立）の社長となり、紡績業界の実力者として知られていた。菊池は勤勉、勤倹の人であった。

　菊池は銀行業に全く無経験であったが、小山頭取に懇請されてやむなく1915（大正4）年7月に三十四銀行監査役となった。これは小山健三が菊池の堅実な人物を見込んで推挙したものであった。菊池は1918年1月に三十四銀行取締役となった。これは当時三十四銀行の小山頭取が尼崎紡績と摂津紡績との合併を斡旋していたことに対する義理からというべきものであった。小山は菊池を後任頭取に据えようとまでは考慮していなかった。菊池の性格が銀行重役として最適任であると看取したのであろう。

　小山頭取の死去後後任頭取の銓衡にあたった廣海二三郎（多年海運界に貢献）、尼崎伊三郎（海運業で活躍）の社外取締役、11代竹尾治右衛門監査役（摂津紡績の社長を20年にわたって務めた10代竹尾治右衛門の長男であった11代竹尾治右衛門は大日本紡績取締役であり、1925年1月に三十四銀行取締役となる）は外部から後任頭取を物色しようとして、日本綿花社長の喜多又蔵を介して日銀理事でかつては大阪支店長を歴任したこともある麻生二郎に折衝したが、日本銀行内部の事情により、応諾がえられなかった。三十四銀行関係者から選ぼうとすれば廣海筆頭取締役か菊池取締役しかいなかったが、廣海は老齢であった。部内常勤重役の一瀬粂吉（常務取締役）、志波鷹治、佐野政清（志波、佐野は1925年1月に取締役となる）の三氏は菊池とともに尼崎紡績の草創期から苦労をわかちあい、大日本紡績取締役となり、菊池の心の奥までも知悉する田代重右衛門を介して菊池を説いた。廣海、尼崎、竹尾の3長老も菊池を頭取にすることに賛同した。田代の説得と三十四銀行重役会が菊池を頭取に推薦したことにより、当初頭取就任を固辞していた菊池はそれを受諾した。小山死去後菊池が頭取に就任するまでの決裁事項は一瀬、志波、佐野3氏が合議し、

廣海に相談して決定された。

　綿業以外に一歩も踏み出さないことを信条としていた菊池は他動的に銀行家にさせられた。だが菊池は、技術者出身に似合わぬ経済理財に明るい人物であった。事業経営にあたっては採算を度外視するということがなかった。算盤の確かな判断力、決断力を有していた。それは銀行家に必要な素質であった[41]。菊池は綿業に従事し続ける一方で、銀行経営にも手腕を発揮した。

　菊池は紡績界のリーダーで、大日本紡績の社長（1918年以来35年間社長、大日本紡績連合会委員長合計10年前後）と三十四銀行頭取とを兼務したから、銀行経営は銀行経営の専門家の一瀬粂吉取締役、副頭取が補佐していた。

　小山は綿密周到で念入りの事務を行ったが、菊池は即時即決をした。菊池はこまかなことは聞かず、貸出は損をしないようにしてくれといっていた。紡績の方は損を取り返せるが、銀行の損は容易に取り返しがつかないといっていた[42]。菊池がどこまで銀行の堅実経営、商業銀行理念をもっていたかについては明らかではないが、菊池のこのような考えが副頭取一瀬粂吉の堅実銀行経営を支えていたと考えてよかろう。

　菊池は質素な生活に耐えた。朝から晩まで仕事に精を出す一方で始末をした。菊池は贅沢は大嫌いで、一銭も無駄にせず、お金をため、自分の財産を守ろうとした。もっとも菊池はたんなる吝嗇家ではなく、教育、医療、社会事業等には寄付をしている[43]。三和銀行設立に際しては、三十四銀行の菊池が一番熱心に合同を推進した。昭和恐慌、金解禁下の大不況にあい、菊池は銀行経営のむずかしさを知るとともに、そもそも大日本紡績社長という本業をもちながら銀行経営の重責を果たしていくことは無理であると考えた。菊池頭取は大局的見地から見て、三十四銀行をより発展させるためには、合併こそが最も有効な手段であり、その時は自分の引退するときであると考えた。1933年に三十四銀行は山口銀行、鴻池銀行と合併して、三和銀行が創設された。頭取には日銀出身の中根貞彦が就任した。中根は、大口預金者でもある菊池は非常におびえており、いざとなれば（銀行経営者として）私財を提供しなければならないことを心配したのであろうと見ている[44]。だが三十四銀行常務取締役であった佐野政

清は、菊池は頭脳は明晰で大局の把握を誤らず、決断力があり、菊池が3行合併の発案と尽力をしたことによりこの合併が成立したと菊池を擁護している[45]。

菊池は1942年に死去している。

2　一瀬粂吉論

(1)　一瀬粂吉の経歴

一瀬粂吉について詳しく考察することとしたい[46]。

一瀬粂吉は1871（明治4）年10月28日、兵庫県北部に位置した但馬の出石（いずし）郡出石町下谷に、出石藩仙石氏の世臣磯野員武の次男として生まれた。藩学弘道館に学び、豊岡藩士久保田譲（当時の文部大臣）の懇望により但馬の同藩一瀬家の家名を継いだ。一瀬粂吉は1889（明治22）年に東京高等商業学校付属主計専修科を卒業した。同年に文部省会計局に入局し、1897年に文部省歳入歳出外現金出納官吏を命ぜられた。1899（明治32）年に文部次官小山健三の大阪三十四銀行頭取就任に従って文部省を依願退職し、同年に株式会社三十四銀行に入行した。検査課長、台北支店長、本店営業部長を歴任した[47]。一瀬は小山の政策の忠実な実行者であり、小山から最も信頼を受けていた。

経営方針は小山が決定していたが、銀行の規模が大きくなり、行内実務で小山を補佐する体制が必要となり、1919（大正8）年に行内から初の役員（3人）が出ることとなり、同年7月の株主総会で本店支配人一瀬粂吉、台北支店支配人北村吉之助、東京支店支配人太田一平の三人が取締役に選任された。それまでの三十四銀行の役員は、小山を除くほかはすべて社外重役であった。1922年には一瀬取締役は北村、太田の両取締役とともに常務取締役となった[48]。

一瀬常務取締役は1925（大正14）年1月に同行副頭取に就任し、行内事務を統括することとなった。1923年12月に小山健三頭取が死去し、1924年8月に大日本紡績社長の菊池恭三が現職のまま第3代頭取に就任すると、菊池恭三と一瀬粂吉とのコンビにより三十四銀行が発展を続けることとなった。1933（昭和

8）年12月の三和銀行設立に尽瘁し、三十四、山口、鴻池の3銀行が合同して三和銀行が創設されると、同行取締役に就任している。1941年6月、同行取締役を辞任した。

　一瀬粂吉は学校教育に強い関心を持ち、郷里の学校などに図書等を寄付し、出石の弘道小学校その他に一瀬奨学資金を寄贈した。晩年には「誠」の精神普及と社会教育の振興に尽した。

　1943年1月19日に一瀬粂吉は永眠した。享年はかぞえで73歳であった。出石町下谷に頌徳碑が建立されている。

(2)　一瀬粂吉の人物像

　一瀬は専門的銀行経営者であり、堅実経営論者であった。他の大銀行家のように空理空論をもてあそぶようなことはしなかった。そろばんに最も明るかった。官吏上がりの天下り的重役とは異なっていた。政府の公債募集で東西のシンジケート銀行の首脳達が日本銀行に会合して、当局から募債条件の相談が出ると、即座にテキパキと意見を述べた。他の大銀行家達は「我が財界の大勢」は容易に口にすることができても一瀬のようにこみいった利回り計算などを立ち所に頭の中で暗算する芸当は到底できなかった。一瀬は銀行界にあっては珍しいほど真正直である。いかなる場合にも嘘がつけなかったといわれている。銀行界の経綸においても相当しっかりした意見を持っていた。一瀬は実務に明るいうえに、その実務についての根本的な研究に熱心であった。一瀬の容貌は温厚そのもので、みるからに好々爺であり、誰でも一度会うと懐かしくなる人物であったが、外柔内剛の人であった。いざ正論を主張するとなると頗る強腰となり、優しい低声でも、人を説き伏せずには置かない圧力を発した[49]。

　一瀬がすぐれた人格と識見を持ちながら、とかく世間に名前が出なかったのは、一瀬自身が売名行為を好まないことにもよるが、主なる理由は小山健三の名が余りに聞こえ過ぎたからである。三十四銀行を大銀行にしたのは、小山の対外宣伝の効果も大いにあったであろう。しかし、小山が朝からアチコチと外を駆け回り、人の世話をしたり、大気焔を挙げていられたのは、銀行内にあっ

て縁の下の力持ちを引き受けた人があったればこそである。一瀬は小山の理想的な女房役を演じた。一瀬は小山の政策の忠実な実行者であった。実務に明るく、小山から最も信頼を受けていた50)。

　小山の死去後、紡績一筋に歩んできた、理科系技術者出身の菊池恭三が1924年8月に株式会社三十四銀行の第3代頭取となった。だが菊池は紡績界の巨頭であり、工学博士であって、銀行のことはわからなかった。菊池は頭取就任後も一方に大日本紡績社長としての仕事をかかえていたため、同行の経営だけに打ち込むことは無理であった。そこで1925年1月、一瀬粂吉常務取締役を副頭取として行内の業務を統括させることとした。また、北村吉之助、太田一平は常務を継続した。一瀬が事実上の頭取であった。菊池は重役会でもなければ、銀行へはめったに顔を見せたことがないくらいであった。行内の信望からいっても菊池頭取時代の一瀬は頭取格であった。行員は菊池を頭取でなく株主の代表だと思っていた。一瀬は行員上がりの重役として、行員を代表し、株主をなだめる役目をもつとめている51)。三十四銀行は頭取菊池恭三と副頭取一瀬粂吉のコンビにより発展を続けた。財閥銀行ではない株式銀行である同行が大銀行となったのは一瀬のような実務家が同行を支えていたからである52)。

　もっとも三和銀行時代には一瀬の存在感は薄くなる。同行初代頭取中根貞彦の役割が大きかった。

　家は代々出石藩の家老であった。磯野丹波守は粂吉の祖父であった。由緒正しい家柄だけに、子供のときからきわめて厳格な家庭教育の下に育った。だから道楽などはなかった。祖先崇拝家として知られており、先祖のお祭を大事にし、毎年春秋のお彼岸には盛大な法要を行った53)。誠実な銀行家であった一瀬は道徳の主本を誠の精神に置き、1930年代以降、「誠」の思想を追求した。「誠」とは「言を成す」こと、すなわち、口にしたことは実行に移して実行することである54)。実業界においては信用が唯一の武器ともいえるものであるが、嘘をいわず約束を守るということを信用の基礎であると一瀬は捉えていた55)。この「誠」は金融面だけでなく人、国民が実行すべきでものであると考えた。一瀬粂吉は2つの小学校の校庭に後醍醐天皇のために忠義を尽くした楠正成の

銅像を寄付し、楠正成が息子の正行に後事を託して別れた桜井の駅址の顕彰に尽力している。晩年には大阪財界・政界の有力者とはかり、「誠の会」を結成して、誠の精神の強調、普及に努めた[56]。それが忠君報国思想に向かうこととなる[57]。

(3) 『銀行業務改善隻語』

① 『銀行業務改善隻語』の成立

　三十四銀行副頭取であった一瀬粂吉は、銀行に出勤している間に思い付くと、しゃがんだままで手帳にかきつけた。風呂場で名案が浮かぶと、裸のままで書き付けておいた。こうして行住座臥寸時を惜しんで隻語を書き溜めた[58]。

　第一次大戦後の反動恐慌によって被った事業界蹉跌の整理は不徹底であり、加えて関東大震災後にこれらに対する弥縫が重ねられ、銀行経営は放漫不謹慎となり、1927年に金融恐慌が発生した[59]。この金融恐慌は、銀行経営のあり方について深刻な反省の機会を与えた。金融恐慌直後の5月に一瀬粂吉は淡々居士の筆名を用いて「銀行は如何にして堅実なる経営を実行すべきや」について論じた『銀行業務改善隻語』という小冊子をまとめ、これを印刷配布して銀行界に警鐘を鳴らした[60]。

　この小冊子は銀行経営の基本を論じ、時代を超えた生命力をもっている。銀行経営の本質を衝き、銀行のあるべき姿、いかにして強固な銀行経営を実行するかを説いている。この中では、銀行経営にとっての企業倫理の遵守（誠実真摯）・法令遵守・言行一致による信頼の確保、信用・堅実経営の重要性がはっきりと名文で述べられている。同書は当初、部内用に配布されただけであったが、他の同業者の求めに応じて配布されることとなった[61]。すなわち大原帳簿製造所から非売品の形で発行されることとなり、1927年11月20日に初版が発行された。11日後の12月1日には再版が刊行され、12月15日には第5版が刊行されている[62]。同書はひとたび一般に配布されるようになると銀行業者はもちろんその他諸会社、商工業者、取引先、株主、学校および図書館等より陸続所望愛読され、発行後2年もたたないうちに発行冊数5万冊に達した[63]。

同書は版を重ねるごとに隻語の数が増していった。たとえば1928年4月刊行の第8版は489項目からなっているが、1929年4月発行の第11版は662項目からなっている。最終的に925項目となった。それは永い間の体験に基づく、慎重な思索の結晶である。

第二次大戦後においても同書の復刻版は隠れたベストセラーとなり、同書は今日古典的名著として多くの実務家に高く評価されており、銀行関係者の座右の書となっている[64]。同書の解説書も刊行されている[65]。一瀬粂吉は『銀行業務改善隻語』をまとめた後も『銀行経営之視線』と題する銀行経営の教訓をまとめている。ここでも銀行の堅実経営の重要性が論述されている[66]。

②銀行堅実経営論

昭和2 (1927) 年の金融恐慌直後に三十四銀行副頭取一瀬粂吉は『銀行業務改善隻語』という古典的名著を著わして銀行界に警鐘を鳴らした。近代セールス社の『銀行業務改善隻語』復刻版は925項目を20章に編成しており、これに基づけば『銀行業務改善隻語』の構成は次の通りとなる。第1章銀行経営の基本、第2章重役の責任、第3章銀行家の生活と処世、第4章行員の待遇および心得、第5章銀行と顧客、第6章不当競争、第7章銀行と社会。そのあと、預金および利息、貸出と貸越、手形・小切手、コール取引、商品担保、調査、銀行の検査、公債および日銀、銀行の合併、雑感一束、金解禁問題、昭和2年の恐慌について各章で論述されている。最後に結論が述べられている。以下特に重要な同書の前半部分を紹介しておこう。

1. 一瀬はまず第1章で銀行経営の基本について次のように述べているのである。銀行の要素は人にあり、人の本領は意志の鞏固にあり、意志の鞏固は不抜の信念にある。健全な経営、磐石の基礎はここから生まれる。銀行の経営は、まず銀行の本義を会得し、勇気あり力ある誠を以て、これを実行することにある。銀行は信用を基礎として立つ、信用は生命にして万事の本である、「信を失えば則ち立たず」（信用・信頼がなければやっていけない）。銀行は努めて虚飾を避け、主として内容の充実と基礎の鞏固とを

図ることを要する。機関銀行は母体と同一の運命に陥らないのが稀である。銀行の機能は慎重、誠実、忍耐を要求する。堅実な地盤を作り、信用を得ることはすぐにはできない。

2．第2章は重役の責任が重いとして次のように記している。銀行は財界の羅針盤であり、経済機関の真髄であって、商工業者の心臓を司る重要なる役目を担うから、重役は、常に崇高な理想を有し、能く正道を固守する者とならなければならない、と。

3．銀行家の生活と処世について記した第3章では次のようなことが書かれている。銀行家は常に脚下を照顧して、自ら慎み、自ら省みることが肝要である。心は高く、行いは謙遜でなければならない。健全な銀行は、健全な経営者に俟つ。健全な経営者は清浄潔白な人でなければならない。

4．第4章は行員の待遇および心得について述べており、そのなかでは次のようなことが記されている。銀行の信用は、それを構成する個人の信用の集積である。行員は軽佻浮薄を避け、質実剛健の気風を尚び、品性の向上涵養に勤め、目前の名利に馳せず、永遠の目的に向かって全力を尽くし、一路精進すべきである。

5．一瀬は顧客について第5章で次のように述べるのである。顧客を重んじ、親切を尽くすことが銀行繁昌の本である。ただし親切と危険の引受とを混同してはいけない。顧客の便利を図り、その取扱を親切丁重にすることはもちろんであるが、その度を過ぎてはいけない。銀行経営は目標は安全第一、奉仕第二、収益第三である。顧客の要求は拒絶してもよいが、場合によっては十分の説明を行うべきである、と。

6．第6章は徒な不当競争を戒めている。銀行破綻の原因は、不当競争による高率預金と、情実因縁による不純貸出と、幹部の不正行為とに帰着すると述べている。

7．第7章「銀行と社会」は銀行の経営原則について論じる。銀行は営利会社ではあるが収益にのみ没頭すべきではない、銀行は一面公共機関であり、商工業者の産業資金を供する使命を有するが、他人の金を運転するが故に、

健全、安全を第一とすると述べ、銀行の堅実経営を最も重視する。
8. 第8章では預金およびその利息について論じ、我が国の銀行がドイツやフランスとことなり、英国式の預金銀行であって預金についての研究の重要性を指摘し、高利による預金吸収をいさめている。
9. 第9章では貸出について論じる。「貸金の回収に大勇ならんよりは、むしろ貸出の初めに当たりて、拒絶の沈勇あるに如かず」と述べ、貸出審査の重要性を指摘し、その方法についても具体的に述べている。
10. 第10章では手形・小切手について論じ、手形の厳選の重要性について具体的に述べている。

結論として一瀬は銀行が信用の基礎を強固にして、銀行、会社、国家の福祉を増進することを切望するのである。

まさにここでは銀行の堅実経営について精神論を含めて総合的に論じられている。一瀬はサウンド・バンキングの精神を強く抱いていたのである。

3　三十四銀行の経営実態

(1)　堅実経営

　三十四銀行は日本の銀行のなかでも古い歴史を有し、資産状態が堅実で信用が絶大な一流銀行であった。国立銀行の頭取や取締役は「国立銀行条例を忠実に守ります」という誓詞を、知事を通じて大蔵省にさし出すきまりになっていた。第三十四国立銀行も1878（明治11）年にこのような誓詞を提出した。同行は大蔵省所属の銀行学伝習所に研修生を派遣して簿記を学ばせた[67]。三十四銀行は国立銀行時代から堅実主義と商業金融重点を採用していた。「事業と金融」の混同を極力避けた。第三十四国立銀行の1879年下期『第四回半季実際考課状』には、「当銀行は、資本を保全して株主各位の安穏なるを主とす。……堅固なるを主とし、つとめて商業上金融を自在ならしめんと欲するのほか他念なし」、と記述されている。貸出についてはかならず担保を求めた。初期のころ

の担保品としては公債証書、米穀、呉服、反物、綿、油、石炭などがあった。第百三十国立銀行の松本重太郎の経営方針は、貸付の基本方針が人物本位であって、人物が堅実で手腕と技量がともに優秀と認めた者には担保の有無はそれほど問題とせず、巨額の貸付をするというものであり、同行は松本の関係する銀行の機関銀行的色彩が強かったが、第三十四国立銀行の経営方針は百三十国立銀行の方針とは異なるものであった68)。第三十四国立銀行は「進取を好まず、漸進をもって目的とする」ことを同行創立以来の持論とした69)。

三十四銀行の経営方針も松本重太郎の経営する百三十銀行の方針とは異なっていた。小山健三は慎重に銀行経営を行った。1914年下半期の三十四銀行の営業報告書にも、当時確実な資金需要が乏しかったが、「徒ラニ融資ヲ減ズルニ急ニシテ放漫ナル貸出ヲ為スガ如キハ断ジテ本行営業方針ノ許サザル所ナルヲ以テ本行ハ徹頭徹尾慎重ノ態度ヲ持シ専念商業機関トシテ貢献スルトコロアランコトヲ期シ」、資産状態は強固であったと述べており、当時においても堅実経営が行われていたことが明らかである70)。

前述のように第一次大戦期や大戦直後の世間の風潮に誘惑されずに慎重に銀行経営を行ったために三十四銀行は反動恐慌による打撃を受けなかった71)。福沢桃介は、小山頭取が伝票にはことごとく目を通し、その経営方針はあくまで着実穏健で、第一次大戦中に世間一般が好況に浮かれ回っている中でも一向にそれに雷同せず、戦後の恐慌で商工業者が相次いで倒産していく中において、三十四銀行と取引して平素堅実な営業方針を続けていた者には、ドシドシ資金を供給したから、このような取引先は没落の悲運におちいらなかった、と小山を高く評価している72)。

1922（大正11）年に大阪で石井定七事件がおきた。これは高知商業銀行を機関銀行として米や株式の思惑的な買い占めを行っていた石井定七が資金繰りにつまって破綻したものだった。事件が表面化すると、高知商業銀行ばかりでなく東西の有力銀行30数行が石井に投機資金の貸出を行っていたことがわかり、そのずさんな融資態度が批判された。関西の有力銀行が軒並みに被害を受けたなかで、これと全く関係がなかったのは三十四銀行だけであった。小山は前述

のように投機資金の貸出を絶対に排したから、三十四銀行だけはこの災厄に遇わなかったのである[73]。

三十四銀行の堅実主義は行風として定着をみるにいたった[74]。このような小山健三頭取の堅実経営方針のもとで同行は発展したのである。三十四銀行は第一次大戦以降財界の隆盛に乗じて、飛躍的な発展を遂げた。同行は5大銀行に次ぐ有力銀行の規模と内容を持つに至ったのである（『三和銀行史』11頁）。

一瀬粂吉は1924（大正13）年に「金融に携はるものとしては、あく迄も公平に国民の正しい事業に貸出すべきである。投機業者、虚業者に対しては断じて貸出すべきではない」と述べている。三十四銀行取締役、副頭取の一瀬粂吉の前述の『銀行業務改善隻語』は「銀行は如何にして堅実なる経営を実行すべきや」について論じたものである[75]。このことは三十四銀行の経営者に堅実経営方針が採用されていたことを示すものである。菊池恭三は経営の多くを一瀬粂吉にゆだねるとともに、三十四銀行に損が生じないように神経を使った。このような経営者の経営方針のもとで、三十四銀行は堅実な経営（Management）を行い、不良債権問題や赤字に苦しむことを免れたのである。三十四銀行の『第五十五期営業報告書』（1924年下半期）は同行が「常ニ一貫セル堅実方針ヲ持シ無事平穏裡ニ前期同様ノ実績ヲ挙ケ得タ」（12頁）と記している。

『銀行業務改善隻語』は銀行経営の理念を論じたものであるが、同時に銀行が「堅実なる経営を実行するための実務書でもあり、同書は三十四銀行経営の貸出資産内容（Asset quality）の健全化、リスク管理（Risk Management）が十分になされていたことを反映したものとみなしてもよいのではなかろうか。

三十四銀行は配当を抑えて積立金を多く保有した。払込資本金と内部留保からなる自己資本（Capital adequacy）を多く保有していた。これらは営業に必要な資金量を増大しただけではない。後述の事業資金貸出などの伴うリスクに対しては自己資本を充分に保有することによって対処するという対策がたてられていたのである。同行の1920年3月の株式募集案内では内部留保について次のようなことが記載されている。「前期純益二割強を挙げたるに拘らず配当を1割に止めたるが如き経営者は飽くまで基礎の堅実に努力せるを以て隠れた

る資産及諸積立金巨額に上」ると[76]）。

1929年下期の同行営業報告書にみられるように三十四銀行の資産は債務を超過しており、同行に支払い能力が存在したことは明らかである。三十四銀行は利益をあげ、また「常に支払準備を堅固にするを以て営業上の一定方針と」していた。収益性（Earnings）と流動性（Liquidity）が確保されていたことについて同上報告書は次のように記している。「当行ハ財界過渡期ニ際シ就中金融緩漫資金運用困難ノ時期ニ当リ之ガ対策ニ慎重考慮ヲ払ヒ殊ニ金解禁後ニ来ルベキ影響ニ備フルタメ主トシテ短期公債ニ放資する等万遺漏ナキヲ期シ而モ前期ト大差ナキ純益ヲ挙ゲエタ」、「各種預金ニ対スル支払準備ハ年来ノ営業方針ニ基キ倍々豊富且確実ナル方法ニ依リ所有有価証券千二百九十余万円ヲ増加シ以テ準備ノ充実ヲ図リタリ」[77]）。

菊池頭取、一瀬取締役・副頭取時代にも三十四銀行は機関銀行的経営に走らず、堅実な経営を維持したのである[78]）。同行は銀行評定制度上重視されるCAMELSやリスク管理態勢の観点からみても高く評価をすることができる。

したがって、三十四銀行経営者の健全、堅実経営理念が現実の経営に生かされて、同行の経営の維持・発展が図られたということができるであろう。

(2) 商業金融と工業金融

三十四銀行の営業の中心は預金業務と貸出業務であった。資金運用の中心は貸出であった。これには割引業務と貸付業務とがあった。明治期の割引手形勘定には相当量の手形貸付が含まれ、後者は長期的な固定資本融資を担当したという説がある。これに対して杉山和雄氏は明治30、40年代の三十四銀行は商業資金供給第一主義をとっていたと主張する。割引手形を手形貸付とみなし、固定資本融資を担当したと解釈することには無理があるとする。大阪の大銀行は設備資金供給に消極的であり、手形形式による設備金融は大企業向けであったと論じている。手形貸付については日露戦争後、大正初期に大企業向け設備資金貸出形式として利用されるに至ったのではないかと推測されている[79]）。

三十四銀行の営業報告書はしばしば同行が商業銀行であるべきことを主張し

ている。すなわち、「本行は特ニ放資ヲ慎重ニシ努メテ長期固定ノ性質アルモノヲ避ケ専ラ短期回収シ易キモノヲ選択シ金融ヲ円滑ニセンコトヲ期シタリ」(1903年下期)、「本行ハ資金ノ運用ニ最モ注意ヲ加ヘ固定ノ放資ヲ避ケ回収シ易キ商工業ニ放下シタル営業方針ニシテ戦時〔日露戦争――引用者〕ニ於テ益其本領ヲ発揮シ今ニ於テ健全ナル状態ニ在ル」(1905年上半期)[80]、と述べている。

　また、1912（明治45）年2月の三十四銀行重役会において小山頭取は小工業金融を行うための増資に関連して次のように説明している。「我国銀行の経営方法は主として預金銀行制に依るを以て務めて短期の放資を選択し長期固定の貸出を避け預金支払ひの準備を為すを以て第一要義とす」、「当銀行は既に相当の預金を抱擁するを以て商業手形及短期貸付に全力を傾注し常に支払準備を強固にするを以て営業上の一定方針とせり」[81]。明治末期に至っても三十四銀行の商業銀行主義は堅持されていたのである。

　だが三十四銀行が短期金融に純化していたとはみなせない。このことは預金総額における定期預金の比率の高さから類推できる。すなわち1912年末には同行の総預金残高3,214万円のうち定期預金残高が1,308万円となっており、定期預金が預金全体の41％を占めているのである[82]。1917年の日本銀行の工業金融に関する調査書は、普通銀行が手形割引の更新継続によって普通銀行が大規模の工業会社に工業資金を貸し出していることを明らかにしており、三十四銀行も事実上大工業への長期の長期金融を部分的に行っていたと考えられる[83]。

　大工業の資金調達方法には増資、社債発行、各種銀行保険会社等からの借入があった。中工業の資金調達方法には不動産銀行、2流以下の銀行からの借入があった。小工業者は産業組合、個人貸金業者、問屋その他の取引関係者を重要な金融機関としていた[84]。日本の普通銀行は、商業金融機関として工業に対して固定資金を供給することを回避していたが、実際には事業資金を供給するものが多かった。普通銀行は商業金融に関与する過程で工業者と接近する機会が多く、また商業手形の流通が多くはない事情のもとで営業範囲を商業金融に限定しがたい事情があったのである。普通銀行の工業資金融通中大規模の工業

会社に対するものは、信用手形の割引によることを普通とし、2、3ヵ月の手形を更新継続するものが多かった。預金がいつ引き出されるかわからず、短期資金貸出の形式が採用されたのである。証書貸付も行われたが、これは最長2～3年くらいであった[85]。商業銀行の工業者に対する融資高は総貸出高の2割5分ないし3割くらいであった[86]。第一次大戦期ごろの大中工業者に対する貸出額をみると、普通銀行の貸出額が5億2,000万円ないし6億3,000万円となっており、全体の77.6～80.8％と高い比率を占めていた[87]。三十四銀行も普通銀行、預金銀行であったからこのような営業を行っていたのではないかと思われる。中級以下の個人工業家に対して所有不動産、工場、機械等を担保として貸し付ける大銀行は三十四銀行を除いてはほとんどなかった[88]。

　日露戦争後、電力、鉄鋼などの基幹産業への工業化が広がり、中小工業の存在が注目されるようになった。工業者に対する金融機関としては日本興業銀行、日本勧業銀行、農工銀行、北海道拓殖銀行、台湾銀行等の特殊銀行、一般普通銀行、保険会社等があったが、これらの機関は多くは大工業者が利用するものであって、小工業者はこれらを利用することはできなかった。小企業設備資金調達難が生ずると、三十四銀行は商業貸出などの一般貸出と分離したかたちで小工業事業資金貸付を開始してこれに対処しようとした。すなわち小山頭取は1912年2月の重役会で次のように述べている。「近来大阪及近接地方に於て小工場益々殷盛を極め将来有望なるもの少なからずと雖も之が拡張資金を要するに当り短期放資の目的とせる商業銀行に仰ぐこと能はず小資本の商業家にして長期資金を得んとするものも亦然り……小資本の商工業者に〔対する――引用者〕固定資本の供給機関を設くるは……刻下の急務とす……当銀行は……資本を倍加し……商工業者に対し或は不動産の抵当を徴し或いは確実なる保証の下に長期貸付の方法を実行し刻下の急務に応ぜんとす」[89]。

　小山健三頭取のもとで三十四銀行は1912（明治45）年4月に小企業向け設備資金貸出を従来の貸付勘定（普通部）から分離し、事業資金部を開設し、大阪、京都、神戸およびその近接地の小工業家に1人または1会社へ5万円を限度として返済期限を5ヵ年とし、確実なる不動産または工場財団を抵当に貸し付け

を行おうとした。このための「事業資金貸出規程」も定められた[90]。この工業金融制度はドイツの例にならったものであった[91]。同行は単なるイギリス型商業銀行ではなかったのである。同年4月以降、三十四銀行は土地を担保に小工業の創業や設備資金拡張に際して小工業者向けの独自の長期資金貸出を開始した[92]。この貸出額の3分の2は個人企業向け、3分の1が会社向けであり、業種別では織物業、機械製造業、金属品製造業向け貸出が多かった。当初は返済期限は5ヵ年を限度としていたが、その後1ヵ年更新に改められた[93]。

1915年11月の日本銀行（大阪支店）の調査によれば、普通商業銀行であって不動産抵当によって工業資金の貸付を行うものは1912年以降これを開始した三十四銀行1行のみであった。同行の事業資金貸付の用途としては、従来高利貸その他個人金融業者から融通をうけたものを借り換えるためのものが多く、工場設備の拡張等に資するものは第2となっていた[94]。

三十四銀行が明治末年に始めた事業資金貸出は、1912年末にはその残高は80余万円に過ぎなかった。事業資金貸出は調査を慎重にし、担保物件を確実にする必要があり、同行は工業の性質、経営方法を調べて選んでその貸出を行ったのである。第一次大戦が勃発してからは主として輸出工業方面の資金需要が多くなった。1915（大正4）年以後はそれは一貫して増大傾向をたどり、同年には200万円台であった事業資金貸出残高は、1918年には、はじめに設定した貸出枠500万円を超過するにいたった。同年8月、資本金を1,030万円から2,500万円に増加したのを機会に、増資分のうちから500万円を新たに事業資金貸出にあてることとした。同行の事業資金貸付は大阪地区を中心とする小工業の育成に大きく貢献したと考えられる[95]。1920年には資本金は倍額増資された。これは後述のように事業資金貸出に応じるためのものでもあった。1929年末の同行の「事業資金貸付」残高は937万円あった[96]。

三十四銀行の資金源の中心は預金であった。1929年末の同行貸借対照表によれば、三十四銀行の預金総額は4億628万円あった。その内訳は当座預金6,586万円、特別当座預金6,877万円、通知預金4,405万円、定期預金2億1,992万円、別段預金769万円となっていた。定期預金が総預金の半分を占めていたのであ

る[97]）。これは当時の全国普通銀行と同じ傾向を示すものであるが[98]）、三十四銀行が単なる短期貸出を中心とする商業銀行であるとはいえず、事実上大工業への長期貸出をも行っていたことが預金の動向から推測されるのである。

　三十四銀行の貸出残高については1929年末の割引手形の現在高は4,105万円となっていた。その内訳は、銀行引受手形50万円、商業手形3,891万円、荷為替手形164万円であり、商業手形割引が手形割引の中心であった。貸付金残高は2億674万円であった。貸付が貸出の大部分を占めていたのであり、貸出の中心を占めていたのである。貸付の内訳は、手形貸付が1億5,279万円、証書貸付が1,848万円、当座貸越が2,610万円、事業資金貸付が937万円であった。貸付の大部分は手形貸付の形態で行われていたのである。これは工業金融、手形割引の更新継続による長期貸付に利用されたと考えられる。証書貸付に対して手形貸し付けが圧倒的に多かったのは、預金銀行主義のもとで長期買付契約が抑制されたからであると考えられる、これらの貸付のほかに短期のコールローンが2,008万円あった。これをいれると諸貸付金残高は2億2,682万円となる[99]）。三十四銀行の資金運用としては貸出が最も多かった。

　三十四銀行は銀行業務を主とする活動を行った。だがその実態は事実上長期の大工業金融、長期小工業金融をも行うものとして、商業手形割引を主とする短期金融を行うイギリス型商業銀行理念とは大きく異なっていたのである。

(3)　増資と預金増大

　1878（明治11）年3月、岡橋治助ら7名の発起による第三十四国立銀行の設立が免許され、同行が改正国立銀行条例による第4番目の国立銀行として4月に開業した。第三十四国立銀行は預金銀行であるとともに株式発行に依存した銀行であった。当初の資本金は10万円であり、同行は他の大阪の国立銀行と同様に比較的規模の小さい出資金から出発した[100]）。1879年7月に最初の支店として名東支店を開店（徳島）し、官金の取扱いを開始した。1888年3月に奈良支店を開店した。国立銀行時代には2つの支店を有するにすぎなかった[101]）。同行は個人銀行ではなく、増資によって規模を拡大した。早くも同年8月に資

本金を20万円に倍額増資した。1893年3月に資本金を37万5,000円に改めた。

　1897（明治30）年9月に第三十四国立銀行は普通銀行化し、株式会社三十四銀行に改組されると資本金は一躍150万円に膨張した。同年12月に傍系の百二十一銀行を合併して市内南支店を開設し、資本金は210万円となった。

　1899年4月、日本生命副社長の片岡直温（片岡直輝の実弟）の斡旋により、岡橋治助が深い関係をもっていた株式会社日本中立銀行、株式会社日本共同銀行の両銀行と合併して、資本金は470万円に増大し、大阪における有数の大銀行となった。大阪市内に天満支店、台湾に台北、基隆、台南の3支店が設けられた。次いで神戸支店を設立し、主要都市へ進出した。大都市大阪に本店を有する三十四銀行の営業が広域化した。預金額は急速に増加し、1893年末には163万円であった預金残高は1899年末には500万円を超え、三十四銀行は大銀行となった。このころ三十四銀行は都市銀行の仲間入りを果たした[102]）。

　三十四銀行は1901年12月に有魚銀行を合併して、市内に雑喉場支店を設け、資本金は500万円に増大した。1902年3月に基隆支店は廃止されたが、同年6月に京都支店が新設された。1905年8月に兵庫出張所が支店に昇格し、1906年3月に市内堀江支店、1907年9月に広島支店が新設された。預金額は1903（明治36）年下期末に1,000万円をこえ、さらに1906年末に2,000万円、1911年末に3,000万円を上回った。

　1912（明治45）年2月、重役会で資本金を500万円から倍額の1,000万円へ増加することとした。これは資金需要の増加に対処するとともに、長期の工業資金貸付に対処しようとするものであった。新株10万株の内5万株は現在株主に割当て5万株は額面以上の価格で一般から募集することとなった[103]）。これに基づいて、4月に「事業資金部」を開設し、不動産・工場財団担保付工業金融を開始した。

　1915（大正4）年11月、東京支店を開店し、1921年に京橋支店を設置して東京に進出した。1917年11月に尼崎銀行を合併し、その本店を尼崎支店とし、資本金は1,030万円に引き上げられた。三十四銀行は第一次大戦期に飛躍的な発展を遂げ、5大銀行に次ぐ有力銀行の規模と内容を持つに至った。

1918年8月、資本金は2,500万円に増資された。増資分の内から500万円が新たに事業資金貸出に充当された。

　1920（大正9）年に資本金は5,000万円となった。同行は1月の重役会議において未払込株金全部を徴収し、資本金2,500万円を5,000万円に倍額増資し、新株50万円中25万株は旧2株に新1株を割り当て、残り25万株はプレミアム付きで一般公募することを可決した104)。この増資は第一次大戦以後の経済の発展に伴い資金の充実を図る必要が生じただけでなく、三十四銀行の特色である植民地金融、工業資金投資等の特殊業務のための資金需要対策としても必要とされたのであり、一般の増資とは趣旨を異にしていた105)。リスクの伴う業務を預金に依存して行うよりも自己資本を用いて行うべきであると考えられたのであろう。新株の中25万株は大阪商事株式会社が公募引受を行うこととなった。申込金は1株額面50円につき18円50銭の額面超過金を払い、第1回払込金額は1株に付き12円50銭とされた。同社と大阪証券信託会社、増田ビル・ブローカー銀行が応募を呼びかけた。申込先はこれらのほか、三十四銀行本支店、東京現物団（山一合資会社等）、東京株式・東京証券、名古屋株式の各現物団、名古屋株式信託団、横浜・京都・神戸株式・広島株式、博多株式の各現物団、博多株式信託団等であった106)。

　1923年9月、大西銀行の営業を継承し、同年12月、葛城銀行の営業を継承した。それぞれの本店を堺支店、島之内支店とした。1926（大正15）年6月、摂陽銀行（北浜銀行の後身）を合併し、堂島、川口、栄町ほか2支店を設置した。資本金は5,220万円に増大した。当時、資本金が5,000万円を超えていた普通銀行は8行しかなかった。1927（昭和2）年2月、西六銀行の営業を継承した。1928年5月に尾三商業銀行の営業を継承し、その本店を名古屋支店とした。同年8月、藤田銀行の営業の一部を継承した。1929年8月、三十銀行の営業、昭和銀行の3支店を継承した。1930年8月、四十三銀行の営業の一部を継承し、その本店を和歌山支店とした。

　増資が行われても三十四銀行の預金銀行としての性格は変わらなかった。支店の増設は預金確保の意義をもっていたであろう。1929年末の貸借対照表によ

れば預金勘定は4億628万円に達した。これに対して株主勘定は8,109万円（内資本金5,220万円、準備金・積立金2,499万円、当期利益390万円）となっていた。運用資金源の中心は預金であった。それでも同行が増資によって資金量を拡大し、しかもこの増資は合併の結果によるとともに工業資金貸出に備える意義を有していたことが指摘できるのである。

1933年12月、三十四、山口、鴻池の3行が合併し、三和銀行が創立された。資本金は1億720万円であった。

(4) 信託・証券関係業務

三十四銀行は信託会社ではなかった。だが信託業務にも部分的に関与している。すなわち三十四銀行は担保付社債信託業務を取り扱った。同行は1912（明治45）年3月、担保付社債信託法（1904＝明治37年制定）による信託業を開始している（新業務兼営）。担保付社債信託とは社債を発行しようとする会社が不動産、工場財団、鉄道財団などの担保の管理を社債権者のために受託会社（銀行）に信託することである。この社債担保の管理による社債発行の容易化が工業資金調達を円滑化することとなる。これは大企業向け設備資金供与を円滑化するものであるともいえよう。

有力銀行の社債受託業務への進出は第一次大戦以降積極化したが、担保付事業資金貸出と並んで始めた三十四銀行の担保付社債信託業務も大正期（第一次大戦期）に入って本格化した[107]。たとえば同行は1915年12月発行の大阪電気軌道が軌道を抵当として発行した300万円の社債発行に関する受託業務を行っている[108]。1925年末における社債（担保付）信託契約残高は3,709万円（14口分）となっている。担保は軌道財団や工場財団などであった。1929年末の担保付社債信託業務契約残高は約2,000万円（7口分）となっている。そのうち550万円は三十四銀行単独の2口の社債総額引受発行によるものであり、1,000万円は同行と第3者による1口の社債総額引受発行によるものであった。このほかに第3者総額引受によるもの434万円、他会社からの承継によるもの15万円があった。もっとも、1929年下期の損益計算書によれば、三十四銀行の利益金

1,803万円のうち社債信託料は1.5万円を占めるにすぎなかった[109]。

1927（昭和2）年7月には姉妹会社として共同信託株式会社が設立されている。同社は1941（昭和16）年に関西信託、鴻池信託と合併して三和信託となった。三和信託は1945年に三和銀行に吸収合併されている[110]。

三十四銀行は預金貸出業務という銀行固有業務にとどまらず証券関係業務も行っている。すなわち、第一に、同行は国債発行引受業務に従事した。1910（明治43）年2月、利子負担軽減のための借換公債を発行することとし、第1回4分利公債発行が実施された。このために国債引受シンジケート団（東西大銀行14行）が組織された。三十四銀行もこれに参加したのである[111]。同行は国債発行引受業務に従事したのであった。

普通銀行は貸出業務のほかにドイツの銀行とは異なって他の日本の銀行と同様株式発行引受業務を行わなかった。これは株価の変動が多くて危険（価格変動リスクが高い）であると見なされたからである。だが償還の約束された社債の発行を引き受けることはあった[112]。三十四銀行は社債発行引受業務も行った。三十四銀行は1928年に錦華紡績（350万円担保も受託）、近江鉄道（140万円）の社債単独引受発行を行っている。同行は同年に8件の社債共同引受も行っている[113]。本書第1章によれば1928年に三十四銀行は5大銀行に次ぐ社債引受を行っていた[114]。

三十四銀行は証券発行関係業務を（社債発行という限定つきながら）兼営していたが、日本外債の発行には関与しなかった。

三十四銀行は他の銀行と同じく証券投資による資金運用も行った。有価証券保有の比重も漸増した。有価証券の対貸出額比率は明治30年代後半期の10％台から40年代には40％台へと大幅に上昇し、大正初期には20〜30％台を維持している。明治40年代の有価証券投資の増大は金融緩漫下での資金運用難を反映するものであった[115]。同行の1912（大正元）年末貸借対照表によれば、貸出残高は2,996万円、有価証券所有額は895万円となっていた。同年下半期における損益計算書によれば、利子・割引料収入が129万円（利子・割引料損益が36万円の収入超過）、有価証券利息収入が37万円となっていた。すでに大正初期に

公債への投資を中心とした有価証券投資の役割がかなり大きくなっていた[116]。

同行の1929年末における貸借対照表によれば、有価証券所有残高は1億5,105万円に達していた[117]。同年末には有価証券投資の役割がきわめて大きくなっていたのである。所有有価証券の大部分は公債（国債・地方債）であった。このうち国債所有額が最も多く7,759万円であった。地方債所有額は1,458万円となっていた。株式や社債への投資も行われた。社債所有額は5,757万円と国債に次いで多かった。株式への投資は131万円にすぎなかった[118]。株式への投資が少なかったのは価格変動リスクを回避するためであったであろう。

1929年下期の同行の損益計算書によれば、同行の割引料収入は145万円、貸付金利息は632万円、事業資金貸付利息は30万円、合計貸出利子収入は806万円であった。なお資金コストとしての預金利息支払いは1,067万円に達していた。これに対して同行の有価証券利息は409万円におよび、それが同行にとってきわめて重要な収入源となっていたのである。このほかに有価証券償還益や有価証券償還益もあった[119]。

このように三十四銀行は単なる商業銀行にとどまらない活動、債券投資機関としての役割を有するようになっていたのである。公債などへの有価証券投資は堅実経営の項で言及したように預金支払い準備確保、貸出資金運用難・金解禁による貸出不良化の回避というリスク管理の意味もあったと考えられる。

(5) 国際業務（外国為替業務、殖民地金融）

三十四銀行は国際業務も取り扱った。このようなものとして外国為替業務と植民地金融をあげることができる。外国為替業務に関しては、明治期において、特殊銀行の横浜正金銀行が多額の外国為替取引を早くから行い、普通銀行では第百銀行、住友銀行、三井銀行などが外国為替業務取扱いを開始した。第一次大戦以後に台湾銀行や普通銀行がその取扱いを増大させている。

1900（明治33）年、三十四銀行は横浜正金銀行の香港、上海の各店とコルレス契約を締結し、外国為替の取扱いを開始し、業務の多角化を進めた。当時我が国で外国為替業務を行っていたのは専門銀行の横浜正金銀行を除くとごく少

数であった。普通銀行である三十四銀行は早くから外国為替業務にしていたのである。三十四銀行は1910（明治43）年上期には香港上海銀行やインターナショナル・バンキング・コーポレーションの代理店として代理業務も行うようになり、業務は一層拡大された[120]。

　1905（明治38）年中における三十四銀行の外国為替取扱高は外国へ向けた分についてみると16万円（為替手形および荷為替手形11万円、銀行為替5万円）であった。その取引はアジア、とくに中国（香港、上海）、朝鮮（仁川、釜山、元山、京城）を相手とするものであった。1914（大正3）年中には同行の外国為替取引高（外国へ向けた分）は85万円となっている。その取扱高は明治期には少なかったが第一次世界大戦期に増大し、1918（大正7）年中には4,601万円となっている[121]。

　1929（昭和4）年中における普通銀行の外国為替取扱高を比較すると、三井銀行は買為替が14億327万円（買入外国為替が13億2,840万円、利付為替手形が7,487万円）、売為替（売渡外国為替）が12億7,418万円、住友銀行は買為替が5億5,556万円（買入外国為替が4億7,345万円、利付為替手形が8,211万円）、売為替（売渡外国為替）が4億5,767万円、三十四銀行は買為替（買入外国為替）が2,173万円、売為替（売渡外国為替）が1,983万円となっていた。三十四銀行の外国為替取扱高は買為替において三井銀行の1.5％（住友銀行の3.9％）、売為替において三井銀行の1.6％（住友銀行の4.3％）を占めるにすぎなかった。三十四銀行の外国為替の取扱高は主要大銀行である三井銀行や住友銀行の外国為替取扱高にはるかに及ばなかったのである[122]。

　1894（明治27）年に中立銀行が設立され、岡橋治助が同行の設立に参加した。台湾が我が国の領有に帰した当時、初代総督樺山資紀は大阪の中立銀行（日本中立銀行の前身）行員に島内の国庫金出納事務を取り扱わせた。中立銀行は1895（明治28）年9月基隆に営業所を設けた。これが同島におけるわが国の銀行業の起源である。普通銀行である同行の台湾における業務は台湾銀行に先んじていた。1896年3月には中立銀行は日本中立銀行と改組された。日本中立銀行は台北や台南にも出張所を設置した。1898年に三十四銀行と日本中立銀行と

の合併内談があった際、三十四銀行は小山健三（当時免官）に委嘱して台湾の金融事情を調査し、1899（明治32）年4月の合併成立に先立って（同年2月に）台湾における日本中立銀行の営業地盤を引き継いだ。同行の台北・台南・基隆の各支店がこれである[123]。

三十四銀行の台湾での営業活動は島内産業が未発達であったために当初はあまりふるわなかった。1902年上期には基隆支店を廃止するほどであった。

だが、明治末期になると製糖業が活発となり、三十四銀行の営業活動も軌道に乗り出した[124]。同行台湾支店（台北、台南両支店）はインターナショナル・バンクの代理店を引き受けて1909年3月から外国為替取組を開始することとなった[125]。1920（大正9）年にはさらに高雄支店を開設して、島内金融に寄与した[126]。このように三十四銀行は植民地銀行ではなかったにせよ普通銀行として植民地金融業務を兼営するという特色を有していたのである。

とはいえ三十四銀行台湾支店勘定の同行全体に占める比率は大正初期に貸出において5～6％を占めるにすぎなかった。同行の植民地金融は台湾銀行のそれを補完する役割を果たすにとどまったのである[127]。

おわりに

本章では三十四銀行の経営者と経営実態を考察した。同行の経営者、とくに小山健三と一瀬粂吉にサウンド・バンキングの理念が明確に継承されていたことを明らかにした。これまで研究されることのなかった一瀬粂吉についてはとくに詳しく論じた。このような経営者、経営者の経営理念のもとで三十四銀行の堅実経営が実現できたといえるのである。経営者の役割、経営理念の経営に及ぼした影響は相当大きかったといえよう。

サウンド・バンキングの経営理念のもとで同行は商業銀行を志向した。だが同行は商業銀行主義を徹底できなかった。三十四銀行は工業金融、長期金融にも進出し、これを兼営したのである。同行は預金銀行主義を採用した。預金銀行主義のもとでの工業金融、長期金融は小工業向け事業資金貸出を除いて短期

貸出の更新継続という形態で行われたといえよう。長期金融を行うために定期預金に大きく依存した。同行は資金を株式発行にも依存した。これは資金量の確保だけでなく小工業向け事業資金貸出を行うためにも必要とされたのであった。同行の業務は多様化した。すなわち、担保付社債信託業務、債券発行業務にも進出し、さらに外国為替、植民地金融という国際金融にも従事し、それらを兼営したのである。普通銀行業務以外の業務のウエイトはそれほど大きくはなかった。ドイツのように株式発行業務を兼営することもなかった。だが公債などの債券への投資は同行の資金運用において大きな役割を果たしていた。かくして商業銀行の理念が実態において充分貫徹されていなかったことが同行の場合にも確認できるのである。

1) 経営理念については小林規威他編『現代経営辞典』日本経済新聞社、1986年、152頁、高田馨「日本現代の経営理念」宮本又次編『大阪の研究』清文堂出版、1967年、373～396頁等を参照されたい。
2) 伊丹敬之・加護野忠男・宮本又郎・米倉誠一郎編『ケースブック　日本企業の経営行動 4 企業家の群像と時代の息吹』有斐閣、1998年。
3) 特に日本の普通銀行についての研究史の整理については、西村はつ「普通銀行」加藤俊彦編『日本金融論の史的研究』東京大学出版会。1983年を参照されたい。
4) サウンド・バンキングについては、薄井明博「銀行の健全性と公的規制・監督」『金融研究』第5巻第2号、1986年4月、『金融辞典』東洋経済新報社、716頁、大島堅造『一銀行家の回想』日本経済新聞社、1963年、321～329頁等を参照。
5) 金融庁検査局「米国における評定制度（CAMELS）について」2005年2月参照。
6) 宮本又次『大阪商人太平記』創元社、明治維新篇、1960年、明治中期篇、1961年、明治後期篇、上、1962年、下、1963年、宮本又次編『企業家群像　近代大阪を担った人々』清文堂出版、1985年、関西経済連合会『関西財界外史　戦前編』1976年、加藤俊彦「安田銀行と安田善次郎」『社会科学研究』第2巻第3号、1950年10月、同「三井銀行と中上川山彦次郎」『金融経済』第60号、1960年2月、同「三井銀行と池田成彬」『社会科学研究』第12巻4号、1961年4月、同『日本の銀行家——大銀行の性格とその指導者』中央公論社、1970年、八木祥夫「三井銀行における経営者企業の歩み」森川英正『経営者企業の時代』有斐閣、1991年、武内成『明治期三井と慶應義塾卒業生』文眞堂、1995年、高嶋雅明「大阪における銀行業の発達と銀行経営者」作道洋太郎編『近代大阪の企業者活動』思文閣出版、1997年、

石井寛治「百三十銀行と松本重太郎」『近代日本金融史序説』東京大学出版会、1999年、第6章「百三十銀行と松本重太郎」、伊牟田敏充「岩下清周と北浜銀行」大塚久雄他編『資本主義の形成と発展』東京大学出版会、1968年、矢野文雄「安田善次郎伝」『人物で読む日本経済史』第10巻、ゆまに書房、1998年。

7) シャンドについては、土屋喬雄『シャンド——わが国銀行史上の教師——』東洋経済新報社、1966年、同『お雇い外国人⑧金融・財政』鹿島研究所出版会、1969年、加藤俊彦「御雇い外国人についての一考察——アラン・シャンド Alexander Allan Shand について」専修大学商学研究所『商学研究年報』第5号、15〜39頁、大島清・加藤俊彦・大内力『人物・日本資本主義［4］明治のイデオローグ』東京大学出版会、1983年等を参照。

8) 大島清他、前掲書、216〜217、220頁。

9) 前掲土屋喬雄『シャンド』60頁、前掲加藤俊彦『日本の銀行家』143〜144頁、大島清他、前掲書、226頁。

10) 大島清他、前掲書、224〜225頁。

11) 19世紀後半のイギリスでは短期金融はロンドンの大銀行であるクリアリング・バンク＝手形手形交換所加盟銀行＝商業銀行が担当し、中長期金融はマーチャント・バンクや資本市場＝証券市場が担当していた。

12) 後藤新一『普通銀行の理念と現実』東洋経済新報社、1977年、朝倉孝吉『銀行経営の系譜　不動産担保金融とオーバーローン』日本経済新聞社、1978年を参照。

13) 大島清他、前掲書、225〜226頁。

14) 吉野俊彦『金融の知識』日本経済新聞社、50版、1985年、68〜69頁。我が国の銀行は短期金融のみならず長期金融をも行ったが、ドイツの銀行のように社債、株式への投資を公然とは行わず、短期の手形の更新継続によって長期金融を行うことが少なくなかった（同書、70頁）。

15) 前掲宮本又次『大阪商人太平記』明治中期編、宮本又次『宮本又次著作集』第9巻（大阪商人太平記（上））、講談社、1977年、340〜343頁、小川功「日本生命創業者人脈と弘世、岡橋、片岡らの共同投資行動」前掲作道洋太郎編『近代大阪の起業者活動』258〜260頁、三和銀行行史編纂室編・発行『三和銀行の歴史』1974年、31〜33頁を参照。

16) 『治助翁初代略伝』（筆者未見）、三和銀行三和銀行史刊行委員会編・発行『三和銀行史』9頁。宮本又次氏も岡橋の事業経営は「石橋をたたいてわたる式」だったと述べている（前掲『宮本又次著作集』第9巻、341頁。）

17) 三和銀行三和銀行史刊行委員会編、前掲『三和銀行の歴史』33〜34頁。百三十銀行と松本重太郎については、松本翁銅像建設会編『雙軒松本重太郎翁傳』1922年、石井寛治『近代日本金融史序説』東京大学出版会、1999年、第6章、法政大学イノ

第4章　三十四銀行の経営者と経営実態

ベーション・マネジメント研究センター・宇田川勝編『ケース・スタディ　日本の企業家群像』文眞堂、2008年、第1章（黒羽雅子執筆）等を参照。
18)　第三十四国立銀行『第五回半季実際考課状』明治13年上半期、三和銀行行史編纂室編、前掲『三和銀行の歴史』32〜32、34頁。
19)　小川功、前掲論文、259頁。
20)　同上、264〜267頁。
21)　小川功『企業破綻と金融破綻──負の連鎖とリスク増幅のメカニズム──』九州大学出版会、2002年、110〜112頁。
22)　前掲三和銀行行史編纂室編『三和銀行の歴史』46頁。
23)　三十四銀行編・発行『小山健三傳』1930年。上掲『三和銀行の歴史』43頁。
24)　明治32年2月10日の『東京日日新聞』参照。
25)　『東京日日新聞』1899（明治32）年2月10日付。前掲三和銀行行史編纂室編『三和銀行の歴史』44頁。
26)　小山健三「都市銀行と地方銀行との関係（支払準備問題の一部解決）」『大阪銀行通信録』第124号、1908年1月、11〜12頁、高嶋雅明、前掲論文、235頁。
27)　前掲三十四銀行編『小山健三傳』823頁。
28)　同上書、862頁。
29)　同上書、633頁。
30)　前掲三十四銀行編『小山健三傳』823頁。
31)　同上書、485〜562頁。「三十四銀行重役私財提供金の返還」『大阪銀行通信録』第161号、1912年2月、65頁。
32)　福沢桃介『財界人物我観』ダイヤモンド社、1930年。一瀬粂吉も「銀行人として小山健三氏の如きは、一人一業主義を貫徹せられ、堅実なる方針の下に三十四銀行を経営せられ、単に大阪のみならず寧ろ我国銀行界の第一人者として、東京に於ける澁澤子と東西の双璧の観がありました」と述べている（一瀬粂助「明治年間大阪に於ける銀行界の変遷」（放送記録）1938年6月、9頁）。
33)　前掲三十四銀行編『小山健三傳』857頁。
34)　前掲大島堅造『一銀行家の回想』198頁、三和銀行行史編纂室編、前掲『三和銀行の歴史』51〜52頁。
35)　三十四銀行編、前掲書、818頁。
36)　同上書、816〜817頁。
37)　同上書、822頁。
38)　前掲三和銀行行史編纂室編『三和銀行の歴史』54頁。
39)　菊池恭三については、新田直蔵編『菊池恭三翁伝』菊池恭三翁伝記編纂事務所、1948年、「菊池恭三」青潮出版株式会社編・発行『日本財界人物列伝』第2巻、

131～141頁等を参照。
40) 大阪企業家ミュージアムのホームページ。
41) 以上については新田直蔵編、前掲書、283、640頁、三和銀行行史編纂室編、前掲書、55頁、三十四銀行『第五十六期営業報告書』1925年上半期、8、10頁、社史編纂委員会編『ニチボー75年史』ニチボー株式会社、1966年、28～32、51、53～54、151、158～159、180～181頁、五十嵐栄吉編『大正人名辞典』第4版、東洋新報社、1918年(日本図書センター、1987年復刻)786、968、1742頁を参照。
42) 同上書、530頁。
43) 原吉平「菊池恭三翁を偲ぶ」『日本経済を育てた人々』関西経済連合会、1955年、153頁。
44) 前掲三和銀行行史編纂室編『三和銀行の歴史』95頁、日本銀行調査局「中根貞彦氏金融史談速記録」『日本金融史資料　昭和編』第35巻、102頁。
45) 新田直蔵編、前掲書、291、640～641頁。
46) 本章で引用しなかった一瀬粂吉関係資料には次のものがある。一瀬粂吉「日本と欧米との比較雑感」(神戸第三中学校における講演)1929年、「現下財界の大観」(堺工業協会における講演)1932年1月。同『地方救済と教育制度』(出版社不明)1932年7月。同「財界と心」(講演)1932年9月。同「無駄なき教育」(放送記録)1934年。同「實業道を語る」(放送記録)1936年8月。
47) 『兵庫県人物事典』下巻、のじぎく文庫、1968年。
48) 三和銀行行史編纂室編、前掲『三和銀行の歴史』54頁。三十四銀行『第四十五期営業報告書』1919年下半期、6頁、同『第五十期営業報告書』1922年上半期、36頁。
49) XYZ生「一瀬粂吉氏論(銀行界人物月旦〔47〕)」『銀行論叢』第10巻第6号、1928年6月、142～143頁。
50) 同上論文、144頁。
51) 同上。三和銀行行史編纂室編、前掲書、57頁。
52) XYZ生、前掲論文、142頁。
53) 同上論文、143頁。
54) 一瀬粂吉『誠』池上虎一、1936年、109頁、同『誠』文友堂書店、1937年、26頁。
55) 一瀬粂吉、上掲『誠』文友堂書店、1、63頁。
56) 岡本久彦『出石郡人物誌』1959年、前掲『兵庫県人物事典』下巻、但馬信用金庫のホームページ所載の「但馬の百科事典」(http://www.tanshin.co.jp/zaidan/1hito/16itinose/index1.html)を参照。
57) 前掲の『誠』のほか、一瀬粂吉述「楠公史蹟小話」池上虎一、1940年10月、同「盡忠報国　櫻井ノ驛阯学童十一詣りに就て」等を参照。一瀬粂吉『誠』(発行人池

上虎一）の冒頭には「目に見えぬ神の心に通ふこそ人の心の誠なりけれ」という明治天皇の御製が掲げられている。

58)　XYZ生、前掲「一瀬粂吉氏論」145頁。
59)　一瀬粂吉「回顧一年」淡々居士（一瀬粂吉）編『銀行業務改善隻語』第8版、1928年4月。
60)　一瀬粂吉編『銀行業務改善隻語』緒言、近代セールス社、復刻版、1981年、5頁、新装版、1998年、3頁。郡山の橋本銀行はその内容を印刷して行員に配布した（「銀行業務改善意見」1927年10月）。
61)　淡々居士（一瀬粂吉）「銀行業務改善隻語」『銀行通信録』第84巻第503号、1927年12月20日、766頁。同号および次号に「銀行業務改善隻語」の内容が紹介されている（第503号、767～779頁、第85巻第504号、1928年1月20日、72～85頁）。
62)　東京大学経済学部図書室所蔵の8版や11版は三十四銀行から寄贈されているものであって、それらは三十四銀行が印刷配布したものであろう。当初は毎頁の上に余白があり、読者が意見を書き込めるようになっていた（8版）。
63)　「第11版に就て」淡々居士編『銀行業務改善隻語』第11版、大原帳簿製造所、1929年4月、同編『銀行業務改善隻語』増補改訂第13版、大阪銀行集会所、1931年5月、同編『銀行業務改善隻語』増補改訂第14版、同集会所、1939年等もある。
64)　1967年に近代セールス社から出版された復刻版は1996年に23版、1998年に新装版が発行されるまでになっている。
65)　寺田欣司『支店長が読む「銀行業務改善隻語」百八十撰』近代セールス社、1997年。
66)　一瀬粂吉『銀行経営之視線』大原印刷社、1938年。この中では次のようなことが論述されている。「銀行ノ経営ハ人ニ在リ。人ノ本領ハ意志ノ鞏固ニ在リ。意志ノ鞏固ハ不抜ノ信念ニ在リ。健全ナル経営ト磐石ノ基礎ハ是ヨリ生マル」。銀行が「堅実ノ下ニ発展ヲ要スルハ古今一貫セル鉄則ナリ」。「普通銀行ハ信用ヲ以テ生命トナシ預金ヲ運用シテ営業ヲ為スモノナレバ……預金保護ヲ以テ任ズルハ国家社会ニ対スル銀行本来ノ職務」である。「資金ヲ正シク運用スルハ勿論、回収ニ容易ナルコト、手形及担保品ハ一流物タルコトハ自衛上ノミナラズ、普通銀行本来ノ支払準備トシテ其ノ内容ノ実質如何ガ主要問題タリ。随テ収益ノ如キハ寧ロ第二次的ト謂フベシ」。「銀行ハ唯信ヲ以テ本トヲ為ス」。銀行は「常識ニ富ミ常道ヲ歩ムヲ以テ第一要義ト」する（1、3、6、32頁）。
67)　三和銀行調査部編『サンワの歩み』三和銀行、1983年、30頁。
68)　三和銀行三和銀行史刊行委員会編・発行『三和銀行史』1954年、9頁。三和銀行行史編纂室編、前掲書、31～32頁。百三十銀行と松本重太郎については松本翁銅像建設会編『雙軒松本重太郎翁傳』1922年、前掲石井寛治『近代日本金融史序説』

第6章等を参照。
69) 三和銀行行史編纂室編、前掲書、31〜32頁。
70) 三十四銀行『第三十五期営業報告書』(『営業報告書集成』雄松堂出版、第5集所収) 4〜5頁。
71) 前掲三十四銀行編『小山健三傳』818頁。
72) 福沢桃介『財界人物我観』ダイヤモンド社、1930年、復刻版、図書出版社、1990年、95〜96頁。
73) 前掲三十四銀行編『小山健三傳』816〜817頁、福沢桃介、前掲書、96頁。
74) 前掲三和銀行行史編纂室編『三和銀行の歴史』52頁。
75) 一瀬粂吉「斯の哲人に学べ」『銀行論叢』第3巻第1号、1924年7月、10頁、同『銀行業務改善隻語』新装版、3頁。
76) 「株式会社三十四銀行新株募集」1920年3月（筆者所蔵）。
77) 「三十四銀行の増資」『大阪銀行通信録』第174号、1912年3月、345頁、三十四銀行『第六十五期営業報告書』1929年下半期（『営業報告書集成』第1集、第3集、所収) 36〜37頁。
78) 前掲三和銀行行史編纂室編『三和銀行の歴史』97頁。
79) 杉山和雄「明治後期――大正初期における預金銀行の工業金融形態――三十四銀行を素材として――」『地方金融史研究』第3号、1970年12月、44〜52頁。
80) 三十四銀行『第十三期営業報告書』1903年下半期、同『第十六期営業報告書』1905年上半期、山口和雄編『日本産業金融史研究　紡績金融篇』東京大学出版会、145頁（杉山和雄稿）。
81) 「三十四銀行の増資」『大阪銀行通信録』第174号、1912年3月、345頁。
82) 三十四銀行『第三十一期営業報告報告書』(『営業報告書集成』第6集所収) 7頁。
83) 日本銀行臨時調査委員会「工業金融ニ関スル調査」(1917年10月)『日本金融史資料　明治大正編』第24巻、376頁。
84) 同上、344〜349頁。
85) 同上、369、376頁。
86) 同上、370頁。
87) 同上、428頁。前掲後藤新一『普通銀行の理念と現実』112頁。
88) 前掲「工業金融ニ関スル調査」376頁。
89) 前掲「三十四銀行の増資」『大阪銀行通信録』第174号、345頁。
90) 「三十四銀行の事業資金部開設」『大阪銀行通信録』第175号、1912年4月。
91) 前掲一瀬粂吉『誠』文友堂書店、65頁。
92) 日本銀行「工業者ノ金融ニ関スル調査」(1915年11月)『日本金融史資料　明治

大正編』第24巻、284頁。前掲『小山健三傳』年譜はこの開始を6月と記しているが（80頁）、『大阪銀行通信録』第175号は4月10日開始としている（483頁）。
93) 前掲日本銀行「工業者ノ金融ニ関スル調査」284頁。
94) 同上、283、285頁。
95) 三十四銀行『第三十一期営業報告書』1912年下半期、5頁、前掲三和銀行行史編纂室編『三和銀行の歴史』49、52～53頁。
96) 三十四銀行『第六十五期業務報告書』1929年下半期、39頁。
97) 同上、38頁。
98) 後藤新一『日本の金融統計』東洋経済新報社、1970年、87頁。定期預金の期間を1918年12月実施の「東京預金利子協定」は6カ月以上としていた（同書、267頁）。
99) 三十四銀行『第六十五期業務報告書』38～39頁。
100) 前掲高嶋雅明「大阪における銀行業の発展と銀行経営者」224頁。
101) 資本金、支店の設立は前掲『三和銀行史』13～15頁、前掲『三和銀行の歴史』第1編を参照。
102) 前掲石井寛治『近代日本金融史序説』277～279頁。
103) 前掲「三十四銀行の増資」『大阪銀行通信録』第174号、325頁。
104) 「三十四銀行の増資並新株公募」『大阪銀行通信録』第270号、1920年2月、218頁。
105) 前掲「株式会社三十四銀行新株募集」。
106) 同上。
107) 三和銀行行史編纂室編、前掲書、52頁。
108) 前掲日本銀行臨時調査委員会「工業金融ニ関スル調査」377頁。
109) 以上については三十四銀行『第五十七期営業報告書』35～36頁、同『第六十五期業務報告書』1929年下半期、36～37、40頁を参照。
110) 三和銀行行史編纂室編、前掲書、年表10、16、19頁。
111) 前掲三十四銀行編『小山健三傳』567～572頁。
112) 前掲日本銀行臨時調査委員会「工業金融ニ関スル調査」376～377頁。
113) 日本興業銀行特別調査室編・発行『社債一覧』1970年、234、476頁。
114) 社債発行状況に関しては前掲『社債一覧』を、三井銀行の社債引受については浅井良夫「1920年代における三井銀行と三井財閥」『三井文庫論叢』第11号、1977年、300～308頁を参照されたい。
115) 杉山和雄、前掲「預金銀行の工業金融形態」46頁。
116) 三十四銀行『第三十一期営業報告書』1912年下半期。
117) 三十四銀行『第六十五期業務報告書』1929年下半期、38頁。
118) 同上。

119) 三十四銀行『第六十五期業務報告書』40～41頁。
120) 三十四銀行『第二十六期営業報告書』(『営業報告書集成』第6集)。第一次大戦前の普通銀行の外国為替取扱いについては、東洋経済新報社編『金融六十年史』同社、1924年、290～291頁、明石照男・鈴木憲久『日本金融史』第2巻(大正編)東洋経済新報社、1958年、40～42頁、前掲後藤新一『普通銀行の理念と現実』119～122頁、前掲三和銀行行史編纂室編『三和銀行の歴史』48頁、浅井良夫、前掲論文、318～324頁、小倉信次『戦前期三井銀行企業取引関係史の研究』泉文堂、1990年、59～67、201～211、284～295頁等を参照されたい。
121) 三十四銀行『第十六期営業報告書』、『第十七期営業報告書』1905年下半期、『第三十四期営業報告書』1914年上半期、『第三十五期営業報告書』1914年下半期、『第四十二期営業報告書』1918年上半期、『第四十三期営業報告書』1918年下半期(『営業報告書集成』第5集、第6集所収)。
122) 三井銀行『第四十期営業報告書』1929年上半期、同『第四十一期営業報告書』1929年下半期、住友銀行『第三十五期営業報告書』1929年上半期、同『第三十六期業務報告』1929年下半期、三十四銀行『第六十四期業務報告書』1929年上半期、同『第六十五期業務報告書』。
123) 三十四銀行編、前掲書、51頁、高嶋雅明「台湾における植民地金融の展開と三十四銀行」秀村選三ほか編『近代経済の歴史的基盤』ミネルヴァ書房、1977年、356～359、363～368頁、前掲三和銀行三和銀行史刊行会編『三和銀行史』10～11頁。
124) 前掲三和銀行行史編纂室編『三和銀行の歴史』48頁。
125) 『大阪銀行通信録』第112号、1909年1月、71頁。
126) 前掲『三和銀行史』11頁。
127) 前掲高嶋雅明「台湾における植民地金融の展開と三十四銀行」359～368頁。

第5章 「ハイリスク選好型」銀行ビジネスモデルの掉尾

小川　功

はじめに

　世界遺産に登録されて以来、多くの探勝者が訪れている熊野古道・大雲取越コースである那智勝浦町色川と熊野川町小口の間の峠は「高倉峠」と呼ばれる。多くの平安貴族が熊野詣に杖を引いた場所柄ゆえに、都の貴人でも彷彿させるゆかしい「高倉」の名にひかれてハイカーが休憩をとることでもあろう。奇縁というべきか、筆者も昭和35年12月にこの熊野古道を徒歩で踏破し、小口の旅館に一泊した古い旅の記憶があるが、そのころ金融史など一切無縁の中学生には峠の「高倉」の由来など知るよしもなかった。平成16年3月実に45年ぶりに現地を再訪する機会を得て、森林組合長久保逸郎氏から周辺の山林は元の所有者の名から「高倉山」、町営診療所は木材輸送を担っていた勝浦索道会社（同氏祖父も役員を務めた由）事務所跡であったことから、「索道屋敷」と地元の老人は呼んでいるとの貴重な事実をご教示いただくことが出来た。この「高倉」こそは都の貴人などではなく、実は京都の庶民を泣かせた破綻銀行家の姓に由来するのだが、世界最初に先物取引を創始したという金融史上に燦然と輝く老舗の堂島取引所を主宰し、米穀・証券取引を本業とする本章の主要登場人物でもある。今日公文書として残存し閲覧可能な当該銀行記録の最後に頻出する破産財団の中身こそがこの「高倉山」であり、彼らの「虚構ビジネスモデル」のはかなき夢の残滓であった最終の結末は章末で明らかにする。

本章[1)]では銀行業がハイリスク分野をどのようにして回避しようと努めてきたか、あるいは証券分野とどのような関係をもってきたかをわが国の大正期の銀行破綻の実例からみていくこととしたい。大正11年4月6日井上準之助日銀総裁が銀行業者を前に「銀行業者カ彼等投機師ニ対シテ極メテ厳正ナル態度ヲ執ラレンコト」[2)]を切望したごとく、多くの銀行がサウンド・バンキングを志向して、極力ハイリスクの回避に努めてきた中で、一部の銀行は全く逆なリスク・テーキング行動をとったものと考えられる。井上日銀総裁のいう「投機師」の意味合いは明確ではないが、当然に当時話題の石井定七を念頭においての発言であったと見られる。石井定七は「横堀将軍」の異名を頂戴した「相場師」として、本業の材木はもとより株式、綿糸、期米、生糸、金属、不動産、土地会社、船舶、書画骨董その他「なんでもござれの怪腕を各方面に発揮して、その関係事業は海陸に亘り遠く倫敦の銅相場にまで手を出したと伝えられ、投機界稀有のエラ者」(T11.3.1大毎)、「相場師としての本領がこのくらいまで発揮された事は珍しい」(T11.3.3中外)とされた。

株式投資、商品先物などの相場では狙いを定めた銘柄が大きく化け、巨額の差益を短期に獲得することが眼目である。不動産開発業、特に海面埋立・原野開墾でも限りなく無価値に近い海面・荒蕪地等を、価値ある土地に大きく変貌させようとする。起業・会社発起でも紙とエンピツだけで捏造した架空のプランをエサに、支援者・賛成者を募り、出資を促し、払込みを完了して創立総会を開催し、設立登記をすることで、権利株が高値で取引され創業者利潤を獲得する。一見華やかに見える観光開発でも明治以来無価値に近い僻地に大規模な遊園地・旅館等を建設して、一躍一大観光地に仕立て上げようと夢想して敗退する者があとをたたないが、ごく少数ながら成功例も存在した。

こうして相場師、鉱業師、地面師、発起屋などと称されるハイリスク分野に従事する人々は、極めて短期的な利益のみを追及して、いわゆる一攫千金を夢想する傾向が濃厚であると世間から見られた。大正期に相場記者として活躍した奥村千太郎は「現物出資で、二束三文の荒蕪地や鉱山……を高価に見積って売抜けるなどは虚業家の常套手段だ」[3)]として、こうした輩を一括して「虚業

家」と見做した。奥村らのいう「虚業家」[4]とは投資者が獲得する価値が瞬時（極めて短期間）に、飛躍的、不連続的に増加する瞬間に、いいようのない快感を覚える性癖が顕著な並外れたハイ・リスク志向のリスク・テーカー（略してハイ・リスク・テーカー）のことをいうのではなかろうか。普通は毛嫌いされ、回避されがちなハイ・リスク・テーカー達と何らかの事情（後述）で深く関わることとなった銀行群にやがて招来することとなる共通の行動パターンや理念を「ハイリスク選好型」[5]の銀行ビジネスモデルとして、わが国の戦前期、特に大正期の破綻銀行の事例から抽出することを試行してみたい。本書は金融ビジネスモデルを主題とするが、「モデル」には本来、実験を行う際の標準の意味や、科学研究における理論化のための模型の意味もあるので、本章でも「ハイリスク志向の銀行ビジネスモデル」を実験的な意味から構築することを目指して、現実を説明するためのいくつかの模式図の全体像をまず最初に想定して、逆に現実の事例をその類型に当てはめてみるという形での仮説を以下に提起してみたい[6]。

1　銀行と証券関係者との相対関係による類型化

　銀行業務と証券業務とを何らかの形で兼営する本来の「投資銀行」モデルのほかにも、以下のような様々な形態の似非「投資銀行」モデルを想定することができるのではなかろうか。
　1．証券関係者が銀行を支配する形態
　　(1)　証券会社の銀行子会社
　　(2)　証券関係者が銀行の大株主・主要役員として参加する形態
　　(3)　証券関係者が事実上銀行の実権を掌握し影響力を行使する形態
　2．銀行関係者が実質的に証券業者を兼ねるなど銀証兼営に類似の形態
　　(1)　銀行の証券子会社
　　(2)　銀行トップが他人名義を借用して株式仲買店を経営する場合
　　(3)　支店長など銀行の中堅幹部が株式仲買店を経営する場合

(4)　銀行トップが取引所トップを兼務する場合
3．銀行関係者が職業的な発起人となり、当該銀行が新設会社の発起、株式募集、払込、株式担保金融等の諸業務を恒常的に中核業務として行う場合
4．銀行関係者多数が巨額の行金を流用して投機的な取引を恒常的かつ組織的に行う場合
5．銀行が特定の証券関係者に大口の情実融資を恒常的に行う場合

1、2は証券分野と緊密な関係を有する銀行として理解されそうであるが、3以下の類型をことさらに用意する意味はあるのかと疑問を持たれるかもしれない。本来の「投資銀行」モデルとは相当距離があるものの、その予備軍の存在やその広がりを推測する上で、少し大き目の網を用意する意味からである。銀行特に中規模以下の銀行がどの程度証券関係者に融資していたかを知り得る戦前期の情報は整備されていない。したがって破綻銀行に関する『銀行通信録』等を含む新聞・雑誌等の限られた記事の中から、破綻原因に関する、さらに数少ない記述部分を抽出する作業においては、証券分野との緊密な関係の存在をうかがわせる事象は、見落とすことのないように可能な限り広く収録しておきたいとの趣旨によるものである。すなわち証券分野との取引関係を有していた非常に多くの銀行群の中で、特定業者に反復して大口取引を行う銀行の数は絞られ、その中から破綻する銀行の数はさらに絞り込まれるのである。したがって3～5の類型の銀行が現実にかなりの数が存在するのであれば、こうした証券分野に親近性があり、時と場合によっては本来の「投資銀行」モデルに転換できる下地のある予備軍が相当数存在したのではないかとの仮説を立てることが可能かもしれないと考えた故である。

1（1）ないし1（2）の類型の例
　①紅葉屋銀行、②神田銀行、③商栄銀行[7]、④東京徳田銀行等
1（2）の類型の例
　①多数の仲買人が出資した設立当初の北浜銀行、②＊島徳蔵が実権を掌握した日本信託銀行、③＊高倉為三が単独支配した日本積善銀行（後述）、

④守山又三が単独支配した船場銀行[8]、⑤＊井出郷助が主導した大東ビルブローカー銀行
1 (3) の類型の例
①相談役の石井定七が実権を掌握した高知商業銀行、②相談役の＊長島弘が実権を掌握した鴻巣銀行、③非役員の田中猪作が実権を掌握した佐賀貯蓄銀行[9]
2 (1) の類型の例
①野村銀行による野村証券設立
2 (2) の類型の例
①起業銀行頭取の平井熊三郎による株式仲買店経営、②増田ビルブローカー銀行社長増田信一による株式仲買店経営
2 (3) の類型の例
①御厨銀行支店長＊土屋重雄による株式店経営、②大阪貯蓄銀行西支店長による株式店出資・利益分配契約
2 (4) の類型の例
①岡山銀行頭取の杉山岩三郎による堂島米穀取引所理事長兼務（前稿参照）
4 の類型の例
①頭取相磯新助以下幹部数名が行金で株式思惑に失敗した旧富士銀行（静岡県）、②頭取以下行員数名が米穀株式綿糸投機で行金費消した両砺銀行
5 の類型の例
①＊広瀬大橘に100万円の無担保貸付を行った帝国実業貯蓄銀行、②支配人が＊山浦琴次郎らに130万円を貸出した東京農商銀行、③東京支店長古谷豊三郎が株式仲買へ150万円以上貸出した大野銀行、④＊栗原善太郎へ100万円の与信を行った倉庫銀行

銀行と深く関わった証券関係者のうち、＊印を付した人物は株式仲買人（取引員）ないし現物商等の経歴のある証券業者と考えられる。たとえば長島弘の

場合は「兜町にも第一証券商会というものを設けて商売を営んでいる」（T12.5.26中外）など現物商の経歴がある。問題は建前上は一介の個人投資家にすぎない石井定七の場合、株式仲買人である義弟石井竹三郎の店を機関店として相場を張ったが、彼の家業はあくまで材木商である。しかし石井を弁護した花井卓蔵は公判で「石井定七の大相場師たることは三尺の童子も之を知る」[10]と断じ、大阪地裁箕田裁判長も石井の職業を「株式、米穀売買及び材木販売等」（T11.10.14大毎）と家業より先に第一義的に「株式、米穀売買」業者と認定したことから考えて、活動実態にあわせて石井定七を単なる個人投資家とは扱わず、証券業者を中心にその他をも包含する広義の「証券関係者」なる範疇を用意して、プロの個人投資家としてここに含めることとした。同様な趣旨から守山又三なども証券関係者に含めた。

まず証券関係者と銀行との相対的な距離感、親近性の濃淡により、事例を模式的ではあるが、10の段階にわけて分類すると

①第一段階…株式仲買人などの証券関係者と少数の中堅行員があくまで個人的関係を生ずる初歩的接触のステージ
②第二段階…銀行と証券関係者との業務上の取引関係が発生する段階
③第三段階…証券関係者との取引関係が支店段階で濃密化する段階
④第四段階…銀行首脳部と証券関係者との濃密な関係が発生する段階
⑤第五段階…証券関係者の関係企業と銀行とが濃密な取引関係を構築
⑥第六段階…証券関係者が銀行の有力株主・役員等に登場
⑦第七段階…銀行関係者が株式仲買・取引所役員など証券関係者化
⑧第八段階…証券関係者が次第に銀行の実権を掌握
⑨第九段階…遂には証券関係者の機関銀行化
⑩第十段階…銀行資金が証券関係分野に大量に投下され、その蹉跌が銀行経営に重大な悪影響をもたらすほど運命共同体的な一体関係に発展

上記の具体的事例で検討したように、地方所在銀行の場合、明らかに東京支店ないし大阪支店など、特定の大型支店に焦げ付きが集中する傾向が読み取れる。その理由としては、①融資権限の大きい有力支店であり、②支店長も大物、

③巨額の大口融資が発生しがちであるからであろうが、④地方所在の銀行にとって遠隔地に位置する東京支店ないし大阪支店は一般支店とは異なる特別の戦略的機能を分担していたためと考えられる。たとえば敦賀の個人銀行である大和田銀行の場合、「地方本支店に遊資あれば、一時大阪で確実な商業手形又は有価証券の担保に放資」[11]する資金運用上の必要から明治29年10月大阪市西区靱南通3丁目に大阪支店を設置し高野鉄道、播但鉄道などへの大口融資を敢行した。

⑤本店から遊資運用方を委任された東京支店ないし大阪支店は、有価証券での余資運用の必要上、コール業者をも含む証券業者との接触は職責上からも不可避である。こうした特別な機能を分担した東京支店ないし大阪支店には経験豊富な人材ないし銀行首脳の信頼のあつい腹心的人物が多く支店主管者として配置された。しかし何分にも遠隔地であり、一般の県内各支店との業務上の隔絶等の事情から本店のコントロールが及びにくく、組織上もいわゆる「関東軍」化するリスクが高かったと考えられる。地方所在銀行の伝統的なカルチャーとは異次元の世界にある証券関係者との接触は、場合によっては感化・煽動・癒着等が発生するリスクをも内在していたものであろう。前稿でとりあげた松谷元三郎に取り込まれた岡山銀行も大阪支店の暴走の典型的な事例であろう。高知商業銀行大阪「支店の相談役且同銀行の大株主なる」[12]石井定七のような「投機に因り巨額の富を為したる」[13]相場師などと癒着の結果、旧福岡銀行東京支店の場合は「近時は殆ど市内ブローカー連として目せられ」（T6.9.2内報）、大野銀行東京支店も「一時ブローカー銀行の如く解せられ」（T7.6.11内報）たといわれる。たとえば長岡市に本店を置く六十九銀行では大正バブル期に「東京支店……副支配人及び行員の経営散漫に流れ」（T10.12.25内報）、「財界好況時代に東京支店に於て石炭屋、株屋等に貸付たる金額は大部分回収不能」（T11.1B）となったが、主なる「東京支店の損失は某々イカサマ師に乗ぜられ俗に盥回しと称する奸手段に懸り、資本金一千万円を標榜せる石炭会社の創立に無謀の貸出を敢てし遂に回収不能に陥」（T10.12.25内報）ったためと報じられた。この石炭会社の詳細は未詳であるが、同じ頃、中外証券信託や

東洋信託保証取引所の社長として証券・信託界にも進出していた戸水寛人を創立委員長として巨大資本金を誇示して炭砿トラスト結成を夢想した亜細亜炭砿[14]も結局荒唐無稽の取込詐欺にすぎず、大正10年5月25日解散に追い込まれた。(T10.5.27東日)

　これから本章の主要な事例として検討する日本積善銀行(積銀)の事例も一見すると、上記と同様な地方所在銀行の大阪支店の暴走かのような印象を与えるが、単に支店長クラスが証券関係者との関係を深めて投機に走ったという程度[15]のものではなく、病弊の程度は以下に詳述するごとく相当に根深いものがある。

2　日本積善銀行・高倉為三の虚偽性

　本節では前節の1 (2)の類型、すなわち証券関係者が銀行の大株主・主要役員として参加する形態から出発した日本積善銀行(以下積銀と略)を主に取り上げる。同行は京都市下京区の呉服商仲間により明治26年5月23日京都貯蔵銀行[16]として設立されたが、大株主で頭取の遠藤久右衛門が「年漸く老いて実業界を引退する志あり。之を若輩の子息の手に委する時は、放漫なる経営を敢えてする虞なしとせず、無限責任の銀行業とて、有終の美を済さんには、何人か新進誠実の士に托する」[17]ほかなしと考え、大正3年2月証券関係者である高倉藤平に後事を託したことに端を発する。高倉藤平は京都貯蔵銀行の株式の大部分を遠藤らの大株主から平穏に買収し、自ら頭取に就任した。

　「生前一種の愛嬌あるニコニコ顔で、人に接」[18]するなど、人間的魅力があり、多くの部下に慕われた堂島米穀取引所理事長の高倉藤平には実子があったが、石橋為三(のちの積銀常務・高倉為三)を見込んで養子に迎えた。為三には「二兄あり。共に高倉店に仕へたるも、成績面白からず、共に中途にして主家を退き去れり」[19]という事情があり、「為三氏は次兄の在店中、其紹介にて君の店に入りたるが、痛く二兄の行跡に鑑るところあり、且つ吾は二兄の失を償ひ、主家に対して三人分の奉仕を為さざるべからずとて、表裏なき忠勤を抽でたり。

その献身的奉仕は、深く主人の信頼を博し……上下の気受けよく、且主公が放担的突進の後を修理して幸ひに何等の遺漏なからしめたる、才徳双美の青年」[20]、「調和ある進取的守成家の系統に属する多望の好漢」[21]と期待された。十合呉服店の奉公人から高倉藤平商店に転じたのちの為三は「十円の月給で前垂掛けで帳場に座って帳付けをしてゐた時分の為三は……算盤が確で筆の達者な所から主人に見込まれ、それに目から鼻に抜ける様な賢しい質」（とよ談 T12.1.11大毎）であったため養子とした。為三は高倉藤平「経営に係る信託部及北浜株式、堂島米穀仲買業の業務に携はり」[22]、高倉藤平の死後、養子の高倉為三が形式上は支店の大阪支店を所管する常務であり、京都の本・支店を統括する紙勇蔵が名目上は頭取代行格の専務として上席を占めてはいたが、単独大株主の高倉為三が普通銀行に改組・改称後の日本積善銀行を支配していた。高倉藤平が存命中の同行の経営は専務の紙勇蔵が取り仕切っていたとみられ、「新宅」（養子）の高倉為三は内心はともかく、表面では真面目な好青年役を演じており、ベテランの紙専務の指導の下に銀行業務を熱心に見習い修行中といった立場であったと推測される。

　大正6年9月7日養父の高倉藤平が郵船株買い占め騒動の最中に急死[23]、彼の周辺では「株式大暴落の真ッ最中に、高倉氏が旅先の東京で急死したとの報に接した時には、同氏が郵船株その他の買方であった丈け、之はどうも変だと、鳥渡首を捻った」[24]と自殺説が強かった。急死時の高倉家の財産は株式大暴落のあおりで「財産総額が百六十万円で負債総額は二百万円」（とよ談 T12.1.11大毎）の大幅債務超過であった。こうした危機的な状況下、突然に高倉家、高倉系企業ならびに、同行の実権を一手に掌握することになった高倉為三が日本積善銀行の実権掌握後にとった銀行経営者としての特異な行動を中心にみていきたい。日本積善銀行（積銀）の概要[25]は大正11年上期では資本金500万円、払込185万円、諸積立金40万円、預金2,136万円、貸出1,181万円、預ケ金500余万円、所有有価証券394万円、支店数24（京都10、大阪14）[26]、全行員数404名（京都本支店284名、大阪各支店120名）（T 11.12.29大毎）、預金総額19,157,625円（内訳小口当座19,288,341円、当座494,786円、定期4,933,303円、

貯蓄460,629円、積立貯金1,417,582円、通知1,562,983円)、口数409,242口(内訳小口当座49,338、当座918、定期5,925、貯蓄345,230、積立貯金7,878、通知13口)で、1口当り預金額46円81銭(小口当座208円52銭、当座538円98銭、定期832円62銭、貯蓄1円33銭、積立貯金179円94銭、通知120,229円46銭)であった。

　高倉が少なくとも預金総額の半分を超える行金10,809,971円99銭、上席の専務の紙勇蔵が1,472,690円をそれぞれ費消し尽した[27]。同行のガバナンス不全とその原因たる同行の本質的な虚偽性の貫徹ぶりを以下の諸点としてまず項目のみ指摘しておきたい(詳細は次節以下)。

　①まず日本積善銀行なる偽善に満ちた行名の虚偽性にはじまり、②名目上京都(実態上は大阪)に本店を置いたことの虚偽性、③買収前の旧役員陣を意図的に温存させ、前身の京都貯蔵銀行が「安田経営以前の京都銀行と同系統であった関係がまだ……脳底から去らない」[28]京都人を意図的に誤認させた虚偽性、④模範青年を演じて実力派の社外取締役の今西林三郎らを騙し続けた虚偽性、⑤意思能力すら疑わしい高齢の遠藤監査役の辞任願を何年も握り潰した虚偽性、⑥「銀行家として最も堅実なと噂され」「京都で神のように云はれた」紙勇蔵専務が学者肌で「次第に銀行がツブれて行くのを傍観してゐた」だけの高倉の傀儡にすぎなかった虚偽性、⑦株主は多数に分散しているように見せて、実は高倉一人でほとんど独占していた株主名簿の虚偽性、⑧貸付先も多数に分散しているように見せて、実は高倉一人で借り受けていた虚偽性、⑨「麗々しく袋の上に書かれてゐるが、中はいずれも藻抜けの殻……袋の中から引出されて行方不明」な金庫の中身の虚偽性、⑩不正を知り得る支配人・幹部行員には口止め料相当の私利行為を黙認していた虚偽性、⑪一般行員には銀行内部の情報を一切極秘にした虚偽性、⑫京都の新聞も紙専務を信頼するあまり大阪での高倉の風評には疎かった結果の新聞報道の虚偽性、⑬主要役員ですら新聞で破綻を知ったほどの情報非開示体質の虚偽性、⑭思慮深い高倉藤平未亡人とよでも「何といふ腸の腐った男であらう」と高倉「為三の非道が始めて分った」(とよ談 T11.12.9大毎)のは「農銀問題がアノ騒ぎとなって」からであった。⑮取

引所や高倉個人の主要取引行・加島銀行[29]は実は高倉系事業に深入りし過ぎた共犯者であったという虚偽性、⑯本来の親銀行だった旧京都銀行とは安田系列入りの時点で縁切れとなり旧京都銀行側とすれば「通り一片の取引となって普通の一商店同様位なもの」（今井豊一副支配人談 T11.11.30日出）にすぎなかった虚偽性、⑰物語の最初において、先代の高倉藤平すら"模範"店員を装った高倉為三の演技を見抜けず「鑑識もちがった」（とよ談 T11.12.7大毎）虚偽性、⑱紀州山林を私財提供した高倉本家側の「私は銀行の方へ入れたかった……アノ金さへあれば銀行は閉めなくとも行けた」（とよ談 T11.12.9大毎）との気持を無視し「辛辣な方法で積善銀行へも提供されたものを取引所の独占とし」（T11.12.10大毎）、「堂島取引所だけの穴埋めに使」（とよ談 T11.12.9大毎）おうとした預金者無視の虚偽性、⑲物語の最後に銀行預金者が200万円もの価値ある美林と信じ込んだ高倉家提供の私財が「実ハ換価容易ナラサル山林」にすぎなかった虚偽性など、この銀行のすべてが最初から最後まで虚偽性に満ちた「虚構ビジネスモデル」[30]であったといえよう。富士の裾野で蟄居謹慎中の岩下清周も積銀破綻直後に記者の取材を受け「実業家などといふものは景気がよいとひとりよがりのインテリゲンチュアになりたがる。儲けると有頂天になる。そして近来のような状態になってめがさめる。いま日本の泡ぶく金を吐きだしてゐる。これを全部吐き終るまでは苦悩がとれぬ。大阪の積善銀行問題の如き、僕はああなるものと既に思ってゐた。これは僕が自由の身になれば大いに論ずるつもりだ」（T11.11.30東日）と、大正バブル崩壊に伴う積銀破綻を予知していた。積銀破綻を報じた大阪朝日の巻頭記事でも「積銀の支払停止は、会社屋にして又相場師である高倉等を其経営者とせし事によりて必然に到来すべき運命であったと言うて好い」（T11.12.2大朝）と断定した。

3 「ハイリスク・テーカー」の暴走を抑制できぬ行内事情

10の段階にわけた第八段階以降に、銀行の実権を掌握した新しい実権者は、はたしてどのような行動をとったのか、役職員はどのように対応したのか、銀

行内部のガバナンス機能の不全を現実の事例に即して考えたい。

「定期仲買業の、身を立て志を成す道に非ざること……保険業と銀行業との経営に身を托して将来の地位を作らん」[31)]との決意を固めた先代の高倉藤平の命を受け、ロンドンで3年間銀行業、保険業を視察し、英国をはじめ欧州先進各国の銀行、保険業を研究して「大に得る所あり」[32)]として、大正元年1月有隣生命の経営のために帰朝した石橋（のちの高倉）為三は「帰朝後大いに諸事業の上に新来の新知識を傾倒して画策大いに努む」[33)]とされた。高倉家の養子となった高倉為三が証券業を本拠としつつ、銀行、保険を両翼として広げた金融ビジネスモデルをどのように構築しようとしていたのか、大変興味があるところである。しかし、残念ながら大正6年9月7日急死した高倉藤平はもとより、先代の位牌を継いだ高倉為三に関しても具体的な青写真は残されてはいないので、高倉三父子の描こうとした金融ビジネスモデルの青写真は次のようなものではなかったかと想像するしかない。

①証券業リスクを平準化すべくヨリ安定的な銀行・保険業を兼業する。
②保険業は生命保険業と損害保険業の双方を兼営して相乗効果を得る。
③銀行業では危険視される高倉色を隠し、従前の信用状態を維持する。
④京都市民から広く吸収した資金は他に貸さず高倉家で高利運用する。
⑤新設会社の発起に深く関与し払込金を積銀の預金として滞留させる。
⑥大株に対抗して大阪証券交換所を新設、米・株総合取引所を目指す。
⑦慢性的資金不足解消のため積銀より大きな銀行の敵対的買収を目指す。

この金融ビジネスモデルを適用した積銀の体制として、まず「頭取は欠員の儘にて、紙勇蔵氏専務取締役として頭取の事務を執行」[34)]し、上田、遠藤両監査役など京都貯蔵銀行以来の旧勢力も温存させ、高倉為三自身はダントツの積銀大株主ながらも敢えて下座の常務の座に甘んじるという、一見しおらしい態度を装った。このような積銀の行内体制のガバナンスの実態はどのようなものであったのかを以下行内階層ごとに詳述する。

①取巻きに登用した茶坊主（上田弥兵衛）

　高倉とよ未亡人は「支配人だの番頭だのと古くからゐるものが新宅の面を冒して諌めてくれなかったから」（とよ談 T11.12.8大毎）と愚痴をこぼしたが、高倉為三は「直情径行で何等情実のない今村〈八郎〉氏を排して代るに彼の……上田弥兵衛君を登用した事が彼の死後、家を滅ぼす基調となった」[35]とされるように高倉為三は先代以来の煙たい幹部を巧みに遠ざけ、周囲には茶坊主連中で固めた。高倉「為三氏は古い顔の相談役より若手の相棒が結構だというので、同じ堂島畑の上田弥兵衛氏と組んで目覚ましい活躍振りを見せ」（T11.11.30大毎）たとされ、上田弥兵衛も「私が高倉氏と轡を列べて北浜に雄飛したなどと伝へるものもあるが全然無根」（T11.12.1大朝）と共謀説を否定し、「今迄私が高倉君と総ての事を一緒にやり非常に親密にして居た関係上……私が裏面の消息に通じて居るだらうと責められますが、実際この間の消息は私は何も知りません……高倉君の渦に巻き込まれて私財は殆ど全部提供するわ、家族や親戚の者からはボロ糞に言はれるわ……」（上田談 T12.1.12大毎）、「私が積善銀行に関係したのは先代高倉藤平氏から援助の依頼を受け、今西林三郎君重役になり本店の京都には銀行家として最も堅実なと噂されてゐる紙氏がゐるので安心してゐました。今度の休業も二三日前に承知したやうな次第で、まるで暗討に逢ったも同様です。高倉君が北浜に手を出してゐたといふことは全然知らぬとは申しませぬが、極微々たるものと考へてゐました。銀行の負債がどの位の額に上るか一切高倉君が秘密にしてゐます」（T11.12.1大朝）とし、「私としては全然心易い高倉君に欺されてゐた」（T11.12.13大朝）、「積善銀行に関しては私は何事も知らない……銀行のことは……何等我々に話がなかった」（T11.12.2大朝）とした。しかし彼自身は高倉事件後も不思議に失脚することなく、堂島取引所の理事長代理に就任した際に「不肖弥兵衛の行為は今日迄俯仰天地に恥ぢない」（T11.12.9大毎）と挨拶して「人を呑んだお挨拶だ……高倉の相棒となって農銀乗取に大阪の金融界を掻き回したのは一時の酔興位としか思ってゐない」（T11.12.9大毎）と批判された。

②上席・専務の傍観者的態度（紙勇蔵）

専務の紙勇蔵は破綻直後、記者に対して「貸借がどうなって居るのか、預金状態がどうか、現金在高がどうか一切判らぬ……大阪支店が何程の貸出しを如何なる方法にしたか、何が今日の原因かといふことさへ確実に発見し得ない」（T11.12.2京日）と頭取代行の専務とは思えぬ情けない発言をしている。一般行員は「紙専務も高倉常務同様相場に手を出して居たので……事情を詳しく説明すると高倉同様の破目となるから暴露する迄は説明しない」（T11.12.8大朝）と批判し、積銀の破産管財人守屋孝蔵も「紙氏の態度が常に其場逃れのやうに思われたのは甚だ遺憾」（守屋談 T12.4.8大毎）と批判した。この発言は責任回避のおとぼけとも解されたが、どうやら名ばかり専務の実態を露呈したもののようだ。積銀の京都「本店から大阪支店へ……合計八百七十万円といふ大金を……逆送して居る事実が判明した」（T11.12.9日出）時に取締役の今西林三郎は紙に「専務として放漫に過ぎた。ナゼもっと監督を厳重にしなかったか」（T11.12.10大朝）と叱責したが、紙は「夫れも皆高倉君の命で如何とも致し方なかったといふ外、唯許して呉れの一点張り」（今西談 T11.12.2京日）であった。今西は預金者にも「紙君などは高倉が京都の本店から大阪支店へ勝手に金を取り寄せるのを専務取締役といふ最も重要なる地位にありながら、次第に銀行がツブれて行くのを傍観してゐた」（T11.12.20大朝）と厳しく批判した。高倉自身の告白によれば「専制君主として積善銀行を我儘にすることが出来た」（T11.12.10大朝）、「紙専務にしても、私が所謂親の七光といふやつで『担保はこちらに預かつておきますよ』『預金を何十万円こちらへ回して下さい』と電話でいへば、紙氏はいやとはいへなかった。そして私は勝手にその担保や金を使ってしまった。責任は全く私ひとりにある」（T11.12.10大朝）と告白している。

③口止め料で黙認した幹部（鈴木庄三郎ら）

大正12年4月6日破産宣告を受け、執達吏が積銀資産を封印した際に大金庫の中には「担保品の〈大阪〉アルカリ会社債券類」（T12.4.8大毎）等訳あり

の「見せ担保」としか思えぬ廃棄物同然の証券のみが僅かに残存しただけの惨状で、破産管財人は大阪アルカリ社債額面1.5万円を額面の約1/3の4,500円と評価した[36]。

上司である紙専務・高倉常務らの担保品抜き取り行為を黙認した積銀大阪支店長兼支配人の鈴木庄三郎は上司からの不当要求を「最初は断はりましたが、専務が専務としてすることを何故グズグズいふか。君は一使用人に過ぎないじゃないか。重役が銀行の為めを思うてやることを傍から彼是いふなと叱り飛ばされ……最後に金庫の鍵を渡す時にそれとなく思ひ止まらるやう諫めましたが、使用人の悲しさに最後までどうしても〈鍵を〉渡せませぬといふ力強いことも出来ず渡しました」（T11.12.5大毎）と背任行為への関与を告白した。高倉は取引所でも「本〈11〉年七月以降数回に亘りて巨額の其所財産を擅に私用し、吉田理事は情を知って敢て理事長の非違を阻止する事なかりし」[37]と積銀とほゞ同様の事態を起している。

支配人・幹部行員層も紙専務と同様に「高倉常務と同じ穴の貉」（T11.12.7大朝）で、「同銀行所有の金銭を自己の用途に費消せんことを企て……共同の不動産及株券買入金代支払其他右両名共同の用途に費消した」[38]と判決され、高倉為三は彼らにも口止め料相当の私利行為を黙認していたものとされた。

④名義を盗用された一般行員

積銀大株主の特色は、非役員であり、通常の紳士録、役員録等に掲載ない無名株主を多数ダミーとして利用した点である。株主だけでなく、貸付等でも隠蔽目的からトップ自身が表に立つことを避け、機関店・従業員名義などを使用するなど、情報の不開示傾向・非公然性志向が顕著である。府警調査による高倉為三罪状報道によれば「十万株の中、自己名義のものは僅かに一万五千株に過ぎぬ……彼は絶えず銀行とか店員懇親者その他の名義を利用して実際は八万六千株を所持してゐる」（T12.1.11大毎）とされた[39]。ダミーの利用は株主だけでなく、「同行が高倉に対する貸付金はすべて高倉の名義では無く、店員やその他関係者のものとなってゐて、高倉名義の手形は一つもない」（T11.12.7

大朝）と、貸付金にも利用された[40]。積銀二条支店の石黒主任は「吾々支店の主任は実は今日迄一つの名目に過ぎずして、要は紙専務の権謀術策に陥って居たのであった。支店と言ふものは只預金の増加を図る以外何一つ実権らしいものなく、総て本店の命通り……働かされて居たのです。甚だ不甲斐ない事ですが、一面それ程又紙氏が信ぜられて居たものです。今まで紙氏のそのやり口に非難すれば忽ち吾々の生活を脅かされるので……」（T11.12.9日出）と一般行員の立場を語った。

⑤正体を見抜けなかったお目付役（取締役今西林三郎）

積銀取締役の今西林三郎（阪神専務）らは毎決算期に虚偽の貸借対照表を公告したと商法違反にとわれたが、ともに「銀行を破綻に陥らしめたのは高倉為三の責任で、自分等は全く側杖を食ったもの」（T12.4.11大毎）と主犯はあくまで高倉とした。今西は「高倉は自分で拭掃除までする男なり」（T12.2.21日出）と信頼しきっていたのか、「前期の決算表ではあんな大きな穴があることは少しも認めなかった。『ボロを出した！』といふことも先月二十九日東京から帰阪の途中大津で新聞を買って始めて知った有様」（T11.12.20大朝）と一切知らぬと主張したが、「積善重役なる無限責任の首枷には、財産全部はき出せとの声に、〈今西〉老は卒倒して病床に就いた」[41]。

⑥検査を怠った監査役（上田勘兵衛）

積銀監査役の上田勘兵衛（西陣織物卸）は「監査役が常に帳簿の検査を怠り貸付の内容を調査しなかったのは預金者に対して申訳がない」（T11.12.8大朝）と自己の非を認めたが、総会では「唯今の報告は数字的にはこれを認めるが、高倉為三及び紙取締役の行為はこれを至当なりと認めぬと付言したので、株主中から……監査役が営業報告に……判を押し、かく失態を重ねて来た以上、責任は免れぬと猛烈に食ってかかり、議論沸騰」（T11.12.28大毎）した。

⑦辞表を受理されなかった高齢監査役（遠藤九右衛門）

　病身・高齢の遠藤九右衛門（元同行頭取）は「紙専務とは特別昵懇の間柄であるので、その後幾回も紙専務に辞任を申出で、紙もその病状を知りながらマアマアで今日まで及んだので、現に発病以来一回も監査役として銀行から書面も受取ってゐない」（平田弁護士談　T12.4.26大毎）と、全く監査役としての実態がなく、遠藤を訪問した大毎記者もが「銀行のことを筆談せんとしたが、何を書いても一向通じなかった」（T12.4.26大毎）とした。

⑧甘い取引銀行（加島銀行）

　高倉とよは「堂島取引所の理事長後任問題が持上り、経験の未熟な為三がなるとか云って祇園さんや武内さんが見えました……高倉君の意思を継承して為三君を守立てたいとのお勧めです」（とよ談　T11.12.8大毎）と、高倉為三を推挙したのが加島銀行の祇園や武内であったとする。加島と推定される「某々銀行は積善の運命を薄々ながら察知し、且つ高倉の持込んだ物件が積善の金庫内にあったものであることを知りつつこれを受け入れたといふので銀行仲間ではかなり問題になってゐる」（T11.12.15大朝）と報じられた。日本銀行大阪支店は大正12年1月「加島銀行モ亦高倉為三ニ対スル貸付アリ同人トノ関係濃厚ナルモノト目サレツツアリシニ、加フルニ国民新聞ハ同行ガ取付ラレツツアル旨ノ記事ヲ掲載セシカバ……預金ノ引出甚シク」[42]と、高倉為三との濃厚な関係の故に取付けにあったとする。

⑨名目的な「親銀行」（旧京都銀行）など

　手形交換においては積銀の代理交換銀行（いわゆる「親銀行」）であった旧京都銀行（現存の同名銀行とは別）の副支配人今井豊一は「長い間の取引でございますが、自分の方が安田系統となってからは、通り一片の取引となって普通の一商店同様位なもの」（今井談　T11.11.30日出）と積銀との関係を強く否定し、日本銀行の清水京都支店長も「同行〈積銀〉は組合銀行の外なので日銀としては一銭の取引もなく、従って全然内容如何を知悉しない」（T11.11.30

日出）とし、積銀は「組合銀行には加入し居らず」（T11.11.30東朝）、組合銀行の立場で十五銀行永田正義大阪支店長は大正11年12月1日「組合銀行にもあらざるを以て組合銀行が救済に当るべき事もなからう」（T11.12.1日出）と語った。

4　「ハイリスク選好型」投資手法の結末

　高倉の関係企業について高倉が作成して司法当局に提出した「損失明細書」でも「十六の関係会社の創立」（T12.1.11大毎所収）が記載されているが、16社の名称について大阪毎日は積銀から少なくとも14万円を引き出していた[43]「同じ堂島畑の上田弥兵衛氏と組んで……両人手を携えて財界の分野に堂島系なる一根城を構え、木津川運河土地、東洋毛糸、東華紡、港南電鉄（創立中）等各種の新会社を起こし、一方故松谷天一坊が案出した証券交換所を大阪に移植……するなど、四角八面に財界を薙ぎ回っていたが、不況期となって手を出していた各事業はいずれも蹉跌し欠損続出の有様で、過般来減資や整理を行ったけれども弥縫策ぐらいでは追ッ付かず、この悲境を脱出すべく日本積善銀行から資金を引き出して、大新株と鐘新株の大買い占めを策したところ、これまた思う壺にはまらず損失が重むのみ」（T11.11.30大毎）と報じた。

　同様に大阪朝日も「大阪財界の一角に堂島系を形成して幾多の新設会社を興し、上海に東華紡績を筆頭とし、木津川土地運河、朝鮮勧業等を新設したるも悉く好績を収むるに至らず、南満競馬の利権買収は物にならず、更に東洋毛糸を首め関係事業は悉く財界反動の飛沫を受けて事業は益経営困難となり、株式市場は惨落し……関係株にして担保力を失へるものも尠くない。之れが為、金融難となり幾多関係せし事業の打撃が今回蹉跌の最大原因となってゐる」（T11.12.6大朝）と報じた。これら十数社もの関係会社群を駆使して、高倉はどのような金融ビジネスモデルを構築しようと見込んだのかの確たる資料を欠くため推測を交え、以下に投資手法についての整理を試みたい。

　名誉欲も強かった高倉は堂島の「理事長の椅子に据ると間もなく、ヤレ土地

会社の社長になった、紡績会社の社長になった」（とよ談 T11.12.8大毎）とその都度養母のとよ未亡人に自慢したが、鉱業投資、土地会社等ハイ・リスク分野への傾斜を強め、会社を次々と発起して極めて短期間に主要役員の座を多数占め、新設会社の払込金を積銀預金へと誘導することからはじめたと見られる。懐疑的な養母は「貴方は取引所と銀行だけを堅く守り立てた方がいいでしょう」（とよ談 T11.12.9大毎）と忠告したが、「それ程私に信用がなければ何時でも離縁して下さい。出て行きますから」（とよ談 T11.12.8大毎）と高飛車に出たという。積銀の「預金……の内高倉関係の会社の分約二百万円」（T11.12.9大毎）、「預り金中、一万円以上の当座及通知預金約六十二万円は大部分高倉関係会社のもの」（T11.12.9大朝）と報じられた。新聞記事等から判明した関係会社等からの預金は金額順に、①東華紡績78万円（うち通知預金578,133円）、②東洋毛糸紡績41万円、③高倉信二郎38万円、④木津川土地運河27万円、⑤港南電車鉄道（のちの阪堺電鉄）20.1万円、⑥松葉屋商会17万円、⑦勝浦索道（金額は不明）など少なくとも221万円ある。

　次に新設会社株主に対して当該株式を担保とする融資の積極化である。「同行が高倉に対する貸付金はすべて高倉の名義では無く、店員やその他関係者のものとなってゐて、高倉名義の手形は一つもない……而もそれに対する担保は何れも高倉の手で作り上げた新設会社の株券であり、殆ど留〔ルーブル――引用者〕紙幣にも等しい無価値のもの」（T11.12.7大朝）とされるなど、関係会社向の株式担保金融を他人名義をも含め積極的に実施した。こうして積銀の業績進展では預金貸付両面で関係会社分の寄与が大きな比重を占めた。また大正9年1月信託営業を開始した大阪証券交換所は松島肇主宰の熱海宝塚土地などとともに高倉系の「東華紡績……等諸会社株式の公募を引受け」[44]、ゆくゆくは交換所での主要な取引銘柄に加えていく腹づもりであったのであろう。こうした高倉のビジネスモデルの大前提として「財界の調子が依然としてよければ」（為三談 T11.12.10大朝）投融資先の関係会社の株価もメッキが剥げ落ちる心配もなく、大株に対抗する取引所類似の交換所[45]にも株式公募引受・株式交換等の諸手数料が転がり込む相乗効果も大いに発揮されて、積銀も預金・貸

付金の両面で規模を拡大出来て相応の業績をあげられるであろうという期待感があったはずである。現に一時期は「折よく財界の好況時代に遭遇したから新進気鋭の意気込み凄じく、華々しい勢いで経済界の各方面に乗り出し……財界の分野に堂島系なる一根城を構え」(T11.11.30大毎)、一時は堂島が北浜に肉薄したかと自惚れる始末であった。以下に主要取引先ごとの概況を示す。

①の東華紡績(大正9年3月設立)は高倉自身が「一万株の申込に僅か五株を渡す盛況を以て成立」(T11.12.10大朝)したと語ったように、バブルの絶頂期に発起された。高倉らは積銀「行金を以て……自己及び他人名義にて所有する……東華紡績株式会社株式の株金払込をなす可きことを企て」[46]、株金払込金として行金を流用したと認定されたが、積銀は少なくとも40万円を貸付けていたことが判明している。(T15.4.5D)しかし東華紡績からの通知預金578,133円については大正12年7月2日守屋らの管財人が公表した財産目録では疑義あるものと見做され、預金としての成立そのものが否認されている[47]。結局「積善銀行に七十八万円預金して居た」(T15.4.5D)東華紡績には「十二、三万円しか返らなかった」(T15.4.5D)

②の東洋毛糸紡績(大正5年12月設立)も積銀が同社の「広沢常務に対し地所家屋を担保に取って二十万円貸してゐた」(T11.12.2大朝)ことが判明する。東洋毛糸紡績からの通知預金41万円は積銀が特別五分利公債証書額面2万円を担保として差入れていたが、同様に管財人は「其性質及回収能否共に更に調査するに非ざれば其価格を知り難い」(T12.5.13法律)と評価を留保した。

④の木津川土地運河(大正8年9月設立)の大正11年11月末の預金404,782円の明細は積銀(66.7％)定期27万円、藤田銀行(20.9％)84,782円(当座14,782円、定期5万円、通知2万円)、大阪野村銀行(12.4％)通知5万円であった[48]。しかし積銀破綻直前の大正11年5月期の467,673円の銀行預金は単に「藤田銀行外二行」[49]と示され、積銀への一極集中的な預入れは開示されず、しかも内訳を開示していた第一回の事業報告書では80万円の定期預金を藤田銀行30万円、加島銀行30万円、大阪野村銀行20万円[50]であったから、「藤田銀行外二行」の表現では当然に加島銀行、大阪野村銀行と誤認させるものであった。

高倉社長による意図的な積銀隠しと見られる。

　⑦の勝浦索道（大正7年7月設立）は高倉藤平が買収した大雲取山（章末参照）のある色川村を起点として、木材積出港の勝浦町までの10.5kmに玉村式単線索道を架設し貨物運搬を行った。東華紡績などの分と併せた預金約48.3万円が「為三……は同銀行の行金を以て……株金払込を為す可きことを企て……株金払込金として受取りたる如く虚構し之を両会社の同銀行に対する預金に振替へたる形式を採」[51]り、積銀の現金48.4万円を勝浦索道ほかに交付したと予審で認定され、預金の形式をとっただけの行金による株金払込目的の粉飾手段とされた。

　上述のように「常務高倉ハ大阪ニ於テ盛ニ米穀並ニ株式ノ投機思惑ヲ試ミ新設会社ニ関係シ、専務紙モ亦投機ニ携ハリ両々相応シ当行ノ資金ヲ流用」[52]して、「本年春以来、大新鐘新ニ対スル株式思惑」[53]など仕手株の買占めというリスクの高い分野に大きく踏み込んだ。大正11年春「既に本紙には『堂島派』が北浜株式市場に出没してゐるといふ記事が二度も出た」（T11.12.6大朝）ので、それと察知した加島銀行の祇園清次郎は「本年の春頃『堂島派』といふ言葉が北浜市場に流れたといふ噂を耳にした際、高倉君に『私達が非常に迷惑するから以後株式相場には手を出さぬやう』と戒告しましたが、『単に慰みに遣ってゐるだけです』といふ返事でした」（T11.12.1大朝）と語っている。

　しかし高倉ファンドの現実の投資成果は事前の甘い期待を大きく裏切るものであった。大正11年9月「綿業界の不安に伴ふ悲観は遂に紡績株を中心に諸株の低落を来し、落潮滔々」[54]という有様で、大正11年9月24日高倉為三は「株に手を出して大失敗をしたから自殺してお詫び致します。英子は広島の実家へ帰して下さい」（とよ談 T11.12.7大毎）との書置をして数日間失踪したが、結局舞い戻り、「この悲境を脱出すべく日本積善銀行から資金を引き出して、大新株と鐘新株の大買い占めを策したところ、これまた思う壺にはまらず損失が重むのみ」（T11.11.30大毎）で、「高倉氏が投機に手を出し株、米ともに失敗を招き、現に二十九日も氏の売物と思はるる大新二万株、鐘新一万株が北浜市場に投出され大暴落」（T11.11.30大朝）した。大阪貯蓄銀行の山口竹治郎

は同業者・積銀の破綻原因を「つまらん会社を沢山設立した其の尻と、株、米の失敗の為めだ。(矢張り石井関係もあろう)」[55]とし、祇園清次郎も「高倉氏失敗の原因は全く株式方面です」(T11.12.1大朝)とした。「関係会社ハ比較的新規ノ設立ニ係ルモノ多ク、経営困難ヲ窮ムルアリ」[56]、府警に提出した為三作成の「損失明細書」にも「東洋毛糸、東華紡績その他先代並に彼が創立した会社をはじめ、港南電鉄、別府観海寺土地、花屋敷土地、木津川土地運河、勝浦索道その他十六の関係会社の創立又は値下り欠損」(T12.1.11大毎)が列記されている。投資成果は「大正九年ノ反動襲来ニ因リ損失ヲ蒙リ、之カ回復ヲ計ランカ為メ定期取引ニ思惑ヲ試ミ、殊ニ十年春以来鐘紡新、大株新ノ思惑ニ出動シタリシカ意ノ如クナラス」[57]と散々であったことは、以下の高倉自身の告白に明らかである。「大正八年の財界好況時に新会社をいくつもいくつも創設した祟りが一ぺんにやって来た……全く大正九年の財界反動による手傷のため」(高倉談 T11.12.10大朝)と破綻に至る経緯を比較的詳細に語った破綻直後の談話を以下に引用しておく。「私の関係会社の創設事業が完成に近付くに随て、固定すべき資金を株主として否が応でも出さなければならぬやうになった。それまでは只株券を持ってそれを担保として必要の金だけ積善から出しておけばよかったのが、最うさうは行かなくなった。実弾の入る時期が迫って来た。創設事業が終って経営事業が順調に進み、財界の調子が依然としてよければ文句はないが、創設事業の完成とは反対に経営が凡て苦しくなる。財界は悪化する。他の持株も共に下落する。配当は減る。借金の利子だけでも年百万円から支払ふ。又払込が来る。先の払込の値は剝げてしまって次の払込に食い込む。たうたうそれが積り積って一千万円以上にも達した……凡て新設会社の損失です。……先月愈々積善を閉める時にも私が悪辣に私の社長をしてゐる二、三会社の遊金(百四五十万円はあった)を権柄押しに他の銀行から積善へ預けかへさせたら閉店せずに済みました……けれど私はそれをしなかった。悪化した私の一切の事情が、それをした所で、一二箇月を食い延ばすだけで永久の持堪へができる見込がなかったからです」(為三談 T11.12.10大朝)。

　こうした高倉ファンドの悲惨な実態を完全に隠蔽し、従前通り京都の老舗貯

蓄銀行のままであるかのように外観だけでも装って、無知な庶民からなけなしの小口預金を収奪し続けるために、前節のような数々の虚偽・虚構を重ねたものと推測される。

5 「ハイリスク選好型」銀行ビジネスモデルの掉尾

　高倉為三は大正11年7月初旬、かねて堅実ないし消極的にすぎるといわれた大阪農工銀行の経営方針を「同行弘世頭取の営業方針が兎角保守退嬰的なる為成績不良である」（T11.7.12大朝）と名指しで批判、自ら「経営革新計画」を立案して、大阪農工銀行の現重役陣の更迭を総会で主張して、同行の実権を掌握しようとした。高倉らが大農銀と対比させたのは「積極主義を以て益々行運の隆昌に資し、今や旭日昇天の勢を以て全国農銀中に覇を称へつつあり」[58]と躍進中の兵庫県農工銀行（兵農銀）であった。植田欣次氏は大正13年時点で「兵庫県農銀の〈抵当貸付〉残高は8200万円とこの〈五大都市〉中でもっとも高く著しく規模を拡大している」[59]と分析している。しかし兵農銀の表面的な大躍進は植田氏が詳細に分析されたように後年大口貸付の延滞を招き、昭和6年頃には焦付が500万円を超え整理促進を余儀なくされたのである。

　兵農銀の躍進に鑑みて、「大阪農銀が遥に下位にあるは全く現重役の無能を語るものなれば……高倉為三氏を後任頭取に推挙したい」（T11.7.9大毎）、「均しく農銀でありながら大阪農銀の不振斯の如く甚だしきは株主として看過し難き処なるを以て、此際新進気鋭の高倉為三を重役となし、大に業務の刷新を図らざるべからず」（T11.7.14大朝）との長文の「経営革新計画」を立案して主要株主等に配付、代議士の上田弥兵衛（大正11年6月期大阪農銀旧2,000株主）、広沢耕作（T11/6期旧50株主）等とともに大農銀現重役陣の更迭を主張して、「米穀取引所仲買人等を利用し、其縁故を辿って」（T11.7.14大朝）、「死物狂ひで委任状の蒐集に努め」（T11.7.11大朝）、同行の実権を掌握しようとした。

　高倉側が期待していたのは伊藤英一[60]一派で所有していた約4万株の取り込

みであった。高倉らは伊藤英一らの「四万株といふ大物に目をつけて委任状交付を懇願した処……それ程御希望とあればお渡ししてもよいが、其代り五十万円頂戴しませうか」（T11.7.14大朝）と高値を吹っ掛けられたという。この時期における「高倉派の所有株数及委任状個数は一時十三万」（T11.7.12大朝）と称され、その中でも「最も纏まったものは神戸伊藤英一氏の四万株」（T11.7.12大朝）とされ、高倉派では伊藤の4万株を取り込めば勝てるとの票読みであったのであろう。高倉とよの証言では大正11年7月「突然為三が参りまして『お母様、今度農工銀行の頭取になります』と鬼の首でも取った様に申しますから、私は人様を蹴落として自分が乗出した所で碌に暮らせません。貴方は取引所と銀行だけを堅く守り立てた方がいいでせうと申しますと『イヤ知事さんも御承知だし、上弥さんも一緒です』と申しました」（とよ談T11.12.9大毎）と養母に対して自信たっぷりに大農銀頭取就任を宣言した。しかし高倉側が伊藤英一側の要求する現金を用意できなかったため、4万株の委任状は「現頭取側の手に入って……昨日の優勢は今日の頽勢と早変り」（T11.7.12大朝）した。反転攻勢にうって出た弘世大農頭取は「一夜漬の新株主が我々を攻撃するのは片腹痛い」（T11.7.9大毎）、「二十年から苦心して育て上げた農銀を今追ひ出されて堪まるかいと、兄貴の日本生命専務弘世助太郎君の応援の下に兄弟鬢を揃へ」（T11.7.11大朝）て、全株主に7月5日付で「斯る事柄を目論むものは好んで財界を攪乱するものに候間」（T11.7.14大朝）と委任状回収を依頼して高倉派の頭取排斥運動に対抗した。「革新派が敗北する時は折角少壮実業家として売出した高倉氏の面目は丸潰れとなる」（T11.7.13大毎）ことを心配した祇園清次郎らが永田仁助を調停役に担ぎ、弘世助太郎との間で交渉が行われた結果、この乗っ取り騒動は永田仁助の「弘世頭取をして革新を声明せしめた上、取締役一名を革新派から選出する」（T11.7.14大朝）との仲裁案提出により高倉為三を取締役に迎えることで一応決着した。

「何んでもよいから頭取の椅子を明渡せ」（T11.11.30大朝）との高倉の主張の背景に件につき当時の大阪朝日は「改革派と称する一派の……改革目的は是

第5章　「ハイリスク選好型」銀行ビジネスモデルの掉尾　165

等一派の機関銀行たらしめんとの考えにある」(T11.7.9大朝) と明確に見抜いていた。大阪朝日 (おそらく『銀行罪悪史』の著者の遠藤楼外楼記者) は日本積善銀行休業の第一報で「今にして思へば此の乗取策は氏の苦境を糊塗せんとする手段であった」、「農銀乗取策の魂胆が読めた」(T11.11.30大朝) と、高倉の農銀乗取と積銀破綻の連鎖を強調した。すなわち「今日から見ると、彼が農銀乗ッ取りを策するに至ったのは、即ち大農を以て、当時已に資金の固定に苦しみつつあった積善銀行救済資金の金穴たらしめんとしたものであることが明白となった」(T11.11.30大朝) と解した。

　高倉の敢行した農銀乗取りはわが国における銀行による他行の敵対的買収の数少ない先駆例のひとつであり、やはり高倉の如き証券関係者によって創始・実践されたという史実は大いに特筆すべきことと考える。本章において、わが国における「ハイリスク選好型」銀行ビジネスモデルの代表格として高倉の積銀を選定した所以でもある。ただし筆者は革新派を名乗る新進気鋭の若手資本家による保守退嬰的な老大国の「経営革新」運動の先駆と把え、今様「ホリエモン」と称賛すべき事象なりとは考えていない。単に網にかかった魚が死ぬ直前に死に物狂いで掉尾の勇を奮ったにすぎず、わずか半年たらずで昇天した。高倉が社長の東華紡績でも「河崎氏を始め堂島系以外の重役は高倉氏が農銀乗取運動を行って以来、同氏の態度に少なからず不満を抱き、河崎氏の如きは十月中に既に社長の手許に辞表を提出」(T11.12.2大毎) した。高倉の養母も農銀乗取時に初めて高倉為三の本心を見抜けたのであろうか、「農銀問題がアノ騒ぎとなって、為三の非道が始めて分った……舵取りの役をせねばならぬ私が悪かったのです」(とよ談 T11.12.9大毎) と反省した。

　市来蔵相は高倉為三の大農銀経営参加の悪影響を懸念して「放漫経営の警戒については呉々も……注意し……和解条件として自ら執筆付加」(T11.7.22大毎) した。すなわち「今後……放漫なる経営を為すが如き事の出来ざる様、頭取に於て十分の注意を払ひ最善の努力をなすべき事」(T11.7.22大毎) との和解条件に基づき、農銀側が高倉側から「銀行の貸出方針に関しては一切関係せざること、同行に金融を依頼せないこと」(T11.11.30大朝) との一札をとっ

て市来蔵相に提出させた。このため、結局高倉としては「同行ノ手許枯渇ヲ来シ之ヲ糊塗センカ為メニ大阪農工銀行ヲ乗取ラントセシモ失敗」[61]した。大農銀乗取りに相当の無駄金を費やしたため、大正11年8月頃積銀は「窮迫愈甚ダシク、両三ケ月来資金ノ調達ニ百方奔走セシガ最後ノ蠢動モ効ヲ奏セズ」[62]、ますます資金繰りに窮した高倉為三には一発逆転を狙った株式投機しか策が残されていなかった。

おわりに

結局、積銀という名ばかりの銀行は堅実との評ある紙専務の絶大な信用[63]で京都の庶民層から吸収した零細預金は本店という名のみの営業店から、名目上は大阪支店を名乗る実質的な本店（オーナー・高倉常務が主宰）へほぼ全額が回金され、自らファンド・マネージャーをも兼ねる高倉常務がすべて自己売買等に回すシステムこそ実質的には一種の株式投資ファンドであった。積銀行員が「貸金は一々本店の指揮を受けねばならないといふ遣り方で、従って何れの支店も用心堅固に一万円以上の貸出しをせず、確実な担保付で漸く二三千円を融通したのに過ぎない」（T11.12.7大朝）と告白するように、大胆極まりない積銀はその反面で最もリスクが分散できると考えられる支店サイドでの地を這うような草の根による貸付手法を完全に否定していた。

また破綻後に焦付きに苦しむ積銀預金者が相殺財源確保のため積銀から借りている「債務者がないかと鵜の目で捜し回」（T11.12.10大毎）ったが容易には見つからなかったという事実も、積銀には純粋の外部貸付先が極端に少なく、ほとんどは高倉が自己消費していたことの傍証となろう。さらに休業直後のため当然に紛糾が予想された大正12年1月31日開催の積銀株主総会ですら出席株主は上田、紙両取締役、上田監査役のほか僅かに7名（委任状を含め株主53名、39,725株）にすぎず[64]、積銀には高倉と無関係の純粋の一般株主もほとんど存在しなかったことをうかがわせる。つまり積銀には通常の銀行ビジネスモデルが一切通用せず、独自のビジネスモデルが貫徹する特異な存在であったという

ことになる。

　極論すれば株式組織の公認銀行というニセの衣を纏った相場師・高倉個人商店が行員まがいの無権能の丁稚を使って預金の形で投機資金を集めた揚句、博打同然の投機的行為でほぼ全額をすってしまったのが積銀の実態に近いと考えられ、これこそが究極の高倉流「虚構ビジネスモデル」ということになる。つまるところ積銀という名ばかりの銀行形態は詐欺師がカモを見事に騙すためにわざわざ拵える手の込んだ「おとり装置」(the big store) にすぎず、積善というわざとらしいネーミングにも詐欺師一流の配慮がうかがえる。ロンドンで本場の金融制度を修得したと豪語する詐欺師同然の輩が、自ら「新進気鋭」を名乗り、旧態依然たる大阪農工銀行の「業務の刷新を図らざるべからず」(T11.7.14大朝) と「経営革新」を掲げて、銀行家の身でありながらも他行の敵対的買収を敢行したところに彼の超時代性、ほとんど現代的といっても過言ではないある種の先進性が感じられる。

　かくしてこの詐欺師の足跡を追う筆者の探索の旅も終りに近付き、紀州の山林の中まで迷い込むこととなった。ここで、冒頭に掲げた熊野古道の「高倉山」の話に戻ろう。この山林こそ預金者にとってのラスト・リゾートと期待された２節の⑱、⑲の「紀州山林」であることはいうまでもない。「紀州山林」の経緯は資金繰りに窮した高倉為三が「お母様エライ事が出来ました……取引所と銀行と両方に退引ならぬ穴を明けました。今茲で二百万円の金さへ出来れば……キレイになります」(とよ談 T11.12.8大毎) と本家の地所の提供を懇願し、この言を信じた義弟の高倉信二郎 (藤平の長男) が「高倉家面目のためには換へられませんので、兄様が必要だとあれば遠慮なく使って下さい」(とよ談 T11.12.8大毎) と快諾、「為三の為め和歌山県東牟婁郡色川村及小口村の山林六百九十二町八反四畝八歩を立木其他現状のまま提供」[65] した。当時銀行界で流布した「高倉関係に就いて疑惑」(T11.12.7東日) とは加島銀行のことと推測される「某々銀行は積善の運命を薄々ながら察知し、且つ高倉の持込んだ物件が積善の金庫内にあったものであることを知りつつこれを受け入れたといふので銀行仲間ではかなり問題になってゐる」(T11.12.15大朝) という

ものであった。井上大阪府知事の談話の通り、「銀行に関係ある人から得べき徳義上の便利をも十分与へてもらひ……高倉が関係してゐた堂島その他関係会社に対しても積銀に移るべき利益はこの際多数預金者のために各関係者及高倉家でも相当考慮し……今後は他の銀行担保に入れられてある高倉及積銀の有価証券の余剰あるものに対し成るべく早く提供方を迫る方針」(T11.12.23大朝)を表明した。大阪府の方針に「喜んで其求めに応」(大阪府発表 T11.12.23大朝)じた加島銀行は「問題の紀州山林に就ても破産申請続出の此の際、之を防止する上より見ても和議法に依る整理を条件として預金者の為めに提供する腹」(T12.2.1日出)とされた。「同行の祇園清次郎、広岡恵三氏等は先代藤平氏とは昵懇の間柄であった関係上……高倉に対する貸付金は重役に於て負担することとし、右の山林を高倉家に返還し、同家から改めて積銀整理委員の手許へ提供」(T12.1.13大毎)する譲歩姿勢を見せ、自行の「頗る寛大な態度」(T12.1.13大毎)を強調した。しかし加島銀行は高倉が積銀から「抜いた担保は高倉個人の債権銀行へ増担保の形式でこれを持込んだので、而もこの芸当は銀行休業間際に行はれた」(T11.12.15大朝)という際どい性格のものとか推測される。しかも先代藤平のとよ未亡人も「当時為三から右の山林を抵当に入れるなどの相談を打ち明けられたことなく」(T12.1.13大毎)、勝手に「為三が……信二郎の印鑑を使用した」(T12.1.13大毎)可能性すら否定できない結果、加島側としては担保提供行為自体が無効となるリスクが高かった結果の、やむを得ざる譲歩であったかもしれない。

　山林買収当時「立木丈にても、市価百八十万円の価値あり」[66]と藤平が見込んだ山林の価格は積銀破綻後の大阪府産業部の調査では土地代約6万円を含め97万余円(T12.4.7大毎)と約半分になった。その後担当弁護士が「重役ノ私財提供モ其名ハ美ナレト実ハ換価容易ナラサル山林」[67]に過ぎないとの判断に基づき、裁判所は「時価五十万円に過ぎず」(T12.4.7大毎)と1/4に減額した。債権者の一人の阪堺電鉄の資産内容を不審に思った鉄道省監督局が銀行監督者でもないのにかかわらず、「日本積善銀行破産後十年ニ垂々トスルニ清算未了ナルハ如何、最近ノ具体的事情説明ノコト」[68]と調査を厳しく要求した結果、

昭和8年時点で「管財人は……和歌山県所在の不動産を処分し財団の終局計算をなさんとするも財界の不況に累せられて未だ其の運びに至らざる……何れ最終配当を実施して破産手続を終結可致候へ共、其の配当率は極めて僅少なるを免れざるもの」[69]との回答を得た。高倉信二郎名義の山林は最終的に昭和10年10月3日付で樺太大泊町在住の林業家・木原豊治郎に売却された[70]。

しかし先に管財人が約束した最終配当は何故か容易には実施されず、昭和11年3月31日時点でも阪堺電鉄の日本積善銀行預金残高は143,432円10銭のまま、「破産財団ノ清算未了ニ付其儘存置シアルモノナリ」[71]という状態が長期間継続中であった。これが筆者が現時点で閲覧できた限りでの積銀に関する公文書記録の最終結末である。

1) 本章では頻出する新聞・雑誌は以下の略号で本文中に出典を示した。東日＝東京日日新聞、東朝＝東京朝日新聞、中外＝中外商業新報、大毎＝大阪毎日新聞、大朝＝大阪朝日新聞、日出＝京都日出新聞、京日＝京都日日新聞、福日＝福岡日日新聞、法律＝法律新聞、内報＝帝国興信所内報、B＝銀行通信録、D＝ダイヤモンド
2) 日本銀行調査局『本邦財界動揺史』、『日本金融史資料　明治大正編』第22巻、大蔵省、昭和33年、730頁所収。
3) 奥村千太郎『株式放資と売買術』文雅堂、昭和6年、510頁。
4) 拙稿「企業家と虚業家」『企業家研究』第2号、企業家研究フォーラム、平成17年6月、有斐閣、59～69頁参照。
5) 明治期にかかわる部分はすでに拙稿「『ハイリスク選好型』銀行ビジネス・モデルの系譜」（『地方金融史研究』第39号、平成20年5月）として発表済みである（本章ではこれとの重複を避け、適宜「前稿」と略して参照箇所を示すにとどめた）。本章のもととなった着想は平成15年10月26日金融学会秋季大会での学会報告と、平成18年8月31日と平成19年8月29日の地方金融史研究会夏期合宿報告において「大正期破綻銀行のリスク選好と『虚業家』――ビジネス・モデルの虚構性検証をめぐって――」、「大正期破綻銀行のリスク選好と『虚業家』（続）――共栄貯金銀行、佐賀貯蓄銀行などのビジネス・モデルの虚構性をめぐって――」などとして報告したものをベースに、今回大幅に加筆し、書き下ろしたものである。
6) 京都府庁文書は大正期の商工課文書の残存なく（京都府『行政文書簿冊総目録』の大正期の商工関係欄は空白）、財務省近畿財務局にも日本積善銀行等の破綻処理関係資料の所在を直接公式ルートで確認したが、近畿財務局、日銀京都支店、京都

銀行協会のいずれにも資料は現存しないとの回答を得た（京都銀行協会は直接訪問して日本貯蔵銀行時代の一部考課状の存在のみ確認）。また日本銀行アーカイブは京都支店作成『臨時重要事件報告（京都支店）』（コード番号♯7723）収録の関係文書17件につき10件（字句は『本邦財界動揺史』とほぼ一致）のみ部分的に閲覧を許可された。人名、社名の記載があるために非公開となった部分も公開部分と同様刊行済みの『本邦財界動揺史』の文脈は概ね一致するものと推測されるので、本章では一部を除き、主に『本邦財界動揺史』からの引用とした。貴重なご教示・資料提供賜った久保逸郎氏、日本銀行金融研究所など関係各位に謝意を表したい。

7) 小池合資の傘下に入った商栄銀行の場合、明治41年6月頃から主要な取引先であった羅紗商に整理が多発し、「信用を失墜し……緩慢な取付が始って、一時銀行は窮地に陥った」（高須芳次郎『小池國三伝』小池厚之助、昭和4年、248頁）とされる。結局同行の親銀行たる三菱・山口両行の勧めもあり、明治44年5月株式仲買人の小池國三が「買収価格も存外安い……銀行を手に入れて置けば……フィナンシャアとして活動する時の基礎となるであらう」（前掲『小池國三伝』248頁）と考えて買収を決意し、同行を「今後小池合資会社の一部として割引、貸付及信託等の営業を為す」（明治44年7月『銀行通信録』）直系金融機関として経営した。

8) 拙稿「六甲山麓の観光企業創設と機関銀行の虚構──阪神土地建物・船場銀行を中心に──」『彦根論叢』第378号、平成21年3月参照。

9) 拙稿「大正期破綻銀行のリスク選好と"虚業家"──佐賀貯蓄銀行と田中猪作をめぐるビジネスモデルの虚構性──」『跡見学園女子大学マネジメント学部紀要』第6号、平成20年3月参照。田中猪作は福岡市橋口町に家業の田中猪作商店を営み（T7.7.29福日）、「常に鉱山、埋立、相場等不安なる職業に従事」（T10.8.30法律）した。ここでは「相場等不安なる職業に従事」する田中猪作商店を一応現物商に近い存在と見做した。

10) 花井卓蔵述、花本福次郎編『石井定七被告事件に就て』大正15年、51頁。なお拙稿「買占め・乗取りを多用する資本家の虚像と実像──企業家と対立する『非企業家』概念の構築のための問題提起──」『企業家研究』第4号、企業家研究フォーラム、平成19年6月参照。

11) 『北陸の偉人大和田翁』昭和3年、130頁。

12)13) 「高知商業銀行重役背任事件判決」『大阪銀行通信録』大正13年10月、123頁「内国近事」。

14) 亜細亜炭砿は拙稿「"虚業家"による誇大妄想計画の蹉跌──亜細亜炭礦、帝国土地開拓両社にみるハイリスク選好の顛末──」『彦根論叢』第368号、平成19年9月、45頁以下参照。

15) 支店長等銀行員の犯罪に関しては伊藤由三郎編『銀行犯罪史　附予防法』銀行

問題研究会、大正11年参照。
16) 京都貯蔵銀行は拙稿「明治大正期京都の商家集団の銀行関与活動とリスク管理――京都貯蔵銀行・京都銀行を事例として――」『経済史研究』第8号、平成16年3月、大阪経済大学日本経済史研究所、54～71頁参照。
17) 吉弘茂義『高倉藤平伝』大阪日日新聞社、大正10年、243頁。
18) 前掲『株式放資と売買術』137頁。
19)20)21) 前掲『高倉藤平伝』195～196頁。
22)32) 丹羽錠三郎『銀行会社と其幹部』東京経済記者協会倶楽部、大正7年、161頁。
23) 前掲『高倉藤平伝』、年譜。
24) 前掲『株式放資と売買術』133頁。
25) 拙稿「大正バブル期における起業活動とリスク管理――高倉藤平・為三経営の日本積善銀行破綻の背景――」『滋賀大学経済学部研究年報』第10巻、平成15年12月、1～37頁参照。
26)52) 日銀京都支店京営特49号、『臨時重要事件報告（京都支店）』日銀アーカイブ＃7723。
27) 大正12年7月4日日銀京都支店報告、日銀アーカイブ＃7723。
28) 高橋真一『京都金融史』京華日報社、大正14年、259頁。
29) 石井寛治『経済発展と両替商金融』有斐閣、平成19年、238頁以下参照。なお別府観海寺土地に関しては拙稿「海と山のリゾート開発並進と観光資本家の興亡――大正期の別府土地信託、別府観海寺土地を中心に――」『彦根論叢』第381号、平成21年11月参照。
30) 拙著『虚構ビジネス・モデル――観光・鉱業・金融の大正バブル史――』日本経済評論社、平成21年参照。
31) 前掲『高倉藤平伝』239頁。
33) 『大日本重役大観』東京毎日新聞社、大正8年、365頁。
34) 前掲『高倉藤平伝』245頁。
35) 藤山獏郎『大阪財閥論』大正14年、342頁。
36) 大正12年7月4日日銀京都支店報告、日銀アーカイブ＃7723。
37) 主務省が堂島米穀取引所に手交した「覚書」（T11.12.17日出）。
38) 日本積善銀行事件大阪地裁判決『大阪銀行通信録』大正14年9月、383頁。
39) 具体的には紙勇蔵引受けの増資株2,944株をはじめ、「梶本番頭の如き五千四百株、鈴木支店長は五千余株を名義上所有してゐることになってゐる」（T11.12.14大朝）と報じられた。株主協議会でも積銀の大株主に 「高倉重役の抱車夫、丁稚店員の下働きなど幽霊株主がある」（T13.4.9大毎）事実が暴露され、現に高岡善

次郎（大阪）、遠藤信弥（大阪・弥吉の次男で未成年）50株、塩路とみえ（御坊町、夫の許可なし）など数名の株主は管財人からの払込請求訴訟に対し株主に非ずとして反訴をなすなど「全く藪蛇を演じた」（T13.4.9大毎）という。こうした雇人・親密仲買人等をダミーとして利用した「幽霊株主」の払込資金は積銀（または加島銀行等）から調達された可能性が高い。

40) 取締役義務違反の訴訟でも「高倉ハ白洲等ノ二十余名ノ名義ヲ用ヒテ之等ノ者ニ手形貸付ヲナセシ如ク仮装シテ、自己ノ犯罪行為ヲタメニ銀行ノ帳簿ニ不正ノ記載ヲナシ」（大審院への上告理由 T15.5.28法律）たとされ、積銀破綻時には高倉為三が相場でダミーとして使用していた「堂島筋の関係店は決済不能に陥れるものが多く、其機関店たる白洲滝川の両店は短期五六万円に本日の長期投退きによるものを合せ約十万円程の決済が未了で、その回り玉を受けたり、短期にて機関店となっていたものは堀本、芝本、筧、海老、竹内、田中等にて……何れも新規売買を差止められ」（T11.12.1大毎）た。

41) 岡村周量『黄金の渦巻へ』大正13年、406～407頁。

42)56) 日本銀行大阪支店「大正十一年末ニ於ケル当地方金融界動揺ノ顛末ト之ニ対スル当店ノ措置」大正12年1月29日『日本金融史資料』昭和続編付録第三巻、大蔵省、昭和63年、290、286頁。

43) 金光整理委員談（T12.4.12大毎）。

44) 「大阪証券交換所と其の営業状態」中村朝彦編『現物市場問題』大阪証券日報社、大正9年、42頁。

45) 同類の台湾証券交換所については拙稿「"虚業家"による外地取引所・証券会社構想の瓦解——津下精一の台湾証券交換所経営と吉川正夫仲買店買収を中心として——」『彦根論叢』第367号、平成19年7月参照。

46)51) 前掲地裁判決（『大阪銀行通信録』大正14年9月、382頁）。

47) 大正12年7月4日日銀京都支店報告、日銀アーカイブ#7723。

48) 木津川土地運河『第七回営業報告書』大正11年11月。

49) 木津川土地運河『第六回営業報告書』大正11年5月。

50) 木津川土地運河『第一回営業報告書』大正8年11月。

53) 大正11年11月29日日銀大阪支店報告、日銀アーカイブ#7723。

54) 小沢福三郎『株界五十年史』春陽堂、昭和8年、411頁。

55) 山口竹治郎『大貯回顧随筆』昭和32年、61頁。

57)61) 前掲『本邦財界動揺史』717頁。

58) 前掲『銀行会社と其幹部』99頁。

59) 植田欣次「戦間期における『市街地金融』と不動産銀行の機能——兵庫県農銀の融資基盤の考察——」『地方金融史研究』第31号、平成12年3月、41頁。

60） 伊藤英一は拙著『地方企業集団の財務破綻と投機的経営者──大正期「播州長者」分家の暴走と金融構造の病弊──』滋賀大学経済学部研究叢書第32号、平成12年参照。
62） 前掲「当店ノ措置」290頁。
63） 京都電灯社長の大沢善助は明治34年也阿弥ホテルの「支配人代理に使用したが何となく面白くない処があったため解傭した。然るに其の後……積善銀行に入り……重役にまでなって……不思議に思って居った」（大沢善助述『回顧七十五年』昭和4年、121頁）と紙勇蔵の資質を見抜いていた。
64） 日銀京都支店京営4号、日銀アーカイブ#7723。
65） 「和議棄却決定書」（T12.4.7日出所収）。
66） 前掲『高倉藤平伝』283頁。
67） 前掲『本邦財界動揺史』719頁。
68）69） 昭和8年5月26日破産管財人より阪堺電鉄宛回答、『鉄道省文書』阪堺電鉄。
70） 那智勝浦町『土地台帳』（久保逸郎氏提供）。
71） 昭和11年3月31日時点鉄道省宛阪堺電鉄回答、『鉄道省文書』阪堺電鉄。

第6章　両替商系銀行における破綻モデル

石井寛治

はじめに

　近代日本の銀行史における両替商出自の銀行の比重の大きさについては、かつて指摘したことがある[1]。1910年末当時の、3,000万円以上1億円未満の預金最上位6行のうち、三井、第一、住友、安田、第三と、三菱を除く5行が、両替商系統である。1,000万円以上3,000万円未満の16行の中では、浪速、鴻池、川崎、山口、加島の5行が両替商系統。続いて、中井、伊藤なども両替商系統といえよう[2]。
　ここでは、両替商系銀行が、金融機関としてもつ共通の特徴を確認した上で、1927年の金融恐慌で破綻した中井銀行と加島銀行について、如何なる条件が両行を破綻に導いたかを検討することを通じて、両替商系銀行における破綻モデルを考えてみたい。

1　商業銀行としての性格と破綻原因

　まず、両替商系銀行の共通性を検出しよう。五大銀行は三井銀行によって代表させた。
　表6-1は、自己資本(払込資本＋諸積立)に対する預金の比率である。何れも全国平均水準を上回っており、1914〜18年の第一次大戦期を含む時期には、

表6-1 預金比率（対自己資本）

(単位：倍)

年末平均	全国	三井	川崎	中井	山口	加島	鴻池	伊藤
1897-1901	1.5	3.6	3.3	2.7	2.4	7.4	6.5	6.5
1902-1906	2.2	4.2	5.7	6.1	6.3	14.6	8.4	7.0
1907-1911	2.7	4.2	8.3	4.5	7.4	12.9	5.8	7.1
1912-1916	3.3	4.2	12.9	8.8	11.0	13.9	5.4	4.4
1917-1921	4.2	6.2	21.2	15.6	11.8	12.0	6.4	6.0
1922-1926	4.0	4.1	12.2	7.0	6.6	7.1	7.2	5.3

出典：各行は新聞・雑誌掲載の決算公告より算出。全国は後藤新一『日本の金融統計』より算出。
注：自己資本＝払込資本＋諸積立。5年毎の数値を単純平均。

　川崎・中井・山口・加島4行は預金比率が異常なまでに高まっている。1927年の中井・加島両行の破綻因が、大戦期以降の活動の急膨張の中で形成されたことが窺えよう。

　表6-2は、預貸率を比較したものであるが、両替商系銀行は、預金比率の高さを反映して、いずれも全国平均水準を下回っている。全国的には、自己資本ないし借用金に依存する度合いが高いのに対して、両替商系銀行の場合は、豊富な預金を用いて貸出を行っており、その意味で、商業銀行としての性格が強い。

　割引手形が貸出中に占める比率は、表6-3の通りであり、1921年当時は、中井・加島両行を含めて全国水準を上回る高水準のものが多いが、川崎・鴻池・安田のように若干平均を下回る低水準グループもあること、地域的には大阪・名古屋に高水準のものが多く、東京には低水準のものが多いこと、1926年にも高水準なのは山口・第一・住友諸行位で、中井・伊藤・加島諸行の比率は低水準グループ並へと急落していることが判明する。もっとも、割引手形の比率が高水準だと言っても、せいぜい30％前後であって、日本では、商業銀行としての性格が強い場合でも、貸出の多くは証書・手形貸付や当座貸越の類である。

　さらに、表6-4によって、預金に対する有価証券の比率＝預証率を見よう。三井・山口両行がほぼ一貫して全国水準を上回っているのに対して、川崎銀行

表6-2 預貸率（貸出／預金）

(単位：%)

年末平均	全国	三井	川崎	中井	山口	加島	鴻池	伊藤
1897-1901	*149	84	86	107	112	90	110	93
1902-1906	120	73	69	105	83	86	89	91
1907-1911	112	84	83	94	72	83	92	95
1912-1916	109	88	80	85	71	78	77	98
1917-1921	96	81	77	75	71	66	60	88
1922-1926	100	83	74	87	70	67	67	86

出典：表6-1に同じ。
注：5年毎の数値を単純平均。*全国の1897年のデータ欠につき4年間の平均値。

表6-3 割引手形比率（対貸出合計）

(単位：%)

年末	全国	山口	第一	中井	住友	伊藤	加島	安田	鴻池	川崎	三菱
1921	21.8	30.3	29.8	29.7	28.0	27.5	26.2	18.4	16.7	16.3	9.3
1926	18.1	29.3	29.6	15.6	29.5	15.9	17.6	17.2	17.6	14.5	17.9

出典：表6-1及び加島銀行営業報告。
注：割引手形には荷為替手形を含む。貸出合計にはコールローンを含むが、外国為替は含まない。三井は基準が異なるので省略。三菱は参考までに掲出。

表6-4 預証率（有価証券／預金）

(単位：%)

年末平均	全国	三井	川崎	中井	山口	加島	鴻池	伊藤
1897-1901	27	51	33	21	27	16	23	8
1902-1906	21	34	17	15	20	11	11	15
1907-1911	22	26	14	19	31	10	13	19
1912-1916	19	20	14	23	26	13	20	23
1917-1921	18	16	13	26	21	24	34	33
1922-1926	23	26	16	17	27	23	32	30

出典：表6-1に同じ。
注：5年毎の数値を単純平均。

がほぼ一貫して低水準にある。川崎銀行は、1920年代後半に入ると徐々に有価証券投資を増加させているが[3]、それ以前は違っていた。鴻池・伊藤両行は、しだいに預証率を高め、1910年代には全国水準をかなり上回っている。これらに対して、中井銀行は、1921年までは高い預証率を記録していたが、以後急速

に比率を落としていること、1916年までは最も低かった加島銀行が、その後上昇して鴻池・伊藤両行に続く位置まで達するけれども、1922年からは横ばい状態であることが注目される。

以上、両替商系銀行の多くは、相対的に見る限り商業銀行としての性格が強いことが判明した。機関銀行的性格の有無については、直接に明らかにすることは出来なかったが、①中井銀行は、破綻時の日本銀行の調査が、「中井一族ハ他ノ休業銀行ニ於テ見ルカ如キ重役関係ノ事業会社ナルモノ殆ド絶無」[4]としており、機関銀行化を図ることはなかったが、融資先が大戦後、特定企業に著しく集中したことが問題点として指摘されている。他方、②加島銀行は、本家広岡久右衛門（1844-1909）の実兄である分家広岡信五郎（1841-1904）が経営する広岡商店が、信五郎の妻浅子（1849-1919）を中心に、明治期には筑豊の炭鉱業や綿花の輸入貿易に手を広げ、広岡家は尼崎紡績や大同生命の経営に進出するなど、広岡家事業の多角化の動きが見られるが[5]、大正期には、銀行・保険・信託といった金融部門に活動領域が絞り込まれていった。加島銀行の活動も、それに伴い、「安全ナル短期商業資金ノ放資」[6]に集中する方針が取られ、「堅実主義ノ行是ヲ遵守」[7]したとされている。

したがって、両替商系銀行の破綻は、機関銀行化したためでなく、相対的には商業銀行としての性格が強い融資が、例えば大戦ブームの波に乗って急膨張したところ、休戦反動や戦後恐慌あるいは震災恐慌などの打撃で融資先が蹉跌したために不良債権となり、その処理の限界が露呈した結果と思われる。以下、1927年の金融恐慌で破綻した中井銀行と加島銀行について、それぞれ川崎銀行と鴻池銀行と対比しつつ、主として大戦期以降に絞って破綻に至る過程を検討しよう。

2　中井銀行の発展と破綻

中井銀行については、加藤隆氏による論考[8]が、埼玉県金融史の観点から検討を加え、県内の同行支店から吸収した預金が東京での「無謀な融資活動」を

生んだことを論じたが、融資先については、日本銀行調査の引用に留まっている。すなわち、日本銀行「中井銀行ノ破綻原因及其整理」によれば、同行は、東京の薬種商・染料商などの商工業者に融資しつつ発展し、第一次大戦期には薬種商・染料商がとくに好景気だっただけに盛んに活動したが、1920年恐慌によって多額の不良債権を抱え込み、加えて、1923年の関東大震災は、同行の一般取引先だけでなく、上毛モスリン会社と貿易商社高田商会などへの大口融資を固定化したため、ついに同行は取り付けにあって破綻したという。1925年における高田商会の破綻にさいしては、同商会への銀行融資額の内訳が報道され、興業銀行・朝鮮銀行・三井銀行など「一流処の五百万円は姑らく別として、中井の二百五万円といふが如きは信じ難い位であるが、併し上毛モスに三四百万円も固定さした振合から見れば、或は当然のこととも謂ひやう」[9)]と、中井銀行への打撃の大きさが指摘され、ついで同行の上毛モスリンへの固定貸まで言及されており、中井銀行の前途の不安が天下に周知されたことは留意されなければならない。

表6-5は、中井・川崎・加島・鴻池4行それぞれについて、東京ないし大阪における預金と貸出を見たものである。

中井銀行は貸出のほとんどを東京において行い、埼玉県に散在する支店網はもっぱら預金吸収の役割を果たしていたこと、川崎銀行は茨城県・千葉県等の支店から吸収する預金の比率は中井銀行の場合よりさらに高いが、貸出の東京集中は中井銀行ほど高くはない。中井銀行の融資先に薬種商が多かったことは、1901年当時の同行行員が認めていた。同年末の『時事新報』には、「私方の貸してある所は本所深川は少ないのみで、他の区には殆ど一様に貸してあります。又、商売より云へば薬種商が多いですが、併し私方は別に何々の機関と云ふ風ではありませんから、是れと云ふ固まった貸所は御座いません」[10)]と記されている。中井家は、近世から両替商経営とならんで清酒問屋を営んでいるが、東京府きっての富豪である中井家が、問屋活動のために銀行の資金に大きく依存していたとは考えられない[11)]。

商工社編『全国商工人名録 第4版』(1911年)によると、中井銀行を取引

表6-5　中井・川崎・加島・鴻池諸行の活動基盤

(年末、単位：千円、％)

中井銀行	合計預金	同東京	比率	合計貸出	同東京	比率
1901	3,036	1,797	59.2	3,260	2,677	82.1
1906	5,004	3,325	66.4	5,039	4,980	78.8
1911	9,531	6,464	67.8	7,977	7,720	96.8
1916	28,971	22,679	78.3	24,795	23,807	96.0
1921	52,887	35,260	66.7	38,373	36,460	95.0
1926	45,551	27,555	60.5	41,434	39,364	95.0
川崎銀行	合計預金	同東京	比率	合計貸出	同東京	比率
1901	4,556	2,527	55.5	3,991	3,148	78.7
1906	15,723	10,549	67.1	13,035	10,639	81.6
1911	21,126	12,673	60.0	16,723	14,128	84.5
1916	59,544	35,589	59.8	46,612	34,635	74.3
1921	180,729	101,625	56.2	128,962	93,316	72.4
1926	238,421	128,930	54.1	165,452	121,700	73.6
加島銀行	合計預金	同大阪	比率	合計貸出	同大阪	比率
1901	3,645	866	23.8	3,218	1,916	59.5
1906	11,313	4,410	38.9	9,924	7,080	71.3
1911	13,972	5,556	39.8	11,697	8,306	71.0
1916	53,838	30,559	56.8	37,085	27,295	73.6
1921	153,462	80,184	52.3	113,178	76,776	67.8
1926	182,346	83,097	45.6	127,306	87,945	69.1
鴻池銀行	合計預金	同大阪	比率	合計貸出	同大阪	比率
1901	13,807	7,881	57.1	12,883	7,177	55.7
1906	31,362	14,958	47.7	28,832	13,572	47.1
1911	26,356	13,279	50.4	25,982	11,434	44.0
1916	42,250	20,140	47.7	27,356	17,701	64.7
1921	59,253	45,282	76.4	47,790	38,611	80.8
1926	112,949	76,543	67.8	74,462	51,946	69.8

出典：合計は各期決算広告、東京・大阪の数値は銀行通信録記載のもの。
注：貸出にはコールローン・預け金を含まない。

先とする東京の商工業者で、国税営業税100円以上の納入者は、米雑穀問屋高畠新吉（106円）、和洋菓子商入村栄孝（188円）、文房具商吹田與助（234円）、金銀地金商鈴木喜兵衛（245円）、油商宇佐美芳次郎（183円）、有価証券現物売買林小兵衛（1,851円）、仲買業木村藤太郎（129円）などで、埼玉県では北埼玉郡忍町の足袋製造卸商今泉浜五郎（197円）、清酒醸造業石川権兵衛（129円）

らが中井銀行支店の取引先として記されている。中井銀行が多様な業種の中小規模の商人と取引をしていることは確認できる。

　中井銀行の経営陣はどのような特徴をもっていたのであろうか。五十嵐栄吉編『大正人名辞典』（1918年）は、先代が1883年に創設した中井銀行を副頭取として支え、1890年に家督相続・襲名して以降は、頭取として経営を主導してきた中井新右門（1864-1920）の人柄について、「旧家名門に生育したるを以て或は其生活の自由より一片軽浮の亜流に墜る可き機会を作ること多々たるに拘らず、人格の先天的優秀なる資質は、断じて如斯悪風潮に浸染せず孜々として家産を擁護し、家声を失墜せざるに是苦心す、……君が三十余年間の着実敏捷なる経営状態は、独り斯界に於ける牛耳を採るに至りしのみならず、又実に広く社会に向って中井銀行の牢強不抜なるを認識せしめたり」と描いている。同頭取については、「同家中興ノ偉才」と言われた先代新右門に比較して「守成ノ器」とも評されるが、その「質素ナル実業家、虚名ヲ好マザル実業家」としての姿勢は、同行行員にまで浸透し、「統下店員ノ如キモ常ニ克ク其美風ニ倣ハン事ヲ期シ、只管質素ヲ旨トシテ業務ニ忠実ナリ」[12]と、堅実経営の担い手の模範としても評価された。1910年代中葉の中井銀行についても、「極めて地味な堅い遣り方をやって居るが、もともと個人銀行にして中井新右門氏それ自身が堅実なる人物なるが故に世間の信用も厚く」[13]と高い評価に変わりはないが、中井頭取については、「近時健康優れず、一切の行務を支配人野島泰次郎に任し、悠々自適閑日月を送りつつあり。……氏壮年酒量甚だ多く往々人を驚かせしといふ。近時健康優れず為に酒量大に減退せりと云ふ」[14]と、かつてのようなオーナー経営者としての主導性は発揮できなくなったことが報じられている。

　そして、組織を株式会社（資本金500万円、全額払込）に変更した1920年に中井頭取が死去し、30歳の嗣子が新右門を襲名して同行頭取に就任してからは、「頭取ノ名ノミヲ存シ、行務ノ殆ント全部ハ常務取締役ニヨリテノミ行ハルル状態ナリ」[15]とあるとおり、田口忠蔵・岩田音次郎の両常務が実権を握るようになった。野島支配人は平取締役となり、1924年上期まで、田口・岩田両常務

を支える形になったが、いずれも子飼いの番頭上がりであり、外部からの有力な専門経営者の雇い入れはない。それどころか、従来の同行としては考えられないような、特定企業への大口長期貸付が次第に増加した挙句、1927年の破綻に至ったのである。日本銀行の前掲調査によれば、1927年7月末の同行損失額は、上毛モスリン会社や高田商会などへの大口貸出を中心に2,266万円余に達し、1926年末の同行貸出総額4,142万円余の55％を占め、破綻は不可避であった。破綻時の同行頭取について、重役の一人は、「新右門氏は、流石に素封家の当主だけに、まるで大名のやうな人柄で、従来銀行業務を挙げて重役に一任して、恰も普通株主の如き地位にあったにも拘らず、今度のやうな騒ぎを演じて、頭取に多大の迷惑を掛けたのは、洵に申訳がない。重役としては、第一には預金者、第二には中井家に対して申訳がない、預金者の方が形付いたら、次には中井家を何とかせにやならぬ」[16]と嘆息しており、嗣子新右門が慶応義塾大学理財科卒業の経歴を活かして実質的な銀行経営者として活動することはなかった。中井頭取は同行株式5万株のうち4万3,100株を所有し、同行は実質的には中井家の個人銀行であった[17]。それにもかかわらず、中井頭取は、もの言わぬ「普通株主」のような状態に甘んじていたのである。

　川崎銀行についても、前掲『全国商工人名録　第4版』で、20名ほどの取引先が東京で確認できるが、織物問屋が15名と多数を占め、その中には、洋織物金巾問屋杉村甚兵衛（2,640円）、洋反物商井上市兵衛（763円）、京呉服綿織物問屋村越庄左衛門（525円）といった有力問屋が含まれており、その他の業種でも、砂糖商小林弥兵衛（2,612円）やハガネ問屋河合佐兵衛（820円）、有価証券現物売買阿部鉄之助（794円）などの有力者がいる。また、水戸市の呉服太物商大津はな（223円）、同蓼沼半蔵（179円）も取引先である。データの数が少ないが、川崎銀行の取引先は、中井銀行ほど業種が分散しておらず、やや大規模なものが含まれていたことが確認できよう。

　川崎銀行の経営者については、1880年に川崎組を改組して資本金30万円の川崎銀行とした初代川崎八右衛門（1834-1907）が、「川崎金融財閥」の創設者として注目されてきた。初代が亡くなった時の川崎銀行については、最初からの

営業方針が、「預金の利子を高くし、預金と貸付の差益を他より少くし、以て顧客の便利を図る」ことに置かれ、行員は「家族の如き関係を有し、所謂雇人根性を有する者は殆ど之を見ることを得ず」と指摘されており、初代の日常生活については、午前5時には起き、食後外出して「商務」の訪問をし、9～10時には銀行へ出勤、夜は社交の席に出て11時頃に帰宅するという具合で、対外的・対内的に川崎銀行の活動を先頭に立って牽引したという[18]。

しかし、実際に同行の大規模化を推進したのは、1892年8月に初代に代わって頭取となり、1927年9月に第百銀行と合併するまで35年間にわたって頭取を務めた川崎金三郎（1866-1947、1905年家督相続、1913年襲名）であった[19]。同行の預金は、金三郎が頭取に就任した直後の1895年末には僅か86万円で、中井銀行の45万円は上回るとはいえ、のちに事実上吸収する第百国立銀行の583万円の足元にも及ばなかったのが、1910年末には川崎1,996万円、中井795万円、第百2,425万円、1919年末には川崎1億8,168万円、中井5,826万円、第百1億2,845万円へと急増して第百を凌駕した。

同頭取の働き振りについては、「氏は今や他の何等の事業にも関係せず、専ら銀行の経営に当って居る。勤勉努力、非常な精力主義の人で、朝は毎日八時半には出勤し、午後は六七時までも働くといふ程の勤勉振り」[20]と評され、「近ごろでは殆ど絶対に世の中に出ることがない。毎日朝から晩まで銀行に出て来て銀行業務に就ては大小となくこれを見ているが、苟も外部との交渉接触と言った如きことになると、すべて常務筆頭の野々村金五郎氏にまかせぱなしで、決して自分に出かけるといふことがない」と報じられ、「第二の安田翁とまで云はるる」[21]と高く評価されている。父親に劣らぬ勤勉さで巨大化する川崎銀行を統率していたわけだが、対外的な社交の面は野々村常務に分担させている点が異なると言えよう。川崎銀行内部での評価として、1900年3月に高小卒で川崎銀行に入り、1919年9月に川崎系列下の足利銀行に移って副支配人を務め、のちに常陽銀行頭取になった亀山甚の言うところを引用しよう。

「頭取の川崎八右衛門という人は大した人物だった。アメリカの学校を出てからアメリカの銀行に入り、日本に帰って父の跡をついで川崎銀行の頭取

になった人である。頭は良し、話はうまい。ただ若い頃は身体が弱かった。他の銀行との交際など全然やらず、宴会に出たことがなかった。日銀などの会合にも自分は出ない。しかし銀行の経営のこととなるとまことに熱心で、毎日出勤する。支店長の更迭や貸出しの内容まで自分で見る。川崎銀行の全部を主宰していたといってよい」[22]。

　雑誌記者による外部評価と川崎銀行員による内部評価が一致していることが見てとれよう。頭取に代わって対外交渉を担当した野々村常務は、満鉄理事も務めた人物で、添田寿一の薦めで1920年に川崎家の顧問格として入行した。銀行実務は、頭取の下で、川崎家の遠縁にあたる忠実で勤勉な杉浦甲子郎常務や、頭取の妹婿でベテランの川崎八之介常務が取り仕切っていた[23]。この二代川崎八右衛門のオーナー経営者としての銀行経営への専念振りは、後述する同じアメリカ留学帰りの加島銀行の専門経営者である星野行則常務の場合と対照的であることを、あらかじめ注意しておきたい。

　こうした経営陣の努力にもかかわらず、1927年の金融恐慌に至る過程で、川崎銀行も多額の不良債権を抱え込んだ。そのことは、井上準之助日本銀行総裁の斡旋により、1927年9月に第百銀行と9対5の比率で合併したとき、第百が社内保留全額の1,187万円と払込資本切捨額778万円の合計1,965万円（総貸出の15%）を用いて不良債権を償却したのに対し、川崎もまた法定積立350万円を除く社内保留739万円（総貸出の4%）による不良債権の償却を余儀なくされた事実から窺えよう[24]。川崎銀行の場合、その償却に耐えうる多額の積立を重ねてきたことが、恐慌乗切りを可能にしたのである。

3　加島銀行の発展と破綻

　つぎに、加島銀行について検討しよう。同行については、従来殆ど全く検討されたことがなかったが[25]、伊藤正直氏が藤田銀行の破綻について分析した論考[26]の中で指摘されているように、1927年の金融恐慌にさいして激烈な預金取付けを受けた阪神金融市場において、藤田銀行とともに、最も巨額の取付けを

受け、日銀大阪支店から6,929万円という、山口銀行の7,492万円に次ぎ、藤田銀行の4,751万円を上回る融通を受けたが、ついに解散に追い込まれた。加島銀行の場合は、その後、日本銀行から9,732万円という、藤田銀行9,046万円を上回り、十五銀行の1億7,700万円、昭和銀行の1億193万円に続く巨額の補償法特別融通を受けながら、藤田・十五・昭和銀行と異なり完済することが出来ず、1952年に2,344万円の返済残高を残したまま負債整理のための三光株式会社は解散した。

　加島銀行は、1888年に、大坂の名門両替商加島屋広岡久右衛門一族によって創設された。両替商加島屋は、近世には鴻池善右衛門と肩を並べる有力両替商であったが、鴻池と違い、1731年に指定された堂島米仲買のうちの米方年行司5人の1人に選ばれており、米切手を質物にとる入替両替であった。1806年の買米令の折には、鴻池善右衛門とともに最多額の3万3,000石分を担当し[27]、1864〜65年の幕府御用金についても、鴻池善右衛門・加嶋屋作兵衛とともに、最高額の銀1,200貫（＝金2万両）を負担している[28]。このような加島屋と米穀取引との関係は、近代になってからもある程度続いていた。すなわち、九代広岡久右衛門は、実兄の広岡信五郎とともに加島銀行業務担当社員を務めたが、1899年には堂島米穀取引所理事になり、1903年には理事長に就任した[29]。九代久右衛門が1909年に死去したのちの加島銀行の業務担当社員は、広岡信五郎の養嗣子広岡恵三（1876-1953）となり、古くからの支配人祇園清次郎（1866-1940）とともに同行を取り仕切ったが、この祇園清次郎は、1911年に堂島米穀取引所の監査役になった。さらに注目されるのは、広岡信五郎が大阪株式取引所に関係し、1882年から肝煎、1887年から1904年までは理事として、磯野小右衛門理事長を助けていることである。このことは、加島銀行の活動が株式取引とも深い関係があったことを示唆している[30]。

　加島銀行の比較の対象として取り上げる鴻池銀行については、安岡重明氏による古典的な研究[31]において、同行が1902年から原田二郎の指導のもとに近代化を図ったが、原田自身の政策が安全第一主義であったため、あまり発展できなかったことが指摘されており、さらに、三島康雄氏によって、1919年に株式

会社になった時に、日本銀行から常務として迎えた加藤晴比古[32]のもとで新しい発展を目指したが、それまでの保守的な体質に制約されて、新しい取引先の開拓は容易でなかったとも指摘されている[33]。しかし、加藤常務自身の考え方も、何れかと言えば、保守的な鴻池家と相性の良いものだったように思われる。同行の営業報告書には、1921年下期の「営業ノ景況」として記された、「此間ニ處シ当行ハ年来ノ堅実ナル方針ニ基キ慎重業務ニ膺リ、鋭意資金ノ運用ニ務メ、幸ヒニ相当ナル成績ヲ得タリ」という文言が、1925年下期まで毎期繰り返されている。

　前掲表 6-5 によって、加島・鴻池両行について、預金と貸出の伸び方を比較すると、初めのうちは、鴻池銀行に大きく水をあけられていた加島銀行は、第一次大戦期に鴻池銀行を一挙に逆転している。そのさい、鴻池銀行では、地方預金を大阪に吸収して運用することがないのに反して、加島銀行では、地方支店の預金を大阪本店で盛んに運用した。問題は、両行の大阪での融資先の特徴であるが、それを統計的に示すデータは手元にない。そこで、『全国商工人名録　第 4 版』によって、1911年当時の大阪での取引先事例を手掛りに検討するが、ここでは『同　第 5 版』の1914年当時のデータも合わせて利用しよう。

　まず、加島銀行を取引先銀行として明記している大阪の商工業者で、国税営業税100円以上納入者を挙げると、1911年には、造船業大原儀助（119円）、大阪株式取引所仲買人亀田百太郎（255円、北浜・第一・加島）、同飯田駒吉（195円、北浜・三十四・百三十・鴻池・加島）、1914年には、薬種商上村長兵衛（151円）、時計商泉谷竹之助（138円）、莫大小(メリヤス)製造販売田中泰蔵（120円）、雑貨商早野弥曽市（224円）、船具商貴家正利（126円）、鉄鋼類商勝本忠兵衛（123円）、諸機械商有光丑太郎（174円）、諸機械商篠田商会（291円）、土木請負業鴻池忠治郎（692円）といった顔振れであり、多様な分野での融資先が見られること、その中では造船機械関係が目立つこと、さらに株式仲買人との取引が他行との共同取引の形で確認できることなどが指摘できる。

　これに対して、鴻池銀行の場合は、1911年には、足袋卸商大平米七（148円）、醤油醸造業益田信三郎（681円）、油類商吉川又平（300円）、売薬商谷新助

(161円)、ペイント製造業阿部シゲ（313円）、小麦粉製造業益田太三郎（181円）、造船業大阪鉄工所（8,331円）、大阪株式取引所仲買人大島甚三（559円、北浜・三十四・鴻池・台湾）、同飯田駒吉（195円、北浜・三十四・百三十・鴻池・加島）、1914年には、1911年と同じ益田・阿部のほかに、電気器具今井佐七郎（234円）、同松本重助（201円）、地銅雑鉱商佐渡島伊兵衛（2,537円）、麻苧商阿部シゲ（350円）、運送業築山善吉（163円）、有価証券現物売買業高木又次郎（2,281円、百三十・山口・住友・鴻池・三十四・北浜・三菱）、株式取引所仲買人石橋繁二郎（136円、北浜・鴻池）、同橋本半次郎（703円、住友・三井・鴻池・北浜）という取引先を確認することが出来る。鴻池銀行の場合も融資先は多様であり、株式仲買人を含めて加島銀行の対象分野と重なる場合も多いが、さらに、取引先の中には加島銀行に見られないような有力業者が含まれている。これは、鴻池銀行が相対的な優位にあった時期にすでに有力業者を取引先として確保してあり、後発の加島銀行としては取引先を確保するためには中小規模の業者でも構わずに取引したことを示している。1923年に3,000万円（4分の1払込）に増資してからの加島銀行は、「中流商工業者の機関銀行として活躍した」[34]と評価されているのである。

　すなわち、保守的な鴻池銀行と大戦期に業務の積極的拡大を図る加島銀行の取引先分野には、造船機械分野や株式取引分野など重なる部分が大きく、加島銀行は取引先を拡大しようとすれば勢い中小取引先を確保する形を取らざるを得なかった。そして、大戦ブームは加島銀行が基盤とした造船機械分野や株式・米穀取引分野において著しかったために、同行は急激な成長を遂げたが、新規取引先の中にはリスクの高い相手が多く含まれており、戦後恐慌による打撃は、とくに加島銀行に対して激しかったものと思われる。

　大戦直前の時期の新規取引先の破綻事例として、『帝国興信所内報』の記す「雨宮卯三郎氏の不渡事情」[35]を見ると、京都市上京区の鋳物業雨宮卯三郎が、1912年から全く経験のない電気工事請負をもっぱら店員に依存して開始したところ失敗し、原料代328円の支払いを加島銀行京都支店宛ての約束手形で行い、数回書き換えたが遂に不渡りとなったという。未経験事業に不用意に取り組む

取引先の融資要請に安易な査定で応じている加島銀行の姿が窺えよう。同様な破綻事例として、「渡辺林次郎氏の解約」[36]を見ると、東京市日本橋区の渡辺林次郎は、1905年に現物仲買店を開業し、1911年に定期仲買人となったが、1912年末に廃業、翌年合資会社として再建したさいに、資金不足を小切手の乱発で糊塗せんとし、遂に取引銀行の加島銀行東京支店から解約を宣告されたという。薄資の証券業者まで相手にサービスする加島銀行の姿が見て取れよう。

　大戦後の恐慌時の取引先の破綻の事例として、「宮本彦四郎氏整理」[37]を見ると、1916年に開業した大阪市西区の鉄材ゴム材料商宮本商店は、加島銀行に依存しつつ、実力以上に手広く取引した結果、1918年の休戦反動でかなりの損失を出したのち、販売先の破綻と手持商品の値下がりで30万円以上の負債を負い、整理中だったところ遂に手形の不渡りを出した。「大阪金属品不振」[38]は、大阪市北区の岡田久三郎の個人経営を1916年に改組した大阪金属品製造株式会社（払込資本15万円）が、休戦反動で8万円余の赤字を出し、その後も不振で300余円の不渡り手形を出しそうになって、取引銀行たる加島銀行福島支店（大阪市此花区上福島中）から一時取引を中止されたというもの。何れも大戦時の鉄ブームに乗じて開業した中小企業を加島銀行が顧客として取り込んだが、休戦反動と戦後恐慌のダブルパンチに会っていることが判明する。

　ここで問題となるのは、大戦ブームの中で、加島銀行を含めた広岡家事業が多角化を進め、加島銀行がそのための機関銀行と化したか否かであるが、広岡家の活動はむしろ銀行・保険業分野に特化していったように思われる。京都油小路三井家から1868年に広岡信五郎と結婚した広岡浅子（1849-1919）が、大名貸からの収益が激減したことへの対応として鉱山経営への進出を図り、筑豊で実際に炭鉱を経営したことは事実であり[39]、1913年には、加島銀行が、紀州の神路銅山への融資4万円に3万円の追加融資をして「将来加島鉱山部なるものを新設し、各地に於て有望なる鉱山を買入れ大いに活躍を試むる筈なりと伝へらる」[40]とも報じられていた。これによれば、それまでの炭鉱経営は、一旦終了し[41]、新規に銅山経営に進出する計画だったようであるが、広岡家が大戦期に鉱山経営を大規模に実施した形跡はない[42]。また、広岡信五郎が、1889年

に尼崎紡績の設立について支援を求められ、大阪の旧有力両替商の木原忠兵衛や福本元之助とともに出資し、初代社長を務めたことは、紡績業史上の語り草となっているが、1900年代には尼崎紡績との関係が途絶えている[43]。さらに、広岡浅子が取り仕切った広岡商店は、紡績会社への綿花輸入を一時手広く行ったが、この活動も日露戦後には縮小したようである[44]。その頃から広岡家が力を注ぐようになったのは、むしろ生命保険事業であった。1902年に設立した大同生命は、全株式の75％を広岡一族が持ち、社長には広岡本家の当主久右衛門が就任した。そして、1909年に広岡久右衛門がなくなると、分家信五郎も1904年になくなっていたので、その養嗣子恵三が33歳で跡を継ぎ、加島銀行頭取だけでなく大同生命社長を務めることになった[45]。恵三の義母浅子も60歳の還暦を迎え、大手術を受けるとともに、女子教育を支援する社会活動にますます力をいれたから[46]、広岡家としては、経済活動の戦線を限定せざるを得なかったはずである[47]。

このように、広岡家の活動のための機関銀行への道は回避されたとして、活動が急拡大する加島銀行の経営陣の中心は誰であって、どのように同行の活動を導いていったのであろうか。1900年代前半の加島銀行の最高責任者は広岡信五郎であったが、実際の経営については妻浅子が発言していた節がある。1904年の『実業之日本』は、「本邦実業界の女傑」と題して広岡浅子を取り上げ[48]、「数年前怪僧石川舜台が東本願寺の財政を整理したいといふので、用人に言ひ附けて加島銀行へ借入の相談に持込んだ」ところ、不在の信五郎に代わって浅子が応対し、話を聞いた上で「一体整理の紊乱のと何たるザマですか、アンナ事ではとても駄目です」ときっぱり断ったというエピソードを紹介している。良人の信五郎は、「至極温和な性質で、浅子とは全たく正反対の人物、しかし家庭は和気洋々として一糸紊れずである。が、加島家の興敗得喪にかかはることは、総べて浅子の裁断を待たざるべからざる仕組なので、随って浅子の勢力は飛ぶ鳥も落つる次第」であったという。したがって、先のエピソードは、銀行の重大な取引についても浅子が発言権を持っていたことを裏付けるものと言えよう。浅子の指導は、広岡家の事業全体に及んでいた。連載記事は「凄まじ

き手腕」として次のように記す。

　「浅子が加島屋の暖簾を旧に倍して益々輝かしたのは、加島銀行、加島貯蓄銀行、加島商店〔広岡商店──引用者〕を開いて大に業務を拡張し、且つ東京に銀行支店を設けし外、処々に多くの支店を置けることに照らして明らかであらう。而して浅子は加島屋唯一の君主として、上は店長より下は小僧に至る迄の任免黜陟の大権を掌握し、総会等には必ず自身も出席しつつ満場の視線を己に集めるのみか、本支店とも時々巡視して業務の成績を検閲するなど、其の手腕の凄じさ、人をしてアッと謂はしむることが多い。然も寛厳宜しきを得て雇人を労り使ふところ、只々感服すべく、まして軽く用い捨る嫌がないので、何人も真実に忠勤を抽んでるべく心掛けて居るようだ」。

　加島銀行の話と広岡商店の話が一体となっているが、この当時の加島銀行本支店の経営についても、広岡浅子が深くかかわっていたことは間違いない。

　加島銀行が、1917年11月に資本金500万円の株式会社となった時には、広岡恵三頭取を、常務取締役星野行則と、平取締役祇園清次郎・加輪上勢七が支える態勢となり、浅子の実質的な介入は減少したものと思われる。浅子が1919年に没した後の1922年になると、同行経営の中心人物については、「言ふまでもなく頭取広岡恵三氏で、その補佐役として常務星野行則、吉井仲助、加輪上勢七の三氏がある。……此三常務が頭取を中心に毎月一回重役会議を開き、加島銀行の大方針を決定」[49]していると報じられている。広岡頭取は、帝国大学の法科を出た「華族の子供には不似合ないい頭の持主で、また極めて平民主義な人だ。……彼の行員に与へる訓示などを読んで見ても、その思想の如何に平民的であり、協調的であるか、また、実業家として、銀行経営者として如何に至れり尽せりであるかを窺ふことが出来る」[50]と評判がよい。しかし、銀行経営の実権は、広岡恵三頭取でなく常務とくに星野行則常務（1870-1960）が掌握していた。「大阪銀行界の新人物」[51]と題する記事は、「広岡氏は、加島銀行盟主の地位に在るにはあっても、対内的に実権を握り、対外的に銀行を代表して居るのは、筆頭常務取締役の星野行則氏であって、氏は関西実業界にその人ありと知られた新人的旧人である」と述べている[52]。

同記事によれば、星野に続く「次席常務の吉井仲助氏は、中途、日本銀行京都支店長から転じ来った人」で、帝大政治科卒、「銀行部門では純然たる事務方面に携り、その事務的才能は、星野氏以上に出でて居るとの評判である。尚ほ、三常務の一人として加輪上勢七氏があるが、之れは古い加島屋時代からの番頭さんで、主として金融方面の事務を担当しつつある」[53]という。こうした説明を読むと、加島銀行の経営陣は、有能な人々が揃っており問題ないように見えるが、最も重要な位置にある星野筆頭常務の言動については、気になる批評もなされている。「一言居士　加島銀行常務星野行則君」と題する1925年当時の次のような記事である[54]。

　「米国でも銀行実務を見習ひ、加島銀行でも下っ端の行員から叩上げたといふ彼も、此頃では段々エラクなったせいか、実際的な銀行業務は極めて疎いさうだ。……ところで、銀行業務の実際を知らないと評せらるる彼も、金融論、経済論では、なかなかの怪気炎を吐き、如何なる場合も敢て人後に落ちない。……彼は関西切っての実業家中での読書家である。……読書家で物知りで、加ふるに筆まめ、口まめなところが、彼をして、今日遂に華城財界の『一言居士』たらしめた所以である。彼は時折、無任所のプロフェッサー気取りで、いろいろな講演会に臨む場合がある。さうして、どんな題目を課せられても、その題目にぴったり添った内容を以て、滔々弁じ去り、弁じ来って、天晴れプロフェッサー気取りの実あるを思はする」。

　関西五大銀行の一角を占めるまでに巨大化した加島銀行の経営は、従来にも増して綿密な情報収集と情勢判断が必要とされ、経営のトップを預るものは、貸出先の査定については全精力を投入しても足りない位の持続的緊張を求められるはずである。ところが、慢性的な不況の中での筆頭常務星野のこの気楽さはどうであろう。この当時の氏は「日本カナモジ会」の会長であり、「出来る限り機会を求めて演壇に立ち、演壇に立った度毎、それが経済問題でも、社会問題でも、修養問題でも、必ずそれをカナモジ論に結びつけることを忘れないのである」[55]と、熱心な啓蒙活動を行っていたことが報告されている[56]。恐らく、日本全体の経済不況や文化状況については独自の見識を持っていても、加

島銀行の経営危機についての正確な認識は持っていなかったのではあるまいか。そうでなければ、銀行定期預金の流失を防ぐために1926年10月に加島信託を設立し[57]、自ら銀行の常務取締役を退いて、信託の専務取締役になる転進策に出ることはなかったであろう。

　星野常務の気楽さは、広岡頭取の気の緩みと連動していたはずである。そして、それらの背景としては、1919年に広岡浅子が没した事実が横たわっていたように思われてならない。傍証に過ぎないが、1925年に、加島屋の老番頭が銀行頭取広岡恵三について、「御寮ハン〔広岡浅子――引用者〕がゑらうしゃんしゃんした御ばん〔おばさん――引用者〕だったもんやから、いかう苦労もなさったのや」[58]と回顧していることは、浅子の存在が広岡家の事業展開に有形無形の圧力と緊張を与えていたことを示唆している。広岡浅子の在世時は、広岡恵三や星野行則も銀行業務に熱心に携わっていたのに、浅子の死後、戦後恐慌と不況が襲ってきた肝心の時に、かえって気が緩み、銀行業務への関心が低下したのではないかと思われるのである。

　本節の初めに述べたとおり、金融恐慌で激烈な預金取付けを受けた加島銀行は、表6-6に示したように、1926年末の預金1億8,235万円が翌1927年6月末には4,365万円も減少したため、日本銀行から1,826万円を借用するとともに、手持ち有価証券の売却によって対応した。1928年3月には、積立金662万円を切り崩し、資本金3,020万円（払込1,887万5,000円）を半減して、不良債権の償却をすると同時に、東京市内と中国地方の支店を川崎第百、第一合同両行へ譲渡した[59]。この時の償却額合計1,606万円は、ピーク時（1926年末）の貸出合計1億3,677万円の12%に相当するが、実際の不良債権額はそれを上回っており、一旦整理を始めると、預金の流出は歯止めが掛からなかった。1928年末にかけての1年間にさらに差引き6,104万円の預金が流出したため、日銀借用金は6,039万円に膨れ上がった。そのため、同行は、日本銀行の斡旋により、1929年4月、本支店の営業を山口、鴻池、野村3行に譲渡し、自己清算を遂げた[60]。その際、山口銀行へ本店以下6店舗（預金3,040万円）、鴻池銀行へ10店舗（預金1,145万円）、野村銀行へ14店舗（預金2,867万円）をそれぞれ譲渡す

第6章 両替商系銀行における破綻モデル 193

表6-6 末期の加島銀行の貸借

(単位：千円)

期　末	1925.12	1926.12	1927.6	1927.12	1928.12	1929.3.20
預金	176,894	182,346	138,702	140,196	79,160	70,516
借用金	0	0	18,257	8,087	60,388	64,797
外国為替	5,537	7,472	7,184	8,034	3,994	6,772
資本金	30,200	30,200	30,200	30,200	15,100	15,100
積立金	5,700	6,200	6,400	6,620	264	…
其他共計	230,912	236,767	213,698	205,037	164,899	162,035
現金	23,427	24,100	22,300	25,048	7,994	2,749
有価証券	42,160	44,471	30,179	30,712	51,120	48,409
割引手形	25,187	24,074	17,509	17,626	9,861	9,238
貸付貸越	109,976	112,694	109,878	97,787	76,912	79,120
外国為替	5,528	7,472	7,100	8,050	4,077	6,772
払込未済	11,325	11,325	11,325	11,325	5,663	5,663

出典：各期『営業報告書』。
注：現金は「預け金」を含む。利益処分前の数値。

るさいの、譲渡預金に見合う「資産は十分」であったと報じられており、その結果、日本銀行からの特別融通に対する資産は「不良な分のみが残る」ことになった。『エコノミスト』の記者は、「三百年の名家の没落に預金切下げがなかったこと、大阪金融界が一先整理済みになったことは慶賀していいことである」と評している[61]。ただし、同行への日銀特融は1952年まで掛かっても返し切れなかったことは前述の通りである。

4　破綻銀行の利益処分

次に、中井銀行と加島銀行の利益処分の特徴を検討しよう。表6-7によって中井銀行の利益処分を川崎銀行と比較すると、純益金のうちどれだけを配当ないし賞与に回すかという広義の配当比率は、川崎銀行が25％前後の低水準で一貫しているのに対して、中井銀行は、1911年にかけて40％台へ上昇した配当比率が、1912～1921年に一旦30％台へ低落したのち、再び上昇して積立金を上回って50％台に達している。決算期毎の数値の表示は省略したが、狭義の配当

表6-7　中井銀行と川崎銀行の利益処分

(単位：円、％)

中井銀行	純益＝100	配当・賞与	同左％	諸積立	同左％
1897-1901	534,429	175,250	32.8	364,000	68.1
1902-1906	613,524	256,500	41.8	310,000	50.5
1907-1911	615,842	284,600	46.2	320,000	52.0
1912-1916	978,638	366,000	37.4	615,000	62.8
1917-1921	2,996,960	900,000	30.0	2,030,506	67.8
1922-1926	3,033,202	1,556,000	51.3	1,525,887	50.3
計	8,772,595	3,538,350	40.3	5,165,393	58.9
川崎銀行					
1897-1901	560,167	140,623	25.1	380,000	67.8
1902-1906	831,154	196,822	23.7	570,000	68.6
1907-1911	1,003,068	253,518	25.3	787,500	78.5
1912-1916	1,477,593	354,993	24.0	1,000,000	67.7
1917-1921	7,655,471	1,692,621	22.1	4,950,000	64.7
1922-1926	12,038,754	3,150,268	26.2	7,800,000	64.8
計	23,566,207	5,788,845	24.6	15,487,500	65.7

出典：各決算広告による。
注：純益には前期繰越を含まない。

比率は、第一次大戦期に入ってからほぼ年率5％を維持し、1919年上期には6％、同年下期には8％になり、資本金を5倍の500万円に増資した1920年上期には一転して無配当に転落する。ところが、1920年下期には早くも6％に復配してそれを維持し、1924年下期から5％に下げ、1926年下期までそれを維持している。

　1920年下期に復配してからの利益金は漸減しているから、皺寄せは積立金や繰越金に寄せられることになる。1923年下期の関東大震災による被害は、翌1924年上期の決算において14万円余りを「震火災損害償却金」として純益計算前に落としているが、それは銀行店舗の被害であり、取引先の被害が不良債権の形で中井銀行の収益をさらに圧迫することに対しては、配当の僅かな引き下げだけで、不良債権の償却は放置したままであった。震災の被害を受けつつも同行は、1923年下期と1924年上期に従来どおり6％配当を実施しているが、それらは、20万円の法定積立金を半減し、1924年上期にはさらに後期繰越金を10

万円台から1万円台へとギリギリの水準まで落として実施した「蛸配当」であった。1924年下期には流石に配当率を5％に下げ、高田商会破綻による巨額の損失が天下周知となった1925年上期からは賞与がなくなるが、配当率は積立金を減らしつつ5％水準を維持しているのであって、経営危機への対応の姿勢は全く見られないと言わざるをえない。

　川崎銀行の場合も、利益金は1920年以降、減少はしないが横ばい状態である。1923年の関東大震災の被害については、同年下期に「震災損失金」20万円余りを計上しているが、82万円余という豊富な前期繰越金を削って対応しており、年率5％の配当は一貫して維持し、毎期の積立金もほとんど減っていない。その結果、1926年の利益処分後の諸積立金は、中井銀行が払込資本500万円に対して、266万円と半分強に過ぎないのに対して、川崎銀行では払込資本1,000万円を超える1,036万円に達したのである。こうした積立金の豊富さこそが、1927年の第百銀行との合併と不良債権の償却を可能にしたことは、すでに指摘した通りである。

　次に、表6-8によって、加島銀行の利益金処分を、鴻池銀行の場合と対比しつつ検討しよう。

　同表によれば、鴻池銀行の場合は、配当・賞与の比率は1907年以降はコンスタントに40％台に定められており、残りを着実に積み立てている。その結果、1926年の利益金処分後の諸積立金は、払込資本1,000万円に対して429万円を数えるに至った。やや少な目の印象があるが、それは、1919年に300万円から1,000万円に増資したさいに、それまで積み立てて来た400万円をすべて増資分に振り向けたためである。配当率は、ほぼ6％を維持し、1921年からは7％に引き上げている。

　それに対して、加島銀行は、1916年までは利益の圧倒的部分を積み立てに回していたのが、以後その原則が逆転し、1922〜1926年には、広義の配当比率が60％台という異常な高さになる。同行の場合も、1917年に出資金100万円の合資会社を資本金500万円の株式会社に転換するとき、合資会社の積立金180万円を社員に特別配当として配分しているが、1926年末の利益処分後の諸積立金は、

表6-8　加島銀行と鴻池銀行の利益処分

(単位：円、%)

加島銀行	純益=100	配当・賞与	同左%	諸積立	同左%
1902-1906	471,677	72,000	15.3	391,000	82.9
1907-1911	493,856	90,000	18.2	395,000	80.0
1912-1916	1,123,718	306,500	27.3	789,000	70.2
1917-1921	10,913,887	6,318,200	57.9	3,835,000	35.1
1922-1926	14,554,986	9,266,875	63.7	5,490,000	37.7
計	27,558,124	16,053,575	58.3	10,900,000	39.6
鴻池銀行					
1902-1906	1,286,152	440,000	34.2	590,000	45.9
1907-1911	2,117,745	900,000	42.5	1,370,000	64.7
1912-1916	1,885,476	900,000	47.7	1,000,000	53.0
1917-1921	3,970,852	1,758,000	44.3	2,070,000	52.1
1922-1926	8,410,357	3,808,000	45.3	4,560,000	54.2
計	17,670,582	7,806,000	44.2	9,590,000	54.3

出典：各期決算広告から集計。
注：純益には前期繰越を含まない。

払込資本1,888万円に対して665万円となっている。加島銀行においては、1920年上期に「有価証券時価差額償却」47万円余、1923年上期に「滞貸準備金戻入」20万円、1923年下期に「震災損失金」24万円余、をそれぞれ計上し、1922年上期からは、それまでの法定積立金・別段積立金に加えて、毎期20万円の滞貸準備金を積み立てるなど、不況に対するそれなりの用意は怠らなかったが、1918年以降、表示は省略したが、狭義の配当金が年率10%という鴻池銀行のそれを大きく上回る率を維持していることは注目される。この当時年率10%以上の配当を支払い続けているのは、成績優良ないわゆる五大銀行の場合であって、それに続く大銀行にとって10%の配当を支払い続けることは、いわゆる蛸配当に類するかなりの無理を伴っていたものと思われる[62]。

最後に、金融恐慌直前の時期における中井・加島両行の積立金の水準が、非両替商系を含む全国有力銀行の中で、どのような位置にあったかを確認しておこう。表6-9は、1926年末の利益処分前の有力普通銀行の積立金の払込資本に対する比率を示したものである。払込資本1,000万円以上の諸行の積立金比

表6-9　積立金比率（対払込資本）（1926年末）

払込 比率	5千万円～	1千万円～	5百万円～	百万円～	計
100%～			1	5	6
90%～	三井　第一	三菱　川崎		2	2
80%～					0
70%～		愛知		11	12
60%～	安田	第百　十五　名古屋	4	6	14
50%～		三十四　野村　神戸岡崎		14	17
40%～		住友　山口　東海	中井ほか 7	24	34
30%～		加島　鴻池	6	13	32
20%～		明治	7	37	45
10%～		三十八	5	29	35
10%未満		日本信託	6	30	37
計	3	18	36	181	238

出典：『銀行局年報』1926年。
注：積立金は期末の利益処分前。払込資本100万円以上の普通銀行。

率は、東京・名古屋に本店のある普通銀行のほとんどが60％以上の高水準であるのに対して、大阪に本店のある普通銀行は例外なしに60％未満の低水準であることが注目されよう[63]。この違いは、おそらく表6-3に即して検討した、商業銀行化の度合いの違いに対応するのではないかと思われる。そうした地域的特徴を踏まえると、中井銀行の積立金比率は東京グループとの比較では著しく低いこと、加島銀行のそれは、全体として低い大阪グループの中でも最も低いことが指摘できる。この点からも、中井・加島両行の危機対応力の低さは明らかであろう。

おわりに

以上の検討から明らかなことは、機関銀行化に馴染まない両替商系銀行でありながら破綻した中井・加島両行の末期における利益金処分に共通するのは、実績を上回った配当・賞与を払い続けたということである。そうした不健全な利益処分を敢えて行ったのは、機関銀行化とは異なりつつも発生した資金運用の放漫化による不良債権の累積を見落とした経営陣の作為であり、決して不可

避的な事態ではなかった。その意味では、広岡浅子が1909年以降銀行への関与を控え、1919年に死去したことと、中井新右門が1915年頃から陣頭指揮の座を降りた上、1920年に死去したことが、それぞれ、加島銀行と中井銀行の経営陣の緊張をゆるめ、資金運用と利益処分の不健全化を生む契機となった点で注目されなければならない。そのことは、加島・中井両行が、専門経営者に依存しつつ保守的路線を堅持した鴻池銀行や、オーナー経営者が全力を挙げて積極的路線を守り抜いた川崎銀行と異なり、ついに破綻した人的要因と言えよう[64]。もともと多角経営が不得手なため機関銀行化に馴染まず、相対的に商業銀行としての性格が強い活動をしてきた両替商系銀行の破綻モデルがあるとすれば、それは、経営陣が複雑・多様化する融資先の的確な査定と、不良債権の償却と積立金の充実による経営危機への予防措置を怠った結果、多数の放漫融資先の蹉跌による危機に経営者が対応できないタイプの銀行であると言えよう。

　両替商系銀行の分析を通じて得られたこの結論は、広く日本における商業銀行一般に適用することも可能と思われる。つまり、短期の商業金融に集中する方針を取っていた銀行であっても、実際には融資の大半は貸付・貸越であって、割引手形による本来の短期金融は多くても3分の1程度にすぎないため、専門経営者であれオーナー経営者であれ、融資先の的確な査定という銀行経営の根幹をなす作業を怠ると、融資が不良債権化しやすいのであり、その場合の準備としての内部積立の充実を怠っていると、やがて破綻の危機を乗り越えられなくなるという商業銀行の破綻モデルである。

　このモデルは、従来の破綻モデルが主として機関銀行化による大口固定貸の累積を念頭に置いていたのに対して、別のタイプの破綻もありうることを示唆すると同時に、金融ビジネスモデルを専ら「儲かる仕組み」に即して構想することへの批判を含むものである。すなわち、銀行経営者としては、如何に「儲けるか」だけでなく、如何に「存続するか」を常に念頭に置かなければならず、そのためには「儲け」の分配にさいして、株主と重役の短期的利害を抑えて、充分な内部積立を行うことの必要性を示唆するものである。そうした長期的な視点を欠いた短期的な「儲かる仕組み」は、金融ビジネスモデルとして失格で

あると言わなければならない。

1) 石井寛治『経済発展と両替商金融』有斐閣、2007年。
2) 石井寛治『近代日本金融史序説』東京大学出版会、1999年。第一銀行の大株主であった三井銀行は、1899年に第一銀行株を全部手放し（山口和雄『流通の経営史』日本経営史研究所、1989年）、浪速銀行の大株主平瀬亀之輔家も、1898年に第五銀行と合併したさいに、公爵島津家に筆頭株主の座を譲り、その後間もなく浪速銀行株を手放した（石井寛治前掲『経済発展と両替商金融』）。したがって、1910年時点での両行は、もはや旧両替商が経営する銀行ではなくなっている。とくに、浪速銀行がのちに十五銀行と合併しつつ川崎造船所の機関銀行化していく経緯は、浪速銀行が当初もっていた両替商系銀行としての特質を失った上でのことと見るべきであろう。
3) 勝田貞次『川崎・鴻池コンツェルン読本』春秋社、1938年。
4) 日本銀行（調査局）「中井銀行ノ破綻原因及其整理」日本銀行調査局編『日本金融史資料　昭和編』第24巻、1969年、所収、467頁。もっとも、破綻当時の「中井酒店中井一族ニ対スル融通額」として116万円余があったとされているから（同476頁）、全く一族への融資がなかったわけではない。
5) 広岡浅子については、古川智映子『小説土佐堀川——女性実業家広岡浅子の生涯』潮出版社、1988年が参考になる。ただし、「小説」とあるように、詳しい史実の確認は別途必要である。加島銀行との関連で、ある程度、後述する。
6) 『加島銀行営業報告書』1919年下期。
7) 『同上』1920年上期。
8) 加藤隆「東京・中井銀行の埼玉進出とその影響」『地方金融史研究』第20号、1989年。
9) 「高田商会の破綻と銀行」『ダイヤモンド』1925年3月1日号。
10) 「歳末の諸銀行金融談（12）中井銀行」『時事新報』1901年12月28日号。
11) 1898年当時の中井新右門家は、国税納税額が1,975円に達し、大倉喜八郎（3,577円）、田村利貞（3,244円）に次ぎ、古河市兵衛（1,883円）と肩を並べる東京府多額納税者15名のひとりであり、1912年当時も、国税1万6,585円を納入し、杉村甚兵衛（2万3,627円）、田中長兵衛（2万1,749円）、浜口吉右衛門（1万9,679円）に続く、多額納税者15名中、第4位の富豪だった。1916年当時の『時事新報』によると、中井新右門の推定資産額は500万円で、鴻池善右衛門の1,500万円、川崎八右衛門の800万円には及ばないが、加島銀行の頭取廣岡恵三の500万円と同額であった。

12) 『当代紳士伝』帝都交進社、1909年。
13) 楚水生「東京の大銀行と其首脳者」『実業之日本』1915年10月15日号。
14) 『大正名家録』二六社編纂局、1915年。
15) 日本銀行前掲「中井銀行ノ破綻原因及其整理」467頁。
16) 「休業銀行頭取はドウして居るか」『実業之日本』1927年9月15日号。
17) 『中井銀行営業報告書』1920年下期。
18) 天地生「我銀行界の一名物　故川崎八右衛門氏」『実業之日本』1907年4月15日号、瓊川生「金融事業界に活躍せる川崎系の事業と人物」『同』1925年1月1日号。
19) 川崎金三郎は、初代八右衛門の3男に生まれ、1884年にアメリカのケンタッキー州立大学商学部を卒業したのち、ニューヨークの銀行で業務見習をし、帰国後川崎銀行に入った。
20) 草村生「財界中心の新人材（六）川崎銀行頭取八右衛門氏」『実業之日本』1922年4月15日号。
21) 楚水生「第二の安田翁とまで云はるる川崎八右衛門氏」『実業之日本』1927年3月15日号。
22) 亀山甚『銀行と共に六十年』牧村四郎編・刊、1962年、16頁。
23) 草村生前掲「財界中心の新人材（六）川崎銀行頭取八右衛門氏」。
24) 「第百対川崎銀行の合併と其前途」『ダイヤモンド』1927年7月11日号。
25) 山崎廣明『昭和金融恐慌』東洋経済新報社、2000年、は、藤田銀行の破綻については、佐藤英達「藤田銀行の挫折」『関西実践経営』第14号、1997年、によりつつ触れているが、加島銀行については破綻の事実すら指摘していない。伊牟田敏充『昭和金融恐慌の構造』経済産業調査会、2002年、は1976年に執筆した第3章において、「藤田・古河・加島・豊国など休業にいたらぬまま買収・合併によって消滅した諸行については資料の発掘が必要である」と指摘している。
26) 伊藤正直「藤田銀行の破綻とその整理」石井寛治・杉山和雄編『金融危機と地方銀行』東京大学出版会、2001年、所収。
27) 土肥鑑高『米と江戸時代──米商人と取引の実態』雄山閣、1980年、155頁。
28) 前掲石井寛治『経済発展と両替商金融』240頁。
29) 『ニチボー75年史』同社、1966年、7頁。
30) 信五郎の死後、養嗣子恵三が大阪株式取引所役員に就任することはなかったが、1910年から加島銀行が同取引所の取引銀行になった。1908年までの同取引所の取引銀行は、三十四・百三十・北浜・住友・山口・第一支店であり、1909年に浪速・三井支店・京都商工支店・三菱支店が加わり、加島銀行の参加は大分遅いが、北浜銀行が1914年に休業した空白を埋める活動を、株式仲買人らに対して行ったことは想像に難くない（塩川藤吉編『大株五十年史』大阪株式取引所、1928年、418〜420

頁)。
31) 安岡重明『財閥形成史の研究』ミネルヴァ書房、1970年、188頁。
32) 加藤については、東京大学総理・帝国大学総長の父加藤弘之に似て、「ちょっと学者肌のところもあり、風貌も高尚で体躯も堂々として」おり、「覇気闊達と言った手腕家ではないが、公人としても私人としても立派な人である」(中外産業調査会編『人的事業大系　銀行篇』1939年)と、一般的基準による高い評価がなされた反面、銀行家としての「手腕」には疑問が呈されている。もっとも、金融恐慌に際して、鴻池銀行が「打撃を受くること甚だ軽微であった」(「影響軽微の鴻池銀行」『東洋経済新報』1927年9月3日号)とされ、恐慌後には、「よく頽勢を挽回し旧来の面目を一新しつつある」(「復興しかけた鴻池の事業と人物」『実業之世界』1928年10月号)と評価されているのは、同行を率いる加藤の安全志向の体質が幸いして、不良貸が少なく、恐慌を無事乗り切ったためとも言えよう。だが、同行が具体的にどのような相手に融資を行い、その結果はどうであったかについては、殆ど究明されないまま、「保守性」のみが指摘されてきた。
33) 三島康雄『阪神財閥』日本経済新聞社、1984年、249頁。
34) 中西利八編『財界人物選集』1929年、『昭和戦前人名大事典』第1巻、大空社、1993年、所収。
35) 『帝国興信所内報』1913年7月2日号。
36) 『同』1913年9月24日号。
37) 『同』1920年5月28日号。
38) 『同』1920年7月28日号。
39) 「広岡浅子」実業之世界社編輯局撰『財界物故傑物傳』下巻、1936年。
40) 「加島家の鉱山経営」『帝国興信所内報』1913年10月31日号。
41) 1897年当時の筑豊では潤野炭鉱(坑夫200人)と花瀬炭鉱(坑夫90人)を広岡信五郎が経営しているが、前者は1899年に官営製鉄所に買収された(隅谷三喜男『日本石炭産業分析』岩波書店、1968年、305、307、333頁)。
42) 大正期の『本邦鉱業の趨勢』による。
43) 高村直助「尼崎紡績会社」山口和雄編著『日本産業金融史研究　紡績金融篇』東京大学出版会、1974年、所収。
44) 広岡商店は、倉敷紡績会社の綿花取引先として、1900～1905年に登場し、1904年は最大の取引相手である(石井寛治前掲『近代日本金融史序説』)。
45) 『大同生命七十年史』同社、1973年。
46) 1919年1月14日に死去した広岡浅子の追悼会が、同年6月28日に、彼女が創立発起人と評議員を務めた日本女子大学校において開催され、校長麻生正蔵は、追悼講演の中で、「結婚後僅に三年を経て、刀自正に二十歳の妙齢に達した時に明治維

新の大変革が勃興し、それが為めに、財界が非常に攪乱され、……刀自は兼て鍛へおきたる腕と生来の肝とを提げて直接事業経営の衝に当り、家運の維持発展の全責任を背負って立たれたのであります。爾来明治三十七年、刀自の五十六歳の時夫信五郎氏病没せられ、令嗣恵三氏が家業を継承せらるるに至る迄春風秋雨三十六年間、刀自は実業界の人となり、或は銀行の経営に或は鉱山の監督に従事し、文字通りに悪戦苦闘を続けて来られたのであります。……刀自は三十歳の頃から胸部に病気の存するのを自覚せられて居たが、遂に明治四十二年に至り、愈々思い切ったる治療を加ふるの必要を生じ、遂に東京大学近藤外科に入院せられ、幸にも全快せられましたが、刀自はこの大治療を受くる事によって、深い深い精神的経験を味はれたのであります。……明治四十四年の夏軽井沢に於て天籟の霊感に触れ、新天新地に更正し、その冬大阪に於て洗礼を受け、爾来八年、神命を奉じ、天意に従ふの外何事もなすまじとの大決心をもって修養に修養を重ね……」(『家庭週報』1919年7月11日、7月18日号）と、浅子の実業家としての活動の最盛期が、明治37年頃までだと述べた（日本女子大学図書館所蔵の『家庭週報』の閲覧については、大東文化大学准教授大杉由香氏の手を煩わせた。記して感謝したい）。

47)　1920年11月に資本金1,000万円で設立された広岡合名会社の出資者が、代表社員の広岡恵三450万円、広岡久右衛門450万円、広岡松三郎（恵三弟）100万円で、「不動産及び有価証券所有利得」を目的としていることは、同社が広岡一族の資産管理を任務とし、かつての広岡商店のような多様な事業展開を目指すものではないことを示唆している（『銀行会社要録』1921年）。この時、加島銀行の資本金1,500万円（払込済、30万株）のうち広岡合名会社が19万6450株を所有していることは、同社の資本金のほとんどが加島銀行株に投入されていることを意味している。

48)　新川生「本邦実業界の女傑（広岡浅子）（一）、（二）、（三）、（四）」『実業之日本』1904年1月1日、1月15日、2月1日、2月15日号。

49)　草村生「加島銀行を背負って立つ人々」『実業之日本』1922年10月15日号。

50)　麦人生「財界養子列伝　加島銀行頭取　広岡恵三君」『同』1924年11月15日号。

51)　記者「大阪銀行界の新人物　加島銀行の人々」『同』1926年4月1日号。

52)　1870年、島原藩士の次男として生まれた星野は、幼くしてキリスト教の洗礼を受け、アメリカで銀行実務を習得して帰国後、「加島屋の御寮ハン浅子女史に見出だされ、合資会社加島銀行の一行員から振出して、漸次東京支店長、本店理事に昇進し、更に加島貯蓄、大同生命の重役を兼ねて、遂に加島王国の総理大臣たるの地位をかち得るに及んだ」（洋々生「関西の財界に光る人々（三）」『同』1925年6月1日号）人物であり、「新人」ではあってもその名声は古くから鳴り響いていた「旧人」だというのである。

53)　記者前掲「大阪銀行界の新人物　加島銀行の人々」。

54) 「一言居士　加島銀行常務　星野行則君」『実業之日本』1925年8月15日号。
55) 落合山人「実業家の社会的事業　星野行則氏とカナモジ」『同』1925年10月15日号。
56) 星野常務の「博学振り」につき、『エコノミスト』記者は、皮肉交じりの形で次のように述べている。すなわち、「関西の銀行屋」『エコノミスト』1923年12月15日号において、小山健三（三十四）、湯川寛吉（住友）、坂野兼通（山口）、愛甲兼達（十五）、加藤晴比古（鴻池）、下郷伝平（近江）と並べて、「物識りの星野行則どの」として、「加島銀行の星野君は、君が努力するに拘らず世間では物識り振り屋と嘲ってゐる。『振り』が気に入らぬではないか。兎に角浅子刀自御寵愛によって今日の椅子を占めたといふのだが、文学にまれ宗教にまれ何でも御座いの博学振り、振りではない本人は一生懸命である。ソシテ間口だけ広く深味のないクリスチャン振りで捲し立てる押しの強い処を買って上げる」と評している。
57) 加島信託については、麻島昭一『本邦信託会社の史的研究』日本経済評論社、2001年、第5章を参照されたい。
58) 洋々生「関西の財界に光る人々（二）」『実業之日本』1925年5月15日号。
59) 『大阪銀行通信録』1928年4月号。
60) 『同』1929年4月号。
61) 「加島銀行の営業譲渡」『エコノミスト』1929年4月15日号。
62) 「富豪銀行の凋落は何を語るか」『実業之日本』1929年5月1日号は、加島銀行は、「大阪で一流の銀行を以て任じてゐながら、従来滞貸償却高として支出せるものが案外少く、利益率の割合に比して配当率の多き感があり。一朝打撃を受くれば回復に困難な内容を有したことなどは、内部の如何なる事情があったかを知らぬけれども、堅実なる富豪銀行として取るべき方針でなかった」と論じている。
63) 大阪の払込資本100万円以上の有力本店銀行では、藤田銀行が512万5,000円の払込資本に対して積立金547万円（107％）、藤本ビルブローカー銀行が300万円の払込資本に対して積立金450万円（150％）と、例外的に高い比率であるが、いずれも払込資本は1,000万円未満である。
64) その点では、注62）で引用した「富豪銀行の凋落は何を語るか」なる記事の記者が、最後に、「組織も大切である。併しより大切なことは適材を多く得ることである。我々は同じ富豪銀行の間に於て栄枯盛衰の差あるを見て、第一に人、第二に人、第三に人といふ感なしとしない。関西に覇権を握った藤田家が二代で躓き、三百年の名花〔加島屋――引用者〕が一朝にして萎まむとするのも亦此点に欠くる所あったのではあるまいか」と結論付けていることは傾聴に値する。

第7章　第八十五銀行の金融ビジネスモデル
―― 1900～1935年 ――

邉　英治

はじめに

(1)　問題関心

　日本の銀行業は、規模は大きいが、収益性が低いのが問題であると指摘されることがある[1]。そもそも、収益性が低いこと自体にどのような問題があるのかという点は一旦置くとして、最近の日本の銀行業は、自由化・国際化の進展、ポスト護送船団行政の時代を迎え、都市銀行も地方銀行も新たなビジネスモデルを模索中の段階といえよう。

　しかしながら、このような時代の潮流にもかかわらず、銀行業を対象とした金融ビジネスモデルの研究はあまり進んでいないように思われる。この背景として、これまでの経営学において、銀行業は規制産業として検討対象から除外される傾向にあったことが関係していると考えられる[2]。

　本章は、りそな銀行の前身である第八十五銀行[3]の経営を金融ビジネスモデルの視点から検討することで、日本の銀行業が今後あるべき金融ビジネスモデルを模索する上での歴史的な材料を提供することを主な目的としている。

　ところで、望ましい金融ビジネスモデルとはそもそも何だろうか。少なくとも、利益率が大きいこと・預金額の大きいこと＝良い金融ビジネスモデルとはいえないだろう。なぜなら、それらは良い金融ビジネスモデルによって生じた

結果にすぎず、良い金融ビジネスモデルそのものではないからである。

本章では、次の2つの分析に手がかりを求めることとしたい。第一に、コリンズ・ポラスの研究[4]である。同書では、銀行業としてシティ・コープが取り上げられ、権限を分散した部門制度、社外取締役によるガバナンスの強化、ATM等新制度導入の早さ、などが同業他社よりも優れた点として指摘されている。第二に、藤本の研究[5]である。同書は、トヨタ自動車の強みを、「もの造り能力」（JIT、TQC、多能工化、自主的ラインストップ）、「改善能力」（問題の視覚化＝早期発見、現場への権限委譲⇒素早い実施）、「進化能力」（「運を実力に変える」能力、「しぶとさ」）という3階層からなる「組織能力」の概念で説明している[6]。銀行業でも、「改善能力」や「進化能力」は参考となりそうである。次節以降では、これらの手がかりを念頭におきつつ、検討を進めることとしたい。

(2) 先行研究の整理

本論に入る前に、第八十五銀行を正面から取り上げた先行研究について整理しておく。まず取り上げるべきは三輪の研究[7]だろう。三輪は、『営業報告書』を主に利用しつつ、部分的に行政文書や内部史料も参照することで、預金、貸出、資本といった同行経営の基本情報を時系列的に詳しく紹介しており、参考となる。しかしながら、預貸率や預証率といった経営諸比率を算出しておらず、忍商業など他行との比較も行っていない。このことは、行史のスタンスで叙述が進められており、全体としての結論や主張が明確でないこととあいまって、金融ビジネスモデルの研究としては限界が大きいことを示しているように思われる。

国立銀行時代の同行の経営を取り上げたのは、佐々木の研究[8]である。佐々木は、『考課状』を主に利用することで、資金構成・資金運用・収益費用を明らかにし、預金、貸出基盤とも商人が一貫して中心的であったことを指摘している。但し、国立銀行時代のみの分析であり、普通銀行時代の同行については検討していない点で限界がある。なお、収益の基盤が公債利息から貸出活動関

連の収入にシフトしたことをひとつの根拠として、国立銀行時代に同行は日本資本主義の発展の中で「金貸資本的性格」から「近代的な銀行」へと「転換」したと結論づけている点には、やや疑問が残る[9]。

その他、注目すべきは、『埼玉銀行史』[10]の中での第八十五銀行の歴史に関する叙述だろう。同書では、支払準備に「万全を尽く」していること(「慎重な経営態度」1920年代)、日記帳の廃止(「事務合理化の先端をいく」1935年〜)などを根拠に、「こうした輝かしい歴史を持った第八十五銀行」という良い銀行のイメージを提示している。しかしながら、同書はあくまで行史であり、金融ビジネスモデルの観点から重要と考えられる貸出先やリスク・マネジメントなどの分析が欠落しており、「金融ビジネスモデルの変遷」という観点からは十分とはいえない。

以上で指摘した先行研究の意義と限界をふまえつつ、本章ではこれまで検討されてこなかった第八十五銀行の経営諸比率を埼玉県の有力な他行と比較することで、同行のビジネスモデルの特徴の一端を明らかにするとともに、これまで詳しく検討されてこなかったいくつかの内部史料(一次史料)を利用することで、数量以外の側面からも同行のビジネスモデルの内実に迫りたい。

1　経営諸比率からみた特徴

周知のように、銀行業の三大業務は、預金、貸出、為替である。これは、為替業務を別にすると、調達した資金(資本金、預金、借入金)を、如何に運用して(貸出、証券投資)、利益をあげるかと言い換えることができよう。以下では、(1)資金調達、(2)資金運用、(3)収益性の順に、同行の経営諸比率を検討する。

ここで、経営諸比率の検討に入る前に、同行の埼玉県銀行界における地位を確認しておく。第八十五銀行は、綾部利右衛門、山崎嘉七ら旧川越藩御用商人が中心になって設立した払込資本金200万円(1920年末時点)を誇る有力地方銀行である[11]。同行は、川越に本店を有するほか、本庄、熊谷、松山、志木、

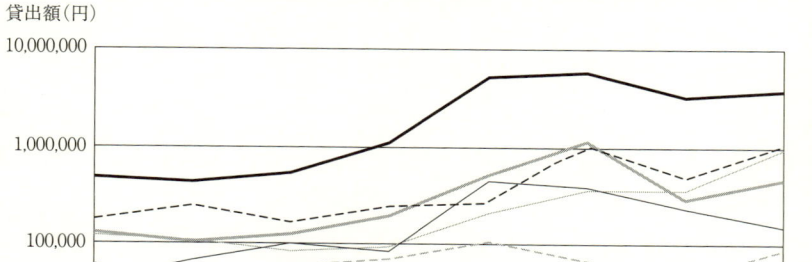

図7-1　第八十五銀行の本支店別貸出金額の推移（1900年下期末〜1934年下期末）

貸出額（円）

（折れ線グラフ：本店、熊谷、本庄、松山、志木、秩父）

出典：第八十五銀行『営業報告書』各期。
注：円未満は四捨五入した。数値は1900年、1905年、1910年、1915年、1920年、1925年、1930年、1934年の各下期末残高。

秩父の5支店を展開していた。貸出の規模でみると、本庄と熊谷が最も規模の大きい支店であった（図7-1）。

　比較の対象のひとつとなる忍商業銀行は、『埼玉銀行史』[12]によると、産業革命期、両大戦間期ともに、「堅実な経営」、「堅実な内容」であったと評価されている。もっとも、その根拠は、役員行員の低報酬[13]を柱とする「徹底した経費節約」、「経営者ならびに行田の気質」（質素、地味）のみのようである。なお、大正期から積極化する「合併による拡大策」と「堅実な経営」との関係については言及されていない。

　次に、第八十五銀行の規模を預金額によってみよう（図7-2）。同行の預金額は、62万円（1900年末）→131万円（1910年末）→702万円（1920年末）→1,150万円（1930年末）と推移しており、1920年下期末に武州銀行に抜かれるまでは、最も有力な銀行であったことがわかる。武州銀行を除いて、2番目に規模の大きい忍商業銀行と比較すると、時期によって異なるが、同行は約2倍の預金額を誇っていた。

図7-2　埼玉有力三行の預金額の推移（1900年上期末～1935年下期末）

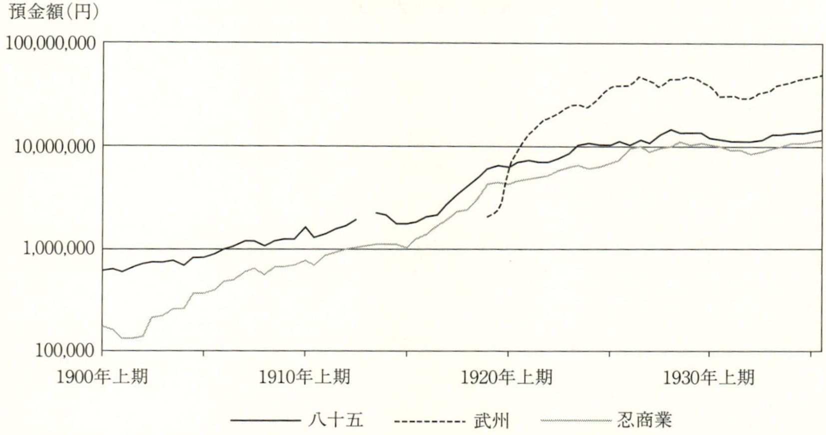

出典：第八十五銀行『営業報告書』各期、埼玉銀行調査部編『武州銀行史』埼玉銀行、1988年、忍商業銀行『忍商業銀行史』忍商業銀行、1936年。
注：第八十五銀行は1913年上期末分の『営業報告書』が欠落しているため、その分のデータは不明である。武州銀行は1918年11月設立のため、1919年上期末よりデータを利用している。図7-3～図7-6についても同様である。

(1) 資金調達

　第八十五銀行の資金調達の特徴を自己資本比率によってみよう（図7-3）。同行の自己資本比率は、117.2%（1900年末）→81.8%（1910年末）→44.3%（1920年末）→55.6%（1930年末）と推移している。これは、全国地方銀行平均と比較すると、時期によって異なるが、約2倍という高水準である。また、武州銀行を除いて、2番目に規模の大きい忍商業銀行の自己資本比率が全国地方銀行平均の約2分の1という低水準で推移しているのとは対照的である[14]。

　このような第八十五銀行の高い自己資本比率の背景として、同行が資本金の充実に務めていたこと、預金集めに積極的といえるような経営理念・方策を明示的に打ち出していなかったこと[15]、および同行の慎重とされる資金運用方針があいまっていたことが考えられる。もっとも、最後の点については、やや詳しくみる必要があるので、次に検討する。

**図7-3　埼玉有力三行および全国地銀の自己資本比率の推移
（1900年上期末〜1935年下期末）**

自己資本比率(%)

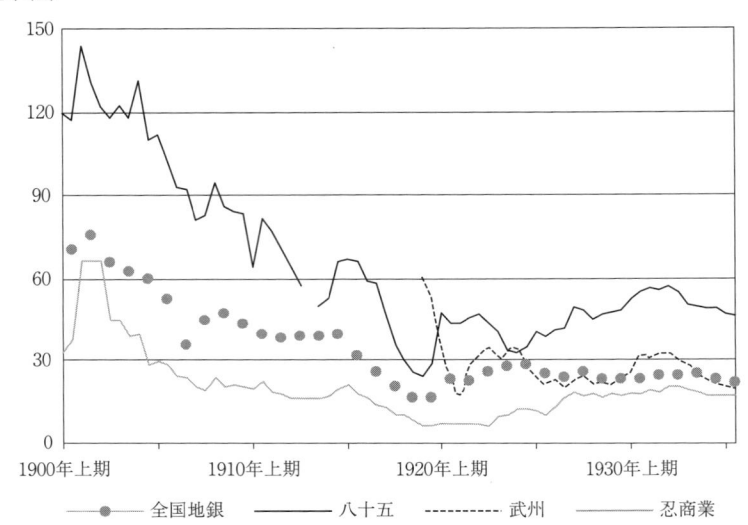

●―― 全国地銀　――― 八十五　---------- 武州　――― 忍商業

出典：図7-2に用いたものおよび、後藤新一『日本の金融統計』東洋経済新報社、1970年、日本銀行統計局編『明治以降本邦主要経済統計』日本銀行統計局、1966年。

注：自己資本比率＝（払込資本金＋諸積立金）／預金として計算した。全国普通銀行の計数から五大銀行（三井・三菱・住友・安田・第一）分を除いたものを全国地方銀行としている。ところで、後藤の統計には、全国地銀の積立金のデータの記載がないため、日本銀行統計局編記載の全国データから、後藤の統計にある五大銀行（1933年以降は三和を含めた六大銀行）の積立金額を合計して、それを差し引いて独自に計算する必要がある。
　ちなみに、この作業を行う手間を惜しんだせいか、寺西重郎『日本の経済発展と金融』岩波書店、1982年、296頁に記載されている預金・自己資本比率は、注記では、預金／（払込資本＋積立金）で計算されたことになっているが、実際は、預金／払込資本、と積立金を考慮せずに計算されており（例：1900年その他銀行、358,948／225,364＝1.59）、注意が必要である。

(2)　資金運用

　まず、第八十五銀行の資金運用の特色を預証率によってみよう（図7-4）。同行の預証率は、30.7％（1900年末）→80.0％（1910年末）→34.5％（1920年末）→79.8％（1930年末）と推移している。これは、全国地方銀行平均と比較すると、時期によって異なるが、約3倍と著しく高い水準である。ここから、同行の資金運用は証券投資を重視する慎重な方針で行われていたことが窺われ

図7-4 埼玉有力三行および全国地銀の預証率の推移（1900年上期末～1935年下期末）

預証率(%)

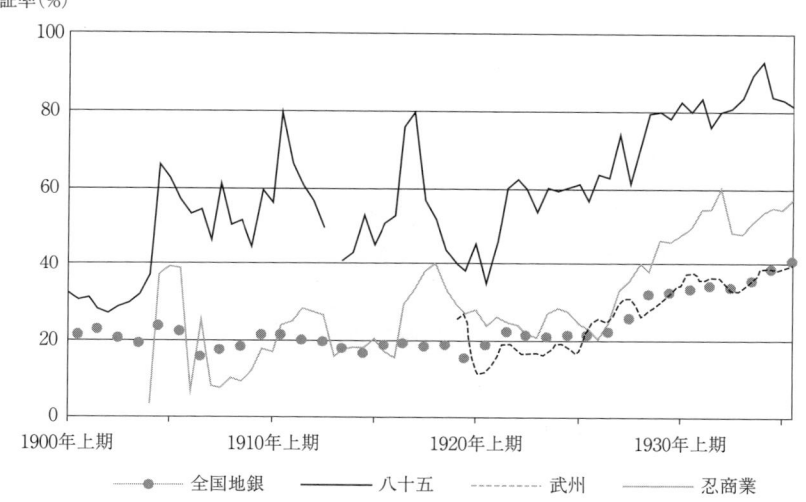

― ● ― 全国地銀　　―― 八十五　　------ 武州　　―― 忍商業

出典：図7-3に同じ。
注：預証率＝総有価証券／総預金、によって計算した。

る。

　もっとも、先の検討から明らかになったように、第八十五銀行の資金調達構造は自己資本比率が高い（つまり預金額が相対的に小さい）ため、預証率や預貸率において高めの数値が出やすいことには留意する必要がある。なお、忍商業銀行と武州銀行の預証率は、時期によって変動があるものの、概ね全国地方銀行平均の水準で推移している。

　次に、預貸率をみよう（図7-5）。第八十五銀行の預貸率は、189.7%（1900年末）→106.1%（1910年末）→115.8%（1920年末）→71.3%（1930年末）と推移している。これは、全国地方銀行平均と比較すると、概ね産業革命期についてはやや高く、両大戦間期についてはやや低い水準である。武州銀行を除いて、2番目に規模の大きい忍商業銀行の預貸率が全国地方銀行平均の約2分の1という低水準で推移していることから[16]、同行の預貸率は総じて低くはなかったといってよいだろう。少なくとも、預貸率をみる限り、同行の経営

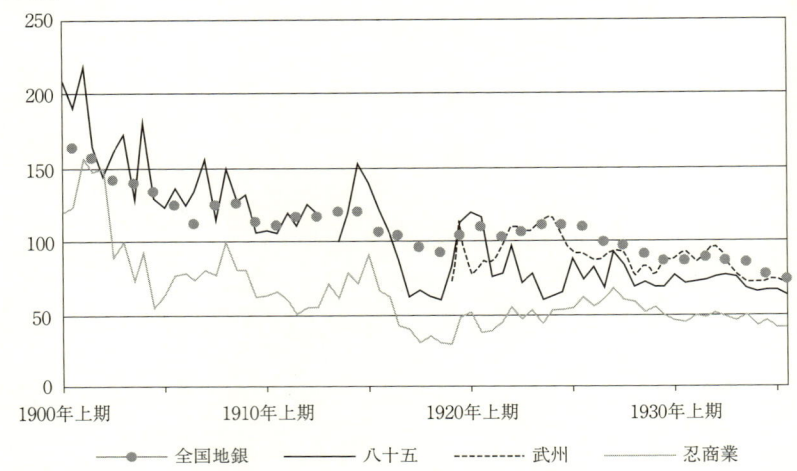

図7-5　埼玉有力三行および全国地銀の預貸率の推移（1900年上期末～1935年下期末）

預貸率(%)

凡例：全国地銀、八十五、武州、忍商業

出典：図7-3に同じ。
注：預貸率＝総貸出／総預金、によって計算した。

態度が慎重だったと決めつけることはできないのである。

　以上の検討から、第八十五銀行の資金運用の特色は、高い預証率と中程度の預貸率であることが明らかとなった。ここで、証券投資や貸出の具体的な分析に入る前に、同行の収益性についても一瞥しておく。

(3)　収益性

　第八十五銀行の収益性を自己資本利益率（ROE）によってみよう（図7-6）。同行のROE（年率換算）は、13.9%（1900年末）→9.6%（1910年末）→2.8%（1920年末）→4.8%（1930年末）と推移している。武州銀行を除いて、2番目に規模の大きい忍商業銀行と比較すると[17]、産業革命期については概ね忍商業銀行の方が2%程度高く、両大戦間期については第八十五銀行の方が1%程度高くなっている。

　ここで、注目しておきたいのは、収益の安定性についてである。すなわち、

図7-6 埼玉有力三行のROEの推移（1900年上期末〜1935年下期末）

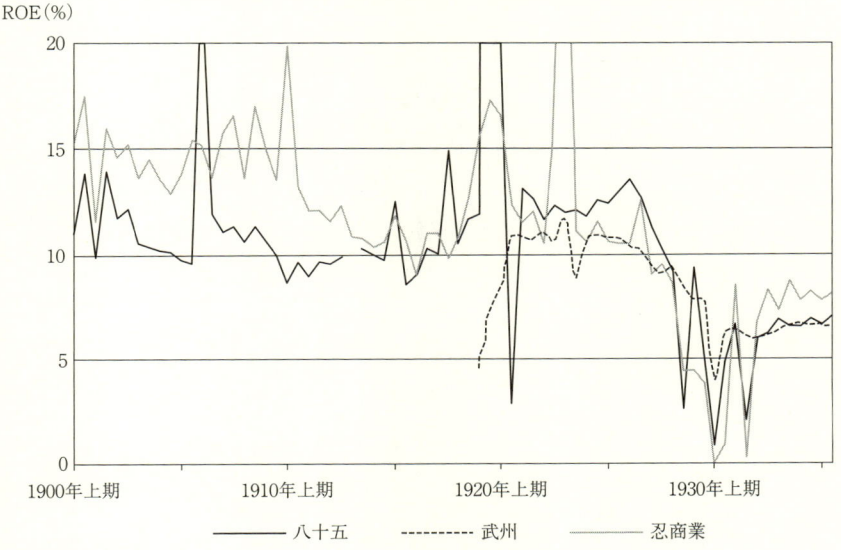

出典：図7-2に同じ。
注：ROE＝各期の純利益×2／（払込資本金＋諸積立金）、によって計算した。なお、第八十五銀行のROEは、1906年上期に23.4％と高率を示すが、これは評価替えによって有価証券の含み益を48,568円計上していることに主に起因する。また、同行は1919年上期に81.8％と著しく高率を示しているが、これは同行が増資に伴うプレミアム分を利益計上しているためである。忍商業銀行のROEが1923年上期に36.5％を示すのも同様の理由である。

　第八十五銀行は、日清戦後恐慌、日露戦後恐慌、昭和金融恐慌、昭和恐慌といった金融危機の中で、一度も赤字決算に陥ることはなかった。この点は、「堅実な経営」といわれた忍商業銀行ですら、昭和恐慌の中で利益ゼロ（1930年上期）に陥ってしまったことに鑑みれば、同行の収益性の大きな特徴といってよいだろう。

2　有価証券投資の特徴

　前節の検討から、第八十五銀行の経営の特徴のひとつとして、高預証率が浮かび上がった。本節では、同行の有価証券投資について、やや詳しく検討する。

表7-1　第八十五銀行の有価証券投資の内訳（1900年下期、1910年下期）

1900下 銘柄	簿価	時価・実価	損益	1910下 銘柄	簿価	時価・実価	損益
国債	64,650	56,735	-7,915	国債	693,925	652,808	-41,117
地方債	0	0	0	地方債	6,000	5,160	-840
				大阪市築港公債	6,000	5,160	-840
株式	70,700	129,142	58,442	株式	164,575	310,600	146,025
日本銀行	61,000	118,950	57,950	日本銀行	75,000	150,000	75,000
帝国商業銀行	7,500	8,037	537	横浜正金銀行	54,400	104,958	50,558
上武鉄道	1,500	1,455	-45	台湾銀行	13,000	27,880	14,880
日本勧業銀行	700	700	0	日本興業銀行	5,625	8,220	2,595
				第三銀行	2,500	7,510	5,010
				日本勧業銀行	4,725	5,297	572
				第十五銀行	3,000	4,210	1,210
				上武鉄道	6,250	2,450	-3,800
				韓国銀行	75	75	0
社債	5,950	5,710	-241	社債	93,240	83,352	-9,888
勧業債券	5,950	5,710	-241	東洋造船	66,000	59,000	-7,000
				川崎造船所	23,700	21,330	-2,370
				勧業債券	3,220	2,789	-431
				貯蓄債券	320	233	-87

出典：第八十五銀行『営業報告書』各期。
注：円未満は四捨五入。数値は期末残高。簿価は、時価との比較の観点から払込金額ベースとした。旧株、新株は合算した。太字は埼玉県関連（地元）のもの。上武鉄道は秩父鉄道の前身。『営業報告書』に有価証券の保有内訳の記載があるのは、1920年下期まで（但し、1930年上期〜33年下期まで、記載が一時復活する）。

　まず、産業革命期における同行の有価証券投資銘柄の内訳とその金額をみよう（表7-1）。日清戦後ブームを経た1900年下期末時点では、株式が129,142円[18]と最も多く、次いで国債56,735円となっている。株式の内訳は、日本銀行が118,950円とそのほとんどを占めており、埼玉県関連は上武鉄道[19]1,455円の1銘柄に過ぎない。投資の銘柄分散は、株式の内訳が4銘柄、社債の内訳が1銘柄のみであることから、ほとんど行われていなかったといえる。

　1910年下期末時点では、日露戦争に伴う国債の大量発行が関係しているのだろうか[20]、国債が652,808円と最も多くなっており、次いで株式310,600円となっている。株式の内訳は、日本銀行150,000円、横浜正金銀行104,958円と政府系の中央株がその大半を占めており、埼玉県関連は上武鉄道2,450円の1銘柄に過ぎず、しかも3,800円もの含み損を抱えている。投資の銘柄分散は、株式の内訳が9銘柄、社債の内訳が4銘柄と、10年前に比べて増加しているものの、

十分とはいえないだろう。

　以上の簡単な検討から、産業革命期における同行の有価証券投資は、比較的安全な政府系の中央株に集中していたこと、埼玉県関連への投資は1銘柄のみでその金額も少なかったことが明らかとなった。地元株は評価損を計上していることから、地元株は危険とみなされ、投資が手控えられていた可能性がある。同行は、産業革命期において、株式投資を通じた地元産業の発展促進をほとんど行わなかったといえよう。

　次に、両大戦間期における同行の有価証券投資銘柄の内訳とその金額をみよう（表7-2）。大正ブームを経た1920年下期末時点では、社債が770,452円と最も多くなり、次いで株式728,116円という順で、国債投資は605,085円と3番目に後退している。この背景には、第一次世界大戦以降の株式ブームが関係しているとみてよいだろう。社債の内訳は、朝鮮殖産銀行97,000円をはじめ、政府系や植民地関連の中央銘柄が大半を占めており、埼玉県関連は埼玉農工債券23,265円の1銘柄に過ぎない。株式の内訳は、横浜正金銀行327,750円、台湾銀行124,980円と政府系や植民地関連の中央株がその大半を占めており、埼玉県関連は秩父鉄道12,850円など2銘柄に過ぎず、やはり含み損を抱えている。投資の銘柄分散は、株式の内訳が26銘柄、社債の内訳が20銘柄と、10年前に比べて著しく増加している。

　1930年下期末時点では、「慢性不況」や国債市場の開設、起債ブームを反映してか、社債が5,353,035円と最も多く、次いで国債2,625,687円という順で、株式投資は825,376円と3番目に後退している。社債の内訳は、朝鮮殖産銀行2,011,633円、南満州鉄道1,029,175円をはじめ、植民地関連の中央銘柄が大半を占めており、埼玉県関連は埼玉農工銀行の勧業債券103,229円の1銘柄に過ぎない。株式の内訳は、横浜正金銀行366,850円、東京瓦斯110,630円など政府系や民間の中央株がその大半を占めている。埼玉県関連は武州銀行39,270円、秩父鉄道18,453円など7銘柄に増加しているものの、系列の川越貯蓄銀行などを除いて大幅な含み損を抱えている。投資の銘柄分散は、株式の内訳が39銘柄、社債の内訳が12銘柄と、10年前に比べて若干ながら増加している。なお、地元

表7-2　第八十五銀行の有価証券投資の内訳（1920年下期、1930年下期）

（金額：円）

1920下 銘柄	簿価	時価・実価	損益	1930下 銘柄	簿価	時価・実価	損益
国債	690,482	605,085	-85,397	国債	2,798,050	2,625,687	-172,363
地方債	286,500	225,535	-60,965	地方債	326,500	314,758	-11,742
東京市電気事業公債	134,500	103,565	-30,935	東京市電気事業公債	134,500	126,797	-7,703
大阪市電気鉄道公債	100,000	78,000	-22,000	埼玉県公債	98,000	98,000	0
呉市水道公債	48,000	40,650	-7,350	大阪市電気鉄道公債	56,000	52,024	-3,976
大阪市築港公債	4,000	3,320	-680	呉市水道公債	35,000	35,000	0
				大阪市築港公債	3,000	2,937	-63
外国証券（鉄道公債）	120,000	88,700	-31,300	外国証券（鉄道公債）	108,000	37,850	-70,150
株式	546,598	728,116	181,519	株式	1,361,625	825,376	-536,249
横浜正金銀行	230,000	327,750	97,750	横浜正金銀行	230,000	366,850	136,850
台湾銀行	112,500	124,980	12,480	東京瓦斯	113,350	110,630	-2,720
第三銀行	23,750	43,600	19,850	武州銀行	93,500	39,270	**-54,230**
大日本製糖	23,313	40,720	17,407	日本勧業銀行	25,025	32,255	7,230
南満州鉄道	30,000	31,900	1,900	日本興業銀行	55,850	28,595	-27,255
藍水港製糖	17,500	31,875	14,375	東京電灯	61,700	28,382	-33,318
台湾製糖	18,750	28,750	10,000	十五銀行	455,000	22,750	-432,250
日本勧業銀行	17,750	18,482	732	台湾電力	28,350	20,601	-7,749
日本銀行	7,000	16,970	9,970	日本銀行	7,000	19,234	12,234
日本興業銀行	16,500	16,440	-60	**秩父鉄道**	41,255	18,453	**-22,802**
秩父鉄道	15,000	12,850	-2,150	朝鮮殖産銀行	17,300	16,762	-538
東京電灯	6,875	8,525	1,650	大日本製糖	21,250	15,725	-5,525
朝鮮殖産銀行	6,375	5,865	-510	川崎第百銀行	15,500	13,640	-1,860
その他13銘柄	21,285	19,410	-1,876	**川越貯蓄銀行**	8,650	12,629	3,979
（内地元1社）	(125)	(30)	(-95)	台湾銀行	32,725	11,501	-21,225
				朝鮮銀行	26,500	11,490	-15,010
				その他23銘柄	128,670	56,610	-72,061
				（内地元4社）	(19,400)	(7,455)	(-11,945)
社債	872,280	770,452	-101,828	社債	5,509,930	5,353,035	-156,895
朝鮮殖産銀行	100,000	97,000	-3,000	朝鮮殖産銀行債券	2,075,500	2,011,633	-63,867
日本興業債券	100,000	89,000	-11,000	南満州鉄道	1,064,500	1,029,175	-35,325
東京瓦斯電気工業	100,000	89,000	-11,000	東洋拓殖債券	850,000	834,800	-15,200
東洋拓殖	97,000	87,300	-9,700	興業債券	512,000	508,776	-3,224
北海道炭砿汽船	100,000	86,000	-14,000	東京電灯	379,000	355,787	-23,213
台湾製糖	50,000	44,250	-5,750	台湾電力	343,000	336,424	-6,576
猪苗代水力電気	50,000	43,500	-6,500	**勧業債券（埼玉農銀）**	105,300	103,229	**-2,071**
富士瓦斯紡績	50,000	42,500	-7,500	勧業債券（勧銀）	102,030	95,467	-6,563
日本製鋼所	50,000	38,250	-11,750	その他4銘柄	78,600	77,745	-855
大日本人造肥料	31,000	28,540	-2,460				
東洋汽船	30,000	26,000	-4,000				
東京製綱	29,000	25,520	-3,480				
埼玉農工債券	28,200	23,265	**-4,935**				
その他7銘柄	57,080	50,327	-6,753				

注：出典と注は、表7-1に同じ。

株の投資銘柄の増加は、同行の有価証券投資の方針が変化したことによるものか、貸出の担保流れという消極的な要因によるものかは、残念ながら不明である。

以上の簡単な検討から、両大戦間期における同行の有価証券投資は、投資銘柄数が大幅に増加するものの、その内実はやはり比較的安全な政府系や植民地関連の中央銘柄に集中していたこと、埼玉県関連への投資は若干増加するが、その金額は小さい上に大幅な含み損を抱えていたことが明らかとなった。結局、同行の有価証券投資の方針は、資本市場の動向に追随しつつ、基本的に地元産業の発展よりも安全性を重視するものであったということができよう。

では、同行は地元の産業発展に全く貢献しない地方銀行だったのであろうか。次節では、貸出の実態について検討する。

3　貸出の特徴に関する考察

第2節の検討によって明らかとなったように、第八十五銀行は、自己資本比率が高かったことも関係しているとはいえ、預貸率は低くなかった。このことは、同行の貸出の実態を検討する必要があることを示唆している。ところで、周知のように、銀行貸出の実態は、内部史料にアクセスしなければ、知ることができない。本節では、いくつかの一次史料を利用することで、その実態の一端を明らかにする。

ここで、一次史料の分析に入る前に、産業革命期における同行の貸出担保の内訳とその金額の推移をみよう（表7-3）。1900年下期末時点において、貸出担保は不動産関連319,073円、蚕糸業関連（生糸・繭）287,545円、織物業関連（織物類）24,809円となっており、米穀は12,385円と小さい。ここから同行の貸出先は、主として、蚕糸業・製糸業関連や織物業関連であったとさしあたり推測できる[21]。1910年下期末になると、この傾向はいっそう顕著となる。すなわち、蚕糸業関連（生糸・繭）が、431,045円と大きく増加している。

以上、産業革命期における同行の主な貸出先は、蚕糸業・製糸業、織物業に

表 7 - 3　第八十五銀行の貸付金の担保内訳（1900年下期、1910年下期）

（金額：円）

1900下	地所及建物	米穀	織物類	生糸・繭	綿糸	製茶	雑貨等	その他
本　　店	119,518	790	4,182	96,132	0	100	0	251,100
大宮支店	70,867	0	5,500	13,924	0	0	2,800	27,687
熊谷支店	55,749	10,945	10,685	52,620	0	0	280	48,673
本庄支店	30,780	200	670	86,607	0	0	2,350	8,284
松山支店	26,185	450	0	8,068	0	0	0	5,661
志木支店	15,974	0	3,772	30,194	0	0	1,220	9,179
小　　計	319,073	12,385	24,809	287,545	0	100	6,650	350,584
1910下	地所及建物	米穀	織物類	生糸・繭	綿糸	製茶	雑貨等	その他
本　　店	128,614	5,550	10,165	185,120	27,260	0	0	179,167
大宮支店	37,986	0	14,219	16,615	0	0	0	16,119
熊谷支店	50,974	0	0	115,380	0	0	0	9,502
本庄支店	6,036	0	0	103,420	0	0	0	16,966
松山支店	40,648	200	0	6,925	0	0	0	14,427
志木支店	7,398	0	330	3,585	0	0	0	46,908
小　　計	271,656	5,750	24,714	431,045	27,260	0	0	283,089

出典：第八十五銀行『営業報告書』各期。
注：各期末現在諸貸金担保別（原価評価と考えられる）。その他は、国債、社債、株券など。網掛は、主要な貸出先と関連があると考えられるもの。資料の制約のため、1920年下期以降の担保内訳は不明。

関わるものであった可能性が高いことが明らかとなった[22]。以下、史料が利用できる範囲で、具体的に検討する。

（1）　本庄支店の貸出先

ここで利用する史料は、第八十五銀行本庄支店の「割引手形記入帳」である。本史料には、主として1900～1916年における同支店の当所割引手形および他所割引手形について、日付、依頼人、振出人、引受人、手形月日、手形の内訳（為替手形、約束手形、小切手）およびその金額、割引料、手数料、支払月日、期限外日歩が、1件毎に記されている。周知のように、本庄は蚕糸業・製糸業が盛んな地域であり、同支店の貸出担保も「生糸・繭」が最も大きい。ここでは、同支店の「割引手形記入帳」を分析することで、同行の蚕糸業・製糸業向け貸出の実態に接近したい。

表7-4 第八十五銀行本庄支店の「當所割引手形」の実態（1915年取引分）

当所割引手形（1915年）：金額ベース上位ランキング　　　　　　　　　　　　　　（金額：円）

依頼人	振出人	引受人（担保品）	件	割引額	備考
片倉知恵造	中島千代吉		2	30,000.000	
柳沢好一郎	柳沢勘次郎	生絹（きぎぬ）	8	22,400.000	固定化（検査で指摘）、融通手形？
平田健太郎	平田健太郎	生絹、利根発電株式	2	20,000.000	融通手形
森田芳次郎	熊井喜三郎他	生絹、宝田石油株式、生皮など	8	13,250.000	
橋本内藏太郎	橋本与之七	不動産債権譲渡契約	1	7,000.000	融通手形？
その他			22	28,100.000	
合計			43	120,750.000	

当所割引手形（1915年）：件数ベース上位ランキング　　　　　　　　　　　　　　（金額：円）

依頼人	振出人	引受人（担保品）	件	割引額	備考
柳沢好一郎	柳沢勘次郎	生絹	8	22,400.000	固定化、融通手形？
森田芳次郎	熊井喜三郎他	生絹、宝田石油株式、生皮など	8	13,250.000	
松本文作	森田徳右衛門他	生絹、織物など	5	4,500.000	
森田半三郎	森田徳右衛門	生絹	5	3,500.000	固定化？
岡田源次郎	岡田つね	生絹、定期預金証書など	4	2,000.000	固定化？、融通手形？

出典：第八十五銀行本庄支店「割引手形記入帳」1900年9月～1949年10月、埼玉県立文書館所蔵埼玉銀行寄贈史料（検索番号458）。
注：1916年の銀行条例改正に伴う割引手形の定義の見直しがおそらく関係して、1917年以降は、ほとんど記入されていない。手形の法的分類は、すべて「約束手形」。柳沢は繭仲買商（柳沢商店）、森田芳次郎は書肆、森田徳右衛門は本庄町町会議員、森田半三郎は呉服太物商（森半商店）、松本文作は質商、橋本は繭仲買商（橋本商店）。

1915年における「當所割引手形」について、金額ベースと件数ベースで集計したものをみよう（表7-4）。金額ベースで2番目に大きい柳沢勘次郎振出・柳沢好一郎割引依頼の手形は、22,400円（8件）である。柳沢は本庄の有力な繭仲買商[23]であったから、これは農家から繭を購入するための融通手形であったとみられる。なお、この手形については、同じ金額で何度も書き替えられていることから、問題の貸出であったようである[24]。金額ベースで5番目に大きい橋本与之七振出・橋本内藏太郎割引依頼の手形は、7,000円（1件）である。橋本も本庄の有力な繭仲買商であり、この手形も農家から繭を購入するための融通手形であったと考えられる。

件数ベースで3番目に大きい森田徳右衛門振出・松本文作割引依頼の手形は、4,500円（5件）である。森田徳右衛門は本庄町の町会議員を務めるなど名望

家であり、松本文作は質商であることから、この手形は呉服等の質物を購入するためのものであった可能性がある。件数ベースで4番目に大きい森田徳右衛門振出・森田半三郎割引依頼の手形は、3,500円（5件）である。森田半三郎は呉服太物商（森半商店）であることから、この手形は森田徳右衛門が呉服を購入するためのものであったと推測できる。

以上の検討から、1915年における同支店の「割引手形」の実態は、金額の大きいものはほとんど融通手形であり、その使途は主として繭仲買商の繭購入資金であることが明らかとなった[25]。ここから、同支店の貸出先として、農家から繭を購入して製糸業者に転売することを目的とする繭仲買商が有力だった可能性を指摘してよいだろう。なお、上でみたように、金額の小さいものは生活関連の資金融通等であったと考えられる。

(2) 志木支店の取引先

ここで利用する史料は、第八十五銀行志木支店の「大正三年十二月七日ヨリ九日正午頃迄取付事件ニ付整理ノ書類及沈静ニ斡旋セラレタル諸氏ノ人名ヲ本店ヘ報告控」（1914年12月15日）[26]である。1914年12月上旬において、同行は「風説流布」のため、約20万円の預金取付を受けた[27]。

本史料には、その約半分の91,684円もの預金取付を受けた志木支店の取付対応に協力した人名と協力内容が詳しく記されている[28]。具体的には、原林吉（薬種商）、三上熊蔵（肥料商）、中村菊次郎（医師）、関根勝五郎（元穀商目下農業ニシテ金貸副業）、篠澤源次郎（穀商）の名前が挙げられている。中村を除いて、いずれも商人であることがわかる[29]。

取付防止への協力は次のようにして行われた。例えば、志木の「第一流」の資産家で「實業弘ニシテ信用」ある原と三上の場合、当座貸越から5,000円を引き出して、取付に殺到している「最モ雑踏中群集ヲ排シテ来店當店預金トシテ預ケ入レ」を行った。さらに、店先や通りで行き交う人々に対し、同行の「頗ル楽観ノ態決ヲ示シ」て、騒ぎの鎮静に努力した。他の協力者も同様に、取付騒ぎの中で預金を行ったり、同行の信用あることを唱えることで、取付防

止を図っていた。

　篠澤のように「投機者流」で貸し剥がしを恐れて協力した商人もいたが、協力者のほとんどは、基本的に同行を取引銀行として利用する商人であった。ここから、商業の盛んな志木において、同支店の重要な取引相手はやはり商人であったとみてよいだろう。さらに、預金取付とそれへの対応に多くの協力者が地元商人から出たことは、少なくとも同支店は地元から不要とは思われていなかったという点も示唆している。

(3) 小括

　以上の検討から、第八十五銀行は、商人を中心に貸出を行っており[30]、地元の産業発展を同行なりに図っていたことが明らかとなった。確かに、同行は積極的な貸出行動は展開しなかったかもしれない。実際、1916年11月下旬に実施された大蔵検査において摘発された不良債権額が、合計でわずか3,786円余に過ぎなかったことは、同行がリスクを取ることに消極的であった可能性が高いことを示唆している[31]。しかしながら、同行は、上記の志木支店のように地元からも必要とされる銀行であったこともまた事実なのである。

4　リスク・マネジメント

　本節では、金融ビジネスモデルを考察する上で重要な要素となるリスク・マネジメントについて検討する。周知のように、銀行経営にはクレジット・リスク、オペレーショナル・リスクなどさまざまなリスクがつきまとう。したがって、リスク・マネジメントが、金融ビジネス成功の鍵となることは言うまでもないだろう。

　ところで、銀行のリスク・マネジメントの実態を検討するためには、内部史料へのアクセスが必要となる。ここでは、大正期に第八十五銀行で制度化された役員・支配人[32]による行内支店実地検査の報告書「取締役支店臨検要録」（1918～25年）[33]を利用する。

本史料には、1918年5月、1922年4月、1923年11月、1925年4月、合計4回分の支店実地検査の報告が綴られている。1925年の分を除いて、それぞれの報告は「要録」と諸計表から構成されている。ここでは、「要録」の部分から、同行のビジネスモデルを検討する[34]。なお、1917年4月に大蔵省へ提出された「整理實行ノ顛末開陳書」も利用することで、検討を補完する。

　まず、クレジット・リスクへの対応と密接に関わる同行の貸出方針をみよう。「熱狂的好景気」の始まりつつあった1918年5月の検査では、「不動産抵当当座貸越契約書中既ニ期限ノ経過シタルモノ」や「年来書替ヲ繰返スノミ」の「割引手形」などが摘発され、その改善・整理の指示が出されている。好況期においても、このような不良債権処理が指示されている点から、第八十五銀行の手堅い貸出方針を窺い知ることができる。但し、貸出利率が「概シテ高率ニ過クルモノ丶如シ」と指摘され、「至当ノ低減ヲ為スベク」指示されていたり、「新規貸出」について、「大勢ニ準拠シテ……一層ノ発展ヲ図ルベキ様」訓示されていたりすることから、健全性を維持できる範囲内で貸出の拡大を図っている点も看過してはいけないだろう。

　反動恐慌を経て不況期に突入した1922年4月の検査では、不良債権については「專ラ入金又ハ増担保ノ徴求ニ努メラルベキ」よう指示が出され、新規「貸出ヲ手控フルコト」、「担保品モ一般的極確實ノモノニ限リ且ツ掛ケハ出来得ル丈安率ナルベキハ勿論」、「信用ノ薄弱ナルモノニ對シテハ之レヲ謝絶スルノ方針」が示されている。不況期に突入して、同行の貸出方針は、担保掛け目を低めに見積もるなど、安全性をかなり重視していたことが窺われる。

　1923年11月の検査では、貸出担保について「時價調査」を怠らないこと、今後担保株式は「會社内容明瞭」で東京株式取引所上場の「壱割以上ノ配当ヲ為シ永年成績良好ナルモノ」に限定すること、取引先の「信用状態」に注意すること、「不安貸出」は極力回収すること、が注意喚起されている。不況期の中で、同行の貸出方針は、担保株式を優良な中央銘柄に限定するなど、安全性をさらに重視するものになったといえる。

　以上の検討から、同行の貸出方針は概して厳格で、不況期に新規貸出を手控

え、既存の貸出については担保増徴などを行うことで、クレジット・リスクに対応していたことが明らかとなった。

次に、オペレーショナル・リスクへの対応をみよう。1916年11月の大蔵検査を受けて1917年4月に大蔵省へ提出された「整理實行ノ顛末開陳書」では、以下のようなガバナンスの強化が行われたことが示されている。すなわち、監査役の役割の向上、支店監督の強化（支店長の委任限度の厳格化[35]、半季毎の支店長会議の実施、半季毎の支店実地検査の実施など）、役員による合議制の充実化（取締役会規則の制定と月1回以上の実施、決議録の記録）などである。

これらは、頭取や支店長の暴走を制度的に防止するものであり、当時の地方銀行としては先進的なオペレーショナル・リスクへの対応であったといってよいだろう[36]。同行のリスク・マネジメントには、先進的な側面が備わっていたのである。

なお、行金費消防止の観点から重要な現金・証券類の保管出納者と帳簿係の区分が「事務員少数ノ為メ」十分進まなかったという問題を抱えてはいたものの、大蔵検査から半年足らずの間に、コーポレート・ガバナンスの強化、不良債権の処理など、多くの指摘事項が改善されているという改革スピードにも注目するべきであろう。

5　経営首脳陣と経営理念

本節では、金融ビジネスモデルの背景として重要な第八十五銀行の経営首脳陣と経営理念について取り上げることで、これまでの検討を補完したい[37]。

よく知られているように、同行の経営をリードしたのは山崎家であった[38]。山崎家は、1783（天明3）年に創業した菓子商の老舗「亀屋」を営む川越の旧家である。「亀屋」は、江戸近辺の要地として松平信綱など幕府重臣が歴代藩主を務めていた川越藩の御用達であった。山崎家からは、4代目、5代目、6代目・山崎嘉七と3代にわたり、当主が同行の経営にあたったのである。

4代目・山崎嘉七（1831年11月～1912年2月）は、菓子商の老舗「亀屋」の

長男で、第八十五銀行創立の発起人であった。創立当初から取締役兼支配人として同行に勤め、1892年2月〜1912年2月の間、頭取に就任した。4代目は「謹厳実直」かつ「信心家」で、毎朝5時起きして喜多院などを参詣し、「朝飯をしたためると、一般行員よりも早めに銀行へ出勤し、特別の用事がない限り人より先に帰ることはなかった」という猛烈な態度で経営にあたった。さらに、1870年11月に次のような「五箇條の家訓」を定めている。「①敬神崇祖の祭を厳守すべし　②親は子を愛し、子は従うべし　③人に親切、社会に奉仕すべし　④勤倹、節約、贅沢は排除すべし　⑤家業は世の進歩に準ずべし　以上永久に厳守せよ」。この家訓について、柳井潔氏は「第5条……は父祖伝来の家業を堅持しようとする当時の老舗人観念の中にあって、今より1世紀あまり前に、すでに今日社会情勢を予見して、臨機応変の術を教えている。蓋し達見と言うべきだろう」と高く評価している。ともかく、産業革命期という激動の時代の中で、猛烈かつ柔軟に経営にあたった4代目の姿勢は、その時代にマッチしていたように思われる。

　5代目・山崎嘉七（1869年6月〜1927年1月）は、「祖父に可愛がられ」菓子職人としての修行に出ておらず、菓子商も継いだが、「菓子の製法も知らず、職人を使うのに苦労した」。おそらく5代目は、どちらかといえば菓子商ではなく、銀行経営者志向だったのだろう。1916年1月〜1927年1月の間、副頭取に就任して、大正ブームや反動恐慌といった銀行経営の難局にあたった。その経営手腕の高さは、前節でみたような同行のリスク・マネジメントの高度化、コーポレート・ガバナンスの強化への取組みから見て取ることができる。1920年代における銀行経営の過労がたたったのだろうか、5代目は1927年に「狭心症」で急死した。急死した際、6代目が「たって御遠慮申し上げたのですが、どうしても引き受けるようにというお話し」で取締役に就任したというエピソードからも、大正期の同行の経営を主導したのは、頭取の綾部ではなく、副頭取の山崎であったとみてよいだろう。

　6代目・山崎嘉七（1892年7月〜1988年4月）は、中学卒業後、東京の菓子商へ修行に出た経験もあり、「もう菓子のほうを専業でいたしたい」という考

えであったが、父の急死に伴い、同行取締役に急遽就任した。このような経緯で銀行経営に関わるようになったため、「三〜五年というものはほとんど何にもいたしませんで、自分ながら、その銀行業というものをいかにしたらいいかということを研究且つ考えておりました」というように慎重な態度で経営に臨んだ。そして、1932年1月〜1943年7月の合併に至る間、頭取に就任し、経営にあたった。6代目は、土屋喬雄との対談の中からも窺われるように[39]、基本的には謙虚かつ慎重な性格であったように思われる。偶然にも、この慎重な性格は、1927年の昭和金融恐慌や1930年代初頭の昭和恐慌期という守りの経営が要求される時代にマッチしていたといえよう。その後、1935年から銀行事務の合理化を推進し、他方で戦時下の状況に照応して積極経営路線にも乗り出し、西武銀行[40]、秩父銀行などを合併し、川口、東京へと支店を出店して、営業部門の拡大に努めた。なお、埼玉銀行への合併後は、同行副頭取、頭取を務めたが、「筆舌に尽せない苦労」をした。そのためだろうか、7代目には「説得して」菓子商の家業に専念させることとなった。現在は、8代目・山崎嘉正氏が「亀屋」の店主を務めている[41]。

このように、第八十五銀行の経営は、産業革命期には猛烈・柔軟な4代目、大正期には銀行経営の近代化を推進した5代目、昭和戦前期には慎重な（prudent）6代目、によってリードされるという時代の情勢にマッチする幸運を得たのである[42]。

おわりに

第八十五銀行は、証券投資では基本的に政府系の中央銘柄の保有が多く、明らかに安全性を志向していた。貸出についても、大正ブーム期に拡大方針が出されたことを除いて、基本的に消極的な方針で臨んでいた。概して、同行は積極的に地元産業発展を促進するよりは、経営の安定性を最も重視していたといえよう。もっとも、本章の検討を通じて、本庄支店の「割引手形」の実態がほとんど融通手形であることや、志木支店での取付対応に地元の有力者（商人

層）が協力していたことも明らかとなった。地元の発展に貢献した（ないしはそのように地元有力者に認識されていた）側面も無視し得ないのである。やや好意的に解釈すれば、同行は長期にわたって存続することで（Built to last）、地元に細く長く貢献するという戦略をとっていたといえるかもしれない。

　金融ビジネスモデルにおいて重要なリスク・マネジメントについて、同行は景気の動向に対応しつつ、不況期には担保掛け目を低めに見積もったり、増し担保を徴求したり、担保株式を優良な中央銘柄に限定するなどして、クレジット・リスクに対応していた。また、大正ブーム期にもかかわらず、支店監督の強化や取締役会の制度化を通じて、頭取や支店長の暴走を制度的に防止するという意味でのコーポレート・ガバナンス強化を実施した。これは、当時の地方銀行としては先進的といえるオペレーショナル・リスクへの対応であった。あわせて、大蔵検査での指導から半年足らずの間に、ほとんどの事項で改善策が実施されており、改革にはスピードが伴っていた[43]。さらに、時代の情勢にマッチする経営者が続々と登場するという幸運にも恵まれていた。

　これら本章で明らかとなった事実は、同行が第1節で示した良いビジネスモデルとしての条件（ガバナンスの強化、新制度導入の早さ、「改善能力」、「進化能力」）をいくつか備えていたことを示唆している。第八十五銀行は、地元からはより積極的な役割を期待されたかもしれないが、金融ビジネスモデルとしては成功しており、安全性を志向する方針とあいまって、経営が長く存続する条件を備えていたのである。

1) 邉英治「世界の銀行の再編劇」伊藤正直編『世界地図で読む　グローバル経済』旬報社、2004年、26～31頁。
2) 例えば、T. J. Peters and R. H. Waterman, *In search of excellence: lessons from America's best-run companies*（大前研一訳『エクセレント・カンパニー——超優良企業の条件——』講談社、1983年）。
3) なお、土屋喬雄は「八十五銀行と武州銀行とが埼玉県下の二大横綱銀行でございましたね」と述べている。土屋喬雄ほか「山崎嘉七氏、原田愛助氏金融史談」（1962年7月19日）日本銀行金融研究所編『日本金融史資料　昭和続編』第21巻、

第 7 章　第八十五銀行の金融ビジネスモデル　227

　　大蔵省印刷局、1990年、686頁。
4)　J. C. Collins and J. I. Porras, *Built to last: successful habits of visionary companies* (山岡洋一訳『ビジョナリー・カンパニー――時代を超える生存の原則――』日経BP出版センター、1995年)。
5)　藤本隆宏『能力構築競争――日本の自動車産業はなぜ強いのか――』中央公論新社、2003年。ところで、製造業であるトヨタに金融ビジネスモデルの手がかりを求めることに違和感を覚える読者もいることであろう。しかし、日本の銀行業が概して国際的に優良と認められていない以上、国際的に優良かつ日本企業であるトヨタのビジネスモデルを参照することは、有力な手がかりになると考えられる。
6)　20世紀後半の自動車の製品特性が、インテグラル型ビジネスアーキテクチャーで相性が良かったことも要因としてあげられている。なお、多工程持・多能工化という名の下の極度の労働強化、季節工・臨時工の処遇といった問題は分析対象外のようである。
7)　三輪悌三「第八十五銀行史」『埼玉県金融史』埼玉県社会経済総合調査会、1982年。
8)　佐々木寛司「川越第八十五国立銀行の分析」『社会経済史学』第47巻第5号、1982年。
9)　前掲佐々木「川越第八十五国立銀行の分析」51～52頁。このほかに、佐々木は資金源泉が資本金から預金へとシフトしたこと、預金構成が官公預金から人民預金へとシフトし、その中でも定期預金・当座預金が中心となったことをもって、「明治二八年前後を画期として近代的な銀行としての姿を整えた」と結論づけている。なお、銀行業の近代化に関わる定義の整理と問題点および私見については、邉英治「明治維新期における大蔵省銀行検査――日本の銀行業の近代化――」『エコノミア』第58巻第2号、2007年および邉英治「西南戦争後における銀行経営問題と大蔵省銀行検査――1878～85年、第二十六国立銀行を中心に――」『エコノミア』第59巻第1号、2008年をさしあたり参照されたい。
10)　埼玉銀行史編集委員会編『埼玉銀行史』埼玉銀行、1968年、56～78頁。なお、同書は土屋喬雄が監修している。
11)　同行の設立については、前掲埼玉銀行編『埼玉銀行史』56～67頁、および佐々木寛司「川越第八十五国立銀行の創設過程」『地方史研究』第32巻第3号、1982年を参照されたい。
12)　前掲埼玉銀行編『埼玉銀行史』86～101頁。
13)　周知のように、2008年のいわゆるリーマンショック以降、金融機関役員の報酬規制がホットイシューとなっている。忍商業銀行の事例は、その議論に対して有益な素材を提供する可能性があるように思われる。なお、大蔵省による第十五国立銀

行の役員報酬規制については、邉英治「草創期における第十五国立銀行と大蔵省銀行検査——1877～82年——」『地方金融史研究』第40号、2009年を参照されたい。
14) 自己資本比率で見る限り、忍商業銀行の経営は、堅実と断定できないといえよう。
15) なお、第八十五銀行の頭取を務めた山崎嘉七は、「川越という所は……地方産業が少のうございました。でございますから、融資先が乏しい。従って預金を取り集めましてももうからぬじゃないかというようなことから、積極的に預金を集めなかった」と回顧している。前掲土屋「山崎嘉七氏、原田愛助氏金融史談」680～681頁。
16) 忍商業銀行の堅実経営の根拠として、人件費の節約のほかに、低預貸率を付加することができよう。
17) 自己資本比率の分析で確認したように、第八十五銀行の方が、資本金に依存した経営をしているので、忍商業銀行と比較する際には、その点に留意する必要がある。
18) 時価ベース（本節では、以下同じ）。
19) 1916年、秩父鉄道に改称。
20) 周知のように、日露戦争に伴い内国債の残高は、4.4億円（1903年）→14.1億円（1909年）へと著しく増加した。総務庁統計局監修『日本長期統計総覧』第3巻、日本統計協会、1988年。
21) なお、不動産担保貸出には農地を担保とした貸出が含まれており、「不動産関連」のなかには農業関連の貸出が含まれている点に留意する必要があるが、同行頭取を務めた山崎嘉七は土屋喬雄との対談の中で、農業関連の融資について「農業のほうはおそらく全然なかったように聞いております」とその存在を否定している。前掲土屋「山崎嘉七氏、原田愛助氏金融史談」677頁。
22) この点は、同行頭取を務めた山崎嘉七の記憶とも符号する。前掲土屋「山崎嘉七氏、原田愛助氏金融史談」677頁。
23) 以下、本庄支店の取引先の職業については、本庄市史編集室編『本庄市史（通史編Ⅲ）』本庄市、1995年を参照している。
24) 1918年の支店検査では、「本庄支店ニ於ケル柳沢割引手形ハ年来書替ヲ繰返スノミニシテ元金ノ減少ヲ見ルニ至ラサレハ之レハ本人ヘ交渉ノ上書替ノ都度何程ツヽニテモ減額セシムベキ」よう指示が出されている。邉英治「大正バブル期における大蔵省銀行検査——成立の背景と初期の実態——」『エコノミア』第58巻第1号、2007年、42頁。
25) 周知のように、割引手形の実態を巡っては、いわゆる石井・杉山論争がある。少なくとも蚕糸業地域では、石井説の方が正しいように思われる。
26) 埼玉県立文書館所蔵埼玉銀行寄贈史料（検索番号1167）。

第 7 章　第八十五銀行の金融ビジネスモデル　229

27)　「第八十五銀行の取付」『中央銀行会通信録』第140号、1914年12月、74頁。なお、「風説」の内容は、綾部頭取が「鑛山に失敗」したこと、および武蔵水力電気への貸出20万円の「回収覚束なし」というものであったとされる。

28)　このときの支店取付の詳しい様子については、邉英治「健全経営の銀行ビジネス・モデルの歴史的考察――1900〜1935年、第八十五銀行を手がかりに――」『横浜国際社会科学研究』第14巻第5号、2010年、13〜14頁を参照されたい。

29)　志木市編『志木市史――近代資料編――』志木市、1988年、262〜268頁。

30)　この点、同行頭取を務めた山崎嘉七は、土橋喬雄からの「川越市中の商人に対する融資」を「相当」行ったかという問いかけに対して、同意している。前掲土屋「山崎嘉七氏、原田愛助氏金融史談」678頁。

31)　このときの大蔵検査（実地検査）の内容については、前掲邉「大正バブル期における大蔵省銀行検査」を参照されたい。なお、同不良債権は、1916年下期末の決算に際して、「全部銷却整理」されている。

32)　例えば、1918年の支店検査では、山崎嘉七（副頭取）と淺野捨治（本店支配人）が赴いている。なお、検査当時の役職については、第八十五銀行『第八十五銀行史』第八十五銀行、1944年を参照している。

33)　埼玉県立文書館所蔵埼玉銀行寄贈史料（検索番号89）。

34)　このときの支店実地検査の内容については、前掲邉「大正バブル期における大蔵省銀行検査」を参照されたい。

35)　例えば、「事務員ノ任免」など「営業上重要ナル事項」や「準則以外ノ貸出等」については、「本店取締役ノ指揮ヲ受クヘキコト」とされた。

36)　「堅実な内容」とされる忍商業銀行でも、1933年まで支店長会議が開かれることはなかったとされる。前掲埼玉銀行編『埼玉銀行史』99〜100頁。

37)　本節では、以下の文献を主に参照している。柳井潔「川越商家の伝統　語る人　山崎嘉七氏」川越文化会編『証言記録川越文化史』第1巻、1987年、115〜128頁、川越の人物誌編集委員会『川越の人物誌』第1集、川越市教育委員会、1983年、前掲土屋「山崎嘉七氏、原田愛助氏金融史談」673〜694頁、山崎嘉七「川越の今昔」岩沢新衛編『川越商工会議所五十年誌』川越商工会議所、1952年、1〜14頁、岡村清吉「初めて電気が点いた頃の川越」川越文化会編『証言記録川越文化史』第1巻、1987年、37〜70頁、人事興信所編『人事興信録』第3版、人事興信所、1911年、人事興信所編『人事興信録』第7版、人事興信所、1925年、人事興信所編『人事興信録』下、第11版改訂版、人事興信所、1938年。

38)　1912年3月〜1932年1月の間、綾部家から10代目・綾部利右衛門が同行頭取として経営にあたっている。綾部家は、江戸期から塩・油・肥料商を営む川越の旧家であり、綾部利右衛門は川越商工会議所会頭を務め、川越電気鉄道、川越電灯など

の社長を兼任し、初代川越市長に就任したという地方名望家であった。銀行経営についても、「信頼する部下に自由に手腕をふるわせる」というタイプであったようである。

39) この対談に、6代目は「お恥かしい次第でございます」、「どうもつまらないことを長々と申し上げましてまことに申しわけございませんでした」というような調子で謙虚かつ真摯に臨んでおり、その性格が現れている。なお、前掲柳井「川越商家の伝統」では、6代目が総会屋を「断固撃退」したエピソードが紹介されており、「私の若さがそうさせたのかも知れない」と述べている。

40) なお、西武銀行については、邉英治「大蔵省検査と不良債権の処理過程――昭和初期、埼玉県西武銀行を題材に――」『地方金融史研究』第35号、2004年を参照されたい。

41) 「亀屋」ウェブサイト http://www.koedo-kameya.com/shopinfo.html（2009年12月28日閲覧）。

42) もちろん、それぞれの経営者が時代環境にマッチするよう努力した面もあったであろう。しかし、個人固有の性格が偶然にも時代にマッチしていた点を否定はできないように思われる。

43) 前掲佐々木「川越第八十五国立銀行の分析」との関係でいえば、第八十五銀行が近代化するのは、このようなリスク・マネジメント体制が整備される第一次世界大戦期のように思われる。

第8章　名古屋有力3行のビジネスモデル
——1920〜1932年の有価証券所有を中心として——

西村はつ

はじめに

　日清戦後の企業設立ブーム期を経て、愛知県の銀行数は急増し、『銀行総覧』によると、1899年現在の普通銀行数は46行（内貯蓄兼営銀行15行）、貯蓄専業銀行21行を数えている。これら諸行の預金残高を、『日本全国諸会社役員録』によって序列化して整理してみると、200万円以上のグループとして、愛知銀行（第十一、第百三十四両行の合併により1896年設立、350万円）、明治銀行（1896年設立、281万円）、100万円以上のグループには、伊藤（1881年設立、156万円）、名古屋（1882年設立、148万円）、亀崎（1893年設立、139万円）の3行をあげることができる。これらトップグループのうち、伊藤は、その後も拡大路線をとらず、支店数を0〜1にとどめて着実な経営に終始した。一方亀崎は、活発な営業活動を展開して、日露戦前には愛知県下最大の支店、出張所を所有していたが、1907年6月休業に追い込まれた。名古屋は、日露戦争前後に支店継承と銀行合併によって店舗網を拡大、預金は急増して1913年には預金残は13百万円に達した。同年の愛知の預金残は12百万円、これに続く明治は10百万円で、3行の預金は、県内銀行では突出した残高を記録した。

　大戦中の好況期には、名古屋経済圏の拡大を背景として、預金は顕著な伸びを示した。3行の預金増加率（1913〜19年には7.4倍）は、都市4大銀行（除安田銀行）の預金増加率（同4.9倍）を上回る実績を記録したが、1919年をピ

ークとして以後減少に転じ、その後3～4年間預金は停滞を続けていく。「当地方ニハ有力ナル貿易商ナク従テ貿易関係ニ由ル打撃ノ比較的小ナリシコト」[1]などが、戦後恐慌期における中京金融市場の打撃を抑制する要因になったと指摘されているが、有力3大銀行の業績は伸びていない。この間に貯蓄銀行法の実施を機に、尾三貯蓄銀行を中心とした4行の合同により、1922年1月、公称資本金779万円の普通銀行・尾三銀行が設立されたが、同行預金残は県内第4位（23年上期には35百万円）で、名古屋有力3行に次ぐ勢力として、憲政会勢力の急成長と結びつくグループとして成長するかに見えた。しかし間もなく23年7月には、農産、尾三両行を皮切りとした「名古屋特有」の取付けが発生し、尾三は競争の舞台から撤退した。名古屋3行も、短期に終わったとはいえ、取付けの影響を免れなかった。また定期預金市場で競合関係にある信託会社の設立や支店銀行の進出なども、その後の預金の増大を抑えたと考えられる。

　さらに戦後の長期不況の様相から脱し切れないうちに、27年恐慌、そして昭和恐慌に突入することになった。特に昭和恐慌が、繊維産業を中核産業としていた愛知県の経済に与えた影響は深刻なものであった[2]。貸出金は固定化傾向を示し、貸出需要が低迷したために、いわゆる遊資の運用方法としても、証券所有は拡大していった。大正末に3行の経営を比較した日銀名古屋支店調査（以下では単に「日銀調査」とする）では、以下で見るように、預証率が高い愛知、名古屋両行は、「其純益ノ主源ヲ所有有価証券ニ仰ゲり」と指摘している[3]。資金運用に占める証券投資の比重が増大すればするほど、投資対象証券の種類、時期の選択という問題が、銀行の業績に大きな影響を与える要因として、重視されていくことになる。本章では名古屋有力3行の有価証券所有をとりあげ、各行の経営戦略の一側面を見ていくことにしたい。またこのことを通して、3行のひとつ明治銀行が破綻に追い込まれた要因を再検討してみたい。

　3行の証券投資戦略の展開過程、その背景を考えるためには、各行頭取、ないしは支配人の履歴について検討しておく必要がある。第1節では3行の経営戦略決定の主体的要因として、役員の履歴について検討する。第2節では預証率、所有証券の種類別内訳について検討し、各行の特徴を見ることにする。第

3節では、国債引受シンジケートのメンバーである名古屋3行がどのような企業の社債発行を引き受け、また所有したのかについて検討する。第1章において、普通銀行のビジネスモデルの特徴を示す銀行業務として、社債発行引受があげられている。そこで本章では所有証券のうち、特に社債の発行引受と所有に重点を当てて検討することにしたい。第4節では、証券所有に基づく利子配当収入、その売買、償還による証券損益利益などについて検討し、証券所有が銀行の収益に対してもっていた補完機能について検討を加えることにする。現状では、3行の経営内部資料を見ることはできないので、本章では、各行の『営業報告書』、当時の新聞記事、日銀名古屋支店の報告書その他を素材として検討を進めていくことにする。

なお第1章では、有力都市銀行特有のビジネス分野として、外国為替取扱があげられているが、名古屋3行は、この分野にも進出してはいるが、実績は僅少である。上記のように、有力な貿易商はなく、外国貿易を三井物産がほぼ独占していたこと[4]が、その背景にあったと考えられる。そこで本章では、外国為替業務については踏み込んで分析することはしない。

1　3行経営トップの履歴

最初に経営戦略の最終的な決定者である3行頭取の履歴を簡単にみておこう[5]。日露戦争前後から大戦ごろまでに名古屋3行は、いずれも経営陣に新しい人材を迎えて、経営の刷新をはかっていた。まず愛知銀行についてみると、1907年に日銀名古屋支店長であった渡辺義郎（勧銀副総裁・志村源太郎の弟）が筆頭取締役（頭取は空席）として迎えられた。その背景には、同行支配人をめぐる対立など、経営内のいわば内紛が表面化しつつあったことがあげられている。このような状況を打開するための人材として迎えられた渡辺は、26年下期（26年上期には創立30年記念事業を施行）には、愛知銀行頭取に就任した。同下期は、後述するように日本窒素肥料の社債発行（第4回1,000万円）を三菱、山口と共同で引き受けた時期であり、同時に各務幸一郎（日本窒素他役

員）が、愛知の取締役に選任されている。渡辺義郎は、学窓に日本窒素の野口遵、愛知電鉄の藍川清成が居り、両社とは特殊な人的関係があった。渡辺が役員を兼任していた企業をあげると、愛知時計電機、愛知物産組、日本貯蓄、中央信託、大隈鉄工所、以下三菱系の日本窒素肥料（1911年就任）、豊川鉄道、朝鮮窒素肥料、旭ベンベルク絹糸などなどをあげることができる[5]。

　名古屋銀行は、滝財閥系の銀行で、繊維産業との関わりは3行中最も深かった。日露戦争前後に数行を合同して営業基盤を拡大したが、合同対象銀行のひとつ津島銀行（1907年合併）から、恒川小三郎という人材を得ることになった。恒川は名古屋に移籍後の1909年には支配人、13年取締役、20年副頭取を経て、1924年上期には滝定助に代わって同行頭取に就任した。恒川は、理財に明るいとの評価が高く、保守的ともいえるほど堅実経営路線を堅持していた。彼は、名古屋貯蓄、東海倉庫の取締役を兼任していたが、両社とも名古屋の直系企業であり、いわゆる専門経営者といってよい。滝定助は、帝國撚絲織物、東海倉庫、日本車輛、岐阜絹織物、共済信託、名古屋住宅、名古屋製陶所など、役員就任企業は多かった。滝信四郎は、帝國撚絲織物、滝兵、名古屋住宅、日本共立火災の取締役ないしは監査役を兼任していた。

　明治銀行は、神野・富田財閥系の銀行であるが、頭取は数回交代した（奥田正香、松本重太郎、神野金之助、大三輪奈良太郎、富田重助、生駒重彦）。不良債権の処理、経営再建を担う人材として1914年に招かれたのが日銀金沢支店長であった大三輪奈良太郎である。大三輪は整理のため大鉈をふるい[6]、経営再建に功績を残したが、1922年明治を去った。その後25年まで頭取に就任したのは神野・富田財閥の富田重助である。さらにその後を受けた生駒重彦は「任侠肌」で、営業実績の引上げを企図して、銀行合同を進めるなど、戦線の拡張戦略をとったといわれる[7]。生駒は、大胆だが人情もろい企業家でもあったといわれており[8]、「中部財界のため勇気を出して助けられた会社が今もなお多数現存」した[9]と指摘されている。また「明治銀行は名古屋の事業家の銀行で、最も進取的である……」との指摘[10]もある。他の2行とは異なる戦略のもとで、営業を拡大したといえよう。

2 有価証券所有の拡大

(1) 預貸率・預証率の推移

　大戦中・後の好況期には、銀行は貸出を中心にして業務を拡大した。1919年をとると、表8－1のように、愛知、明治の預貸率は90％台、名古屋も80％に達していた。大戦中に貸出担保としてのウェイトが上昇したのは証券であった。『名古屋市統計書』により、3行名古屋支店の1917年の貸出金担保別内訳をとると、社債株式担保貸出が貸出金合計に占める比率は、愛知34％、名古屋18％、明治36％である。3行のうち愛知の『営業報告書』により同比率をとると、19年下期43％、20年下期40％、21年下期45％である（その他については不明）。大戦中の証券市場の拡大を背景にして、証券担保貸出が大きな比率を示している。しかし20年上期までをとると、各行の証券所有そのものは相対的に小さく、預証率は表8－1のように、ほぼ10％台にとどまっていた[11]。

　1920年下期には状況は一変する。預金残高は、20年下期をピークにして、3行ともに減少に転じている。まず愛知を取り上げると、19年下期から翌20年下期にかけて、預金は10.5％減少した（表8－1参照）。特に定期預金の減少率が大きく、預金残高に占める割合は、同期間に54％から43％に低下した。この減少の意味については、同行『営業報告書』は、全く触れていないので、具体的に説明することは出来ないが、この時期を転換点として、貸出を抑制して証券所有による預金支払準備の充実に舵を切った。預証率は20年下期には40％、21年には50％前後に上昇している。しかし、22年にはその比率がやや低下していることから、戦後恐慌期の特殊事情も加味して考える必要もあろうが、いずれにせよ愛知の預証率は、3行、また5大銀行のそれと比較しても、高いといえよう。

　20年恐慌によって受けた打撃は、名古屋も同様で、1919年下期から20年下期にかけて、預金は約12％減少した（預金に占める定期預金の比率は、同期間に

表8-1　預証率預貸率の推移（上段　上期、下段　下期）

	預証率（％）					預貸率（％）			預金残（万円）		
	普通銀行	5大銀行	愛知	名古屋	明治	愛知	名古屋	明治	愛知	名古屋	明治
1919			13.2	16.4	21.6	81.7	88.0	93.0	8,384	8,186	5,646
	14.8	13.7	12.0	13.0	17.9	93.8	85.8	99.3	9,739	9,719	7,162
1920			13.8	16.1	18.4	79.1	91.6	91.9	9,382	8,262	6,501
	18.6	17.6	39.6	31.6	27.6	62.6	72.1	87.4	8,718	8,564	6,909
1921			55.7	38.1	25.5	58.9	69.4	79.7	8,818	9,189	8,188
	23.3	25.8	48.6	32.9	29.2	61.3	77.1	89.7	8,828	9,464	8,454
1922			41.3	30.7	27.4	65.0	79.2	81.9	9,477	8,988	8,808
	22.4	26.2	42.5	32.9	29.4	61.8	73.3	79.7	10,391	9,537	9,050
1923			43.7	36.5	30.3	67.5	79.1	81.2	10,591	9,583	9,167
	22.4	26.2	43.4	36.2	29.8	66.6	71.9	79.2	11,188	9,612	8,728
1924			43.6	37.4	27.5	62.7	64.9	74.6	11,625	10,352	9,517
	23.2	28.2	45.6	35.6	29.1	62.1	65.3	78.1	12,414	11,043	9,840
1925			43.9	40.4	25.6	59.5	62.3	75.3	13,380	11,394	11,375
	23.5	30.2	38.1	41.2	26.8	67.1	61.3	77.9	13,832	11,834	11,772
1926			34.3	45.9	27.9	69.2	58.6	73.5	14,803	11,744	11,839
	23.5	27.1	40.0	41.3	27.0	62.7	61.3	78.7	15,180	11,779	11,679
1927			40.0	47.8	30.4	62.9	63.5	84.9	16,211	10,979	9,912
	28.7	35.6	50.5	47.8	27.2	53.7	58.5	79.3	16,970	11,576	10,063
1928			47.4	55.6	25.9	48.9	55.0	72.2	17,035	13,381	10,615
	35.2	42.0	48.5	50.9	26.6	53.1	52.1	72.2	17,659	13,265	11,153
1929			48.4	52.4	28.3	54.3	46.8	71.2	18,029	13,113	11,111
	35.8	42.3	50.2	50.8	29.7	52.2	54.5	71.9	17,362	13,461	10,973
1930			50.4	53.5	30.6	52.6	69.9	73.3	16,759	12,647	10,609
	35.8	40.1	56.0	56.5	29.0	47.4	48.9	75.1	16,327	12,307	10,676
1931			53.3	55.5	26.8	48.6	49.6	71.1	15,767	11,927	10,414
	35.4	37.5	53.8	56.9	26.8	47.1	47.0	73.0	15,216	11,700	9,427
1932			56.2	68.7	16.9	54.4	62.2	85.5	11,435	8,357	3,859
	35.4	37.7	52.6	51.4		50.6	57.3		11,589	9,177	

出典：普通銀行、5大銀行は、後藤新一『日本の金融統計』87～88頁、91～93頁、愛知、名古屋、明治は、各行『営業報告書』その他より算出。

41％から35％に低下）。これを境として預証率が急上昇し、30％台に達している。この間の20年3月に、名古屋は一部公募を含む増資〈公称資本金は700万円→2,000万円、払込資本金は625万円→1,025万円〉を実行して、財務基盤の強化に成功、同時に102万円（20年上期純益金の51％に相当）の超過利益を得ていることが注目される。その後の預証率の推移を表8-1によって追ってみると、23年の「名古屋特有の金融恐慌」[12]を経て、その比率は35％を超え、25

年以降には愛知のそれをしばしば上回る水準に達している。23年7月23日の取付け時には、3行とも地方銀行に対して親銀行の地位にあることから、多額の同業者預金の取付けを受けており、その額は、明治195万円、愛知121万円、名古屋は46万円を数えた[13]。もっとも表8-1によると、愛知3行とも期末預金残高は漸増していることから、預金は間もなく回復したと思われる。しかし県下の諸銀行を襲った取付けは、支払準備率を押し上げる要因にはなったと思われる。

次に明治をとると、この間の預金減少率は小さく（19年末から20年にかけて2行を合併、公称資本金1,100万円→1,180万円）、定期預金比率も38％から32％に低下したにとどまるが、定期預金減少の理由について次のように言及しているのが注目される。「定期預金利子課税実施ノ為〆市場ノ遊資ハ確実有利ナル公社債ニ趨リ之ガ売行良好」〈20年下期『営業報告書』〉と指摘、定期預金から公社債投資への資金の移動があったことが示されている。すなわちこのころには、中小商工業者や富裕層の間でも、預金から証券への資金移動が見られたといえる[14]。明治も他の2行同様に預証率を大幅に上昇させたが、上昇率はなだらかで、23年上期に30％に達したのにとどまる。預貸率の低下は鈍く、預証率の上昇速度は鈍い。

以上大雑把に金融恐慌前の預証率の推移を比較してみたが、普通銀行を商業銀行として位置づけていた金融当局者（日銀）は、以上のような証券所有の傾向をどのように見ていたのであろうか。25～6年についての「日銀調査」によってみると、愛知銀行がこの時期に有価証券所有の拡大よりも貸出金の増加を図る方向に転じた（25年上期から翌期にかけて預貸率上昇。表8-1参照）ことを指して「収益ヲ専ラ証券利子ニ仰ギタル従来ノ変態的運用ヨリ一歩ヲ踏ミ出シタルモノト解セラル」「有価証券ノ増加ヲ止メテ貸出ニ充テタル如キ従来ニ見ザル進展ナレドモ郷土ニ薄キハ依然タル観アリ」と指摘している[15]。有価証券所有が大きいことを変態的運用と表現していることが注目される。なおこの間に貸出が著増したのは、交通運輸業であった[16]。これは以下で見る証券所有、社債投資とも関連を持ってくる問題であるので、ここで指摘しておくこと

にしたい。

一方名古屋銀行が預証率を上昇させていることについて「日銀調査」は、「有価証券ノ増加ニ努メル等不況ニ際シテ充実ヲ図リ」と評価、しかし「貸出ニ於テ従来ノ溌剌味ヲ失ヒタル憾無シトセズ」と指摘している[17]。すなわちこの時期には、愛知とは逆に名古屋は、貸出の抑制をはかって証券投資を拡大したことが注目されている。なお表 8－1 から、28年上期に名古屋の預証率は50％台に急上昇しているが、その主因は、上期に直系の名古屋貯蓄銀行を合併して、その資産（『銀行局年報』によると27年下期の有価証券残高は1,400万円）を継承したことにある。これをピークとして証券所有残高は減少傾向に転じるが、預金が減少に転じた30年以降預証率は再上昇して50％台に達した。

また明治銀行について、「日銀調査」では、純益金は 3 行中最低であるが、これは「有価証券収益ノ少キガ為ニシテ銀行本来ノ業務タル信用ノ授受ニヨリ利鞘ヲ以テ宜ク収益ヲ挙ゲ居レルハ明治ノミナリ」[18]として、銀行経営の方向性としてはこれを是としている。上でみたように、明治の預証率は、その他の 2 行と比較すると大幅に低い。しかも22、3 年以降の数値はほとんど変わっておらず、貸出を引き締めて、証券所有に大きく方向転換するという対応はみられない。

次に、現預金の預金に対する比率をとると、明治の比率は相対的に高い。すなわち金融恐慌から昭和恐慌期をとってみると、1928下期における預金準備率は、愛知6.0％、名古屋9.3％、明治13.8％、30年下期には、各5.1％、7.8％、12.7％である。また28年下期のコールを含めた対預金準備率をとってみると、それぞれ10.8％、14.2％、16.4％である。明治は、支払準備としては有価証券よりも流動性が高い現金準備を必要としたと考えられる。このことは明治の営業基盤の特徴、中小商工業との関連が相対的には大きいこと、恐慌期には貸出も固定化の傾向があること、預金の流出率も高いことなどによるものと考えることができよう。

なお金融恐慌後には、都市有力 5 大銀行は、預金の集中を背景として預証率を急上昇させた。表 8－1 のように、28年にはその平均預証率は40％台に達し

た。この傾向は、5大銀行の中でも特に三菱銀行において顕著で、1925年には38％であった預証率が29年には60％に達した。三菱の証券保有による収支についてはのちに触れたい。

(2) 有価証券の種類別内訳

　証券所有の動機について見るためには、種類別内訳についても検討する必要がある。表8-2を参照して3行それぞれの特徴を見ておくことにしよう。

　まず愛知銀行について検討しよう。特融担保物件としても最適な国債の所有比率が最も大きいのは当然として、より利回りの高い社債への投資が大きな比率を占めている。名古屋銀行は、国債所有比率が著しく高く、社債投資が急増したのは1925年である。また愛知の社債投資が26年以降には2,000万円に達していたのに対して、名古屋が2,000万円に達したのは1931年であった。明治の社債投資は、大きく伸びた時期もあったが相対的に小さく、証券所有の圧倒的な比重は、支払準備にあてるための国債にほぼ限定されている。

　表8-2には表示していない有価証券に、地方債や外債がある。名古屋3行の場合には、名古屋市債の所有が中心であろうと予測されるが、事実関係を見てみよう。名古屋市債発行のピークに当たる1927年下期をとり、市債所有高が最も大きい愛知銀行の地方債所有高1,694万円の内訳を示すと、名古屋市債所有高計269万円、東京市債533万円、大阪市債573万円、神戸市債190万円、京都市債60万円、兵庫県債69万円である。翌28年上期をとると、名古屋市債は445万円へと増大、東京62万円、大阪580万円、神戸188万円、京都59万円、合計1,333万円である。名古屋市債の発行引受には、名古屋3行、伊藤、村瀬、愛知農商、尾三農工などの名古屋有力銀行のシンジケートのほか、時期によっては支店銀行、保険、証券などの金融機関も参加していた[19]。準国債である有力都市の発行債（地方債）は、国債よりも利回りが高いことから、これを投資の対象とする金融機関が多かったものと思われる。また愛知の事例では、市債の種類が名古屋市債に偏っていないこと、種類もかなり変動していることがわかる。

表8-2　有価証券の種類別内訳

(単位：万円)

	愛知				名古屋				明治			
	合計	国債	%	社債	%	合計	国債	%	社債	%	合計	国債	%	社債	%
1919	1,175			110	9	1,344	959	71	56	4	1,221	700	57	76	6
	1,173	572	49	121	10	1,264	938	74	56	4	1,281			129	10
1920	1,295	921	71	108	8	1,330	1,053	79	76	6	1,193	891	75	125	9
	3,455	2,048	59	820	24	2,710	2,284	84	142	5	1,908	1,571	82	128	5
1921	4,915	3,202	65	1,057	22	3,501	3,022	86	142	4	2,643	2,157	82	264	8
	4,290	2,676	62	1,063	25	3,111	2,743	88	131	4	2,470	2,039	83	262	8
1922	3,912			1,191	30	2,758	2,373	86	129	5	2,410	1,961	81	261	9
	4,418	2,920	66	1,156	26	3,139	2,765	88	164	5	2,665	2,047	77	261	8
1923	4,626	2,686	58	1,280	28	3,501	2,954	84	184	5	2,781	2,122	76	260	7
	4,860	2,801	58	1,145	24	3,478	2,846	82	159	5	2,598	2,067	80	189	5
1924	5,063	2,727	54	1,280	25	3,872	3,091	80	206	5	2,616	2,168	83	115	3
	5,666	2,920	52	1,540	27	4,037	2,801	69	530	13	2,858	2,257	79	213	5
1925	5,876	2,621	45	1,979	34	4,603	2,974	65	885	19	2,909	2,226	77	284	6
	5,264	2,525	48	1,557	30	4,879	3,067	63	1,008	21	3,115	2,236	72	499	10
1926	5,072	2,528	50	1,254	25	5,395	3,171	59	1,204	22	3,308	2,303	70	631	12
	6,075	2,727	45	2,136	35	4,863	3,028	62	1,032	21	3,153	2,240	71	695	14
1927	6,482	2,648	41	2,529	39	5,240	3,203	61	1,002	19	3,015	2,017	67	752	14
	8,573	3,801	44	2,639	31	5,532	3,398	61	1,043	19	2,736	1,950	71	552	10
1928	8,077	3,946	49	2,471	31	7,434	4,649	63	1,385	19	2,744	2,025	74	294	4
	8,513	4,325	51	2,576	30	6,751	4,027	60	1,573	23	2,967	2,035	69	491	7
1929	8,728	4,687	54	2,643	30	6,877	4,109	60	1,633	24	3,139	2,177	69	475	7
	8,714	4,550	52	2,617	30	6,834	3,862	57	1,841	27	2,824	2,253	69	523	8
1930	8,440	4,185	50	2,519	30	6,767	3,763	56	1,814	27	3,248	2,218	68	515	8
	9,142	4,339	47	2,814	31	6,960	3,818	55	1,893	27	3,099	2,059	66	542	8
1931	8,408	3,287	39	3,038	36	6,620	3,336	50	2,037	31	2,792	1,428	51	776	12
	8,186	2,826	35	3,156	39	6,662	3,469	52	2,075	31	2,642			966	15
1932	6,421	2,021	31	2,660	41	5,737	2,813	49	1,772	31	654	134	20	319	6
	6,098	2,090	34	2,504	41	4,715			1,312	28					

出典：各行『営業報告書』。
注：空白欄は数値不明。但し一部は『中央銀行会通信録』所収の「営業報告書」により補填。

　有価証券投資に占める株式の割合は、預金量の大きな銀行ほど一般的には小さいとされているが、名古屋3大銀行の場合もこれに該当している。25年下期の同比率をとると、愛知6％（32万円）、名古屋5％（24万円）、明治4％（12万円）である。価格変動リスクが大きい株式所有には一貫して禁欲的であった。所有銘柄は、日銀、横浜正金などのほか、各行の系列銀行株（愛知、明治、伊藤系の貯蓄銀行の合同により1922年に設立された日本貯蓄、3行が設立に参加して1926年に設立された中央信託）などの銀行株、その他事業株が上げられる。とりわけ愛知の所有株のうち最大の銘柄は、日本窒素肥料株であった（28年下

期 28,140株、29年上期 37,140株)。

　外債も所有している時期はあるが、その額は小さいので、ここでは紙数の関係から省略する。

　以上から、明治銀行は、預証率が相対的に小さく、預証率の上昇テンポは2行よりも低く、国債を中心とする支払準備として証券を所有していたこと、愛知銀行は、証券所有に最も積極的で、国債よりも利回りが高い社債所有に早くから進出していること、極端な堅実主義路線をとったという名古屋銀行の証券所有は、まず国債を中心としており、預証率の拡大に伴い、大正末期には急速に拡大した社債市場を通して、社債の所有高を増大させていったことなどを確認できた。

3　社債投資の拡大

(1)　発行引受業務の展開

　株式ブームが終わり、金利が低下傾向にあった大正末期以降、社債発行は著しく増大した。次に愛知県内の公称資本金500万円以上の企業を、1926年末の実態を調査した『全国銀行会社要録』から摘出（土地会社等は除く）してみると（カッコ内は公称資本金）、鉄道業：愛知電鉄（1,566万円）、名古屋鉄道（1,450万円）、三河鉄道（525万円）、豊川鉄道（480万円）、機械製造業：日本車輛（1,000万円）、愛知時計電機（500万円）、紡織業：豊田紡織（800万円）、名古屋紡績（575万円）、電力・瓦斯事業：東邦瓦斯（2,200万円）、岡崎電灯（1,050万円）、尾三電力（500万円）をあげることができる。300万円以上にまで広げると、豊田式織機（300万円）、菊井紡織（400万円）、帝國撚絲織物（350万円）、愛知織物（300万円）、近藤紡績（300万円）、帝國織布（300万円）、愛知工業（300万円）、燦洋電気（300万円）、中埜酢店（300万円）、大同電気製鋼（280万円）などがあげられる。大正末期には、三菱電機その他の県外資本の進出が相次ぐが、これらは独自の資本系列をもっている。また地元資本が中

心になっていた電力・瓦斯事業（名古屋電灯；1887年設立、名古屋瓦斯；1906年設立）も、福沢系（東邦電力、東邦瓦斯）に移っている。したがって、資本金を基準とすると、愛知県系資本による大企業で、社債発行によって事業資金を調達しようとした企業は少ないといえる[20]。次に以上の諸企業の内、3行が単独または共同で社債発行（借換債の発行を含む）にかかわった事例を、『社債一覧』により企業別に見てみよう。

愛知県における最有力企業に、愛知電鉄と名古屋鉄道があげられる。最初に**愛知電鉄債**をとってみよう（実際の償還は、愛知電鉄『営業報告書』による）。

① 22.9～25.9（実際の償還25.3）、200万円、表面利率8％、利回8.843%
② 24.5～27.5（実際の償還26.10）、250万円、表面利率8％、利回8.843%
③ 24.7～27.5（実際の償還26.10）、50万円、表面利率8％、利回8.883%
④ 25.3～30.3（実際の償還28.3）、300万円、表面利率8％、利回8.426%
⑤ 25.6～30.6（実際の償還28.8）、150万円、表面利率7.5％、利回8.061%
⑥ 26.10～32.10（実際の償還29.3）、500万円、表面利率7.5％、利回7.5%
⑦ 27.4～32.4（実際の償還30.10）、250万円、表面利率7％、利回7％
⑧ 28.2～35.3（実際の償還34.3）、300万円、表面利率6％、利回6％
⑨ 28.8～35.8（実際の償還35.4）、150万円、表面利率5.5％、利回5.5%
⑩ 29.3～36.3（実際の償還34.3）、500万円、表面利率6％、利回6％
⑪ 30.10～33.10（実際の償還33.10）、300万円、表面利率6％、利回6％
⑫ 30.10～33.10（実際の償還33.10）、200万円、表面利率6％、利回6％

以上のうち、①～③の合計500万円は愛知銀行が利子支払指定銀行、④～⑩の合計2,150万円は愛知銀行が単独で発行を引受、⑪、⑫合計500万円は愛知、名古屋、中央信託が共同で発行を引き受ける形で発行された。その後オープン・エンド・モーゲージ制が採用された[21]33年から35年にかけて発行された合計1,450万円は、愛知、名古屋が引受、担保（鉄道財団）を中央信託が受託した。

名古屋鉄道（30.8名岐鉄道に改称）債についてみると、同様に甲号200万円（25.10～30.9）、表面利率7.5％、利回7.5％、乙号100万円（27.2～32.1）、各7.5％、7.5％、丙号300万円（28.3～33.2）、各6.5％、6.5％、丁号200万円

(28.11～35.10)、各5.5％、5.5％、戊号200万円（30.11～33.10)、各6％、6％、巳号100万円（30.12～33.11)、各6％、6％があげられる。甲号から丁号までの合計800万円は、明治銀行が単独引受、戊号は名古屋3行の共同引受、巳号は縁故募集である。33年以降の発行債は、3行の手を離れ、山一、野村、藤本BBその他が共同で引き受けている。

また明治銀行は、28年に瀬戸電鉄債80万円（28.12～35.12)、利率6％も単独で引き受けているが、これを除くと、単独引受はない。

共同引受の事例では、滝財閥系の帝國撚絲織物が発行した社債の内、第2回100万円（25.10～30.5)、利率7.5％、第3回100万円（28.7～35.7)、利率6.5％を、名古屋銀行と山一合資（証券）が共同で引き受けている。なお第1回24万円、利率6％は、勧銀借入金15万円余（利率7.8％）の借換を主目的として発行され、これを名古屋3行がそれぞれ8万円ずつを引き受けている。その他の紡織業の発行した社債の引受業務には3行は進出していない。例えば名古屋紡績は、23年7月に担保付社債300万円を発行したが、これは三十四、住友、藤本BBが共同で引き受けている。豊田紡織、豊田式織機は、このころには社債を発行していない。

以上の鉄道3社と紡織1社は地元企業であるが、県外企業の社債発行事例をとると、京浜電力債第1回500万円（27.12～34.12)の愛知と野村共同引受事例と、さらに日本窒素肥料債の第4回1,000万円（26.11～32.11)～第11回1,000万円（32.9～37.9)の三菱、山口と愛知による共同引受の事例をあげることができる。最も大型の引受は日本窒素肥料債で4～11回の引受額を単純合計すると7,700万円（愛知電鉄債は1～12回、合計3,150万円）である。

このほか1910年代まで遡ると、名古屋電灯債（500万円、1919年）を、3行と三菱、十五各行が、共同で引き受けている。同社は1922年に東邦電力に再編された。また日本製鋼所債（1,000万円、1910年）は、3行を含む17行による共同引受によって発行されている。

以上から、県外企業の社債発行を引き受けたのは愛知銀行のみであったことが判明する。また、愛知、明治が単独で社債発行を引き受けたのは3企業にと

どまり、共同引受と合わせても、3行が社債発行引受に関わったのは8企業とどまっていたことがわかる[22]。有力都市銀行の社債発行引受業務と対比すると、3行の社債発行市場との関連は極めて小さいといわざるを得ない。

次に代表的な事例である愛知電鉄と名古屋鉄道をとり上げて、社債の発行引受と所有の関係をみることにより引受けの目的が所有にあったか否かという点について検討してみよう。

(2) 社債発行とその所有

①愛知銀行と愛知電鉄

愛知電鉄（以下愛電と略称）を、愛知銀行と結びつけた直接的な契機は、愛電社長・藍川清成が愛知銀行・渡辺頭取（山梨出身）と同窓生（東京大学卒）であったこと、藍川が三井物産偽造手形事件（大正初期、愛知は被害者）の処理に当たった弁護士の一人であったことなどがあげられる。少壮の弁護士として活躍していた藍川は、名古屋電灯の顧問弁護士でもあったことから、福沢桃介と藍川との結びつきも生まれている[23]。岐阜出身の藍川は、福沢（埼玉県出身）とともに外様大名として名古屋財閥から敬遠されていたといわれているが、その中で「渡辺義郎のみが、翁の才幹を認めて、」「援護していた」[24]「渡辺愛銀頭取は唯一の後援者」であったと記されており、愛知の頭取と愛電社長とは、個人的な信頼関係で極めて緊密に結ばれていたことが示されている。藍川の経営の抱負に共鳴した渡辺は「資金の必要を生じた場合は、社債の募集、借換など、いつも愛知銀行が一手に引受け、その融資一千万円に及んだことすらあった。儲からぬ電鉄会社に一地方銀行が一千万円も融資するということは、全く異例」[25]と指摘されている。

愛電は大正末期に事業拡大（路線延長と、設備の近代化、地方鉄道の合併、住宅建設など）を進め、その資金を借入金と社債発行に依存した。愛電の付帯設備・電力事業部門を東邦電力に譲渡した際に、同社から一時（30～31年）多額の手形借入が見られたが、それ以外は、借入金の大部分は愛知銀行からの借入金であった。社債は、(1)で示したように、一部を除くと約3年で償還され

表8-3 社債残高・券面額（愛知電鉄―愛知銀行、名古屋鉄道―明治銀行）

（単位：万円）

	愛知電鉄		愛知銀愛電社債残高	名古屋鉄道社債残高	明治銀名鉄社債残高	参考（愛知銀日窒債残高）
	借入金	社債残高				
23年上	200	200	20①	0	0	0
下	176	200	20①	0	0	0
24年上	82	450	108①②	0	0	0
下	78	500	89①②③	0	0	0
25年上	92	600	460②③④⑤	0	0	0
下	243	750	425②③④⑤	200	117甲	0
26年上	362	750	305②③④	200	117甲	0
下	146	950	245④	200	117甲	124④
27年上	33	1,200	245④	300	178甲乙	294④⑤
下	145	1,200	245④	300	98甲乙	294④⑤
28年上	242	1,200	0	400	35乙	334④⑤⑥
下	178	1,200	0	400	235乙⑦	334④⑤⑥
29年上	378	1,200	0	500	200⑦	390⑥⑦⑧
下	508	1,200	85⑧⑩	500	200⑦	390⑥⑦⑧
30年上	607	1,200	85⑧⑩	500	200⑦	390⑥⑦⑧
下	555	1,450	170⑧⑩⑫	800	235⑦戌	390⑥⑦⑧
31年上	543	1,450	140⑧⑩⑫	1,100	200⑦	390⑥⑦⑧⑩
下	275	1,450	85⑧⑩	1,100		390⑥⑦⑧⑩
32年上	265	1,450	85⑧⑩	1,100		390⑥⑦⑧⑩
下	310	1,450	85⑧⑩	1,100		390⑥⑦⑧⑩

出典：愛知電鉄、名古屋鉄道は『名古屋鉄道百年史』（1994年）。愛知銀行、明治銀行は『営業報告書』。空白欄は明細なし。

注：名古屋鉄道は、30年8月に美濃電気軌道を合併、名岐鉄道に改称。マル内は社債発行回次。

ているので、発行額累計と社債残高は必ずしも一致していない。このような条件を前提として、表8-3を見ていくことにしよう。

　25年下期から26年上期にかけて愛電の借入金は著増しているが、25～26年に発行された社債によって、借入金が返済され、借入金残は減少したと読み取ることができる。25年下期から26年上期の愛電と愛知銀行の社債残高を対比すると、愛電債の所有比率は50％以上の時期があり、発行引受額と所有率の間には極めて高い相関関係がある。しかしその後についてみると、所有率は低く、また第5回から7回の発行債は、愛知銀行は全く所有していない。発行引受と所有の関係を明確にするために、発行回次も添記してみたが、愛知銀行は、発行

引受手数料収入を得たものの、そのまま所有することは稀で、多くは証券市場で売却している（26年末に設立され系列信託・中央信託も一部所有か？）。愛知銀行は、愛電に対して多額の貸付を行ったが、貸付は社債発行とその売却によって流動化することができたし、発行を引き受けてもその売却は容易であったこと、すなわち愛電債の流動性[26]を前提にして、多額の引受が可能であったといえよう。

愛知銀行の渡辺は、愛電の藍川の経営者としての資質を高く評価し、銀行の取引先としての将来性を見込んで、貸出や社債の発行引受に応じたと思われるが、もう一つの人的関係が大きかった日本窒素肥料債を取り上げて、その所有高の推移と対比してみよう（表8-3の参考欄）。このケースでは、所有高は大きいだけでなく、安定的に推移している。愛知銀行と三菱の関係は、これによって強化され、愛知は三菱の信用力を背景にして、預金量も、他の2行を引き離して、29年までは急増したと考えられよう（表8-1）。

②明治銀行と名古屋鉄道

次に名古屋鉄道についてみよう。同社は、1894年愛知馬車鉄道の社名で設立され、96年には名古屋電鉄に改称した。大正デモクラシーの高揚、運賃切り下げ要求が過熱化する中で、名古屋市内の軌道を名古屋市に売却（売却額は1,000万円余）して、21年名古屋鉄道（以下名鉄と略称）に改称した。1900年代以降、神野・富田が、明治銀行と名鉄の役員に就任しており、特に富田重助は「その生涯で最も勢力を注いで経営にあたり、最も愛した会社は名古屋鉄道」[27]と指摘していることから、銀行と鉄道の関係は、愛知銀行と愛電の人的関係とは異質なものであったといえよう。しかし他人資本（借入金、社債）への依存度が高かった愛電とは異なり、名鉄は事業資金の多くを自己資本によっており、借入金はないか、あっても僅少であった。発行を引き受けた社債の流動性が保証されているならば、機関銀行的な資金貸借関係には展開しなかったと見てよい。

30年8月、名鉄は美濃電気軌道を合併して、名岐鉄道と改称した。11月には

戌号債200万円を3行共同で引き受けたが、明治銀行はその内35万円を所有したのみで翌31年上期には所有していない。同行が引き受けた名鉄債のうち、そのすべてを所有したのは丁号債のみである（表8-3参照）。その他については、所有率は高いとはいえない。

③名古屋3行の社債所有

　愛知銀行は、他の2行に先駆けて社債所有に踏み切っていたことは上述した。1920年下期には820万円の社債を所有しているが、その内訳をとると、当時の代表的な銘柄であった満鉄を335万円、東拓296万円を筆頭にして、信濃電気、朝鮮中央鉄道その他の10銘柄を所有している。国策的な企業銘柄を中心にして、価格変動リスクの小さい社債を所有していたことになる。

　次に、業種別に所有額を整理した表8-4によって、3行それぞれの特徴をみてみよう。愛知銀行をとりあげると、鉄道債所有高の比率が高い。そのうち最も大きな割合を占めていたのは準公債ともいえる満鉄債である。しかし所有額そのものは、表8-4からも推定できるように変動している。所有債の中に流動性が高い満鉄債を組み込み、資金需給の繁閑に弾力的に対応したと考えられる。次いで電灯・電力債が多いが、とりわけ愛知銀行に特有なのは、上述したように発行を引き受けた日本窒素肥料債の持続的な所有である。その他は、社債市場の動向をみて、分散的に所有することにより、社債所有に伴うリスク分散をはかったと考えられる。これは次に見る名古屋銀行とも共通している。大正末期から昭和初期にかけては、野村證券をはじめとする有力証券会社が社債元引受、下引受業務に対して積極的に進出していくが、彼らを媒介とした社債流通市場の広がりを前提として、多銘柄の社債を選択していくことができたといえよう。

　名古屋銀行は、興銀、勧銀、植民地金融機関などの金融債投資割合が最も高い。社債所有高の約4分の1は金融債であった。また30年にかけて、電力、鉄道債への投資も拡大しており、銀行を加えて3分野に均衡のとれた投資を実行している。社債銘柄の選択においても、名古屋は最も安定志向型であったとい

表 8-4　3 行所有

		1926年下期							
		愛知			名古屋			明治	
業種別	金融債	3	3,448	16	4	2,342	23	3	837	12
	電灯・電力	6	5,190	24	3	3,377	33	7	892	13
	瓦斯		—		2	838	8	3	742	11
	鉄道	3	10,718	50	1	775	7	4	1,401	20
	海運	1	780	4		—		2	328	5
	繊維		—		2	794	8	4	380	5
	製紙		—		2	2,072	20	2	471	7
	その他	2	1,226	6	1	125	1	11	1,910	27
合計		15	21,362	100	15	10,323	100	36	6,961	100
銘柄別	東邦電力		640　(665)			1,397　(1,419)			—	
	東京電灯		2,109　(2,150)			1,689　(1,700)			—	
	満鉄		8,057　(8,380)			775　(810)			97　(100)	
	愛知電鉄		2,364　(2,450)			—				
	名古屋鉄道		—						1,155　(1,167)	
	その他		日窒1,193　(1,242)		撚糸	294　(300)				

出典：各行『営業報告書』。
注：銘柄別内訳の金額は簿価、（　）内は券面額（千円）。
　　各銀行欄は、銘柄名、所有額（千円）、業種別所有割合（％）の順に記載。
　　日窒は愛知銀行が共同で発行を引き受けた日本窒素肥料。
　　撚糸は名古屋銀行が共同で発行を引き受けた帝國撚絲織物。
　　瀬戸は明治銀行が単独で発行を引き受けた瀬戸電鉄。

えよう。発行を引き受けた直系の帝國撚絲織物債は、発行額そのものが相対的に小さく、また名古屋銀行の所有額はその3分の1（表8-4）である。表示していない銘柄の内、名古屋銀行との関係が強い繊維産業の発行債について付記しておくことにする。大手の繊維企業をとると、先に上げた名古屋紡績は、23年に社債を発行しているが、名古屋銀行は所有していない。名古屋銀行が30年に所有している繊維企業債は、鐘淵紡績、冨士瓦斯紡績、日清紡績などの既発債であった（中京地方と最も関係の深い東洋紡績はこの時期には社債を発行していない）。

　明治銀行の特徴は、社債所有額が2行よりも遥かに小さいにもかからず、26年現在をとると、所有銘柄数が最も多いことである。所有額の中で最も大きいのは、発行を引き受けた名古屋鉄道債である（表示したように満鉄債所有額は

社債の業種別内訳

				1930年下期				
愛　知			名古屋			明　治		
3	2,038	7	3	4,700	25	2	773	14
6	10,121	36	4	5,518	29	2	493	9
	—		1	784	4	1	297	6
7	10,480	37	7	4,855	26	2	3,145	58
2	1,193	4	2	766	4	1	100	2
1	196	1	3	1,321	7		—	
1	294	1	2	994	5		—	
1	3,822	14		—		3	607	11
21	28,144	100	22	18,938	100	11	5,415	100
	5,768 (5,844)			1,942 (2,055)			—	
	2,159 (2,300)			2,123 (2,300)			—	
	5,140 (5,320)			1,363 (1,475)			—	
	1,662 (1,700)			842　(850)			—	
	1,032 (1,075)			371　(375)			2,345 (2,345)	
日窒	3,822 (3,900)		撚糸	333　(340)		瀬戸	800　(800)	

僅かに10万円)。また瓦斯企業債所有が相対的に高いのは、瓦斯王とも称された明治の初代頭取・奥田正香の事業経営の特徴を反映していると考えられる。その他の業種に分類されるのが11銘柄あるが、明治は、製粉、精糖、麦酒、セメントなどの多様な業種に分散投資している。リスク分散を企図したようにも見えるが、実際には塩水港精糖、帝國麦酒、東洋モスリン、日本製麻、川崎造船のような償還不能債を抱え込む結果となっている。また複数の担保付社債[28]を所有している。これらの点から推すと、大正末期には、明治は分散的な社債投資をしてはいたが、リスク分散を意識して選択されたとは考えられない。その後は、発行を引き受けた名古屋鉄道債の所有が中心となっており、銘柄数も他の2行が増大したのに対して、明治は減少している。

表8-5 純益金と証券利益

	愛知銀行					名古屋銀行				
	有価証券残高	当期利益金	証券利息配当金	証券		有価証券残高	当期利益金	証券利息配当金	証券	
				利益	償却				利益	償却
単位	万円	万円	千円	千円	千円	万円	万円	千円	千円	千円
1923	4,860					3,478				
27	8,573					5,532				
1923～27年累計		1,132	17,652	4,482	?		1,091	13,839	2,968	518
1928	8,077	124	2,715	804	331	7,434	146	2,559	721	174
	8,513	127	2,530	883	351	6,751	128	2,109	975	506
1929	8,728	129	2,545	873	534	6,877	125	2,077	607	207
	8,714	132	2,431	546	332	6,834	121	1,959	403	155
1930	8,440	133	2,435	489	377	6,767	111	2,011	390	380
	9,142	118	2,303	141	297	6,960	112	1,914	269	130
1931	8,408	*219	2,434	501	177	6,620	114	2,022	298	135
	8,286	*108	2,301	371	1,007	6,662	*108	1,943	458	1,409
1932	6,421	109	2,239	542	586	5,737	109	1,954	207	136
	6,098	109	1,798	538	125	4,716	128	1,475	814	183
累計	80,827	1,308	23,731	5,688	4,117	65,358	1,202	20,023	5,142	3,415

出典:各行『営業報告書』より作成。
注:1923年1927年証券残高欄は各下期証券残。
　　証券利益=証券売買益+証券償還益。
＊利益金には積立金戻入額が含まれている(本文参照)。

4 収益構造の推移

　大正末については、前述したように「日銀調査」では、証券利益の大きさが収益の大きさを決める主因になっていたと指摘されている。この調査では、利息割引料手数料の収支も比較しているが、その中から、名古屋銀行を例にとってみよう。25年上期と26年上期を比較すると「貸出減卜共ニ収入利息減ジ一方高率預金借用金ノ増加ニ伴ヒ支払利息ニ増加ヲ来シタル外各種銷却、営業費嵩ミテ純益減少」、利息等収支はほとんど0に近いことが示されている[29]。有価証券投資の原資金は、自己資本(26年上期:証券残高/払込資本金+積立金の比率は、愛知298％、名古屋274％、明治225％)と定期預金であったとみられ

第8章　名古屋有力3行のビジネスモデル　251

明治銀行				
有価証券残高	当期利益金	証券利息配当金	証券	
			利益	償却
万円	万円	千円	千円	千円
2,598				
2,736				
	840	8,489	1,584	235
2,744	84	790	233	8
2,967	87	799	365	164
3,139	84	801	232	7
3,254	69	837	188	53
3,248	84	873	196	35
3,099	78	824	206	308
2,792	71	720	273	12
21,243	557	5,644	1,693	587

るが、次に定期預金利子の問題がどのように捉えられ、変化していったのかを見ておくことにしたい。

定期預金利子は、利子協定による規制があったが、実際には競争関係によって、上乗せ金利がつけられることが多かった。3行間の預金獲得競争[30]に加えて、信託預金との競争もあったことから[31]、預金金利の引き下げは困難であると論じられている

しかし普通銀行による証券所有の急増に伴い、運用原資金調達コストの引き下げは、緊急の課題になった。預金金利と証券の利回りについては、日銀名古屋支店が次のように述べているのが注目される。すなわち金融恐慌前には、相互に預金の大を競い、不利と知りつつも大口預金（信用組合預金、同業者預金など）に対して高率金利を適用していたが、金利が低下した「昨今ハ各銀行トモニ高率預金ノ整理ニツキ肝胆ヲ砕キ……定期預金ノ総平均利率ヲ支払準備所有々価証券ノ実際平均利回リ以下トスルコト」[32]を目標に預金を整理しつつあると指摘している。実際に、とりわけ堅実経営を専らとした名古屋銀行は、27年秋には「定期ト所有物ト利回リ相殺」[33]を原則にするという明確な戦略を打ち出している。

次に大正末期から1932年までの3行の収支構造、とくに有価証券所有と利益の関係がどのように変化したかを表8-5によって見ていこう。27年の新銀行法施行を挟んで、勘定科目の整理方法が変化しているので、27年までの5年間と、預証率が上昇したその後の5年間に区分して、証券所有に伴う収益の変化を見ると、日銀が指摘した収益構造が、その後にも変化せず、愛知、名古屋2

行とも、利息配当金収入が当期利益金を上回っている。

表8-5によると、証券利息配当金収入は、証券所有の増大に伴い28年上期までほぼ増大傾向を辿っているが、その後は証券所有の増大に対応した利子配当金収入が得られていない（利回りは低下）。一方証券の売却と償還によって生じた証券利益は、28、9年の証券価格変動率が大きい時期には大きい。特に名古屋銀行は、国債価格の上昇時にあたる28年[34]には大量の国債を売却（表8-2参照）して、3行中最大の利益をあげている。これに対して、明治銀行の証券関係利益は、依然として低い。

しかし株式価格は勿論、国債価格にも下落の可能性がある。これに対応するために、別途積立金（証券価格償却金）が計上され、各期の利益金から控除されている。とくに証券価格が暴落した31年下期には、表8-5のように多額の償却が必要になり、主に積立金から控除する形で整理された。すなわち、31年下期には愛知は101万円、名古屋は一挙に141万円の証券価格償却額を計上しているが、それぞれ85万円、100万円の別途積立金を取り崩して償却に当てた[35]。一方積立金が小さかった明治銀行は、証券価格の下落に対応した償却金の計上には無理があった。明治が所有した株式銘柄の内、昭和銀行、中央信託など、愛知、名古屋と同一銘柄について、それぞれの簿価を比較すると、明治の簿価が相対的に高い。つまり償却率が相対的には低かったことになる。

同じく31年下期には、都市有力銀行も、多額の償却金を計上（三菱1,033万円、三井600万円、住友450万円、安田404万円、第一550万円）し、それぞれ積立金を取り崩して、これにあてている[36]。都市大銀行の内、証券所有に積極的な三菱をとりあげると、28年から5年間の証券償却額累計は1,739万円であるが[37]、上記のように31年下期には、最大の償却額1,000万円余を計上している。証券価格の下落に対応した多額の償却について、当時の三菱の経理課長は「異常時の一時的値下がりでその時の償却も利益留保のつもりで別に心配もしなかった」と述べている。三菱はまた「有価証券の売買益及び償還益の多くを有価証券の価格償却に振り向けることとした為、同償却は証券価格の騰貴にも拘らず比較的多額に上り、その結果資産内容は著しく充実」したと指摘している[38]。

証券売買益(→別途積立金に算入)によって価格変動による損失が補填され得たこと、償却は内部留保的な含みがあったことが示されている。積立金の大きさが、大きな償却を可能にし、資産価値の劣化を阻止したといえる。

そこで最後に、3行の積立金について、26年末と、30年末を事例として取り上げてみる。まず26年末には愛知銀行の積立金は717万円(払込資本金1,020万円の約70％)、名古屋銀行は771万円(同1,220万円の63％)、明治銀行は315万円(同1,168万円の27％)である。30年末には愛知は1,036万円(1,180万円の88％)、名古屋は1,049万円(1,395万円の75％)へと増大しているのに対して、明治は375万円(1,203万円の31％)へと増大するにとどまった。積立金は、利益金の大きさと、内部留保率によって決められる。対払込資本金利益率は、愛知が最も高いが、名古屋と明治の間には、金融恐慌以前には上記の積立金比率に見られるような決定的な差はない[39]。明治の積立金が相対的に少ない主たる原因は、3行横並びの配当率にこだわったことにあると考えられる。明治は株主数が最も多く、分散的な株主構成をもっていたことから、株主の利益を擁護し、且つ株価を維持して有利な条件で銀行合同を実行するためにも、ほぼ横並びの配当を実行していかざるを得なかったのであろう。貸出金の固定化に加えて、積立金水準の低さが、弾力的な資金運用、投資戦略の選択幅、所有銘柄の分散的な投資を制限したと考えられる。

おわりに

大戦後のバブル崩壊後、名古屋3行はそれぞれ有価証券所有を拡大したが、その速度と大きさ、さらに所有する証券種類や銘柄は、3行それぞれの経営の特徴を象徴的に表している。徳川家や伝統的な有力商人を大株主とする愛知銀行は、証券投資、社債発行引受業務にも最も積極的であった。とはいえ、大正末期に急速に拡大した事業債の発行引受市場との関連は小さい。社債発行を引き受け、社債利子を受けとるというよりも、急速に拡大した証券市場におけるその売買を通して、収益を確保していったといえる。名古屋もまた同様である。

名古屋銀行の証券投資は、堅実性を基準とした分散的な投資を特徴としていた。同時に、証券市場の変化に機敏に対応することによって収益を拡大し、財務内容の充実を図るという戦略展開をも見ることが出来た。天性の理財家といわれていた恒川頭取の経営戦略を反映したものとして注目される。

これに対して名古屋株式取引所の取引銀行であった第百三十銀行の名古屋支店を継承して開業した明治銀行は、大戦中には証券担保金融を通して株式市場の活況を下支えし、また自らも愛知銀行を上回る証券所有実績（18年末明治1,180万円、愛知949万円、19年各1,280万円、1,172万円）も記録していた。しかしそれだけに、1920年の証券市場の崩落によって受けたマイナスの影響も大きかったと考えられる。増資や大口預金獲得などによって、運用資金量は増大したが、資金調達コストの相対的な高さに帰結することになり、利回りが低い証券保有よりも相対的に高い利回りを確保できる貸出に傾斜する傾向を生み出した。大正末期に頭取に就任した生駒重彦は、事業活動の支援に積極的であったといわれるが、それだけに、昭和恐慌が明治の経営に与えた打撃は大きかった。1億を超える預金を抱えていただけに、取付額も大きく、支払準備金の相対的低さに加えて、恐慌下における不動産担保貸付の増大が、巨額の救済融資の投入を阻んだ。神富財閥の主要資産の整理により、局面の打開、整理が進められていくことになった。

昭和恐慌による影響は、愛知県下の地方銀行も大小の差はあれ同様であった。県内地方銀行の内、預金の減少率が最も小さかったのは尾西の稲沢銀行である（伊藤銀行を除く）。同行の預証率は、大正末期にはすでに、県内の全銀行中最高（26年には50％台）であったが、所有証券の中心は社債で、証券残高の80％を占め、其の銘柄も約30種類の有力企業銘柄に分散されていた。一方支払い準備金としての現預金残高が預金に占める割合は、6％（含コール9％）にとどまった。32年初めの取付け波及時には、実質的には親銀行の位置を占めていた第一銀行からの救済資金を得て、難局を乗り切った[40]。証券の中でも利鞘が大きい社債に集中的に投資している事例であるが、地方の中小銀行・稲沢銀行（預金500〜600万円前後）がこのような経営モデルを追及し得た理由のひとつ

は、背景にあった第一銀行の資金力であったと考えられる。

　有力な地方企業が存在せず地方産業の資金需要も低迷している場合には、貸出リスクを回避する必要が生じる。運用資金の利回りの低下を阻止し、一定水準の利益が得られるような効率的な証券投資が要求される。効率的なポートフォリオを組む[41]ためには、流動的な証券市場の展開が前提となる。地方中小銀行には、さらに有力な都市銀行の信用力に支えられることにより、効率的な資金運用が可能になったといえよう。

1）『日本金融史資料　昭和続編　付録　第2巻』（以下『付録』第2巻とする）474頁。
2）工産物価格対前年比増減率をとると、1929年～3.3％、30年～21.4％、31年～8.9％（30、31年は豊作恐慌、蚕糸業恐慌）。
3）「名古屋　愛知　明治　三行比較」（日本銀行名古屋支店1926、11）『付録』第2巻所収、496頁、以下同報告を「日銀調査」とする。
4）「名古屋貿易の最大の担い手は、三井物産……大正期に入ると、三菱、大倉組、藤田組、鈴木商店など巨匠が続々と出張所や支店を名古屋に設置したが、大戦期にも三井物産の位置は一頭地に抜きん出ていた」『新修名古屋市史』第6巻、2000年、47頁。1928年名古屋港の第3期工事（1万トン級船舶出入可能）が竣工したが、その後も3行の外国為替業務は拡大していない。綿花の直輸入を例にとると名古屋港直輸入は10％強（西村はつ「中京経済圏の形成過程」428～431頁（山本弘文編『近代交通成立史の研究』法政大学出版局、1994年）。
5）以下3行の頭取の履歴は、『名古屋人名録』日本図書センター、1989年並びに『株式投資年鑑』経済情報社、1934年によった。
6）愛知銀行は、日本車輌への固定貸しがあり、この「十年来の癌」は、日露戦後の株価上昇期の利益をもとに解決された（『愛知銀行四十六年史』東海銀行、1944年、104～105頁）。また名古屋銀行も、後藤新十郎関係などへの固定化貸しの整理が終わったのは、大戦直前であった。明治銀行の滞貸金の整理は、大三輪の入行をまって実施されたが、その整理は15年上期に一挙に実行された（無配と積立金取崩し、さらに不足分は重役の私財提供による）。日露戦争前後までに抱えこんでいた不良債権の整理は終了。
7）『名古屋新聞』1929年8月26日。
8）鈴木清右衛門『中部財界史』政経太陽社、73頁。

9) 同上書、74頁。一例として、明治銀行と名古屋の有力綿糸布商・服部商店の事例をあげておこう。服部兼三郎は、大戦中に商品取引に失敗して、運転資金の調達に行き詰まった。同商店は、三井その他有力銀行と取引があったが、その中から的を絞って明治銀行に難局打開の融資を依頼した。『興和百年史』（興和紡績、1994年）によると、無担保借入金124万円は、明治からの融資であった（67頁）。杉浦英一『中京財界史』下巻（中部経済新聞社、1956年）によると、この貸出リスクに対しては、市中金利より1銭高い3銭5厘（12.7％）という利子が設定された（91頁）。なお、服部兼三郎の死（1920年）後、同社専務・三輪常次郎の手により会社は再建。

10) 『大阪毎日新聞』1924年7月26日～8月5日連載、「名古屋財界のぞ記」より。

11) さらに下って26年上期については、「日銀調査」によって貸出金担保別内訳をとると、証券担保比率は、愛知36％、名古屋15％、明治24％で、愛知の証券担保貸出金比率が最も高い（493頁）。この間には全体としては不動産担保貸出も増大（19年2月から翌年2月にかけて、名古屋組合銀行の同比率は約3倍に増大）したが、名古屋3行の不動産担保比率を、26年上期についてみると、愛知9％、名古屋12％、明治9％である（493頁）。

12) 植田欣次「金融恐慌と都市銀行の経営戦略——名古屋銀行を素材として——」『金融経済』219号、1986年において、植田は1923年の取付から27年恐慌にいたる経営戦略の転換を内部資料も用いて分析している。1923年の取付けに対応した経営戦略の違いが、明治と名古屋のその後の経営の命運を分けることになったこと、とくに24年以降名古屋は定期預金の増加に対応して、これを契機に有価証券所有を拡大していったのに対して、明治はその契機をつかめなかった（115～118頁）ことを重視している。しかし名古屋の証券投資への傾斜が顕著になったのは、1920年下期以降であり、事実上の転換点は1920年であったといえよう。

13) 「日銀調査」577頁。

14) 日露戦後に実施された満鉄株の公募の際に、全国的に応募熱が高まったが、それが最も高かったのは名古屋であった（『愛知銀行46年史』93頁）。

15) 「日銀調査」（25年上期対26年上期を対比）494、496頁。

16) 「日銀調査」493頁。

17) 「日銀調査」496頁。

18) 「日銀調査」496頁。

19) 『大正昭和名古屋市史』第7巻。1955年。

20) 名古屋の「大企業は大体名古屋以外の人々によって計画され投資されて成立」（『名古屋新聞』1928年6月22日）。

21) 1933年ころから、有力企業も新制度を適用して、担保付社債を発行するものが

あらわれた（『日本金融史資料　昭和篇　第30巻』22〜23頁）。
22）　以上のほか、尾三電力（24年発行、200万円）と、岡崎電灯（24年発行、150万円）も、愛知銀行が、支払指定銀行のひとつに入れられているが、『社債一覧』と、興銀月別『最近公社債調』を照合した結果、情報に差異があるので、2企業についてはカウントしていない。
23）　小林橘川『藍川清成』藍川清成伝記刊行会、84〜85頁。
24）　同上書、117頁。
25）　同上書、167〜169頁。
26）　『野村證券株式会社十年史』1936年、『山一証券史』（1958年）などによると名古屋の現物団も下引受に参加している。社債引受業者→地元の証券会社のルートで、一般投資家への社債売買が展開していた（名古屋の大手現物商・後藤新十郎商店の広告事例；100銘柄前後の中値広告には、愛知電鉄債⑧についての記録も見られる（『名古屋新聞』1928年6月23日）。
27）　『紅葉舎類聚』富田企業株式会社、1977年、252頁。
28）　一流会社は原則無担保、二三流会社は担保付で社債を発行するのが一般的であった（日銀「起債界ノ現状」『日本金融史資料　昭和篇　第30巻』22〜23頁）。
29）　「日銀調査」495〜496頁。
30）　「三大銀行は従前から預金1億円を理想として競争をつづけて来た関係上一層猛烈を極め……この結果は当然協定利率の破壊とあり」と報じている。また信託預金との競争についても触れ「定期預金などが続々解約され信託預金にふり替えられて」としており（『大阪毎日新聞』1925年8月12日）、競争の激甚さが推量できる。
31）　銀行預金の過半を占める「定期預金に対しては信託預金と有価証券市場との脅威があり……」（『中央銀行会通信録』第309号、1928年12月、寄稿者・村上潔）。
32）　「日銀名古屋支店　1927年10月報告」（『日本金融史資料　昭和篇　第26巻』188頁）。
33）　前掲植田欣次論文、120頁。
34）　銀行は「遊資処分策として争って公社債に投資し、これがため公債は僅々一ヵ年あまりで実に8円方の高騰を演じつつある」と報じている（『名古屋新聞』1928年6月18日）。貸出の低迷から証券投資熱が高まり、証券に対する需要が急拡大したことから、「公債相場は二十年来の新高を買はれるの活躍を呈し如実に大勢の金利安を暗示……買気の片鱗は準公債株に廻り」（『名古屋新聞』1928年6月23日）と、28年ころの証券市場の活況が報じられている。なお国債価格の変動については拙稿「有価証券所有からみた名古屋有力3行（愛知、名古屋、明治）の経営（1920-32）」『地方金融史研究』39号、2008年、31頁を参照されたい。
35）　愛知銀行の1931年上期利益金には、新築準備積立金100万円の戻入額が含まれており（このうち、50万円は同年の利益金処分において、配当準備積立金勘定を新設

処理)、31年下期の利益金には、別途積立金戻入85万円を含む。また名古屋銀行の31年下期の利益金には、別途積立金戻入100万円を含む。
36) 『大阪銀行通信録』415号、1932年3月、69頁。なお三井銀行については、ここでは、有価証券価格償却金600万円、これに対する準備金戻入額1,250万円としてあるが、『三井銀行八十年史』付表によると、償却金は三菱とほぼ同額の1,142万円である。
37) 『三菱銀行史』三菱銀行史編纂委員会、1954年、765、767頁より算出。
38) 同上書、204、236頁。
39) 各行の資本金、積立金、利益率、配当率の推移については、「有価証券所有からみた名古屋有力3行」第4表（33頁）を参照されたい。
40) 30年稲沢銀行『営業報告書』。渋谷隆一「地主的地方銀行の性格と機能」『農業総合研究』第9巻4号、1955年、198頁による。

また預貸率が高く、社債投資比率が高かった百十銀行も、三菱の後方支援を得られることから、国債よりも利回りが高い社債投資に踏み切っている（粕谷誠「戦間期における地方銀行の有価証券投資」『金融研究』2006年3月、72頁。この粕谷論文は、1920年台から37年前後までの期間を取って、百十（三菱直系）、百五（三菱モデル経営）、秋田、並びに愛知の4行それぞれについての有価証券投資の内容、その変化を分析している。4行の中から愛知の社債引受けに限定して、取り上げておこう。粕谷は、愛知の引受事業債を20銘柄とし、投資の目的は、所有し続けることを予定したものであったと推定している（90頁）。本章では、愛知の社債引受けと、その所有高について具体的に追跡し、社債の発行引受けが必ずしもその所有に帰結しないことを明らかにした。愛知銀行は流動的な社債市場の拡大に対応して、社債に投資していき、また債権の流動化をはかったといえよう。
41) 貸出を含む運用資金について、期待効率を最大化するポートフォリオ選択の形成過程を、戦間期の普通銀行について分析した論文としては、南條隆・粕谷誠「銀行のポートフォリオ選択の効率性に関する一考察：戦前期日本における普通銀行の資産運用を事例として」（『金融研究』第25巻第1号、2006年3月）がある。

第9章 不動産銀行の「不動産金融ビジネス」の特質と意義
――東京府農工銀行を素材にして――

植田欣次

はじめに

1920年代から「徐々に深刻化してきた不動産担保融資の固定化」[1]（＝不動産金融問題）は、不動産銀行にあっても例外ではなかった。日本勧業銀行（以下、勧銀と略称する）の延滞金（＝延滞年賦金）は、1933年3月末には7,183万円（本店3,163万円、支店4,020万円）に達した。第三次勧農合併によって設立された勧銀支店の延滞金は3,211万円（1937年末）であることを考慮すれば、勧農銀の延滞金は1億円を超えると推定できる[2]。また1933年末の「所有不動産」は農工銀行(以下、農銀と略称する)2,000万円、勧銀428万円であった[3]。

注目されるのは、こうした延滞金の急増という事態の中にあって、普通銀行とは異なり、破綻した農銀が1行もなかったこと、都市所在の農銀でみるかぎり経営困難に陥って合併を希望するものが見あたらないことである[4]。戦間期の農銀の貸付は決して順調に増加したのではなく巨額の延滞金を抱え込んだ。

本稿の課題は、第一に東京府農銀を素材として「延滞金」の実態とその意味を明らかにすることである。延滞金は、延滞された年賦金（割賦金＋利息）の合計で表示されるが、その内訳や、延滞金と残元金との関係、そして延滞金に対する農銀の対応を解明することは、少なくとも戦間期の農銀経営の特質を把握する上で避けることができないと考える。

第二に、戦間期における大都市の農銀は延滞金を巨額に抱え込みながらも破

綻することなく、合併直前まで債券を発行、しかも低利に借り換えるための発行がなされた。こうした債券発行を可能ならしめた理由を解明することである。

　これらの課題を検討することによって、不況期こそ不動産銀行の本領が発揮できる銀行としての特質（＝「不動産金融ビジネス」の特質）を明らかにしたい。そのことは不動産銀行の経済史的意義と普通銀行などが「不動産金融」へ進出してはならない基本的理由を解明することにつながるであろう。

1　大都市農銀の延滞の深刻化——東京府農銀の延滞金分析——

　東京府農銀（1898年2月に開業）は勧銀に合併して1936年10月からは勧銀東京支店として営業する。農銀の貸付残高は一般的に1920年代に急増して1930年頃ピークを迎え、その後は減少傾向をたどる。貸付残高の推移と債券の発行残高はほぼ同様に推移する。東京府農銀の貸付残高は、1918年末1,752万円、1920年末2,224万円、1925年末6,148万円、1930年末8,208万円（内直接貸付7,747万円）へと急増してピークを迎え、以後減少して1936年6月末には6,568万円となる。

　延滞金の分析に移ろう。表9-1は、東京府農銀の勧銀合併直前（1936年6月末）の資金別貸付金残高とその延滞金の状況を示したものである。注目されるのは第一に、貸付口数のほぼ半数において延滞金が発生していることである。直接貸付1万4,192口の内、47.4％に相当する6,724口で、また代理貸付では286口の内57.3％に相当する164口で延滞金が発生している。半数近くの貸付口において年賦金の延滞が発生しており（＝貸付債権の半数近くが約定通りに返済されていないこと）、貸付債権の不良化が広範囲に進行していることを示している。第二に延滞した元金部分が貸付残高にしめる割合が8.6％（年賦貸付・普通資金7.4％）と561万円にもおよびこれは当時の債券残高5,302万円の11％にもなる。農工債券が「抵当貸付金の代表物」[5]であるとの規定、すなわち農工債券が不動産抵当貸付金によって保全されねばならないことからすれば、農工債券の償還・信用に影響を及ぼさざるを得ないと考えられる。第三に延滞

第9章 不動産銀行の「不動産金融ビジネス」の特質と意義　261

表9-1　東京府農銀の資金別貸付残高と延滞金の割合（1936年6月末）

(単位：口、千円)

		資金種類	貸付残高		延滞金				延滞金割合%	
			口数	金額	口数	元金	利金	計	口数	元金
直接貸付	年賦貸付	普通資金	12,025	51,238	5,820	3,817	4,965	8,782	48.4	7.4
		特別資金	448	5,834	111	151	72	224	24.8	2.6
		計	12,473	57,072	5,931	3,968	5,037	9,006	47.6	7.0
	定期貸付	普通資金	779	6,996	230	1,482	283	1,766	29.5	21.2
		特別資金	940	1,040	563	154	7	162	59.9	14.8
		計	1,719	8,036	793	1,637	291	1,929	46.1	20.4
	総計		14,192	65,109	6,724	5,606	5,329	10,935	47.4	8.6
代理貸付	年賦貸付	普通資金	55	72	48	29	31	61	87.3	40.3
		特別資金	231	500	116	207	72	279	50.2	41.4
		計	286	573	164	237	103	341	57.3	41.4

出典：『東京府農工銀行合併調査諸表』の「資金別貸付金内訳表」、『東京府農工銀行合併引継諸表』其の3、1936年9月の「貸付延滞金総括表」。
注：(1) 代理貸付の普通資金の貸付残高は「割増資金」のそれである。また代理貸付金は年賦貸付金のみである。
(2) 計が合わないのは単位未満切り捨てによる。

金の利金部分の巨額さである。直接貸付の延滞金1,094万円の利金部分は533万円である。1926年以降の東京府農銀の「当期純益金」の最高は1929年下期の67万円である。そのことからすれば農銀の損益にも重大な影響を及ぼしているといえる。

次に、1936年6月末の東京府農銀の貸付の中心をなす年賦貸付（普通資金1万2,025口）の延滞口数5,820口（延滞金878万円）について、延滞期間を検討する。延滞期数（年賦金の未払回数）が1～6期は4,356口、7～20期は1,464口となって、75％が6期以内となっている[6]。年賦金の支払いは、年2回のようだが年4回もあるので明確化できないが、年2回とすると延滞口数では3年以内延滞がほとんどである。だが延滞金額の割合でみると、年賦金の延滞期数が7回以上の貸付口が70％（612万円）をしめている。すなわち農銀の延滞金は比較的長期の延滞貸付口によって増大している。延滞金の整理はすすまずに長期化し累積していることを示している。

表9-2 債務者住所別の年賦貸付金残高と延滞債権割合（東京府農銀）

(単位：口、千円)

債務者住所	貸付金残高 口数	貸付金残高 金額(a)	内延滞債権 口数	内延滞債権 金額(b)	(b/a) 割合
深川区	29	710	11	234	33
本所区	37	900	19	548	61
浅草区	50	1,090	35	845	78
下谷区	30	731	17	436	60
本郷区	32	612	16	335	55
小石川区	36	957	21	692	72
牛込区	30	646	13	304	47
四谷区	20	393	10	231	59
赤坂区	27	884	13	302	34
麻布区	30	766	20	532	69
芝 区	44	1,139	24	681	60
京橋区	39	999	20	561	56
日本橋区	50	1,521	25	629	41
神田区	43	853	19	392	46
麹町区	45	2,068	29	1,548	75
旧市街地計	542	14,277	292	8,278	58
城東区	20	631	9	303	48
向島区	24	432	13	179	42
荒川区	13	227	6	76	34
滝野川区	8	139	3	78	56
豊島区	47	1,000	21	427	43
淀橋区	29	726	10	317	44
渋谷区	60	1,465	30	841	57
目黒区	16	410	5	132	32
品川区	34	730	9	265	36
荏原区	18	446	12	331	74
江戸川区	13	198	5	62	31
葛飾区	11	173	7	119	69
足立区	8	132	1	11	9
王子区	8	122	6	88	72
板橋区	10	203	7	124	61
中野区	29	771	17	552	72
杉並区	28	501	15	302	60
世田谷区	41	726	18	365	50
大森区	52	1,547	25	957	62
蒲田区	6	106	3	37	35
新市街地計	475	10,695	222	5,575	52
八王子市	7	135	7	135	100
北多摩郡	52	1,168	34	726	62
西多摩郡	4	59	4	59	100
南多摩郡	4	78	3	66	86
その他	16	217	7	85	39
多摩地区計	83	1,659	55	1,073	65
総 計	1,100	26,632	569	14,928	56

出典：『東京府農工銀行合併調査付属諸表』1963年7月の「34貸付金1口別調（直接貸付金）」、『東京府農工銀行合併引継表』4冊の内其3、1936年9月の「貸付延滞金1口別調」より集計して作成。

注：割合は、各貸付残高に対する延滞債権の割合を示す。各データは1936年6月末のものである。

このように1936年6月末の時点での延滞金は、広範囲でかつ早い時点から深刻化して農銀の経営に影響を及ぼさざるをえないほどに巨額であった。

 延滞口数の半数近くが延滞となっているが、次に延滞債権（＝延滞口の貸付残高）の大きさを検討しよう。分析データは、1936年6月末の年賦貸付金の内、1口当たり1万円以上の貸付金（普通資金）で、その口数は1,100口、残高は2,663万円である。この分析データの割合は、口数で9.15％（1,100/12,025）、貸付残高で52％（2,663/5,124）である[7]。つまりこのデータは当時の東京府農銀の比較的大口の上位貸出先の半分を取り出したものである。だがこの分析データー「貸付金1口別調」には延滞金の記述がない。そこで「貸付延滞金1口別調」（貸付口すべて）と照合して作成したものが、表9-2である。

 驚くことに貸付残高2,663万円の内56％に相当する1,493万円（1,100口の内、52％に相当する569口が延滞口）延滞債権となっている。業種別の延滞債権の割合は、農業60％、工業60％、商業61％、不動産業54％、旅館など55％、会社役員55％となっている。全職種において延滞の割合が高いことがわかる。延滞債権の割合は、旧市街地58％、新市街地52％でやや旧市街地が高い。それほど大きな差異はないが、貸地貸家業についてその地域別にみると旧市街地では67％にたいして新市街地では46％となっている。20％ポイントとかなりの差異がある。旧市街地における貸地貸家業者でその延滞割合が特に高い地域は、浅草区75％、下谷区75％、小石川区93％、日本橋区79％、麹町区87％である。東京府農銀の中心的な貸出先であった貸地貸家業は特に旧市街地で回収が困難であった。

 合併直前の東京府農銀の貸付金は半分以上が延滞となり、そこから延滞となった年賦金（＝延滞金）が次々に形成され、急増していた。だが東京府農銀は、未だ不動産銀行の経営体として存立していた。

2　延滞金増大に対する農銀の対応

 延滞金の増大に対する農銀の基本的な経営政策について検討する。合併した

翌年の1937年5月、勧銀東京支店長は、東京府農銀の延滞金が増大した理由を以下のように述べた。

「元来農銀時代ニ於テハ小規模ノ営業ナルニ震災ノ傷手ヲ蒙リ更ニ財界ノ不況ニ際会シタル為<u>政策上整理ニ付強硬手段ヲ手控ヘタル為斯ク延滞ノ累加ヲ見ルニ至レルガ</u>積極的整理ヲ実行セバ近時ノ財界好転並ニ不動産価格ノ上向傾向ト相俟ッテ相当整理ノ進捗ヲ期シ得ル見込ナリ

而シテ整理ニ依リ元金ニ不足ヲ生ジ欠損ヲ見ルベキモノアリト雖モ現在延滞金中利息総額五、二四〇、〇〇〇円（三月末）アリ　之ノ中利息ハ勿論延利迄回収可能ノモノ亦多キヲ以テ延滞金整理ノ結果ハ欠損額ヲ補ヒ且ツ相当ノ利益ヲ挙ゲ得ラルル事ヲ確信ス」[8]（下線は筆者）。

ここには東京府農銀の延滞金に対する「整理」の基本的な考え方が述べられている。不況の時は強硬な手段を手控え、不動産価格が上がる好況時代には「積極的整理」を行うということである。東京府農銀の延滞金が他の農銀よりも群を抜いていたのは、こうした政策的な要因がおおきく影響していたようである。

当時は財界の好転、不動産価格が上昇しつつあった。整理が進捗するだろうと予測している。さらに注目されるのは、こうした政策は勧銀経営にとって必ずしもマイナスに作用しないことである。延滞金中の半分に相当する524万円は、利息であり延滞利息なのである。これらの利息は、整理によって元金に不足が生じて「欠損」があっても「欠損額ヲ補ヒ且ツ相当ノ利益」あげると。

次に競売の実態を検討する。1934年下期～1936年上期の2年間における東京農銀の競売の規模は、表9-3にみるように154口、元貸付高205万円、処分当時の農銀の債権額は269万円であった。鑑定価格は301万円で元貸付高205万円は、その68％であった。また債権額269万円も鑑定価格の89％であり、概ね不動産は貸付金の担保として機能していたといえる。

だが競売による、競落価格は175万円であり、回収率は65％であった。すなわち鑑定価格が301万円の抵当物が競売によって処分されたが、競落価格は175

第9章 不動産銀行の「不動産金融ビジネス」の特質と意義 265

表 9-3 東京府農銀の競売（1934年7月～1936年6月）

(イ) 貸付金処分 (単位：口、円)

		口数	元貸付高	処分当時債権額(a)	鑑定価格	競落価格	未回収額(b)	未回収率(b/a)
1934	下期	52	697,224	892,174	1,037,248	577,154	315,020	0.353
1935	上期	46	640,900	865,908	970,979	536,277	329,631	0.380
	下期	31	491,880	660,385	786,954	416,770	243,615	0.368
1936	上期	25	220,900	268,601	215,468	215,468	53,133	0.197
計		154	2,050,904	2,687,068	3,010,649	1,745,669	941,399	0.350

(ロ) 競落人の内訳 (単位：口、円)

競落人	口数	元貸付高	処分当時債権額	鑑定価格	競落価格	同左構成
東京府農銀	86	1,357,924	1,832,134	2,059,688	1,037,403	60
他金融機関	12	62,200	67,636	88,661	97,134	6
法人	8	143,500	169,596	244,053	149,112	9
個人	48	487,280	617,625	737,810	462,020	27
計	154	2,050,904	2,686,991	3,130,212	1,745,669	100

出典：『東京府農工銀行合併調査諸表』1936年7月の「38貸付金処分顛末調」。
注：他金融機関は、相生無尽、本所信用組合、駒込信用組合、共隆信用購買利用組合である。
　　法人は土地建物合資会社、上田合名会社、原合名会社、葵合資会社などである。

万円であり、処分当時の農銀の債権額269万円にも及ばず94万円が未回収となった。未回収率は35％にも及び、回収が競売によって順調にすすんでいないようである。だが債権額の中には利息が相当含まれていたこと、元貸付高が205万円（したがって債権額を構成する残貸付金はこれよりも少ない）であることからすれば、元金部分は回収されたと推定される。いやそればかりか利息部分も相当回収された可能性がある。

「貸付金処分顛末調」[9)]には、処分された154口それぞれについて具体的に記載されている。例示すると元貸付高17万7,000円の箱根土地㈱が担保にした抵当物（宅地2,028坪・建物1,299坪、渋谷区円山町）を1935年10月30日に処分した。処分当時の債権額は27万8,631円で鑑定価格は32万4,530円、競落価格は4万8,000円（競落人は東京府農銀）であった。損失額は23万631円であり、債権者としての東京府農銀は相当巨額の欠損をだしているようだが、資料の「備

考」には「本競売抵当物件ノ一部売買ニシテ不足額ハ残物件競売ニヨリ回収ノ見込」と記されている。牧野泉ほか１名への元貸付金２口９万9,000円（元貸付高８万4,000円と１万5,000円）についての債権14万7,539（12万7,207円、２万332円）を請求するために豊島区の抵当物件（宅地280坪、154坪）を処分した。原安次郎と東京府農銀に競落した。鑑定価格は14万4,830円、競落価格は２万3,535円であった。12万4,005円の損失が出ている。だが備考には「一部競落　残物件ニヨリ回収ノ見込」と記されている。

　以下２件ほど列挙すると、

　斉藤茂２口元貸付７万8,800円、本所区の物件2,017坪、鑑定価格12万8,635円、債権額10万7,992円、競落価格８万5,100円で農銀に競落した。欠損額は２万2,893円であるが、「本競売ハ抵当物件ノ一部競売ニシテ不足額ハ残物件立売ニヨリ回収ノ見込」と。安西久次郎・島崎彦太郎への元貸付５万円、債権額６万9,422円、抵当物は神田区一橋通の建物299坪、鑑定価格は７万6,592円、競落価格は２万100円であった。損失額は４万9,322円にもなるが「一部競落　残物件ニヨリ回収ノ見込」と。いま４件程例示したが、この損失額合計は42万6,851円となる。こうした事実を考慮すると未回収額94万1,399円（未回収率35％）はかなり小さくなると考えてよい。その推定が正しいとすれば実際の競落価格は、処分当時の債権額にほぼ見合う価格ではなかったかと思われる（不動産銀行の鑑定価格とそれに対する貸付額の歴史的評価）。

　154口の競売による抵当物の購入者（競落人）の内訳をみる。競落価格175万の競落人別内訳は、東京府農銀104万円（59.5％）、他金融機関９万7,134円（5.6％）、法人14万9,112円（8.6％）、個人46万2,020円（26.5％）である。60％が東京府農銀による自行への競落であることが特徴的である。この特徴から判断すると、競落価格は処分当時の農銀の債権額を前提としてそれに見合うように設定されていたとも考えられる。言い換えれば「競落価格」が当時の抵当物件の需給関係で形成されていたか疑問なしとしない。

　東京府農銀は、競売を実行したが、それは自行への競落を増加させ「所有不動産」を増大させる方向でなされた。所有不動産は、1927年末25万円、1929年

末108万円、1931年末272万円、1933年末506万円、1935年末568万円へと急増した[10]。所有不動産の内容は宅地、建物が中心であるが畑も一定の割合をしめている。例えば1935年末では、宅地376万円（10万9,173坪）、建物102万円（544棟、約1万8,500坪）、畑72万円（62町歩）、田6万円（3町弱）などとなっている。延滞貸付金は所有不動産に変形していった。東京府農銀は広大な面積の宅地を保有し「市街地地主」の様相を呈している。注目されるのは東京府農銀が、巨額の延滞金（割賦元金＋利金）を一方ではかかえながら（したがって利息収入が予定通り入らない）、他方ではこれほどまでに巨額の不動産を自行で購入する余裕をもっていたことである。東京府農銀は抵当物件を「市場価格」にまで引き下げない経営的体力を保持していた。

　ところで延滞金に対する農銀の対応で注意すべきは、貸出金の用途として「旧債償還」が圧倒的に多いということである。例えば「貸付金ノ用途ハ旧債償還資金最モ多ク新規貸付高ノ五割五分強ヲ占メ農業資金・商業資金・家屋建築資金・公共団体資金・土地家屋買入・耕地整理組合・産業組合・土地区画整理組合・土地整理・工業資金等相次ギタリ」（1932年下期）[11]。昭和期には農銀は主として「旧債償還資金」を供給した。先に分析した1,100口・2,663万円の内、521口・1,425万円（金額で54％）が「旧債償還」である。その他の用途と併用した旧債償還を考慮すればさらにこの割合はおおきくなる。表9-4は、大口貸出先主要口の内容をしめしたものである。まず多くが延滞になっていることはすでに指摘した。用途がほとんど旧債償還になっていることが確認される。旧債償還の内容は、明確ではないが、単なる他金融機関のからの「低利借換」とか、農銀貸付金の低利借換にとどまらないように思われる。のちにみるように1936年6月の合併直前になっても貸付利率の多くが8分前後であり必ずしも低利ではないことからして、「旧債償還資金」は年賦金額、返済期限の変更を伴う広い意味での「負債整理資金」[12]であると考えられるからである。

　日中戦争時のことになるが、勧銀東京支店は、延滞整理の方策として「中間据置」「年賦年限延長等」の方策を講じた。

　　「最近債務者ノ経済状態モ時局ニ恵マレ好転シツツアルモノ少ナカラザル

表9-4 大口貸出主要口の内容（年賦貸付金のみ）

(単位：円)

| | 氏　名 | 現在高 | 主要な抵当物 | | | | 延滞金 |
			面積(坪)	鑑定価格	坪当	用　途	計
1	財団法人　芝園倶楽部理事岡崎邦輔	534,871	1,351	945,700	700	旧債償還　家屋建築	263,513
2	荏原土地㈱　綿貫要之助	508,800	15,515	434,420	28	旧債償還	135,374
3	飯田延太郎	317,991	10,350	267,000	20	旧債償還　土地買入	145,726
4	望月軍四郎外1	312,882	49,848	448,587	9	建築資金	—
5	片岡辰次郎	294,613	6,387	421,045	65	旧債償還	—
6	大隈信常	285,000	1,887	122,000	327	事業資金	261,367
7	河野正義	270,562	3588	123,284	34	旧債償還　家屋建築	118,896
8	喜多吉兵衛	254,000	1,738	130,714	75	旧債償還	330,480
9	森部逞禅	201,231	1,150	142,550	123	旧債償還	82,887
10	坪内栄	185,521		109,200	75	旧債償還　建築資金	—
11	田中幸吉　田中謙	183,441	6,200	136,400	22	旧債償還　営業資金	18,856
12	大澤幸次郎	182,992	5,034	276,870	55	土地買入　旧債償還	119,980
13	小川保全合名会社　小川銀蔵	176,000	2,304	156,672	68	旧債償還	—
14	喜多重二	173,500	2,093	177,905	85	旧債償還	177,461
15	今井喜八	165,000	2,549	208,828	81	旧債償還・事業資金	100,885
16	嘉納治五郎	164,989	1,650	198,000	120	旧債償還	73,247
17	小島長兵衛	160,796	1,254	112,860	90	家屋建築　旧債償還	50,665
18	宮本常七	150,000	1,244	230,140	185	旧債償還	13,637
19	船津貞三外	150,000	2,158	127,324	59	旧債償還	53,638
20	金田吉兵衛外1	147,541	1,593	99,145	62	家屋建築　旧債償還	47,057
21	鹿島登善	147,455	2,113	123,700	58	旧債償還　営業資金	2,987
22	吉川重吉外2	143,873	1,370	116,450	85	旧債償還	—
23	箱根土地㈱　堤康次郎	166,000	470	69,090	147	旧債償還　営業資金	37,013
24	小村茂紀	133,000	116	64,380	555	旧債償還	6,483
25	磯村貞吉外2	132,568	12,523	55,283	4	園芸資金　旧債償還	56,621
26	徳本寛三	131,985	2,642	184,940	70	家屋買入　旧債償還	45,654
27	原忠証券㈱	135,822	6,189	142,347	23	土地埋立　営業資金	—
28	西村郁充	110,795	2,400	228,000	95	家屋建築資金	—
29	浜野茂	110,000	1,302	105,114	80	旧債償還	—
30	宍戸七郎兵衛外	108,029	12,800	89,600	7	土地買入　旧債償還	46,530
31	小川孝喜	103,257	9,000	63,000	7	土地買入　旧債償還	42,962
32	東京冷蔵株式会社	103,000	100	25,000	250	旧債償還	93,557

出典：『東京府農工銀行合併調査付属諸表』1936年7月の「年賦貸付金1口別調」(1936年6月末)、『東京府農工銀行合併引継付属諸表』其3、1936年9月の「貸付延滞金1口別調」(1936年6月末) より作成。

第9章　不動産銀行の「不動産金融ビジネス」の特質と意義　269

状態ナレバ、延滞債務者ニシテ一時的負担軽減ヲ行ハバ更正ノ見込アルモノ
ニ対シ、中間据置、年賦年限延長等ヲ活用スルハ適切ナル方策ト云フベク、
又不動産価格昂騰ニ伴ヒ、抵当物件ノ処分ニ依リ長期延滞ガ有利ニ解決スル
モノ漸次増加ノ傾向アリ。物件処分以外回収見込ナキモノニ付テハ、此機ヲ
利用シ延滞整理ノ促進ヲ図ル要アリト考ヘラル」[13]（下線は筆者）。

　東京府農銀の「旧債償還資金」には、こうした延滞整理のための資金があっ
たと推定される。

3　収益動向と不動産銀行の特質、農工債券の安全性

　昭和期になると、東京府農銀は巨額の延滞金と所有不動産を抱え込んだが、
図9-1によって収益動向を検討しよう。
　1928年になると、受取利息・配当金（中心は貸出利息）は頭打ちとなる。以
降、減少してゆくが、それに伴って支払利息・手数料（中心は農工債券利息）
も減少してゆく。農工債券利息は横這いとなる。そのために当期利益金は、減
少するとはいえ横這いで推移する（受取手数料・雑益、所有不動産益はプラス
に作用）。
　東京府農銀の直接貸付残高は、1920年末1,898万円、1922年末3,266万円、
1924年末4,323万円、1926年末6,000万円、1928年末7,003万円、1930年末7,743
万円と急増したが、以降減少し1935年末には6,511万円となる。受取利息は、
1920年代になると貸出残高の増大に伴って増加し、1920年下期は72万円であっ
たが、1929年下期302万円となりピークを迎えた。だがそれ以降減少し1935年
下期には202万円となった。農工債券の発行残高は、1920年末1,145万円、1922
年末2,640万円、1924年末3,674万円、1926年末5,286万円、1928年末6,033万円、
1930年末6,777万円、そして以降は減少して1935年末には5,690万円となる。貸
出金の推移と同様な傾向を辿っていると考えてよい。農工債券利息は、1920年
下期34万円、1929年下期208万円（ピーク）、1935年下期131万円となる。

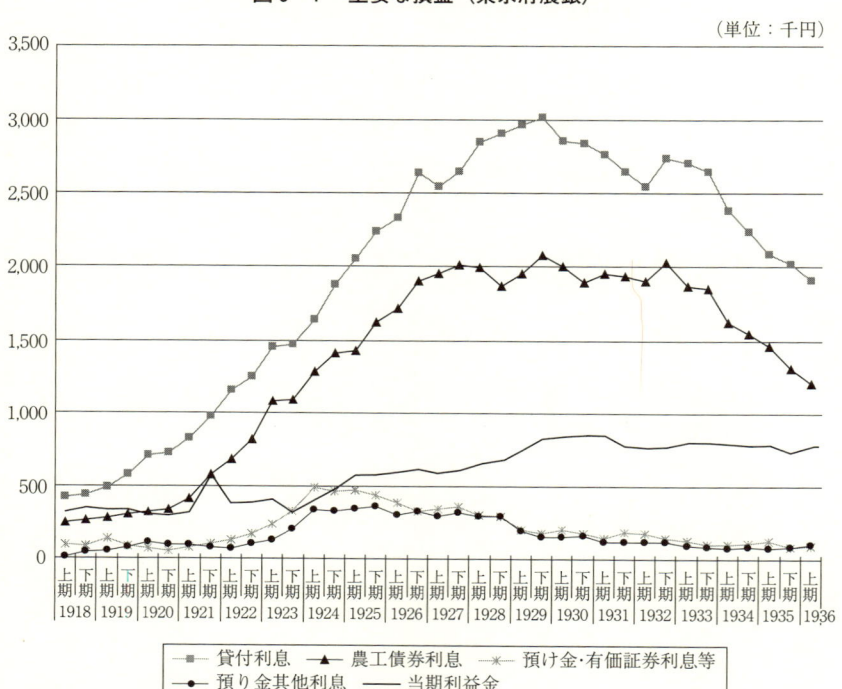

図9-1　主要な損益（東京府農銀）

（単位：千円）

凡例：貸付利息　農工債券利息　預け金・有価証券利息等　預り金其他利息　当期利益金

出典：東京府農銀『営業報告書』。

　収入（当期総益金＋前期繰越金）から支出（当期総損金）を差引きして生み出した「当期純益金」（図9-1の当期利益金）は、着実に増加し、1920年下期には30万円に過ぎなかったが、1930年上期には84万円に達した。以後、減少してゆくが、注目されるのは1936年上期までほぼ一貫して75万～80万円を維持していることである。この「当期純益金」は、例えば1930年上期では、配当金35万円、損失補充準備金7万円、配当平均準備金3万5,000円、重役賞与金2万3,000円、特別積立金15万円、そして後期繰越金21万1千円と配当された。

　重要なことは、第一に、1918年以降、一貫して年5分の配当を維持して（払込資本金は、1918年下期の350万円から1929年上期の700万円へと増大、1936年上期まで）、債券発行の基礎となる資本金の増大を成し遂げたことである[14]。

第9章　不動産銀行の「不動産金融ビジネス」の特質と意義　271

表9-5　株主・債務勘定（東京府農銀）

(単位：万円)

年末	払込資本金(a)	損失補充準備金(b)	配当平均準備金(c)	特別積立金(d)	広義資本(a+b+c+d)	債券	預金	貸出金(年賦+定期)
1918	350	124	21	44	539	906	227	1,295
1919	400	130	23	55	607	985	406	1,811
1920	400	135	25	62	622	1,145	289	1,898
1921	475	141	27	65	707	1,861	220	2,523
1922	475	171	30	70	745	2,640	295	3,266
1923	475	178	33	60	745	3,295	463	3,843
1924	475	184	35	64	758	3,674	1,039	4,323
1925	550	193	40	86	369	4,538	874	5,368
1926	550	203	46	110	909	5,286	661	6,000
1927	625	213	52	134	1,024	5,849	699	6,689
1928	700	224	58	158	1,139	6,033	828	7,003
1929	700	236	64	182	1,181	6,561	647	7,341
1930	700	250	70	212	1,232	6,777	615	7,747
1931	700	264	77	242	1,283	6,863	614	7,634
1932	700	278	83	260	1,321	6,906	719	7,703
1933	700	292	89	270	1,351	6,818	532	7,473
1934	700	306	95	290	1,391	6,291	617	7,089
1935	700	320	101	310	1,431	5,690	605	6,720

出典：東京府農銀『営業報告書』。
注：広義資本の合計が合わないのは単位未満四捨五入による。

第二に、損失補充準備金・配当平均準備金、特別積立金が増大し、払込資本金に加えて広義の資本金を形成していることである。特に特別積立金の増加率は大きい。1929年上期以降、払込資本金が700万円で固定される中にあって、広義の資本金は1929年上期の1,160万円から1936年上期末には1,451万円へと増大した。広義資本金にしめる払込資本の割合は、この間、60％から半分以下の48％へと減少した。農銀の収益力の強さを窺うことができる（表9-5参照）。

こうした東京農銀の「当期純益金」を維持する上で重要なことは、収入の頭打ち・減少の中にあって支出（当期総損金）の中心を構成する農工債券利息を大幅に引き下げることが可能であった事情である。すなわち1920年代前半の金利の高騰、後半以降の低下の中にあって、長期的な資金の調達である農工債券発行はいかになされたのか。

東京府農銀の債券発行は1910年下期の一般募集（50万円）が最初である。以後1936年までに2億3,000余万円を発行、その内2億余円が一般募集によるものである。預金部や勧銀引受に依存しないで一般募集で行われてきたことは注目されてよい。農工債券の償還は、普通2年間据え置いて、その後は「年賦貸付金ノ償還高ニ応シ」（農工銀行法27条）年2回のペースで抽籤償還される（規則的償還）。こうした債券の「償還資源」「時期」「其の方法」は法律で規定されている。この「償還方法の精神」は、「流通債券額と貸付現在高の平均」を保つためである[15]。

　ところで債券の償還方法には、規則的償還のほかに臨時償還がある。東京府農銀の最初の臨時償還は、1917年下期に行われた。その債券は、第19回（1915年3月、60万円、7分5厘、据置期限1915年4月～1917年8月）と20回（1915年4月、50万円、7分5厘、据置期限1915年4月～1917年8月）債券であった。臨時償還は、発行時の約定（「償還期限及其方法」）で「据置期間後毎年二回抽籤ニ依リ二十箇年以内ニ全額ヲ償還ス但買入償却又ハ臨時償還スルコトヲ得」[16]に基づくものであった。これは借入申込が減少したこと（「一般資金潤沢」で普通銀行が融資に努めたこと、期限前償還が多いこと、所有していた露国大蔵省証券の償還があったこと）などにより多額の余裕金が生じたことを背景としていた。こうして「高利社債ノ整理」が敢行された[17]。

　その後しばらくの間臨時償還は行われなかったが、1928年と1933年に大規模な債券発行が行われて臨時償還がなされた。1928年上期には1,200万円の債券が発行された（6分債券1,000万円、6分2厘債券200万円）が、その資金で1920年代前半に発行された8分の債券が臨時償還された。「当期財界ハ高利債券借替ニ好適ナリシヲ以テ前後二回ニ亘リ一千二百一万四千円ノ農工債券ヲ低利ニ借替ヘタリ」（『営業報告』1928年上期）。1928年下期には1,700万円の債券が一般募集によって発行された。すなわち第75回（1,000万円、6分）、第76回（150万円、6分）、78回（500万円、5分5厘）、79回（50万円、5分5厘）である。5分5厘債券550万円、6分債券1,150万円によって、7分4厘～8分が臨時償還されている。つづく1929年上期には、第81回～85回（1,920万円、6

表9-6　東京府農工債券の利率別残高構成の変化

発行利率	1927年末		1932年末		1934年末		1936年6月末	
	債券残高	構成	債券残高	構成	債券残高	構成	債券残高	構成
分厘	千円	%	千円	%	千円	%	千円	%
80	17,589	31	9	0				
77	3,331	6	0	0				
75	9,643	17	3	0				
73	9,062	16	0	0				
70	7,951	14	5	0				
69	169	0						
65	6,700	12	4,400	8				
63	1,105	2	680	1				
62			6,940	12				
60	1,378	2	40,058	70	63	0		
55	648	1	5,014	9	5,003	10		
53					5,800	12		
50					18,600	39		
45					16,400	34	15,984	37
43					2,200	5	27,300	63
※					48	0	31	0
一般募集計	57,578	100	57,112	100	48,115	100	43,315	100

出典：東京府農銀『営業報告書』。
注：当選したにもかかわらず未償還となっている額が1927年末15万余円、1932年末24万余円が含まれている。

分、一般募集）が発行された。そして6分9厘～7分5厘が臨時償還されている。

　債券の低利借換のための臨時償還は、その後、しばらく途絶えたが、1933年上期（5分、500万円、5分3厘、580万円)[18]、1933年下期（5分、1,860万円、4分5厘、520万円）、1934年上期（4分5厘、1,120万円）、そして1935年下期（4分3厘、2,220万円）に再び行われた。

　表9-6は、債券の臨時償還が行われる直前の、東京府農銀の一般募集の利率別債券残高を示したものである。1927年末の債券残高5,758万円の内、70％に相当する3,963万が7分3厘～8分である。1932年末は5,711万円の内、70％が6分となっている。また1934年末には4,812万円の内、73％が4分5厘～5分となっている。そして合併直前には63％の債券が4分3厘となっている。臨

表9-7　貸付金の利率別残高（東京府農銀　自行資金）

1936年6月30日現在

利率別	年賦貸付		定期貸付		合計		金額構成		
	口数	金額	口数	金額	口数	金額	年賦	定期	合計
分厘	口	千円	口	千円	口	千円	%	%	%
83	4,226	25,974	74	1,166	4,300	27,140	51	17	47
82	343	3,219	18	274	361	3,494	6	4	6
80	825	3,297	39	227	864	3,524	6	3	6
78	2,569	3,287	15	49	2,584	3,336	6	1	6
76	101	54	0	0	101	54	0	0	0
75	419	2,347	20	155	439	2,502	5	2	4
73	334	2,420	20	124	354	2,544	5	2	4
72	773	3,647	19	340	792	3,987	7	5	7
71	1	0	2	2	3	3	0	0	0
70	575	2,576	67	384	642	2,960	5	5	5
68	593	2,299	94	789	687	3,088	4	11	5
67	1	7	92	741	93	748	0	11	1
66	154	108	0	0	154	108	0	0	0
65	336	1,226	162	1,351	498	2,577	2	19	4
63	407	459	13	11	420	471	1	0	1
62	18	28	131	1,350	149	1,379	0	19	2
60	177	202	9	23	186	225	0	0	0
58	172	76	4	3	176	80	0	0	0
50	1	5	0	0	1	5	0	0	0
計	12,025	51,238	779	6,996	12,804	58,234	100	100	100

出典：『東京府農工銀行合併調査諸表』の「利率別貸付金内訳表（自行資金）」。
注：計が合わないのは、単位未満切捨てによる。平均利率0.7765。

時償還によって債券の利率がいかに急激に引き下げられたかを窺うことができる。

　債券の残高は、1927年末の5,849万円から1931年上期末の6,994万円へと1,145万円も増加したが、債券の利息は、1927年下期の200万円から1931年上期の195万へと漸減したのは臨時償還による低利借換によるものであった。こうして東京府農銀は高利債を借り換えたが、次にそのことが貸付利率の引き下げにどのように影響したかをみよう。

　1936年6月末の貸付金の利率別残高は、表9-7のとおりである。注目されるのは、債券利率が4分3厘～4分5厘という低利率の中にあって年賦貸付金

5,124万の内、70％に相当する3,578万円が7分8厘～8分3厘という高利であることである。特に8分3厘が51％もある。同時点の債券残高4,332万円の利率別内訳が4分5厘1,598万円（37％）、4分3厘（63％）である。3分以上の開きがある。債券利率の引き下げに連動して貸し出し利率が引き下げられたとはいいがたい。もちろん農銀が貸し出し利率を引き下げなかったのではない。

東京府農銀が、1920年代に貸出を行う時にいくらの利率であったかをみる（「年賦貸付金1口別調」による）。1922年から1931年までは8分3厘である。貸出利率の引き下げがはじまるのは、1932年からであるが8分以下になるのは1933年になってからである。1934年7分3厘、1935年7分～7分2厘、1936年6分8厘と低下する。2,663万円（1,100口）の内、72％に相当する1,916万円が8分以上なのである（8分3厘1,503万円、8分2厘207万円、8分206万円）。

おわりに

昭和期の東京府農銀の貸出金は半分以上が約定通り返済されずに、延滞金すなわち延滞の年賦金は累積された。延滞金が生じた場合、農銀は延滞金額に相当する債券を償還することが法律で定められていた。すなわち「農工銀行は年賦償還貸付金の償還延滞して予期の金額に達せさるときは……抽籤を以てその延滞金額に相当する農工債券を償還すへし」（農工銀行法第30条）と。農工債券の信用を維持するためである。この債券の償還資金は、「債券の第2の引当」である払込資本金のみならず広義の資本金（払込資本金＋損失補充準備金・配当平均準備金や特別積立金）の増大――各期の「利益金」の増大（債券の低利借換、貸出利息の相対的高利の継続による）――によって確保されていた。

東京府農銀が、延滞金を出しながらも積極的に整理をおこなわず、抵当不動産を自行に競落して「所有不動産」を増大させることができたのは、経営体力が十分にあったからである。

1) 伊藤正直「昭和農業恐慌前後の勧銀・農銀論」加藤俊彦編『日本金融論の史的研究』東京大学出版会、1983年、189頁。
2) 拙稿「戦間期における『市街地金融』と不動産銀行の機能——兵庫県農銀の融資基盤の考察」『地方金融史研究』第31号、2000年3月、63頁。
3) 拙稿「戦間期における『不動産金融』と不動産銀行」『金融経済』222号、1987年11月、140頁。
4) 池上和夫「金融統制の進展と日本勧業銀行」伊牟田俊充編著『戦時体制下の金融構造』日本評論社、1991年。但し、付随的業務である余裕金などの運用による破綻から、合併を希望する農銀はあった。拙稿「名古屋金融市場の動揺と不動産銀行——『尾三農工銀行調査報告』（大正13年）の分析」『創価経営論集』第20巻第2号、1995年11月。
5) 杉本正幸『不動産金融論』巌松堂書店、1930年、823頁。
6) 『東京府農工銀行合併引継諸表』其の3、1936年の「貸付延滞金1口別調」より集計。
7) 貸付残高2,663万円の債務者の職業別の内訳は、農業4％（60口：1,108千円）、工業3％（39口：761千円）、商業16％（209口：4,317千円）、不動産業30％（355口：805万円）、旅館など27％（285口：710万円）、会社役員20％（152口：529万円）で、貸地家などの不動産業が中心をなしている。『東京府農工銀行合併調査付属諸表』の「貸付金1口別調」より集計。
8) 『第二十二回支店長会議諮問事項ニ関スル各支店報告書』其1、1937年5月の東京支店「支店長会議諮問事項ニ対スル意見」。
9) 『東京府農工銀行合併調査諸表』1936年7月の38。
10)11) 東京府農銀『営業報告書』。
12) 同時期に勧銀に合併された兵庫農銀の本店貸付残高3,013万円の用途は、営業資金500万円、建築資金352万円、負債整理1,558万円、物件購入542万円、融通資金60万円となっている。つまり兵庫農銀の「負債整理」と、東京府農銀の「旧債償還」は同一内容と思われる。拙稿「戦間期における『市街地金融』と不動産銀行の機能——兵庫県農銀の融資基盤の考察——」『地方金融史研究』第31号、2000年3月、54頁。
13) 『第二十五回支店長会議ニ於ケル諮問事項答申書』自青森支店至綾部支店、1939年5月の東京支店長「支店長会議諮問事項ニ対スル回答」。
14) 農工債券の発行額の限度は払込資本金の15倍とされている。但し年賦償還貸付金と定期貸付金総高を超過できない（農26条）。設立時はこの限度は5倍であった。1920年8月には10倍に、1931年3月には15倍に引き上げられた。なお定期償還が加えられたのは1917年である。『不動産銀行法釈義』336～337頁。なお払込資本金を

債券の「第2の引当金」とする理由は、債券の元本は貸付金の償還高に応じて抽選償還すべきものであるが、たとえ貸付金の償還がなくとも償還しなければならず、この場合の「資源」は払込資本金であるからである。杉本正幸『不動産銀行法釈義』379頁。
15) 前掲『不動産銀行法釈義』375頁。
16) 『営業報告書』1915年上期。
17) 『営業報告書』1917年下期。
18) 「未だ新規事業起ラズ金融の大勢ハ依然緩慢ヲ持続シ金利ハ下降ノ一路ヲ辿リ期末空前ノ低金利時代ヲ現出シタリ」東京府農銀『営業報告書』(1933年上期)。

〈付記〉　資料の閲覧に際して、みずほ銀行、みずほ総合研究所、旧第一勧業銀行の資料展示室・同調査部図書室、そしてその関係者のみな様に大変お世話になりました。末筆ながら記して感謝の意を表します。

第10章　戦後改革期の地方銀行
――「考課状分析」を素材として――

伊藤正直

はじめに

　1945（昭和20）年9月、全国金融統制会が廃止されるのと時を接して、都市大銀行を中心として新たな金融組織確立の動きがみられ、9月28日には、6大都市の銀行協会をメンバーとする全国銀行協会連合会（全銀協）が誕生した。しかし、全銀協の発足直後から、地方銀行の多くは、その運営が都市大銀行中心であるとして批判を持つようになった。また、「金融機関の再建整備など経済の再建復興に際して利害の共通する問題の発生が予想され、また、戦時期の協会を通じた連帯と協調がまだ記憶に新しいこともあって、地方銀行だけの団体の再興を期待する気運が根強かった」[1]。

　こうした状況のなかで、静岡銀行頭取中山均の働きかけにより、46年6月地方銀行懇談会十三日会が発足した。「銀行間に色分けしたグループをつくってはいかん。地方銀行協会などをつくるなんてもってのほかだ」、「黨中黨を作る様なことをしてはならぬ」という一万田日銀総裁の強い反対を押し切っての設立であった。十三日会は、その後、48年5月に事務局を拡充し、同年8月に事業者団体法に基づく事業者団体としての届出を行い、業界団体としての性格を次第に明確にしていった。

　こうした経過のなかで全銀協の改組問題が議論の俎上にのぼるようになった。49年7月の十三日会大会例会において、十三日会中山会長は、現行全銀協の問

題点を次のように指摘した[2]。

1. 地域団体の連合体という組織形態は、①構成員が極めて多数で、かつ広範な地域に散在し、単一の団体を組織することが困難な場合か、②各地域によって利害が著しく異なり、その調整をする連合体が必要な場合に、合理性をもつものであるが、銀行の場合はそのいずれにも該当しないこと
2. 利害の相違は、むしろ業態の相違によって生じているが、全銀協は業態の意見の対立を受入れる機構上の適応力を欠いていること
3. 全銀協の実際的運営は、銀行を直接の構成員とする組織と同様に行われており、地域団体の連合体という建前に矛盾していること
4. 前記のような不合理から、全銀協の性格が曖昧となり、その運営が都市大銀行の都合によりなされるおそれがあること
5. 各地銀行協会の形態がまちまちで、全銀協の経費負担に多くの不公平が生じていること

中山会長は、このような認識に基づいて、①全国の本店銀行を直接の会員とする「全国銀行協会」を改めて結成し、②その内部組織として、「市中銀行部会」と「地方銀行部会」の2部会を設け、③両部会が、それぞれ同数の部会理事を選出して、全体理事会を構成する、という全銀協改組案を提示した。ここで、「市中銀行部会」は、11大普通銀行および興銀、勧銀、信託銀行6行計19行を、「地方銀行部会」は、現十三日会加盟の55行を指している。

この提起に基づいて、同年秋より、都銀首脳と十三日会代表との懇談、協議が、繰り返し行われた。しかし、現状維持を求める都銀と全銀協改組を求める十三日会の意見は平行線をたどり、49年12月、地銀側はついに十三日会を協会組織に改組する方針に転じた。50年1月、地方銀行協会の創立総会が開催され、加盟行55行による協会が設立された。翌年5月の第2回定時会員総会において、名称に「全国」の2文字を加えることが決定され、こうして今日に続く全国地方銀行協会が再スタートした。

「利害の相違は、むしろ業態の相違によって生じている」、「都市大銀行と地方銀行は同じ『業種』ではあるが、『業態』は異なる」という中山の発言は、戦後改革期の地方銀行が、都市銀行とは明らかに異なったビジネスモデルを志向していたこと、あるいは異なった経営実態を有していたことを示している。では、ここでいわれている「業態の相違」とは何を指していたのであろうか、また、「業態の相違」は、当時、地銀当局者たちにどのように認識されていたのであろうか。

通例、戦後高度成長期の地方銀行については、都市大銀行が、系列融資の枠組みの下で、オーバーローン、オーバーボロウイングによるマネーポジションとなっており、メインバンクシステムというビジネスモデルがとられていたのに対し、アンダーローンの下でのローンポジションであり、サウンドバンキングというビジネスモデルが志向されたといわれている[3]。実際、地銀経営者による戦後経営についての回顧録の多くは、サウンドバンキングを志向したことを強調している。

しかし、戦前1936年に、全国地方銀行協会が、国債引受シンジケート団加盟銀行を除いてさいしょに設立された際、その直接の契機となったのは、不動産担保融資の固定化問題であった。戦前に地方銀行協会結成の直接のきっかけとなった関東地方銀行倶楽部の結成趣意書の次の記述、「今後ノ吾々地方銀行ハ此不動産担保ノ固定貸ヲ資金化スル工夫ガ最モ緊要事ナラントノ議ヲ起シ、之ガ達成ニハ勢ヒ共同ノ力ヲ要スルモノト断ジ（後略）」[4]に、この点は明瞭に示されている。協会が、発足後最初に取り組んだ活動は、①不動産担保貸出の流動化推進、②預貯金間利子課税の権衡確保、③低金利政策への対応の3つであった。また、戦時経済の進行に伴っては、①興業債券の引受や社債引受、②戦時国債引受、③銀行合同への対応、④共同融資銀行の設立などが課題となった。サウンドバンキングの古典的概念、すなわち、真正手形理論とそれに基づく商業銀行主義が志向されていたわけではなかったのである。

もっとも、戦時期の地方銀行と戦後復興期の地方銀行では、それをとりまく制度的環境において大きな相違があったことも事実である。すなわち、敗戦時

までの急激な銀行合同の進展である。戦前、地方銀行協会が設立される前年1935年の銀行数は、普通銀行466、貯蓄銀行79、特殊銀行24、計569行であった。これが、45年には、普通銀行61、貯蓄銀行4、特殊銀行4、計69行となった。とりわけ、地方銀行については、地方的合同の進展により、ほぼ一県一行体制が実現された。地域経済内部における地方銀行間競争という従来の競争構造は、戦後復興期には消滅していたのであり、その意味では、戦前型の地方銀行ビジネスモデルと戦後の地方銀行ビジネスモデルは、当然ながら同一のものではありえなかった。

とすれば、地方銀行協会の再結成にいたる戦後地方銀行が直面した経営課題は何であったのか、また、戦後復興期の地方銀行の財務構造にはどのような特徴があったのか。この点を軸にしながら、戦後地方銀行のビジネスモデル構築のプロセスをみていくこととしたい。

1　戦後地方銀行の展開過程（1945-1955）

戦後地方銀行がまず直面したのは、戦時中に地方銀行が多額の引受を行った興業債券の戦後処理問題であった。日本興業銀行は戦時金融の中核機関として、多額の債券を発行して資金調達を行った。この興業債券を引き受けたのが、地方銀行、貯蓄銀行、農林中金などであった。1946年2月金融緊急措置、7月戦時補償打切方針の発表、8月金融機関経理応急措置法、10月金融機関再建整備法という一連の処理のなかで、GHQ/SCAPは、いったんはこの興業債券の新勘定移換を認めた。しかし、その後、新勘定移換の結果として生じる再建整備の財政負担が想定よりも大幅に上回ることが明らかとなったため、日本政府はこの旧勘定移換を強く希望し、これがGHQ/SCAPに受け入れられ、48年2月、興業債券など金融債の旧勘定移換が決定された。この措置により、興業債券の約80％が切り捨てられることとなり、地銀53行の旧勘定確定損は154億円にふくれあがった。多くの地銀は、資本金9割減資、第2封鎖預金の一部打切りによって、これに対処した[5]。

もうひとつは、戦時機関として閉鎖命令の出た資金統合銀行の整理問題であった。地方銀行は、同行に対して、戦争末期に半強制的に巨額の預け金を預託させられていた。この資金が、軍需融資指定金融機関あるいは軍需会社への融資資金、社債の引受・買入資金となった。したがって、地銀は、同行に対する大口債権者であり、都市大銀行は、大口債務者となっていた。GHQ/SCAPは、同行の整理に際し、インフレ防止という観点から、債務の現金償還に難色を示し、また、債権債務の整理は、当事者間で直接行うべきという意向を有していた。この問題は、47年6月、閉鎖機関整理委員会により、直接交渉、代物返済案が提示され、48年1月、日本銀行の調停により、東京・住友・三菱3行の一括返済、帝国・安田の分割返済という方針が確定し、49年3月、返済は完了した。

　以上の2つの問題をみても明らかなように、戦後初期の時点においても、地方銀行と都市銀行の間の利害は一致していなかった。戦後占領下の日本においては、激しいインフレが進行するなか、GHQ/SCAPの手による金融制度の再編・整備が進行した。戦後金融制度改革の動きは、48年夏の金融機関再建整備の枠組み確定、49年初めの新金融業法制定の挫折などを境に前後2期に区分できるが、地方銀行が地方銀行としての自立性ないし独自性を意識するようになったのは、金融機関の再建整備の制度的枠組みが確定した48年夏以降のことであった。

　金融機関再建整備によって、地方銀行の大部分は資本金の9割以上を失ったため、ただちに増資を行う必要があった。増資は全体としてみると予想よりも順調に進み、49年3月までに大半の銀行は、自己資本比率5％という当初目標を達成した。また、金融機関の資産再評価も50年、51年、54年と3回にわたって行われ、地方銀行の多くは、50年と54年の2回、再評価を実施した。さらに、GHQ/SCAPおよび大蔵省銀行局は、銀行の自己資本充実のため、一方で銀行の経費を抑制して利潤を確保するとともに、その利潤が内部留保に回るような措置をとった。前者が、49年度上期から導入された「経常収支率指導」であり、後者が49年下期から導入された配当規制であった。

「経常収支率指導」のそもそもの発端は、帝国銀行の労働争議であったといわれている。帝国銀行の労働組合が中労委に提訴し、これに対して、労働行政に介入することなく労働コストの削減、すなわち、銀行職員の給与抑制を実現できる方策として、「経常収支率指導」が1949年に発案されたという。指導基準は当初（49年上期）90％となっていたが、順次逓減されて52年上期には78％となった。地方銀行の経常収支率は、次節で検討するように、49年上期の84.3％から54年下期の74.6％まで傾向的に低下しており、しかも、その水準は都市銀行よりも良好であった。当時の地方銀行の経費率はかなり高かったが、預金金利（平均2～3％台）と貸出金利（平均9％以上）の開きが極めて大きく、この結果として、1950年代前半には、2％を超える利鞘を実現できていたのである。

地方銀行協会の設立は、まさに、このような時期になされた。この時期には、金融3法改正、相互銀行制度、長期金融制度、郵便貯金、中小企業金融制度など、敗戦直後の金融制度問題とは、異なった質の問題が登場している。地方銀行において、ようやく、地方銀行の「自主性の回復」、地方産業復興に対応する融資の積極化が正面の課題となるのは、上述のような状況のゆえであった。地方銀行の経営基盤をどのように整備するかは、自己資本の充実、預金増強の問題として提起され、その実現のためには、経営の近代化、合理化が不可欠であるとして、人事管理、店舗整備、本部機構と銀行組織の整備、事務合理化と機械化などが検討されるようになったのである。

この時期以降、地方銀行は、地銀協を通して、その共同利害を実現していくことになるが、そうした共同行為を可能にするような共通性は、どの程度検出しうるのか。あるいは、差異性を抱え込んだままでの再結集であるのか。戦後復興期地方銀行の各行別財務データを比較することから、この点を検証してみたい。

2 銀行別財務データからみた諸特徴

　戦後復興期における地方銀行の各行別財務データをみる前提として、1950年前後の、地方銀行全体を平均した資金調達、資金運用および収支の概要を、まず、みておくことにしよう（表10-1）。

　はじめに預金である。戦前に、地方銀行預金残高の過半を占めていた定期預金は、戦後48年には15.8％まで激減するが、その後再び回復し、54年には47.7％に達する。54年時点のデータで、都市銀行と比較すると、全預金に占める定期預金の比重は、地方銀行のほうが6％ポイント以上高いが、当座預金は、逆に都銀22.5％に対し10.8％と10％ポイント以上低い。このことは営業性預金の比率の低さを示しており、1950年からスタートした地方銀行の預金増強運動も、貯蓄増強や定期積金制度の活用、無記名定期預金の復活、農村預金の吸収方策など、個人預金の獲得を目標とするものとなっていた。

　資金運用のうちまず貸出については、54年時点で都市銀行と比較すると、手形貸付の比率が10％ポイント近く高く、商業手形割引や輸入手形決済の比率が13％ポイントも低い。ここから、手形割引を主軸とするいわゆる商業銀行業務の比率が、都銀に比べかなりの度合いで低いのではないかと推測できるが、この点はあとで改めて検討したい。また、地方銀行の同時点の預貸率は82.3％で、都銀の83.7％とほとんど差がなく、都銀のマネーポジション、地銀のローンポジションという高度成長期の特徴はまだ顕在化していない。

　1949年時点で、全国銀行の業種別・地域別貸出を見ると、東京・大阪以外の地域では、金額順では、繊維工業（375億円）、商業（373億円）、機械器具工業（250億円）、食料品工業（187億円）、化学工業（176億円）、農林水産業（138億円）となっており、比率順では、製材木製品工業（80.8％）、食料品工業（79.3％）、農林水産業（76.0％）、地方公共団体（75.1％）、金融業（60.2％）、土木建築業（59.2％）、繊維工業（58.8％）となっている[6]。繊維、食品、製材木製品、農林水産など、地場産業的なものに、手形で貸付けを行うというの

表10-1　業態別データ比較（1954下）

（単位：100万円、％）

	地方銀行		都市銀行		信託銀行		債券発行銀行		全国銀行	
	金額	構成比	金額	構成比	金額	構成比	金額	構成比	金額	構成比
資産・負債	1,090,537	100.0	2,577,690	100.0	115,935	100.0	561,363	100.0	4,545,524	100.0
払込資本金	15,557	1.2	23,270	0.9	2,820	2.4	7,040	1.3	48,687	1.1
預金	1,075,675	83.4	1,836,878	71.2	88,978	76.8	189,642	33.8	3,191,170	70.2
貸付金	613,726	47.6	839,253	34.8	26,675	23.0	368,100	65.6	1,897,755	41.8
割引手形	268,606	20.8	588,833	22.8	48,660	42.0	56,921	10.1	963,019	21.2
当座預金	116,261	10.8	413,105	22.5	27,724	31.2	45,461	24.0	602,552	18.9
普通預金	275,944	25.7	368,238	20.0	13,129	14.8	33,268	17.5	690,579	21.7
定期預金	513,277	47.7	763,126	41.5	24,422	27.4	65,820	34.7	1,366,646	42.8
預金計	1,075,675	100.0	1,836,878	100.0	88,978	100.0	189,642	100.0	3,191,170	100.0
手形貸付	575,009	65.0	864,811	56.3	25,699	33.5	139,670	32.3	1,605,190	54.8
証書貸付	27,604	3.1	15,970	1.0	802	1.1	228,229	52.8	272,604	9.3
当座貸越	11,110	1.3	8,472	0.6	174	0.2	202	0.1	19,957	0.7
商業手形	254,440	28.7	585,669	38.1	48,565	63.3	56,793	13.2	945,466	37.2
輸入手形	2,725	0.3	58,920	3.8	1,406	1.8	6,960	1.6	70,011	2.4
貸出計	885,056	100.0	1,537,006	100.0	96,741	100.0	431,981	100.0	2,930,784	100.0
預貸率	82.3		83.7		108.7		227.8		91.8	
預金準備	285,905	26.6	553,242	30.1	25,600	28.8	58,831	30.7	923,078	28.9
第一次準備	110,195	10.2	338,457	18.4	19,316	21.7	38,474	20.3	506,422	15.9
国債	11,268	6.5	63,001	24.9	780	12.1	3,120	12.3	78,165	17.0
地方債	8,561	4.8	10,214	4.0	76	1.2	1,574	6.2	20,425	4.4
社債	142,549	81.8	148,421	58.5	3,949	61.3	16,213	63.7	311,132	67.7
株式	11,545	6.6	25,426	10	1,510	23.4	3,875	15.2	42,365	9.2
有価証券計	174,312	100.0	253,707	100.0	6,446	100.0	25,452	100.0	469,917	100.0
預証率	16.2		13.8		7.2		13.4		14.7	
貸出金収入	39,423	80.7	62,806	77.0	3,193	66.1	20,031	87.9	125,463	79.4
有証収入	6,729	13.8	8,388	10.3	249	5.9	951	4.2	16,317	10.3
受入利息手数料	2,596	5.3	8,139	10.0	351	7.3	1,601	7.0	12,688	8.0
経常収入計	48,889	100.0	81,522	100.0	4,834	100.0	22,782	100.0	158,027	100.0
総収入計	57,375		91,951		5,130		23,609		178,064	
預金利息	17,781	48.8	23,057	36.4	925	26.7	11,725	62.7	53,488	43.9
借用金利息	1,002	2.7	10,226	16.2	399	11.5	1,345	7.2	12,973	10.6
支払利息手数料	313	0.9	3,394	5.4	96	2.8	884	4.8	4,687	3.8
経費	17,321	47.5	26,446	41.8	2,046	59.0	4,249	22.7	50,062	41.1
経常支出計	36,464	100.0	63,243	100.0	3,467	100.0	18,689	100.0	121,863	100.0
総支出計	50,457		84,174		4,323		21,707		150,750	
経常収支率	74.6		77.6		71.7		82.0		77.1	
総収支率	88.1		91.5		84.3		91.9		90.2	
経常利益	12,425		18,277		1,366		4,093		36,164	
対総収入比率	21.7		19.9		26.6		17.3		20.3	
対自己資本比率	39.4		34.9		27.3		32.4		36.1	
当期純益	6,828		7,777		807		1,902		17,314	
対総収入比率	11.9		8.5		15.7		8.1		9.7	
対自己資本比率	21.6		14.8		22.0		15.1		17.3	

出典：全国地方銀行協会『昭和29年下期考課状分析』。
注：第一次準備は現金＋日銀預け金。

がこの時期の貸出の主力であったと推測できる。また、これに加え、47年から50年まで日銀融資斡旋制度が存在しており、紡績業などに対する追加運転資金の融資が、この制度による協調融資として地方銀行から供給され、これが繊維工業の比率を高めていたと推測できる。

次に、有価証券については、戦前・戦時期に地方銀行が国債保有機関化していた時期に比べると、預証率は16％とかなり低下した（都市銀行の預証率はさらに低く14％である）。しかし、その中身はかなり異なっており、これも同時期で比較すると、地方銀行では社債の保有比率が大幅に高いことがわかる。ドッジライン以後、ディスインフレ政策の一環として、日銀適格担保社債制度が創設され、起債市場の育成が進められたことの反映であるかのようにみえるが、地方銀行の社債保有は事業債に偏っており、必ずしも、この制度に適合する形で社債保有が増大したわけではない。すなわち、日銀は、ドッジライン期に、事業債・金融債への投資を条件として国債・復金債を買い上げるという、いわゆる紐付きオペを行ったが、「国債保有率の高い地銀界としては余儀なく社債もしくは興業債券投資を通じてオペレーションに乗らざるを得ないけれども、決して好ましい償還方法とは思えない」[7]（伊藤豊十三日会会長の発言）という状況が存在していたからである。

さらに、収支については、都銀と比較すると、貸出金収入の割合はほぼ同様であるが、有価証券収入の比率が高く、受入れ利息手数料の比率が低いという特徴がある。もっとも、両者の相違が大きいのは、収入よりも支出の方で、預金利息と経費の比率がともに都銀に比べて大幅に高くなっている。これは、都銀の側に相当額の借用金利息が存在するためであるが、これを除外しても預金コストは地銀の方が高い。個人預金を軸とした預金確保によって、預金コストが高くなっているのである。

地方銀行の収支・損益について、時系列的にもう少し見ておこう（表10-2）。49年から54年の10年間で、地方銀行の収入・支出はともに10倍に増大し、経常純益もほぼ同様の推移を示している。収入の主軸が貸出金であることはこの10年間変化がないが、支出については、預金利息と経費の割合が10年間で反転す

表10-2　地方銀行損益状況

(単位：100万円、%)

	1949下		54下		59下	
経常収入	10,780	100.0	45,439	100.0	99,668	100.0
うち貸出金	8,631	80.1	35,941	79.1	76,728	77.0
うち有価証券利息	1,245	11.5	6,348	14.0	14,937	15.0
うちコール利息	36	0.3	771	1.7	4,393	4.4
臨時収入	857		910		1,873	
うち有価証券売却・償還益			666		1,354	
うち動産・不動産処分益			67		167	
収入計	11,637		46,350		101,541	
経常支出	8,855	100.0	33,904	100.0	76,496	100.0
うち預金利息	2,718	30.7	16,604	49.0	49,469	64.7
うち経費	5,685	64.2	16,097	47.5	25,468	33.3
人件費	3,665	41.4	10,351	30.5	15,053	19.7
物件費	1,593	18.0	4,394	13.0	7,191	9.4
臨時支出	216		169		671	
支出計	9,071		36,074		77,168	
経常純益	1,925		11,535		23,171	
法人税等	426		1,351		3,223	
当期利益金	1,698		6,372		13,812	
運用勘定						
うち貸出金	179,498	76.9	795,276	86.7	1,808,058	77.7
うち有価証券	49,309	21.1	157,682	17.2	414,730	17.8
うちコールローン	1,245	0.5	18,103	2.0	99,070	4.3
運用勘定計	233,436	100.0	917,784	100.0	2,326,779	100.0
資金勘定						
うち預金	221,814		927,283		2,197,567	
うち現金	10,948		33,335		66,567	
うち自己資本	—		59,001		160,575	
店舗数	3,345		3,688		3,794	
従業員数	48,092		68,104		75,569	
店舗当従業員数	14.4		18.5		19.9	
店舗当預金平残	66		251		579	
預金原価	7.578		7.053		6.819	
預金利率	2.451		3.581		4.502	
人件費率	3.305		2.233		1.370	
物件費率	1.473		0.948		0.654	
預金借用金利率	2.678		3.658		4.516	
利回り						
貸出金利回り	9.617		9.039		8.474	
有価証券利回り	5.050		8.052		7.274	
コールローン利回り	5.902		8.523		8.870	
利鞘						
貸出金利鞘	2.039		1.986		1.668	
有価証券利鞘	-2.528		0.999		0.455	
コールローン利鞘	-1.676		1.470		2.051	
借用金利率	6.398		8.156		8.122	
総収支率						
総収入率	9.971		9.481		8.728	
総原価	8.516		8.177		7.541	
総利鞘	1.455		1.304		1.187	
経常利鞘	2.199		2.511		2.095	
経常収支率	82.14		74.61		76.75	
預貸率	80.92		85.76		82.28	
預借率	6.11		1.67		0.38	
預証率	22.23		17.00		18.69	
預金自己資本比率	—		6.36		7.31	

出典：地方銀行協会『昭和24年下期考課状分析』、全国地方銀行協会『昭和29年下期考課状分析』、同『昭和34年下期財務諸表分析』。

る（30％台から60％台）という大きな変化が読み取れる。預金利率は、49年の2.45％から59年の4.50％まで上昇しており、これが同割合増大の主たる理由である。これに対し、貸出利回りは、49年の9.62％から59年の8.47％まで1％ポイント以上低下している。とすれば、利鞘は縮小するはずであるが、経常利鞘は同じ10年間2％台の前半で安定している。人件費率、物件費率を大幅に圧縮することで、利鞘の確保が図られているといってよい。表には示してないが、その後高度成長期の終焉時点まで、地方銀行の経常収支率は75％前後、経常利鞘も2％前半で安定を続けている。この点からみれば、高度成長期地方銀行の財務構造は、1950年代半ばにほぼ確定したと考えることができる。

　このような資金調達・資金運用、収支の構造は、戦後地方銀行の経営近代化、合理化推進という課題設定によって実現されたともいえる。戦後地方銀行は、上述のように、太平洋戦争期にようやく完成した一県一行体制のもとで再スタートを切った。戦時下という緊急事態・特殊事態のもとでの経営統合は、それ自体としては経営体としての同化・融合を意味してはいなかった。また、戦争の進展は、人的資源の歪みも生じさせており、この改善も急務であった。1950年代に入ると、まず、学卒者の採用が始まり、また、大蔵省の経営指導基準の提示により、銀行の健全化、近代化・合理化が推進されるようになる。地銀協も、1954年に経営合理化研究会（部課長級）を設置し、56年には、合理化推進特別委員会を設置、翌年には、これを合理化委員会に改組して、経営管理面の合理化、資金運用の効率化、許認可手続き改善を課題とする3小委員会、予算統制式モデルの作成、業務運営・事務手続きの改善、機械化などを課題とする3専門委員会を設置して、組織的に、経営近代化・合理化推進に乗り出したのである。

　以上が、当該期における地方銀行全体の推移であるが、これを個別地方銀行からみるとどうなるだろう。当時、地方銀行協会が作成していた「考課状分析」を素材として、個別銀行の状況を検討することにしよう。データとしては、1954年下期を基準としつつ、適宜5年おきのデータを加えた。

　個別地方銀行に検討の視点を移したとき、ただちにみえるのは、地方銀行内

表10-3　地銀

1行当り	1955下					
	第1グループ	第2グループ	第3グループ	第4グループ	第5グループ	地銀計
店舗数（数）	102.8	75.0	55.8	34.9	16.2	56.9
従業員数（人）	2105.9	1316.5	1040.1	627.5	215.8	1061.2
預金平均残高（100万円）	37,420	21,176	13,693	7,843	1,937	16,413
貸出平均残高（100万円）	31,419	17,505	11,294	6,527	1,595	13,668
運用資金平均残高の構成%	100.0	100.0	100.0	100.0	100.0	100.0
貸出金	79.8	78.5	79.4	79.4	81.9	79.4
コールローン	2.2	2.5	3.2	2.9	2.4	2.5
有価証券	17.8	18.4	16.5	16.9	12.7	17.5
預貸率	83.96	82.66	82.48	83.21	82.36	83.27
預証率	18.74	19.54	17.15	17.75	12.73	18.39
経常収入（100万円）	22,365	12,925	8,591	4,958	1,220	50,058
経常支出（100万円）	17,038	9,686	6,612	3,851	1,005	38,129
経常純益（100万円）	5,327	3,238	1,979	1,107	214	11,866
当期利益（100万円）	2,868	1,812	1,009	489	104	6,281
経常収支率%	76.18	74.94	76.97	77.67	82.41	76.35
貸出金利回り%	8.545	8.810	9.099	9.020	9.423	8.770
有価証券利回り%	7.724	7.867	7.953	8.005	7.652	7.823
預金原価%	6.865	6.921	7.278	7.338	7.755	7.015
総収入率%	8.968	9.104	9.506	9.456	9.826	9.158
総原価%	7.848	7.854	8.415	8.541	9.007	8.036
総利鞘%	1.120	1.250	1.091	0.915	0.819	1.122
1店舗当り預金平均残高 以下は単位1000円	364	282	245	204	119	288
従業員1名当り預金平均残高	17,769	16,085	13,165	12,600	8,975	15,468
従業員1名当り経常収入	817	755	635	608	435	726
従業員1名当り経常純益	195	189	146	136	76	172
従業員1名当り経費	241	215	221	216	166	225
うち従業員1名当り人件費	171	157	152	150	108	159

出典：全国地方銀行協会『地方銀行規模別統計（昭和30年度下期-41年度下期）』昭和42年9月。
注：預金原価＝預金利率＋人件費率＋物件費率＋税金率総
　　収入率＝(経常収入＋臨時収入)×2／運用資金平均残高×100
　　総原価＝(経常支出＋臨時支出＋諸償却＋諸準備金繰入－諸準備金受入)×2／運用資金平均残高
　　従業員1名当り預金平均残高以下の単位は1000円

部の階層性の存在である。表10-3は、1955年下期と65年下期の2時点を取って、地方銀行を預金規模別に5つのグループに分け[8]、その財務データを比べたものである。同表から明らかなように、トップの第1グループと最下位の第

第10章　戦後改革期の地方銀行

規模別データ

	1965下				
第1グループ	第2グループ	第3グループ	第4グループ	第5グループ	地銀計
113.2	79.5	69.4	44.9	26.8	68
3135.8	1850.2	1482.8	1015.8	453.5	1623.6
212,843	117,790	80,248	50,504	18,506	98,438
183,129	98,832	66,777	41,007	15,364	83,122
100.0	100.0	100.0	100.0	100.0	100.0
80.2	79.2	79.1	77.9	79.7	79.5
3.8	3.0	4.1	4.4	4.8	3.7
15.5	17.4	16.3	16.8	13.9	16.2
86.24	83.91	83.31	81.20	83.02	84.44
16.66	18.49	17.15	17.48	14.52	17.21
116,626	64,090	44,419	27,713	8,855	261,754
87,581	48,932	33,693	21,097	6,909	198,212
29,045	15,158	10,726	6,616	1,946	63,491
22,466	10,047	7,400	4,190	1,135	45,238
75.10	76.35	75.85	76.13	78.02	75.74
7.758	7.878	8.086	8.138	8.349	7.900
7.041	7.020	7.083	6.984	7.029	7.036
6.164	6.323	6.423	6.391	6.725	6.289
7.968	8.003	8.178	8.191	8.444	8.050
6.522	6.764	6.852	6.966	7.373	6.676
1.446	1.239	1.346	1.225	1.071	1.374
1,879	1,480	1,156	1,124	578	1,446
67,874	63,662	54,121	49,720	40,810	60,692
2,861	2,665	2,304	2,099	1,775	2,558
712	630	556	504	390	671
591	589	561	550	473	569
380	378	359	351	309	368

　5グループでは、当期利益で28倍、経常純益で25倍、預金・貸出残高で20倍、従業員数で10倍、店舗数で7倍もの開きがある（1955年下期）ことが分かる。従業員一人当り生産性では2～3倍、1店舗当り生産性では3～4倍の開きで

表10-4 預金平均残高順の利回り・収入率

S.29下	預金ランク	100万円預金平均残高	利回り 貸出金利回り	利回り 有価証券利回り	利鞘	収入率
北海道拓殖	A	65,926	8.96	8.37	1.14	9.83
埼玉	A	50,509	8.79	8.30	1.30	9.34
静岡	A	45,678	9.10	6.02	1.92	9.67
北陸	A	39,917	8.98	8.01	1.11	9.44
福岡	A	35,697	8.91	8.4	0.76	9.39
常陽	A	32,370	8.75	7.84	1.23	8.96
横浜興信	A	31,464	8.16	7.64	0.57	8.70
広島	A	30,786	8.98	8.69	1.34	9.54
山口	A	29,672	8.91	8.35	1.64	9.42
中国	A	29,154	9.10	7.23	1.93	9.48
足利	A	25,823	8.94	7.93	1.46	9.36
伊予	A	23,375	9.02	8.02	0.98	9.38
八十二	A	22,993	9.21	8.08	1.30	9.60
千葉	A	22,072	8.40	8.60	0.98	8.90
群馬	B	21,519	8.62	7.92	1.25	8.92
第四	B	21,330	9.26	7.47	1.44	9.78
駿河	B	20,927	9.26	8.12	2.06	9.42
滋賀	B	20,304	9.01	8.80	1.48	9.57
十六	B	20,047	8.52	7.72	1.41	8.93
百十四	B	19,501	8.76	8.18	1.61	9.37
南都	B	19,384	8.88	8.57	2.09	9.08
七十七	B	19,229	9.36	8.58	1.00	9.81
百五	B	19,190	9.02	8.21	1.72	9.37
北国	B	16,839	8.90	7.16	1.29	9.02
四国	B	16,679	9.14	7.9	0.89	9.35
山陰合同	B	14,868	9.71	8.44	1.40	10.08
地銀平均		14,824	9.03	8.07	1.29	9.50
紀陽	C	14,356	9.08	8.02	1.22	9.20
親和	C	13,894	9.73	7.75	1.53	9.90
大分	C	13,379	9.18	8.62	1.24	9.58
肥後	C	13,318	9.32	8.75	1.39	9.90
福井	C	12,825	9.06	8.35	1.82	9.48
鹿児島	C	12,447	9.80	8.10	1.16	10.20
大垣共立	C	11,586	9.03	8.23	1.48	9.91
東邦	C	11,582	8.84	8.48	1.09	9.37
岩手殖産	C	11,460	9.05	8.21	1.32	9.75
両羽	C	10,546	8.84	8.31	1.36	9.38
京都	C	10,528	9.15	9.12	1.25	9.63
青森	C	10,504	8.43	8.23	0.67	9.00

表10-4 続き

S.29下	預金ランク	100万円預金平均残高	利回り 貸出金利回り	利回り 有価証券利回り	利鞘	収入率
東京都民	C	10,246	9.49	6.75	1.19	9.61
阿波商業	C	10,190	8.78	8.26	1.08	9.10
日向興業	C	10,094	9.36	8.16	0.84	9.79
北越	D	9,979	9.42	7.40	1.07	9.85
十八	D	9,600	9.77	7.88	0.95	10.30
北海道	D	9,466	9.28	7.88	0.40	9.67
秋田	D	8,888	9.25	8.64	1.19	10.28
佐賀興業	D	8,362	9.52	8.27	0.45	10.09
山梨中央	D	8,018	9.51	8.49	0.94	9.70
佐賀中央	D	5,817	9.85	8.86	0.57	10.42
大阪不動	D	4,774	10.49	8.30	2.28	10.81
荘内	D	4,710	8.85	8.43	0.71	9.45
羽後	D	3,732	9.63	7.86	1.59	10.38
清水	D	3,442	9.06	8.46	2.02	9.54
泉州	D	3,118	10.08	7.33	0.72	10.26
武蔵野	E	2,694	9.90	7.40	0.73	9.96
千葉興業	E	2,586	8.98	7.21	0.63	9.13
池田	E	2,503	10.04	8.12	0.58	9.88
青和	E	2,349	9.63	8.11	1.54	10.32
河内	E	1,903	9.11	5.47	0.83	9.97
三重	E	1,901	8.92	8.17	1.40	9.39
東北	E	1,783	9.84	7.18	1.21	10.17
鳥取	E	1,716	10.52	8.11	1.51	10.95
関東	E	1,610	8.26	8.34	0.42	8.44
筑邦	E	1,489	9.78	7.34	0.98	9.74
香住	E	1,141	9.61	7.70	1.42	10.05
富山産業	E	846	9.82	—	0.42	9.61
中小企業助成	E	732	8.94	7.51	0.66	9.55
青森商業	E	274	10.52	7.52	1.07	10.43
都銀平均		134,775	8.67		0.85	9.04
長信銀平均		131,323	9.64		0.83	9.98
信託平均		11,110	8.70		1.97	11.86

出典：全国地方銀行協会『昭和29年下期考課状分析』。

ある。預貸率では規模による相違がほとんどないにもかかわらず、経常収支率は規模が小さくなるほど高くなっている。これは、規模が小さくなるほど預金原価が高くなっていることもあるが、主要には、人件費・物件費など経費の圧縮が規模に対応する形では行いえていないことの反映であろう。この結果、第1グループと第5グループの間で、総原価では1.2%ポイントもの開きが出ている。小規模行は、この差を、貸出金利回りの高さでカバーしているが、それでも、総利鞘で0.3%ポイントの差が生じているのである[9]。

表10-4は、1954年下期における預金順位順の利回り・収益率をみたものである。同表にみられるように、地銀平均利回り・同収入率と比較すると、第2順位クラスの利回りが最も良好であること、収入率では、第4順位、第5順位の下位行が良好であることが分かる。ここでの収入率とは、表10-3の総収入率と同様、経常収入と臨時収入の合計を運用資金平均残高の2倍で除したものであるから、下位グループ行の収入率が高いのは貸出金利回りの高さによるものであり、下位グループ行の利鞘が小さいのは、総原価が相対的に高いためである。

この点を、預金原価の構成からみると、表10-5(1)、表10-5(2)のようになる。表10-5(1)は、1949年下期の預金原価を、その高い順に示したもの、表10-5(2)は、54年下期の同一データである。預金原価は、預金金利と経費としての人件費、物件費および税金から構成される。49年と54年の地銀平均データを比較すると、この5年間で、預金原価はかなり低下したことがわかる。ただし、内訳でみると、預金金利の占める割合が32%から51%へと高まり、これに対し、人件費（44%→31%）、物件費（19%→14%）の割合は、いずれも大幅に縮小している。54年下期データで、銀行別の預金原価データを見ると、上位グループ行では、伊予、八十二、北拓、北陸などの例外はあるものの、総じて預金原価は低く、この低さは人件費、物件費の低さによって実現されている。この傾向は、49年下期データにおいても検出できる。貸出利回りは、必ずしも規模別格差を伴っていないから、上位グループ行ほど高い預貸利鞘を実現できているのは、預金原価の低さによっていることが分かる。

表10-5(1) 預金原価・利回り・利鞘銀行別

S.24下	預金ランク	預金原価 合計	預金金利	人件費率	物件比率	税金率	貸出利回	利鞘
高田農商	E	11.95	1.74	4.86	4.92	0.43	11.99	0.04
佐賀興業	D	9.68	2.48	4.13	2.43	0.64	10.73	1.05
羽後	D	9.15	2.40	4.65	1.92	0.18	10.95	1.80
秋田	D	9.11	2.27	4.21	2.32	0.31	10.25	1.14
荘内	D	9.01	2.71	3.84	2.23	0.23	10.46	1.45
日向興業	C	8.55	2.03	4.05	1.97	0.50	10.24	1.69
鹿児島興業	C	8.53	2.35	3.87	1.81	0.50	9.86	1.33
佐賀中央	D	8.49	2.83	3.71	1.76	0.19	9.85	1.36
東邦	C	8.40	2.14	3.69	2.06	0.51	9.66	1.26
北陸	A	8.34	2.39	3.91	1.70	0.34	9.48	1.14
丹和	E	8.33	3.17	2.85	2.08	0.23	9.67	1.34
十八	D	8.33	2.12	3.94	2.08	0.19	10.38	2.05
大分合同	C	8.31	2.32	4.04	1.11	0.84	10.17	1.86
鳥取	E	8.27	2.95	3.30	1.87	0.15	10.31	2.04
青和	E	8.25	2.38	3.54	2.03	0.30	11.35	3.10
伊豫合同	A	8.22	2.81	3.68	1.35	0.38	9.74	1.52
岩手殖産	C	8.21	1.96	3.80	2.04	0.41	10.18	1.97
四國	B	8.20	2.63	3.41	1.80	0.36	9.93	1.53
北越	D	8.16	2.15	3.92	1.67	0.42	9.58	1.42
北國	B	8.13	2.88	3.76	0.93	0.56	9.57	1.44
福岡	A	8.11	2.10	4.12	1.63	0.26	9.52	1.41
親和	C	8.03	2.11	3.27	2.16	0.49	10.43	2.40
山陰合同	B	8.01	2.56	3.14	2.08	0.23	10.03	2.02
第四	B	7.83	2.12	4.03	1.19	0.49	9.63	1.80
青森	C	7.82	1.83	3.84	1.04	0.32	9.24	1.42
紀陽	C	7.76	2.38	3.30	1.53	0.55	9.47	1.71
八十二	A	7.71	2.57	3.26	1.43	0.45	9.68	1.97
北拓	A	7.68	2.14	3.35	1.78	0.41	9.28	1.60
七十七	B	7.67	2.02	3.85	1.64	0.16	9.98	2.31
清水	D	7.66	2.69	3.27	1.35	0.35	9.47	1.81
大垣共立	C	7.65	3.56	2.35	1.57	0.17	9.05	1.40
両羽	C	7.60	2.67	3.08	1.49	0.36	9.49	1.89
地銀平均		7.58	2.45	3.31	1.47	0.35	9.62	2.04
十六	B	7.52	3.01	2.79	1.28	0.44	9.75	2.23
青森商業	E	7.48	2.49	2.67	2.08	0.24	9.76	2.28
藝備	A	7.41	2.58	3.13	1.28	0.42	9.52	2.11
肥後	C	7.41	1.91	3.36	1.70	0.44	9.92	2.51
千葉	A	7.40	2.29	3.64	1.26	0.31	9.71	2.31
駿河	A	7.40	2.91	3.06	1.18	0.25	9.65	2.25
阿波商業	C	7.36	2.77	2.94	1.48	0.17	9.58	2.22
常陽	A	7.27	2.27	3.19	1.41	0.40	9.83	2.56
山梨中央	D	7.24	2.04	3.09	1.71	0.40	9.50	2.26
南都	B	7.24	2.81	2.96	1.11	0.36	9.76	2.52
足利	A	7.19	2.73	3.09	1.00	0.37	9.73	2.54
百十四	B	7.11	2.62	2.93	1.04	0.52	9.45	2.34
百五	B	7.09	2.50	2.79	1.38	0.42	9.91	2.83
滋賀	B	7.07	2.56	2.74	1.30	0.48	9.47	2.40
山口	A	7.03	2.33	2.64	1.47	0.59	9.53	2.50
福井	C	6.90	3.01	2.42	1.19	0.28	9.41	2.51
埼玉	A	6.87	2.44	2.75	1.45	0.21	8.67	1.80
横浜興信	A	6.81	1.98	3.41	1.19	0.23	8.53	1.72
三重	E	6.75	2.16	3.24	1.04	0.31	9.44	2.69
静岡	A	6.69	2.33	2.90	0.88	0.58	9.71	3.02
群馬大同	B	6.67	2.26	3.01	0.97	0.43	9.30	2.63
中國	A	6.49	2.80	2.38	0.89	0.42	9.44	2.95
香住	E	5.83	2.35	2.39	0.95	0.14	10.00	4.17

出典：地方銀行協会『昭和24年下期考課状分析』。

表10-5(2) 預金原価と利鞘

S.29下	預金ランク	預金原価			利鞘
		預金利率	人件費率	物件費率	
百五	B	?	?	?	1.72
富山産業	E	9.02	3.65	3.08	2.25	0.42
佐賀中央	D	8.47	3.80	3.09	1.55	0.57
中小企業助成	E	8.38	2.88	3.27	1.92	0.66
東京都民	C	8.33	2.70	2.43	1.42	1.19
河内	E	8.28	3.86	2.73	1.95	0.83
鳥取	E	8.24	4.20	2.71	1.42	1.51
青森商業	E	8.18	3.45	2.66	1.71	1.07
南都	B	8.17	3.61	1.66	0.49	2.09
伊予	A	8.10	3.75	2.21	0.93	0.98
十八	D	8.10	3.87	3.23	1.23	0.95
筑邦	E	8.08	3.63	2.89	1.46	0.98
池田	E	7.93	3.96	2.13	1.58	0.58
山陰合同	B	7.93	3.89	2.71	0.96	1.40
秋田	D	7.89	3.39	3.00	1.12	1.19
鹿児島	C	7.87	3.38	3.02	1.21	1.16
青和	E	7.82	3.80	2.00	1.67	1.54
泉州	D	7.81	3.23	2.80	1.61	0.72
阿波商業	C	7.80	3.91	1.92	0.95	1.08
羽後	D	7.77	3.57	2.24	1.58	1.59
武蔵野	E	7.75	3.78	2.31	1.58	0.73
佐賀興業	D	7.63	3.47	2.71	1.10	0.45
青森	C	7.50	3.38	2.89	1.22	0.67
日向興業	C	7.49	3.34	2.57	1.2	0.84
岩手殖産	C	7.46	3.35	2.59	1.11	1.32
東北	E	7.43	3.49	2.18	1.34	1.21
八十二	A	7.42	3.86	2.36	0.78	1.30
北海道拓殖	A	7.41	3.61	2.38	1.11	1.14
北陸	A	7.41	3.66	2.48	0.98	1.11
香住	E	7.41	4.22	1.82	1.02	1.42
肥後	C	7.40	3.25	2.81	1.00	1.39
荘内	D	7.38	3.72	2.39	1.09	0.71
広島	A	7.36	3.91	2.35	0.79	1.34
福岡	A	7.36	3.28	2.71	1.25	0.76
大分	C	7.35	3.55	2.73	1.03	1.24
関東	E	7.33	3.54	2.66	1.26	0.42
山梨中央	D	7.32	3.17	2.99	0.89	0.94
四国	B	7.30	3.82	2.41	0.92	0.89
北海道	D	7.27	3.24	2.34	1.56	0.40
両羽	C	7.25	3.76	2.11	1.07	1.36

第10章 戦後改革期の地方銀行　297

表10-5（2）　続き

S.29下	預金ランク	預金原価				利鞘
			預金利率	人件費率	物件費率	
千葉興業	E	7.25	3.40	2.45	1.32	0.63
第四	B	7.25	3.40	2.61	0.95	1.44
七十七	B	7.20	3.30	2.6	1.06	1.00
親和	C	7.19	3.14	2.33	1.21	1.53
北越	D	7.18	3.45	2.64	1.25	1.07
京都	C	7.12	3.51	2.10	1.22	1.25
大垣共立	C	7.10	4.06	1.95	1.18	1.48
東邦	C	7.06	3.39	2.36	1.16	1.09
地銀平均		7.05	3.58	2.22	0.96	1.29
大阪不動	D	6.87	2.74	2.42	1.11	2.28
百十四	B	6.87	3.90	1.75	0.86	1.61
千葉	A	6.84	3.28	2.45	0.86	0.98
北国	B	6.82	3.79	1.83	0.88	1.29
紀陽	C	6.81	3.47	2.20	0.86	1.22
山口	A	6.80	3.76	1.43	1.00	1.64
足利	A	6.71	3.63	1.91	0.86	1.46
福井	C	6.70	3.68	2.00	0.88	1.82
清水	D	6.69	3.63	1.82	0.93	2.02
埼玉	A	6.68	3.48	2.03	0.96	1.30
群馬	B	6.67	3.66	1.89	0.79	1.25
静岡	A	6.62	3.62	2.04	1.57	1.92
三重	E	6.60	?	?	1.15	1.40
中国	A	6.57	4.10	1.44	0.62	1.93
常陽	A	6.56	3.62	1.7	0.91	1.23
横浜興信	A	6.51	3.26	2.27	0.87	0.57
十六	B	6.50	3.57	1.80	2.84	1.41
駿河	B	6.27	3.31	1.90	0.64	2.06
滋賀	B	6.16	3.91	1.77	0.73	1.48
都銀平均		6.66	3.13	1.96	1.12	0.85
長信銀平均		8.26	6.30	1.00	0.66	0.83
信託平均		8.92	2.78	2.82	2.83	1.97

出典：全国地方銀行協会『昭和29年下期考課状分析』。

表10-6 収入率と預貸率

S.29下	預金ランク	預貸率	収入率
山梨中央	D	98.2	9.70
福岡	A	95.2	9.39
十八	D	93.6	10.30
北陸	A	93.4	9.44
千葉	A	93.4	8.90
北海道拓殖	A	93.4	9.83
親和	C	93.3	9.90
伊予	A	92.5	9.38
青和	E	92.1	10.32
河内	E	91.8	9.97
日向興業	C	91.6	9.79
鹿児島	C	91.3	10.20
駿河	B	90.9	9.42
静岡	A	90.7	9.67
佐賀興業	D	90.4	10.09
南都	B	90.1	9.08
秋田	D	89.9	10.28
羽後	D	88.8	10.38
東京都民	C	88.7	9.61
中国	A	88.6	9.48
福井	C	88.1	9.48
三重	E	87.8	9.39
佐賀中央	D	87.7	10.42
北国	B	87.7	9.02
泉州	D	87.6	10.26
清水	D	87.5	9.54
四国	B	87.4	9.35
荘内	D	87.2	9.45
紀陽	C	86.8	9.20
鳥取	E	86.6	10.95
十六	B	86.4	8.93
地銀平均		86.3	9.50
青森	C	86.1	9.00
両羽	C	86.0	9.38
大垣共立	C	85.8	9.91
滋賀	B	85.3	9.57
山陰合同	B	85.3	10.08
百十四	B	85.0	9.37
山口	A	85.0	9.42

表10-6 続き

S.29下	預金ランク	収入	
		預貸率	収入率
北越	D	84.7	9.85
関東	E	84.5	8.44
肥後	C	84.3	9.90
京都	C	84.3	9.63
岩手殖産	C	83.7	9.75
富山産業	E	83.7	9.61
広島	A	83.6	9.54
武蔵野	E	83.5	9.96
常陽	A	83.0	8.96
東北	E	82.4	10.17
七十七	B	82.1	9.81
中小企業助成	E	81.8	9.55
香住	E	81.4	10.05
第四	B	81.1	9.78
大分	C	81.1	9.58
大阪不動	D	81.1	10.81
東邦	C	80.7	9.37
筑邦	E	80.7	9.74
埼玉	A	80.6	9.34
群馬	B	80.5	8.92
青森商業	E	79.4	10.43
百五	B	78.4	9.37
八十二	A	77.2	9.60
足利	A	77.2	9.36
阿波商業	C	76.7	9.10
横浜興信	A	76.6	8.70
千葉興業	E	76.6	9.13
北海道	D	69.0	9.67
池田	E	67.3	9.88
都銀平均		98.0	9.04
長信銀平均		104.8	9.98
信託平均		110.4	11.86

出典：全国地方銀行協会『昭和29年下期考課状分析』。

次に、預貸率と収入率の関係をみよう（表10-6）。預金平均残高の少ない銀行ほど収入率が高くなっていること、これは貸出利回りの高さによるものである点については、すでに表10-4でみた。しかし、収入率と預貸率の関係をみると、必ずしも、預貸率の高い銀行が高い収入率を得ているわけではなく、また、預貸率の高低と銀行の規模にもほとんど相関はない。

では、当時の地方銀行の貸出は、どのような内容だったのか。取引形態別にこれをみたのが表10-7である。54年下期の貸出金の構成をみると、都市銀行と地方銀行の間にかなりの相違のあることがまずわかる。都銀の貸出は、58％が手形貸付、証書貸付、当座貸越などの貸付金、42％が手形割引であるのに対し、地銀の場合は、70％が貸付金、手形割引は30％と、手形割引の割合が10％ポイント以上低いのである。

では、このデータから、「手形割引を主軸とするいわゆる商業銀行業務の比率が、都銀に比べかなりの度合いで低い」という先の推測は成立するであろうか。表10-7の各行別データは、この推測を裏切っている。貸付と手形割引の構成比の開きは、地方銀行間で著しく大きく、手形割引の比率が10％を切る地銀が9行ある一方で、手形割引の比率が50％を超す地銀も3行存在する。また、規模の小さな地銀ほど、相対的に手形割引の割合が低いようにもみえるが、関東、東海、近畿などの地域ではそうともいえない。むしろ、規模差よりは地域差のほうが、貸出形式の違いを規定しているようである。東北、上信越、北陸、四国、九州などで、手形割引の割合が低くなっているからである。

最後に、この地域差という問題を、表10-8からみておこう。表10-8に明らかなように、預金平均残高、貸出平均残高は、東北地域と近畿地域の2地域で低く、北海道地域で高いほかは、全国的にそれほどの開きはない。東北地域の低さは、同地域の経済的後進性を示すものであり、近畿地域の低さは、戦後における中小企業金融機関の創設と小規模地銀の残存の反映であろう。北海道地域の高さは、この時期には北海道拓殖銀行が地銀の一員となっていることによる。

むしろ、この時点での特徴は、預金原価と貸出利回りの地域差である。預金

表10-7 貸出金の構成割合（各行別）

S.29下	貸付金	手形貸付	証書貸付	当座貸越	割引手形
北海道拓殖	60.8	59.6	—	1.2	37.4
北海道	74.4	72.6	0.5	1.3	25.6
青森商業	94.2	89.2	1.6	3.4	5.8
青森	91.5	80.0	8.0	3.5	8.5
青和	91.9	86.3	0.4	5.2	8.1
岩手殖産	88.7	80.0	7.6	1.1	11.3
東北	94.1	93.3	0.4	0.4	5.9
七十七	86.1	74.0	11.8	0.3	13.8
秋田	87.1	76.4	9.1	1.6	13.0
羽後	89.3	82.9	3.9	2.5	10.6
荘内	95.4	85.2	7.7	2.5	4.6
両羽	85.7	76.5	6.0	3.2	14.3
東邦	90.4	71.5	17.1	1.8	9.6
常陽	76.1	68.8	7.3	—	23.9
関東	92.6	92.1	0.4	0.1	7.4
足利	63.2	57.5	2.4	3.3	36.9
群馬	76.3	72.6	2.8	0.9	23.8
埼玉	59.6	57.3	2.2	0.1	39.5
武蔵野	63.7	61.3	—	2.4	36.2
千葉	87.9	85.9	2.0	—	12.1
千葉興業	75.8	73.7	1.3	0.8	24.2
末小企業助成	60.4	60.4			39.6
東京都民	60.0	58.8	1.1	0.1	40.0
横浜興信	72.7	69.1	2.6	1.0	26.4
第四	73.6	66.9	5.1	1.6	26.3
北越	74.0	69.0	3.5	1.5	26.1
山梨末央	73.9	68.2	5.1	0.6	26.1
八十二	80.5	78.4	0.8	1.3	19.4
北陸	60.7	57.6	1.3	1.8	38.9
富山産業	78.5	68.9		9.6	21.5
北国	72.5	61.1	0.7	0.7	37.5
福井	47.0	44.4	0.3	2.3	53.0
大垣共立	71.8	69.2	2.2	0.4	28.1
十六	61.5	58.1	1.1	2.3	38.0
静岡	53.7	53.3	0.4	—	46.2
駿河	52.5	51.8	0.7	—	47.5
清水	58.8	58.3	0.5	—	41.3
三重	77.1	75.1	2.0	—	22.9

表10-7 続き

S.29下	貸付金	手形貸付	証書貸付	当座貸越	割引手形
百五	73.0	70.6	2.4	—	27.0
滋賀	43.6	41.0	1.4	1.2	55.6
京都	63.2	60.7	0.7	1.8	36.4
大阪不動	55.1	47.4	7.7	—	45.0
泉州	39.4	38.1	1.3	—	60.5
池田	58.5	55.5	1.5	1.5	41.5
河内	65.6	65.1	0.2	0.3	34.4
南都	72.8	66.9	3.8	2.1	27.2
紀陽	61.2	56.6	3.1	1.5	38.6
香住	92.7	86.5	0.8	5.4	7.2
鳥取	91.1	78.9	9.5	2.7	8.7
山陰合同	85.4	77.9	4.8	2.7	14.6
末国	60.7	56.5	2.8	1.4	39.3
広島	74.4	71.2	2.3	0.9	25.4
山口	70.3	62.1	7.3	0.9	29.5
阿波商業	74.4	68.3	3.2	2.9	25.7
百十四	71.7	64.9	2.1	4.7	28.2
伊予	70.8	64.4	2.9	3.5	29.2
四国	73.6	64.7	7.0	1.9	26.1
福岡	69.3	66.9	1.9	0.5	29.7
筑邦	75.0	74.5	0.1	0.4	25.0
佐賀中央	84.8	83.7	0.4	0.7	15.2
佐賀興業	80.0	79.8	—	0.2	20.0
十八	83.5	78.9	2.9	1.7	16.5
親和	85.6	82.7	2.6	0.3	14.4
肥後	75.4	71.6	3.7	0.1	24.6
大分	62.2	57.0	5.0	0.2	37.8
日向興業	83.5	76.6	5.9	1.0	16.5
鹿児島	73.5	61.8	8.8	2.9	25.9
地銀平均	69.4	65.0	3.1	1.3	29.0
都銀平均	57.9	56.3	1.0	0.6	41.9

出典：全国地方銀行協会『昭和29年下期考課状分析』。

表10-8 地域別預金・貸出・原価・利回り（1行平均）

(単位：100万円、％)

S.29下	預金平均残高	預金原価	預金利率	人件費率	物件費率	貸出利回り	貸出平均残高	預貸率	預貸利鞘
地方銀行平均	14,824	7.05	3.58	2.22	0.96	9.03	12,404	83.68	1.98
うち北海道	37,696	7.39	3.56	2.37	1.16	9.00	33,255	88.22	1.61
うち東北	8,568	7.47	3.45	2.54	1.21	9.20	6,254	72.99	1.74
うち関東	18,329	6.77	3.09	1.80	0.84	8.69	14,302	78.03	1.92
うち甲信越	15,580	7.31	3.55	2.57	0.93	9.30	12,160	78.05	1.99
うち北陸	17,606	7.16	3.69	2.24	0.95	8.99	15,448	87.74	1.83
うち東海	17,538	6.48	3.60	1.95	1.56	8.87	15,208	86.71	2.39
うち近畿	8,667	7.14	3.61	1.98	0.88	9.19	7,325	84.51	2.04
うち中国	21,239	7.08	3.92	1.90	0.84	9.12	17,680	83.24	2.04
うち四国	17,436	7.52	3.83	2.09	0.91	8.94	14,684	84.21	1.42
うち九州	12,409	7.54	3.39	2.76	1.19	9.36	10,852	87.45	1.82
都市銀行平均	134,775	6.66	3.13	1.96	1.12	8.67	114,076	84.64	2.01

出典：全国地方銀行協会『昭和29年下期考課状分析』。

原価は低い順に、東海、関東、中国、近畿、貸出利回りは、同じく低い順に、関東、東海、四国、北陸となっている。預貸利鞘は、最も低い四国地域の1.42％から最も高い東海地域の2.39％までかなりの開きがあるが、北海道、東北、四国、九州といった周辺地域が低い。総じて、東海、関東といった都市地域において、預金・貸出とも相対的低金利が実現されている。地域格差は、戦後1950年代前半においても厳然と存在しているが、これが、公共土木投資による地域開発政策という形で体系化されるのは、もう少し後の時期であった。与件としての地域格差が、地銀財務データの地域差として現れてきているといえよう。

以上、1950年代半ばの時点を軸に、地方銀行の個別財務データをみて来た。通例、この時期は「戦時下に損なわれていた自主性の回復の時期」[10]と位置づけられ、また、戦後地方銀行のサウンドバンキングへの離陸期ともされている。また、同じくこの時期は、全国地方銀行協会という業界組織を再結成し、地方銀行としての共通性と共同性を強化していく出発点ともされている。しかし、

この時期の、個別地方銀行を財務データからみるならば、そこには、かなりの階層差と地域差が存在しており、同一のビジネスモデルの下にあったわけではなかったのである。1954年データで見る限り、戦後地方銀行のサウンドバンキングモデルは、当時の地銀上位行、しかもその一部にあてはまるに過ぎないといえよう。

1) 全国地方銀行協会企画調査部『全国地方銀行協会五十年史』1988年、72頁。
2) 同上、98～99頁。
3) 大友通男『新版地方銀行読本』金融財政事情研究会、1977年、28～29頁。
4) 前掲『全国地方銀行協会五十年史』11頁。
5) 地方銀行は、軍需産業への融資が少なく、また、新勘定に分類された国債保有が多かったため、都市銀行に比べ損失は小さかったとされているが、それでも、資本金切捨てをまったく行わなかった銀行は、青森商業、香住、佐賀中央、親和、高田農商の5行、資本金3割減資は清水の1行で、43行が9割切捨て、4行が全額切捨てとなった。地方金融史研究会『戦後地方銀行史Ⅰ』東洋経済新報社、1994年、48頁（浅井良夫執筆部分）。
6) 「各府県銀行事業別貸出状況」『金融』1949年9月号、14～15頁。
7) 伊藤豊「地銀界本年の諸問題」『金融』1950年1月号、8頁。
8) ここでの5グループ分けは次の通り。第1グループ＝埼玉、静岡、北陸、福岡、常陽、中国、広島、横浜、山口、足利、八十二、伊予、千葉、第2グループ＝第四、駿河、群馬、十六、滋賀、七七七、百五、南都、北国、四国、百十四、山陰合同、紀陽、第3グループ＝親和、大分、肥後、福井、大垣共立、佐賀、鹿児島、東邦、東京都民、京都、岩手殖産（岩手）、両羽（山形）、北海道、第4グループ＝青森、阿波産業（阿波）、北越、日向興業（宮崎）、十八、秋田、山梨中央、大阪不動（大阪）、荘内、羽後、清水、泉州、千葉興業、第5グループ＝池田、武蔵野、青和、三重、河内、鳥取、筑邦、関東、東北、富山産業、香住（但馬）、中小企業助成（東都）、青森商業。
9) ちなみに、冒頭で述べた十三日会結成の呼掛け行10行のうち、7行はトップ第1グループ（13行）、3行は第2グループ（13行）に属しており、数カ月の間に、全国53の地方銀行全行が参加したといえ、業界団体としての地方銀行協会結成の原動力となったのは地銀上位行であった。
10) 前掲『戦後地方銀行史Ⅰ』39頁。

第11章　地域開発と金融ビジネスモデル

池上和夫

はじめに

　戦後日本の地域開発は、1950年策定された国土総合開発法、北海道開発法等によって制度的な基礎が築かれ、多くの長期開発構想により社会資本整備が企図されてきたが、特に後進地域の格差是正の方針を含めたその本格的展開は、1960年12月閣議決定された「所得倍増計画」「国民所得倍増計画の構想」を基礎とした「全国総合開発計画」（1962年10月閣議決定）においてであった。
　「国民所得倍増計画の構想」においては、すみやかに国民総生産を倍増するとともに、完全雇用の増大をはかり、国民生活水準を大幅に引き上げるとともに、特に農業と非農業、大企業と中小企業の間や、地域相互間、所得階層間に存在する生活上および所得上の格差の是正につとめて国民経済と国民生活の均衡ある発展を期すことがうたわれていた。この「構想」には計画実施上特に留意すべき点のひとつに、後進地域の開発促進をあげ、後進性の強い地域の開発促進と所得格差の是正のために国土総合開発計画を策定して資源の開発につとめ、税制や金融、公共投資補助率等については特段の措置を講ずるとともに、必要な立法措置を行い、地域に適合した工業の分散をはかり、地域住民の福祉向上とその地域の後進性を克服する方策が述べられていた。経済成長が地域間の所得格差や過大都市への産業・人口の集中をもたらして地域経済における問題点が明らかになり、これに対して地域的平等主義、経済の拡大均衡の要求が

生まれてきたのである。

　これを受けた「全国総合開発計画」においては、開発政策は、過密地域、整備地域、開発地域に3区分され、開発促進の方法は、工業開発地区、地方開発都市の2種類の拠点主義をとっており、この計画までに制度化されていた北海道開発法をはじめとする、各地方開発促進法や後進地域の公共事業に係る国庫負担割合に関する法律、低開発地域工業開発促進法、新産業都市建設促進法など国土総合開発法以外の各種の地域開発法をこの全国計画の中に体系化しようとしたものであった。

　本章の課題は、地域間（所得）格差の是正と大都市への産業・人口の集中の抑止を図り、1960年代に本格化する地域開発の展開過程を、山梨県を対象に財政金融を中心にして具体的に検討し、地域開発と関係する金融ビジネスモデルについて検証することにある。山梨県は、「全国総合開発計画」によれば整備地域に該当し、東京のもつ外部経済集積の利益享受の多い地域であり、工業分散を誘導するための基盤整備を行うことが期待された地域であった。一般に、地域開発の政策手段としては、①立法による規制と計画化、②公共投資、③開発金融、④税制上の優遇措置、があり、このうち、①と②は政府自らが担うものであり、③と④は地域開発の現実の担い手である民間企業などの設備投資に対して金融・税制面から優遇政策を行い刺激するものであるとされる[1]。ここでは①、②を前提にして、③と④に重点を置いて検討しながら、特に山梨県唯一の地方銀行、山梨中央銀行の動向を見る中から課題に接近する方法をとる。なお、対象時期は主に1960年代である。

1　「後進地域（整備地域）」における財政金融措置

　「国民所得倍増計画の構想」における「後進地域」の開発促進に関する立法措置としては、1961年6月に制定された「後進地域の開発に関する公共事業に係る国の負担割合の特例に関する法律」と同年11月に制定された「低開発地域工業開発促進法」がある。まず前者についてみよう。

「後進地域の開発に関する公共事業に係る国の負担割合の特例に関する法律」（以下、「国の負担割合の特例に関する法律」と略記）案の提案理由は以下のようなものであった。「わが国の経済の発展と住民福祉の向上を図っていくために近時特に地方開発の必要性が強調されております。すなわち開発の遅れている後進地域の産業立地条件を整備し、その体質を改善して行くことが、所謂地域格差を是正し、わが国経済を全国的に均衡を保って一段と進展させるために極めて緊要と考えられているのであります。それがためには、今後これらの後進地域において公共事業の増大することが期待されるのでありますが、財政力が充分ではなくその消化が容易ではない地域の開発に関する公共事業については、国の負担割合を高め、当該地域の負担を軽減して公共事業の実施を円滑ならしめ、もってこれらの地域の経済基盤の強化と住民福祉の向上を促進する必要があります」。また、従来の各地方開発促進法および地方財政再建促進特別措置法に基づく制度は、地方団体間相互の均衡を欠いており、現状に即していないので、これらの制度を統合して、新たに全国的に後進地域の開発推進を図る統一的な財政援助制度を設けることとした、というものであった[2]。

法律の適用団体については、地方交付税制度上の基準財政収入と基準財政需要額との比率を基準として都道府県における過去3カ年の財政力指数が0.46に満たない場合、適用団体になる。自治省は地域的に見て、後進性と財政負担能力が乏しいことの両面を表すものとして、県民所得や産業構成と相関度も非常に強い財政力指数が適当であると捉えており、0.46という財政力指数は、直近の過去3カ年、1958、59、60年の全都道府県平均値が0.457であったゆえである[3]。

国の負担割合の引上げ方法は、実態に即し、かつ簡明に行うことが望ましいとの方針の下に、各適用団体ごとに財政力指数が0.46に満たない数値を引上げ率の基礎とすることとし、財政力指数の最も低い団体の引上げ率が25％となるように一定の算式によって決定する、としていた。

$$\text{国の負担割合} = 1 + 0.25 \times \frac{0.46 - \text{当該適用団体の財政力指数}}{0.46 - \text{財政力指数が最小の適用団体の当該財政力指数}}$$

　この算式は、財政力指数が0.46に達しない団体の引上げ率が最低１％となり、財政力指数が減少するにつれ、指数0.01につきおおむね１％ずつ国庫負担率をかさ上げし、財政力指数が最小の団体が常に最高の25％の引上げ率となるように設定されていた。このようにして算定された引上げ率を、２分の１、３分の２、４分の３と定められている開発指定事業に関わる経費に対する通常の国の負担割合に乗じて適用団体に対する国の負担割合が算定されたのである。

　ところで、同法は、本格的な国民所得倍増計画予算といわれる一方、地域格差の是正が予算編成方針で初めて言及された1961年予算に関連して制定されたものである。同計画は、「階層間の所得格差や地域間の経済力格差あるいは過大都市化の防止など、総じて成長に伴って必然化する格差の是正を政策の中に含み、政府は倍増計画実施の中で全国総合開発計画の策定を中心とした地域開発政策を推進し、そのために法的整備を進めるとともに、補助金の活用や税制上の優遇措置を講じようとしている」。特に補助金については、同法により補助事業について、財政力格差に応じて補助率に格差を設け、これによって「一般財源としての地方交付税に加えて、特定財源たる補助金による財政調整が制度化されたものであり、高度成長期の財政政策の中で財政調整が強化されたことが示されている」[4]。高度経済成長に伴う税収増が背景にあったことは言うまでもない。

　これによって一定以上の事業量をもつ河川の改修、砂防設備、道路改修などの補助にかさ上げが認められことになる。国庫負担のかさ上げ率は財政力が最小の適用団体の場合に２割５分増となるように算定されたこの国庫負担引上げ方式は、従来は負担割合が事業別に全国画一的に定められていた公共事業の国庫負担率について、はじめて本格的に団体の財政力に応じて等差をつける「差等補助率制」を取り入れたものとして大きな意義を持つものとされている[5]。

では、対象とする山梨県にどのような影響があったのであろうか。山梨県は1953年度に2億円の赤字を計上し、翌年度には累積赤字が6億5千万円に達していた。1955年度に入ってから財政の窮乏はさらに進み、前年度からの繰越赤字を加えると累積赤字は約8億円にもなり、ここに至り県は「地方財政再建促進特別措置法」（以下、「地財法」と略記）の適用を自治庁に申請し、1956年4月に「地財法」による財政再建団体の指定を受け、財政再建債を発行することが認められた。当初、再建期間は1956年から1963年までの8年間であった。なお、県内では甲府市はじめ5市6町村（昭和32年1月末現在）に「地財法」が適用されて再建団体の指定を受けていた[6]。

恩賜林からの木材収入に基づく恩賜県有財産特別会計からの一般会計への繰入れや経済成長に伴う県税収入の増加などによって、予定より1年早く財政再建団体から脱却した山梨県は、財政再建期において、地方負担をともなう主要な公共事業全体の国庫負担率を引き上げた「地方財政の再建等のための公共事業に係る国庫負担等の臨時特例に関する法律」の適用を受けていたが、この臨時特例法が廃止されるのを契機として、「国の負担割合の特例に関する法律」の適用を受けている。この法律は「地財法」や東北、九州、四国地方の「開発促進法」に基づく国庫負担率の特例制度を漸進的に吸収しようとしたものであり、すでにふれたように、財政力指数が全国平均の0.46満たない財政力の弱い都道府県が公共事業を消化できるように国の負担率を増やす目的で作られた法律である。

山梨県の財政力指数をみると、1958、59、60年平均0.235で、最下位の鳥取、徳島、鹿児島、秋田に次ぐ下位から5番目（最下位のDグループ）であり、1961年度に「国の負担割合の特例に関する法律」が適用される35県のうち最高の2割5分のかさ上げ率が適用されることになった。

因みに、「地財法」17条に基づく財政再建団体の公共事業の国庫負担率引上げ制度である指定事業制度は、当該団体に対して人件費、物件費等の節減とともに、公共事業についても抑制させる一方、通常の国庫負担率を引き上げることによって財政再建を促進させようとするものである。そのために再建団体の

1952年から54年度まで3年間の平均公共事業費か54年度の公共事業費のいずれか低い方の額の75％を基準事業額とし、この基準事業額以下の事業量の場合に通常の国庫負担率を2割引き上げることとし、当初は基準事業量をこえる場合には原則として国庫負担率の引上げを行わないことになっていた。国庫負担率最大2割の引上げは、国道改修費を例に取ると、通常の国の負担率が4分の3であるから、引上げ後の国の負担率は、1.2に4分の3を乗じて0.9となり、国庫負担率9割、再建団体の負担は1割となる。したがって、これが適用される場合と率そのものは同じになるが、再建団体は事業量そのものが圧縮されている分、国の負担額は少なくなるから、山梨県の場合は「地財法」による補助より「国の負担割合の特例に関する法律」の適用団体になる方が有利とみられていた[7]。すなわち、再建団体の指定を受けた時に借り入れた6億7500万円の利子に関しては国から利子補給があったにしろ、1年繰り上げによる利子の節約は700万円にもなり、なによりも1年でも早く指定解除により県財政の自主性を取り戻すことは、中央からの制約を逃れ、自治体本来の行政に帰る上では必要なことであった。

その際、「地財法」に代わる高率補助が期待できる「国の負担割合の特例に関する法律」が制定されたことが、後進地域の財政再建団体の指定解除を促した要因ともなっていたのである。県の総務部長は、県議会での財政再建期間を短縮することに反対する意見に対して、再建団体には予算作成上の制約があり、自治権の問題が生じるが、再建団体でなくなればそれらの制約から免れると述べ、さらに次のように答弁している。

「さらに申すならば、再建団体でございまして、財政的に非常にこれまで得があったわけでございますが、後進地の開発特別法（「国の負担割合の特例に関する法律」のこと——引用者）というものができましたために、再建団体であるとないとを問わず、同じように財政措置がしてもらえるということになりますと、財政再建団体でとどまっている理由があまり意味がないわけでございます」[8]。

とはいえ、県が再建団体である期間に起きた1959年の7号台風などによる60

年ぶりの大災害に際し、再建団体であるが故の高率補助金の適用によって災害復旧費を中心とした国庫支出金の大幅な増加があったことも忘れてはならない。周知のように、国庫支出金の中心は補助金であるが、被害の前年の58年には19億円に過ぎなかった補助金は、59年には一気に2.8倍の54億円に跳ね上がり、60年には83億円と2年前に比し4.4倍に急増している。59年の国庫支出金の80％、60年の国庫支出金の85％が補助金であるが、これらは主として2項目のみで補助金の90％以上を占める土木費や産業経済費などに含まれている59年台風被害に関する災害復旧事業費であった。これらは財政再建中の高率補助などが適用された結果であり、この災害復旧事を通して道路舗装率が全国で第4位となったことなども指摘されている[9]。

次に「後進地域」の開発促進に関係するもう一方の立法措置である、「低開発地域工業開発促進法」（以下、「工業開発促進法」と略記）は、のちにみる「首都圏整備法」に基づく都市開発区域指定とともに、「工業開発促進法」による工業開発地区指定は、国の地域開発立法に基づく地域開発の中心に位置していた。「工業開発促進法」はすでにふれたように、「国民所得倍増計画」実施に伴い、「国の負担割合の特例に関する法律」とともに立法措置されたものであった。これはまた、のちに閣議決定された「全国総合開発計画」の拠点開発のうちの中小規模の工業開発拠点の開発実施法といわれたものである[10]。

同法は、「後進性の強い地域の開発促進ならびに所得格差是正のため」に、低開発地域における工業の開発を促進して雇用を拡大し、地域間の経済的格差の縮小をはかることを目的としていたが、第7条以下にはこの法律の実体をなす開発地域に対する国の援助措置が規定され、この法律の核心部分となっている。主な優遇措置は、指定地域に新増設された工場の償却資産への特別償却制度の採用、地方税の減免に対する地方交付税の補填措置などの財政措置と、政府関係金融機関（日本開発銀行、中小企業金融公庫など）からの融資や地方公共団体による資金の斡旋などの金融的措置であった。これに伴い県税の特別措置に関する条例が制定された。

すなわち、第7条は、法人税または所得税の減価償却の特例措置についての規定であり、開発地区に製造業の用に供する設備が新設・増設された場合、一定の要件を満たしているときには租税特別措置の定めるところにより、その企業に課せられる法人税または所得税の算定の際、当該設備に対して特別の償却を認めるものであった[11]。第8条は、地方税の減免を伴う措置である。開発地区内において製造の事業の用に供する設備を新設し、または増設した者に対して地方公共団体が事業税などを課さず、または不均一課税を行った場合、それらの措置が一定に要件に合致するときは、措置に伴う減収額を基準財収入額から控除することによって地方交付税より補填するものである。第9条は、金融面の優遇措置についての規定である。開発地域内の製造事業の用に供する施設の整備について、必要な資金の確保等の援助に努める義務を国や地方団体に対して課したものである。具体的には日本開発銀行等の政府金融機関に対して国が十分な財政投融資を行い、これらの機関を通して当該企業に対する融資を行わせるものである[12]。

この「工業開発促進法」は山梨県における地域開発にひとつの転機をもたらしたものであった。1950年代の県の開発は、電力、森林等資源開発、道路建設を中心に進められてきており、「工業開発促進法」に基づく地区指定を契機として、ようやく工業開発政策が進められるようになったからである。1962年1次指定として71地区が決定され、その後、指定、指定解除が行われ、全国で96地区、国土面積の約15％が「工業開発地区」として指定され、その後も、区域の拡大、追加指定などがあった[13]。

この1962年の1次指定により、同年9月、山梨県では甲府地区として、甲府市など1市2町3村が低開発地域工業開発地区に指定されている[14]。当該市町村は指定後直ちに「甲府地区開発推進協議会」を設立し、工業開発構想を立てて地域開発の促進を図ることになった。これにしたがって、地区の南西部地帯に工業団地を造成し、これを中核として新市街地を建設して人口の増加を図るなどの計画が実施された。しかし、「具体的な開発計画を策定し、工業基盤整備事業を推進するにあたっては、県が中心となって実施しなければ、その実現

は期し得られないものでありますから、なにとぞ、地域発展の拠点であります甲府地区の開発事業を積極的に推進されるよう」県に陳情を行っていた[15]。もともと開発地区の指定は知事の申請に基づいて行われるところからしても県の主導性が強いものであった。

その県当局は当初、峡北峡西地区、甲府盆地地区、峡南地区、富士北麓地区の4地区を申請したが、その後の折衝中、ひとつの県で1地区以上は無理であることがわかったので、甲府盆地地区と韮崎地区をひとつとして3地区として申請していた[16]。

なお、「工業開発促進法」第7条、9条はいわば国による直接的な措置を制定したものであるが、8条による措置は地方団体が条例を定めて行うものであり、山梨県では1963年7月制定の県条例で、低開発地域工業開発地区における県税の特別措置を定めて、条件を満たし県内の産業の振興に寄与すると認められる場合、事業税、不動産取得税、固定資産税について課税免除される旨を規定していた。

国の地域開発の本格化は、1960年代以降のことになるが、県はすでに1950年に成立した「国土総合開発法」にあわせて、同年、山梨県総合開発審議会条例を制定し、総合開発計画を策定していた。特に、財政が厳しい中で積極政策をとった4期16年間の天野久県政期は、「富める山梨」を目指し積極策が展開された時期で、天野は、この「総合計画」に基づき野呂川総合開発計画を提案したのをはじめとして、西山県営発電所の建設、笹子隧道の開鑿、県民会館の建設などの五大開発政策を打ち出していった。

1960年代に入ると、産業振興を目的とした長期計画として1961年の「産業振興基本計画」、1964年には、最初の全県的長期開発計画といわれた「県勢振興基本計画」が策定されている。さらに、1966年の「首都圏整備法」の一部改正を契機に、同年4月県全域が首都圏に組み入れられ、「工業開発地区」に指定されていた甲府市など1市2町3村は、同年12月に「首都圏整備法」に基づく「甲府都市開発区域」にも指定され、指定された「甲府都市開発区域」内において製造の事業の用に供する設備を新設し、または増設した者に対しては県税

の特別措置が講じられた[17]。翌67年12月には「甲府市都市開発区域整備計画」が策定され、高度成長に対応した開発計画が推進された。こうした開発計画の具体的施策として、低開発地域における企業立地の促進、基幹工業団地の造成、基幹道路網の建設・整備、土地改良事業など広範な事業計画が実施された[18]。

なお、1950年代から70年代末にかけての山梨県地域開発関係事業は、発電所・ダム建設、道路・トンネル工事、工業団地建設などが中心であった。

ところで、これらの開発計画と表裏の関係にある過疎問題に対しては、すでに県は1969年に、「山梨の過疎」と題する報告書を作成していたが[19]、翌、1970年に「過疎地域対策緊急措置法」(以下、「過疎法」と略記) が公布された。この目的は、人口の減少が進行しつつある地域に対し、緊急の対策として、生活環境におけるナショナル・ミニマムを確保しつつ、開発可能な地域には産業基盤等を整備することにより、人口の過度な減少を防ぐとともに、地域社会の崩壊および市町村財政の破綻を防止することにあった。このため、各種の行財政、金融、税制上の特別措置を講じることとされた。過疎地域の人口に歯止めをかけ、過疎地域に対する総合的な行財政措置を講じようとしたのである。

県では、「過疎法」による過疎地域をその区域とする町村として、1970年当初、13町村が自治大臣による公示対象になり、のち、それは合計19団体となり、全体で県市町村の3割を占めていた。また、過疎団体の面積は県土の41％、地目別では林野率が8割を超えており本県の特徴を示していた。

ところで、「過疎法」には、地域社会の再編、産業の振興と雇用の増大、住民福祉の向上、交通通信連絡の確保の過疎対策事業を実施するための特別措置として、財政上の措置、金融上の措置、税制上の措置、その他の措置、の四本柱が設けられていた。

金融上の措置は、住宅金融公庫、農林漁業金融公庫による貸付利率の引下げ、償還期間の延長などであり、税制上のそれは、事業用資産の買換えの特例や特別償却の認可、製造業者に対する事業税、不動産取引税、固定資産税や畜産業、

水産業、薪炭製造業などの個人事業税などの地方税の免除と地方交付税による減収補填などである。このために1970年7月、「過疎法」に基づき、山梨県過疎地域振興条例、同施行規則を制定公布した。県条例の目的は、過疎地域の市町村にその基盤整備を図るため、「資金の融通その他の財政援助を行うこと」（第１条）にあり、県は、市町村が行う過疎対策事業に必要な経費の財源に充てるため、当該市町村に資金を貸し付けるものとされた。また、同年「山梨県過疎地域における県税の特別措置に関する条例」が施行され、過疎地域での事業税などの減免が定められている。但し、過疎地域内において、山梨県低開発地域工業開発地区における県税の特別措置に関する条例の規定が適用される場合は除かれていた。

　その他の措置としては、大きな意味を持っていたのが都道府県を対象とする基幹道路の整備であった。国の法律である「過疎法」によって基幹的な市町村道、農道、林道、漁港関連道などについては、財政力が弱い過疎市町村に代わって都道府県が事業を行うことができるとされ、代行事業に関わる費用は都道府県が負担するが、これに対し国はすでにふれた「国の負担割合の特例に関する法律」によって、そのような基幹道路整備事業を開発指定事業とみなし補助率のかさ上げを行ったのである。同法が地域格差を是正し、わが国経済を全国的に均衡を保って一段と進展させるために制定された以上、過疎対策に適用されるのはごく当然のことであろう。

　財政上の措置は、２種類あり、いずれも市町村が対象となる。ひとつは国の補助の特例によって、学校統合に伴う建設、保育所の設置、消防施設などについては国の負担率を高めるものである。もうひとつが「過疎法」に基づく、いわゆる過疎債による財源調達であり、過疎地域市町村が必要とする経費を賄うために発行されるものである。過疎債の引受けには全額政府資金が充てられ、元利償還金は地方交付税の定めるところにより当該市町村に交付すべき交付税の算定上、基準財政需要額に参入されていた。

　さらに、「過疎法」が公布された翌年、1971年に公布された「農村地域工業導入促進法」も「過疎法」と無関係ではなかった。この法律の目的は、農村地

域への工業の導入を積極的かつ計画的に促進するとともに、農業従事者がその希望および能力に従ってその導入される工業に就業することを促進するための措置などを講じ、農業と工業との均衡ある発展を図るとともに、雇用構造の高度化を目指すことにあった。この農村地域の中に、「過疎法」が規定する過疎地域も含まれており、同法のいう、その中での工業導入地域内において、農用地等の譲渡に関わる所得税が軽減され、事業用資産の買換えの場合は課税の特例が適用され、一定の機械や装置ならびに工場用の建物などに特別償却が認められた。これらはすべて租税特別措置法の定めるところによって実施されることになっていた。その他、地方税の課税免除または不均一課税に伴う措置によって、事業税、不動産取得税、固定資産税が減免され、減収額は交付税措置によって手当てされる点はすでにみた各種の県税に対する特別措置と同様であった[20]。

2 地域開発と地方銀行

前節では、主として地域開発の政策手段としての税制上の優遇措置について山梨県を中心にみたが、次に地域開発政策と関連して、山梨県唯一の地方銀行である山梨中央銀行（以下、中銀と略記）の地域との関わりをみる中から、地域開発と金融のあり方について検討する。

周知のように、当該時期の地域開発のための政策金融機関としては、北海道、東北地方への投融資を担った北海道東北開発公庫と両地方を除く地域を対象とした日本開発銀行があるが、後者による地域開発融資は1959年から開始されている。しかしながら日本開発銀行による山梨県に対する融資は、九州、四国、中国、北陸の4地方に準ずる後進地域として1961年より始められたけれども、製造業の新設工事を中心に行った融資金額は比較的少額にとどまっていたのである[21]。

戦前と同様に敗戦後も引き続き山梨県金庫の役割を担った中銀は、1950年末には県下全支店が県の支金庫となり、県税の収納、払下代金の収納、諸手数料

その他の収納事務や俸給をはじめ補助金・交付金の支払いなど多岐にわたって県財政に関係する金銭出納事務を取り扱った。さらに、県金庫の取扱ばかりでなく、県内産業復興のための資金を供給する一方、県の財政調整資金貸出しや、県が推進する中小企業対策として、県信用保証協会保証付貸出にも極力応じ、その保証残高は1951年3月末で総保証額の90％以上を占めていたのである[22]。

ところで、日本銀行甲府支店は、1951年度予算の分析で、県の財政が貧しく国家財政に依存する度合いが大であることを指摘しているが、冒頭、「本県財政は全国四位（島根、山口、高知に次ぎ——引用者）の貧乏財政といわれるが之は県財政における財源の七三％が国庫金乃至財政資金に依存している実情をさしているものである」と述べ[23]、一方、県税収入は13％しか占めておらず、しかも個人事業税など徴収実績はかんばしくなく、一般財源（県税および平衡交付金）の大部分（82％）は県庁費および教育費など人件費に充当されているから単独事業を行う余裕はなく、他方、天野久知事による貧困財政の緩和策としての開発、観光政策も前途多難であり効果は見出しがたいと指摘している。この中で、財政資金繰り状況にふれ、県金庫を担う中銀について、「県財政資金の預託に依存するところ大なる実情に鑑みその資金逼迫に拍車をかけるものとして深刻な悩を訴えている」と記し、10月以降になり県の歳出増に伴い預託の引上げが行われると同行の資金繰り逼迫に拍車をかけるのではないかとの懸念が記述されている。同行が、この時期、財政資金の預託に依存する程度がいかに大きかったことをも物語っている証左である。

同じく日銀甲府支店の報告書からは、県財政の様相が財政資金繰りの観点から明らかになる[24]。県は1952年の年末手当、公共事業費支払に窮し大蔵省資金運用部から借入れをするほか、県内金融機関に預託していた歳計現金を引き揚げざるをえなくなった。このことが信用金庫などに多大な影響を与え、また給与支払資金を中銀による県債引受けおよび同行からのつなぎ融資で調達せざるをえない状態に追い込まれていたことが指摘されている。すなわち、「給与支払のソースがない為県では地元山梨中央に対し　㋑二十七年度起債で公募を認められた五〇百万円につき引受を求める　㋺別につなぎ融資を申込む公算が強

いものとみられているが山梨中央としては、㋑起債については予算上定められたものであり県金庫としての立場もあるのでこの程度の引受けは起債条件に無理のない限り（レート年八分五厘、五年程度を予想）認めざるを得ないが　㋺つなぎ融資については既往にその例がなく且之が恒常化を来しひいては県財政の赤字を持込まれるおそれもあるのであまり好ましくないとの警戒態度を洩らしておりその動向は注視されている」。まさに県財政と中銀は一蓮托生の関係にあったのである。

　また、1956年、県が財政再建団体の指定を受け、赤字8億円を解消するための財政再建債（歳入欠陥補填債）を発行し、赤字を棚上げにして再建を図った際、中銀は再建債を引き受け（3億6,000万、証書貸付形態）、さらに1957年5月には、1億1,100万円の事業債の引受、地方債3億5,000万円の引受など、県の総合開発に協力し、その結果、有価証券残高に占める地方債の比重を高めていた[25]。

　ところで、1963年の地方自治法の改正により従来の金庫制度から預金制度に変わったことに伴って、いわゆる指定金融機関制度が採用されたが[26]、まずそこに至る前史をみておこう。

　山梨県においては、1946年8月告示の「山梨県金庫名称、位置及び出納区域」が1950年7月告示により廃止され、さらに1954年にはそれが全面改正されている。中銀は、その前身である興益社が、破産した島田組に代わって1876年、官公金預金を一手に取り扱う県為替方を務めて以来、第十国立銀行時代、第十銀行時代を通して一貫して県金庫を担ってきたが、この54年の改正においても、金庫名は明記されていないけれども山梨県本金庫としてその位置が「甲府市常磐町」と告示されており、それが中銀を指すことは明らかであった。なお、1950年の地方自治法施行令の改正によって金庫事務取扱者については、議会の議決を経て定めることに改められたが、これは従来、「府県制及郡制ニ依ル費目流用並財務ニ関スル件」（1900年内務省令）により府県知事が定めていたものが改正されたのである。但し、この議決はどの金融機関を指定金融機関とするかの認否議決であり、地方公共団体の長の提案に関わる指定金融機関以外の

金融機関を指定金融機関とするような修正議決はできないとされ、もし議会が否決すれば、自治体の長は所定の手続きによって再度提案するか、または長によって専決処分することができるものであった[27]。

1954年の告示はさらに61年3月13日の告示により廃止され、同日、「山梨県財務規則」が制定された。県金庫については、その第9章に詳細に記載されるようになり、当規則別表に県金庫の名称および位置などが盛り込まれるようになった。因みに、当規則による本金庫の位置は甲府市常磐町で従前と同じであり、県金庫の名称は「本金庫」であって（金庫名としてはほかに「県庁金庫」など30以上ある）、具体的に中銀と明記されてはいないのも以前と同様であった。当規則は、従来の県会計規則、財務取扱規則、物品取扱規則など6規則を廃止して制定されたものであり、61年の財務規則は県の会計関係の歴史上、重要な地位を占めていると言える。なお、指定金融機関を定めたときには告示しなければならないが、告示の方法は財務規則に規定しても差し支えなくなったので、1963年の地方自治法改正後、61年の財務規則を廃止し、64年に新たに制定された規則もその名称は「山梨県財務規則」となっていた。

ところで、中銀が指定金融機関となったのは県だけではなく、たとえば県内最大の都市、甲府市や山梨市などにおいても告示や財務規則によって当該機関に指定されており、その他、地方公営企業法の規定に基づいて制定された「公営企業の金融機関を指定する規則」によって、中銀は山梨県営電気事業、山梨県営有料道路事業、山梨県営用地開発事業、山梨県営温泉事業、山梨県営病院事業の業務に関わる現金を預け入れて保管する金融機関としての役割を担っていた[28]。

このように、中銀は県内唯一の地方銀行として、第二次大戦後においても県の金庫、指定金融機関としてゆるぎない地位を築いていたのである。もっとも、天野久が、戦後の公選初代知事である現職の吉江勝保を破った1951年知事選のあと、吉江を支持した当時の中銀頭取名取忠彦は、中銀が県金庫の役割を取り上げられるのではないかと真剣に恐れていた。名取は「明治初年以来、お預かりしている金庫をとられたらたいへんなので、口にこそ出さないが、『やるな

らやってみろ』という気になった」と述懐しているが[29]、この時の名取の開き直った態度の背後に強い危機感があったように思われるとともに、指定金融機関（この時は未だ金庫）のもつ意味・重みを認識させられる出来事であった。

表11-1から、1959（昭和34）年度からの3年間のデータをみると、日銀券の流通状況は、例年、4～6月と10～12月までの各3カ月間を除くと各3カ月とも多額の還収超であり、その年合計額は1961年には30億円を超えている。これは大企業がないために給料支払など発行要因が少ないこと、観光客の持ち込み現金、出稼ぎ人の持ち帰り現金が多いことに原因すると説明されている[30]。また財政資金面では、県財政の収入源が80％を国庫補助金などに依存しているので、地方交付税・公共事業費・産業経済費など多額の政府資金が流入し、このため例年100億円前後の払超となっているのも見て取れる。明らかに財政資金が県内主要資金源のひとつになっていたのである。その意味でも中銀の県の指定金融機関としての地位は極めて大きいものであり、中銀は、指定金融機関として県財政との深い関わりを通じて、間接的にも地域開発金融の役割を担ったといえよう。次に当該時期における中銀の県内での地位にふれておこう。

表11-2は、前表と同様にもとは日銀甲府支店の資料で1961年の単年度のものであるが、県内金融機関の総預金残高の中で中銀の地位を見ると、46％の銀行総預金のうち71％を占めていて、1行だけで総預金残高の約3分の1近い割合に達していた。

一方、貸出残高政府系金融機関の代理貸付業務によるものを含めた県内金融機関総貸付残高中、52％を占める銀行貸出の中で、中銀のシェアは86％であるゆえ全体の45％弱となり、さらに預貸率は83％ほどになり、駿河銀行支店を除く、日本勧業銀行、富士銀行、協和銀行の都市銀行3行の支店のそれが29％に過ぎないのと比較して好対照となっている。都市銀行の県内支店が預金の殆どを県外に引き上げているのに対して、中銀がその殆どを県内企業等に還元している事が明らかであり、山梨県金融界に占める中銀の比重の大きさを知ることが出来る。因みに、表11-3より1960年代半ば以降、当該期間の10年間の中銀預金シェアをみると、県内銀行に占めるシェアは7割前後、多い時は4分の3

表11-1　銀行券・財政資金のうごき（日本銀行甲府支店調）

(単位：億円)

		銀行券			財政資金		
		発　行	還　収	発還(△)超	支　払	引　揚	払還(△)超
34年度	4～6月	28.5	32.6	△ 4.1	85.3	65.9	19.4
	7～9月	28.3	41.1	△12.8	73.7	61.7	12.0
	10～12月	51.8	40.3	11.5	76.4	48.2	28.2
	1～3月	28.3	45.5	△17.2	75.7	52.6	23.1
	計	136.9	159.5	△22.6	311.1	228.4	82.7
35年度	4～6月	39.6	37.0	2.6	123.8	72.6	51.2
	7～9月	39.8	48.1	△ 8.3	88.8	59.5	29.3
	10～12月	63.6	49.5	14.1	104.0	61.6	42.4
	1～3月	33.6	52.8	△19.2	61.8	51.7	10.1
	計	176.7	187.5	△10.8	378.5	245.5	132.9
36年度	4～6月	48.5	49.3	△ 0.8	124.8	73.2	51.6
	7～9月	43.4	60.8	△17.4	85.8	63.3	22.5
	10～12月	80.3	68.3	12.0	93.2	56.8	36.4
	1～3月	44.0	70.2	△26.2	63.0	57.7	5.3
	計	216.2	248.6	△32.4	366.8	251.0	115.8

出典；山梨中央銀行『調査資料』No.23、昭和37年7月。

表11-2　銀行の預貸率（3月末一般預金残高対総貸出額比、日本銀行甲府支店調）

(単位：百万円)

	一般預金残高	構成比	貸出残高	構成比	預貸率
銀　　行	34,571	100.0	23,494	100.0	68.0%
中　　銀	24,465	70.8	20,193	85.9	82.5
4支店銀行	10,106	29.2	3,301	14.1	32.7
うち都市銀行	9,334	27.0	2,707	11.5	29.0

出典；山梨中央銀行『調査資料』No.23号、昭和37年7月より。

表11-3　山梨中央銀行預金シェアの推移

(単位：%)

年月末	昭和31.3	32.3	33.3	34.3	35.3	36.3	37.3	38.3	39.3	40.3
対県内銀行	67.1	67.8	66.4	66.8	68.0	69.8	70.9	72.7	74.0	74.4
対県内金融機関	36.2	36.7	35.6	35.6	35.7	36.3	35.0	35.0	34.2	34.1

出典；山梨中央銀行『創業百年史』474頁。

を占めており、信用金庫、信用組合などを含めた県内金融機関の中でも常に3分の1を超える比率を占めていたことがわかる。県などの指定金融機関に指定されるのに相応しい地位にあったといえよう。

おわりに

　地域開発や過疎対策には巨額の資金が必要とされる。国の方針に基づく施策に対しては、かさ上げされた補助金の交付や地方税の減免に対する地方交付税の補填措置、同じく交付税措置が伴う地方債の発行が認められていたが、国庫補助があるにしても県独自の負担は残る、いわゆる「裏負担」や借入金の返済、交付税措置が伴わない県債の元利償還費は当然県の負担になる。これらの負担、返済、償還は最終的には地方税で賄わなければならないが、すでにみたごとく、山梨のように依存財源（国庫支出金、交付税、譲与税、地方債）が7～8割を占め、県税収入がわずか2割前後程度にすぎなければ、県の歳入は、国庫に依存するか、地方債発行や民間金融機関からの借入に頼るしかない。

　ところで、特に地方債の引受け手が指定金融機関である場合も地方債を含めた有価証券運用が一般的には貸出しに代替する「余資運用」であるので、収益確保の点からも重要な運用手段であることは言うまでもないが、他方、地方債の引受がその市場流通価格の観点から必ずしも望ましいとは限らない状況にあったとしても地域金融機関として公的役割を担う立場からすればその持つ役割は大きい。この意味で、概して全国地方銀行より有価証券保有が高水準（預証率）である中銀の地方債・地方公社債引受けのもつ意味が極めて大きいことは注目に値する[31]。

　もっとも、公債依存度の高い山梨県財政への県債引受けによる寄与が、中銀にとってはどの程度、ビジネス足りうるのかは、景気に左右される資金需給の動向や県内では主流の中小企業融資との関連などを通して検討していかなければならない。「地域密着」よりも（県債引受けも地域密着といえば言えるが）、ビジネスに経営戦略の軸足を置くならば、「倒産（デフォルトリスク）がない」

自治体相手の経営は「健全経営」には繋がるかもしれないが、より「利益があがるビジネス」であるかどうかは自明ではないからである。また、有価証券投資の中味（国債や特に社債〔金融債〕とのポートフォリオ・セレクション）を検討しなければならないだろう。

　しかし、一方では、中銀のような、国の財政に依存する割合が高い「後進地域」の指定金融機関にとっては、指定金融機関であるがゆえに地方自治体の金融との調和が求められる。その意味では、すでにふれたように、最終的には、1963年の地方自治法の改正により金庫制度から預金制度に変更されたことに伴い、金庫内の公金を死蔵することなく自由に運用できるようになり、公金が円滑に活用できるようになったことも重要である[32]。すなわち、金庫制度の下では、金庫事務を取り扱う金融機関が単に地方公共団体の財務機関のひとつとして現金の出納および保管事務を行うのみで、保管金がどんなに多額に達しても、その資金を金融機関が自由に営業資金に組み入れて一般金融市場で運用することが許されなかったが、預金制度に変わり、地方公共団体の収入はすべて取扱い金融機関の預金とし、経費は小切手をもって支払をさせ、地方公共団体の現金は一部の支払準備として置くほかは当該金融機関の営業資金に繰り入れて、一般の預金と同じように運用できるようになった。このことが、指定金融機関に指定された地方銀行にとって公金取り扱い上、金融機関としての自立性（独立性）を発揮することにもつながったと思える。

　もっとも、公金の自主運用は、自治体の日々の資金繰りから生じる一時的な余裕金である歳計現金の運用であって、歩留まりの大部分を支払い準備金として留保しておかなければならない短期的な資金と長期的な貸出金とは単純に対応できないし、「地方縁故債」（銀行等引受）における低応募者利回りや非流動性は問題であったにしろ（発行市場、流通市場の問題）、金融機関としての自立性（独立性）を保ちつつも、国民生活と密接な関係をもつ行政を担う地方公共団体との繋がりをより強めていく中から（特に「後進地域」においては強めざるをえないが）、地域社会とのより深い結びつきを築き上げていくことは、たんなる信頼やルールの遵守（コンプライアンス）にとどまらない「公共性」

を強く掲げた、ひとつのビジネスモデルたりえるのではないか。

　今後は、さらに具体的に自治体と地域金融の関係を取り上げ、このような金融ビジネスモデルについて詳細に検討することが残されている[33]。一般に、この関係は、①公金収納および支払を柱とする指定金融機関制度、②自治体の開発投資などを支える地方債発行の引受、などを2本の柱として強固に形作られてきた。

　この関係を、指定金融機関サイドのメリットから捉えると、①地域におけるトップ金融機関としてのステイタスの獲得、②地域（企業・個人）からの信用・信頼感の獲得、③長期的・安定的な取引関係の確保、④地方公共団体職員との個人的な取引の拡大や、地方公共団体との取引を通じての地方公共団体の情報の早期取得、などが考えられる。これらのメリットがあるゆえ、指定獲得競争が繰り返されていたと考えられる。

　しかし、その反面、指定金融機関側には、事務コストの問題がある。すなわち、指定金融機関は事務上のコストをすべて負担することが普通であり（少なくとも1960年代においてはそれが一般的であった）、無料で、公金の収納や支払いの事務を行っていたのである。また、地方自治体内に税金等の公金の出納事務を行う行員を派遣する、いわゆる派出業務に要する費用も指定金融機関側が負担していたのが一般的であった。

　近年は、地方自治体の多くが、財政状況の悪化に伴い、市場原理に基づく取引の下で、有利な公金の運用先を求めて入札方式を導入し、大口定期や譲渡性預金などを購入する例などが見られ、金融自由化によって金融機関間の競争が激化しているが（このため、公共料金の口座手数料の値上げ、収納代行業務の有料化、自治体への派出窓口の閉鎖、業務のパート化などが検討され、一部実施していることは周知のとおり）、少なくとも分析時期の1960年代においては、地公体の預金・貸付業務を扱うことによって収益を確保し、収納・支払の事務コストをカバーしてきたと思える。この問題を、特に開発政策の展開の中から、県、市、中銀との、さらに具体的に検証することが必要となる。

1) たとえば、「地域開発金融の推移と現状」『日本開発銀行調査月報』1963年11月を参照。なお、本章に関係する財政・税制面のより詳細な内容については、拙稿「『後進地域（低開発地域）』の開発と財政金融」『商経論叢』第43巻1巻、2007年5月、参照のこと。
2) 自治省『地方財政制度資料』第9巻、491頁。
3) 適用団体、適用事業などの解説としては、茨木広「後進地域の開発促進措置について」『地方自治』159号、1961年3月を参照。茨木広は当時の自治省財政再建課長。
4) 大蔵省財政史室編『昭和財政史（昭和27年～48年）』第2巻、172～173頁。
5) 藤田武夫『現代日本地方財政史（中巻）』日本評論社、385頁。
6) 山梨県の「地財法」適用と財政再建問題については、『山梨県史（通史編6）』（近現代2）第3章第3節5を参照。
7) 「地財法」による国の補助のかさ上げ率は19％といわれ、「国の負担割合の特例に関する法律」によるかさ上げ率より6ポイント少なかった。「県財政と再建指定の解除」『山梨日日新聞』1961年7月22日社説。
8) 『山梨県議会会議録』（昭和36年4月17日開会閉会臨時会・昭和36年6月30日開会昭和36年7月14日閉会定例会）91～92頁。
9) 国庫支出金等の金額は各年度、山梨県『歳入歳出決算報告書』を参照。
10) 「工業開発促進法」の意義については、大塩洋一郎「低開発地域工業開発促進法について」『地方自治』171号、1962年3月を参照。
11) 「工業開発促進法」に関連して、地域開発と特別償却の特例について検討した論文に、中田信正「地域開発と税制」（『桃山学院大学経済学論集』第5巻1・2号合併号、1963年12月）がある。同論文は「税制はあく迄も誘導策であり、直接的な施策ではなく、その限りでの限界を知る必要がある」としつつ、他方では、特別償却が無利子の政府資金の補助が行われるのと同じであり、自己資本が過少であり、内部留保も少なく、資金調達も困難な現状においては特別償却による内部留保と減税措置のもたらす効果は民間企業等の地域進出の重要な決定要因となる、としている。
12) 1959年度から発足した日本開発銀行の地方開発融資は、1961年度下半期から甲信（長野、山梨）および北関東3県（茨城、群馬、栃木）の後進地域に対して地方開発融資の道を開き、「工業開発促進法」の第一次工業開発地区の指定を契機にして本州中央部を融資対象地域に加えていた。この点、相川尚武『地域開発と金融』東洋経済新報社、1964年、154～155頁。
13) 全国での「工業開発地区」数については、前掲「地域開発金融の推移と現状」参照。
14) その後2回にわたって拡大等が行われ、後にふれる首都圏整備法に基づく「甲

府都市開発区域」の指定に関連して、1967年9月以降は甲府市など1市2町3村の名称も「甲府西部地区」と改称された。なお、一次指定後、指定された工業開発地区は中巨摩郡八田町、白根町、若草町、櫛形町、甲西町、韮崎市、北巨摩郡双葉町、明野村地区と西八代郡市川大門町、三珠町、南巨摩郡増穂町、鰍沢町地区の2地区である。山梨県『県勢の現況』（第1部県勢の基盤）1976年3月参照。

15)　『甲府市史』資料編、第8巻、175頁。

16)　『定例山梨県議会会議録』（昭和37年6月29日開会37年7月14日閉会）109頁。なお、すでに首都圏整備法によって首都圏整備地域に入っている場合は、首都圏整備委員会経由で申請することになっており、現実は首都圏整備法による市街地開発地域に指定されたところをまず指定するのが内部的に決められていたという。

17)　「山梨県都市開発区域における県税の特別措置に関する条例」1969年4月山梨県条例39号。なお、すでにみた、低開発地域工業開発地区における県税の特別措置が適用される場合には当条例は除外されることになっていた。

18)　これらの計画を基礎に、甲府市においては1970年9月、「甲府市総合計画基本構想」が決定され、「魅力ある文化都市」創りを計画の柱においた。なお、甲府市の「都市基盤の整備」の進捗状況については、『甲府市史』（通史編第4巻）、342〜355頁を参照。

19)　山梨県の過疎対策については、『山梨県史』（通史編6）、第5章第3節6を参照

20)　1972年3月「山梨県工業等導入地区における県税の特別措置に関する条例」（山梨県条例第9号）。

21)　前掲相川尚武『地域開発と金融』第3章参照。

22)　山梨中央銀行『創業百年史』435〜436頁。

23)　「山梨県財政の概貌」日銀甲府支店『金融経済旬報及月報』昭和26年。

24)　「県財政極度に逼迫」日銀甲府支店『経済金融月報』昭和28年。

25)　前掲『創業百年史』479頁。

26)　指定金融機関制度の趣旨や指定状況、問題点などについては、さしあたり、拙稿「地方財政と地方銀行」地方金融史研究会『戦後地方銀行史（Ⅱ）』東洋経済新報社、1994年、第9章を参照。

27)　吉山治「地方自治法上の金融機関の位置付けについて」『地方自治』479号、1987年10月。

28)　「山梨県規則」第63号、1957年12月26日。

29)　名取忠彦「私なき献身の生活」天野久翁顕彰会編『天野久の生涯』1973年、472頁。

30)　山梨中央銀行業務部「日本の経済地図山梨県」『金融ジャーナル』第5巻第3号、1964年3月。

31) 特に1962年以降、地銀各行の有価証券所運用が急激に低下したことにより地方債の所有割合が比較的高かった中銀の預証率は地銀水準を上回るものとなった。前掲『創業百年史』483頁。
32) 金庫制度から預金制度への移行などの歴史的変遷については、小林武「金融機関の指定の沿革と実態」『地方自治』436号、1984年3月を参照のこと。
33) 特に、中銀と同様に、1県1行的地方銀行で、地方公共団体の指定金融機関となっている事例を具体的に検討することが必要となる。

329

第12章　インサイダー・レンディング再考
―― 産業革命期米国ニュー・
イングランド地方の銀行と産業金融 ――

黒羽雅子

はじめに ―― 米国ニュー・イングランド地方の初期銀行の概要と
インサイダー・レンディングの発見 ――

(1) 米国ニュー・イングランド地方の初期銀行業の概観

　米国の銀行制度史[1]は大きくは南北戦争以前（antebellum）の州法銀行制度が支配的であった時代と、州法銀行と国法銀行との二元銀行制度の時代となった南北戦争以後（postbellum）、すなわち1863年国法銀行法の成立以後の時期に区分される。中央銀行制度の導入は、さらに1913年連邦準備制度法成立まで待たなければならない。

　19世紀初頭は、合衆国財務省、第一合衆国銀行、第二合衆国銀行、商業銀行である州法銀行や個人銀行、相互貯蓄銀行、保険会社が金融市場の主な参加者であった。財務省や相互貯蓄銀行、保険会社は主に長期金融を、それ以外の金融機関は、短期金融を担っていた[2]。本章が対象とする19世紀前半には、中央銀行制度も国法銀行制度もまだ成立せず、支店を持たない商業銀行（単店銀行）が州議会の免許を得て、あるいは自由銀行法[3]の要件を満たして設立された時期である。1784年にマサチューセッツ銀行（the Bank of Massachusetts）が最初に設立されてから、州の免許を受けた株式会社組織の銀行は急速に増加し、1820年には327行、1850年には813行となった[4]。このほか北米銀行[5]

(1782年～)、第一合衆国銀行（1791～1811年）および第二合衆国銀行（1816～36年）は合衆国議会の免許により設立された銀行で、民間銀行でありながら、連邦政府への金融を主な営業内容としていた。

初期の銀行の設立目的は銀行券の発行を通じた市場への資金供給であった[6]。これら銀行の経営組織は、頭取（president）、数名の取締役（directors）および支配人（cashier）という構成が最小単位で、1名か業務の異なる複数名の金銭出納係（teller）と事務員（clerk）および簿記係（bookkeeper）などのうちの全部またはどれかが加わるという程度で、極めて簡素なものであった[7]。貸付や割引、銀行券償却等の運営方針は、週1回から月に数回の頻度で開催される取締役会でかなり細々と取り決められていた[8]。レッドリッチ（Redlich, Fritz）のいうように、銀行の設立者、取締役、株主などが、自身や自身の事業に銀行の資金を貸し出すという慣習は、北米銀行以来のものであり、とくに、1830年代以降顕著になった[9]。そのため、ニュー・ヨーク州などでは、銀行取締役の支配しうる資金の範囲を3分の1までと定めていたほどであった。

(2) 初期銀行の設立と運営の仕組み

19世紀前半の銀行の基本的な仕組みを主にデューイ（Dewey, Davis R.）[10]とレッドリッチ[11]により簡単に見ておきたい。

①免許（charter）　北米銀行、第一および第二合衆国銀行以外のすべての銀行は、申請1件ごとに州議会で特許法が可決され、免許が交付された[12]。自由銀行法（1837年以降）による免許を選択する場合は、法律の要件を満たして申請することにより免許が交付される。表12-1は初期の州法銀行の免許取得状況と資本金額について、地域ごとに示したものであるが、19世紀に入ってから銀行数が急増している。

②資本金と払込[13]　北米銀行は正貨で一括払い、第一および第二合衆国銀行は正貨と政府証券による分割払いも認められた。最初の州法銀行であるマサチューセッツ銀行の出資金もほぼ全額が正貨で営業開始日までに払い込まれた。その後に設立された州法銀行では、株式払込は当初は正貨払込を

第12章 インサイダー・レンディング再考

表12-1 免許取得州法銀行数と株式資本額

(資本額単位:1,000ドル)

年	ニュー・イングランド諸州			大西洋岸中部諸州			南東部諸州		
	銀行数	株式資本額	同1行当り	銀行数	株式資本額	同1行当り	銀行数	株式資本額	同1行当り
1782				1	400	400			
1785	1	800	800	1	400	400			
1790	1	800	800	2	2,300	1,150			
1795	11	4,050	368	9	9,420	1,047			
1800	17	5,500	324	11	11,920	1,084			
1805	45	13,160	292	19	21,655	1,140	5	2,950	590
1810	52	15,485	298	32	29,355	917	10	7,850	785
1815	71	24,495	345	107	67,140	627	13	13,797	1,061
1820	97	28,330	292	125	74,206	594	14	16,825	1,202
1825	159	42,150	265	122	71,183	583	20	17,896	895
1830	186	48,755	262	140	73,833	527	27	21,016	778
1835	285	71,570	251	189	90,222	477	43	42,592	991
1840	306			275			47		
1850	302			290			34		
1860	501			472			82		

年	南西部諸州			西部諸州			合計		
	銀行数	株式資本額	同1行当り	銀行数	株式資本額	同1行当り	銀行数	株式資本額	同1行当り
1782							1	400	400
1785							2	1,200	600
1790							3	3,100	1,033
1795							20	13,470	674
1800							28	17,420	622
1805	1	600	600	1	500	500	71	38,865	547
1810	3	1,300	433	5	2,200	440	102	56,190	551
1815	9	3,400	378	12	6,400	533	212	115,232	544
1820	11	11,750	1,068	80	28,420	355	327	159,530	488
1825	12	15,450	1,288	17	9,400	553	330	156,079	473
1830	8	16,300	2,038	20	10,500	525	381	170,404	447
1835	20	69,050	3,453	47	34,950	744	584	308,384	528
1840	32			52			712		
1850	12			28			666		
1860	36			254			1,345		

出典:1782~1835年は Fenstermaker, *The Development of American Commercial Banking: 1782-1837*, Kent State University, 1965, pp. 13, 77, 80, 86-87 & 91. 1840-60年は、Weber, Warren E., "Early State Banks in the United States: How Many Were There and When Did They Exist?" *Journal of Economic History*, Vol. 66, No. 6, June 2006, pp. 441 & 444.

注:地域区分は以下の通り
 ニュー・イングランド諸州:コネチカット、マサチューセッツ、メイン、ニュー・ハンプシャー、ロード・アイランド、ヴァーモント
 中部大西洋諸州:デラウエア、コロンビア特別区、メリーランド、ニュー・ジャージー、ニュー・ヨーク、ペンシルベニア
 南東部諸州:フロリダ、ジョージア、ノース・カロライナ、サウス・カロライナ、ヴァージニア
 南西部諸州:アラバマ、ルイジアナ、ミシシッピ、テネシー
 西部諸州:アーカンソー、イリノイ、インディアナ、ケンタッキー、ミシガン、オハイオ、ウィスコンシン、(1840年以降はアイオワ、ミズーリ、1860年以降はカンザス、ミネソタ、ネブラスカがそれぞれ参入)

基本としながらも、まもなく株券や債券での払込が部分的に認められるようになり、しかもときには1年から4年に及ぶ分割払込が認められることもあった。第1回目に払い込まれた資本金は、営業用の諸設備の購入や銀行券の印刷に支出され、正貨は緊急時の備えとして金庫に保管された。第2回目以降の払込時、株主は最初の払込で手に入れた当該銀行の株券を担保に、この払込をするべき銀行から資金を借り入れ、あるいは無担保の融通手形割引などの方法によって資金を用意し、つまり、当該銀行から得た資金によって第2回目以降のすべての払込を済ませる、というやり方も認められた。

③発券・償却[14]、ポスト・ノート（post note）[15]　初期の銀行免許では銀行券の発行についての制限はかなり緩やかであったが、1820から30年代には払込資本金額に応じた発券額の制限が各州で法制化されている。例えば、ニュー・ヨーク州では、従来、資本金額の3倍額までの発券が認められていたが、1837年恐慌の影響で、1837年銀行法では、表12-2のように規制が強化された。

　初期の銀行免許では銀行券の償却に関する規定が明示的でなく、償却に応じられない場合に対する罰則も定められていなかった。1810年代半ば以降になると、銀行券の償却は正貨によるものとされ、償却不履行に対する罰則の方も、正貨による償却の開始までの期間は営業停止となることなどが盛り込まれるようになった。正貨不足の銀行は正貨の支払いを回避するため様々な手法を使った。償却窓口を遠隔地にしたり、コルレス銀行に特定の印を付けた銀行券に対する支払いをしないよう指示したり、正貨支払いに代えて別の銀行券で支払ったりというものであった。ポスト・ノートの発行も償却逃れの手口のひとつでもあった。ポスト・ノートは持参人または指図人に対して将来の支払期日に支払われる手形で、利息がつく場合とつかない場合とがある。ポスト・ノートは、第一合衆国銀行が合衆国内の遠隔地間の支払いのために利用した合法的な支払い手段である。今日のマネー・オーダーのように郵便で送り届けても、紛失や盗難に対して安全

表12-2　ニュー・ヨーク州の銀行券発行制限

(単位：千ドル)

資本金額	100	500	1,000	1,490	2,000
発券額の上限	150	200	800	1,000	1,200

出典：Dewey, *State Banking*, p. 56.

に指図人や裏書人に支払われるよう設計されていた。だが、州法銀行がこれを採用するようになると、もとの意味とは全く違った、資金の融通だけを目的とする銀行手形や小切手のようなものへと変化し、発券の上限を超えて信用を創造する手段となってしまった。

④ **貸付と割引**[16]　銀行は、法律によって、週のうちの1日か2日、特定の曜日を手形割引の受付日としなければならないとされていた。貸出は遅くとも申込翌日までに取締役会などで審査が実施されることになっていた。貸出が決定されれば、当日もしくはその翌日中に執行される。例えば、1784年のニュー・ヨーク銀行では、割引の申込が水曜日午前中で、審査を経て、翌木曜日には貸出が実行された。州によっては、少額の貸付であれば取締役会の決定を経ずに実施できた。

19世紀初頭までは銀行株式を担保とした貸付が大部分であった。銀行株式は優良な証券とされており、手形貸付の際の担保として大いに利用されていた。1830年代になると、こうした銀行株主の特権的な利益のために銀行信用を利用することに、制限を設ける州法が現れるようになった。例えば、1841年、コネチカット州は銀行の株式総額の4分の3以上の額の株式手形（stock notes）を割り引かないようにという勧告（recommendation）を公布している。

このほかに1790年代以降増加した銀行貸出の手法に、融通手形（accommodation paper）を使ったアコモデーション・ローンがある。この手形は実際の商取引と結びついていない2～3カ月ものの約束手形であるが、満期日の更新が何度も繰り返されることが予定されている貸付で、中・長期の貸出に使用された。真正手形（real paper）は実際の商取引に利用さ

れることがあまりなかったので、銀行への持ち込みが少なかった。真正手形に対する貸出は個人保証によるものであったが、アコモデーション・ローンは、金塊、株式、商品、市場性のない証券、抵当証券（mortgage）などの担保を徴求した[17]。

⑤預金[18]　初期の銀行業では個人預金は重要な位置を占めていなかった。預金に対して手数料を徴収する場合もあったほど、銀行は預金の吸収に熱心ではなかった[19]。貸出の大部分は手形割引の形態で銀行券をもって支払われていた。当座貸越や小切手の振出のような、預金を基礎にした銀行業は部分的なものであった。預金の受入れと小切手の利用が増加してくるのは1840年以降のことだとされている。

　ただ、19世紀初頭にはすでに商取引の中心地の銀行などでは、定期預金を受け入れていただけでなく小切手を振り出すためのいわゆる要求払い預金も受け入れ、銀行収益の一定部分を占めていたことを示す資料が発見されているので[20]、立地により預金銀行化の遅速が見られたと見るべきであろう。

⑥借り手[21]　1820〜30年代頃の銀行の借り手は、商人、証券業者、職人を含む製造業者、農民、連邦政府および州政府、株式会社であった。

(3)　ボストン・アソシエーツと兼任役員問題

　前項でも述べたが、南北戦争以前のニュー・イングランドの多くの綿工業会社では、役員や主要な株主が複数の会社にまたがって兼務（interlocking directorates）ないしは重複状態にあったことは早くから知られていた。ボストンを中心に活躍する、この複数（場合によっては多数）の会社に関わる兼任役員や重複株主のグループをボストン・アソシエーツ（the Boston associates）と「命名」し、アメリカの工業化過程でボストン商人が独特な役割を果たしていたと最初に指摘したのは、シュラクマン（Shlakman, Vera）である[22]。彼女は1935年の著書の中で、「ボストン・アソシエーツはニュー・イングランド所在の多くの綿工業会社の役員や株主であり、様々な会社の経営への支配を通じ

て一連の兼任役員群を形成している」23)と「定義」し、ボストンやニュー・イングランドでは、同じ人々が銀行業、保険、鉄道会社に共通の経済的利害を持ち、ひとつの強力な経済的な制度を形作っているとした24)。これ以降、19世紀アメリカ経営史・経済史の多くの研究において、ボストン・アソシエーツという用語が、ときに検証が十分でないまま広く使用されることになった。

　兼任役員の問題が次に注目を集めたのは、デービス（Davis, Lance E.）の論文に対するバッター（Vatter, Barbra）のコメントとそれに対するデービスの回答においてである25)。デービスの論文は、南北戦争以前の各種金融機関が、産業企業への資本供給の装置として利用されていた実態を浮き彫りにしたものである。論争の焦点が役員兼任問題に移ってしまったため、デービスの析出した、当時の銀行の産業企業に対する資金供給の中身に関する議論が深まることはなかった。

　このやりとりでバッターが問題にしたのは以下の点であった。すなわち、ニュー・イングランド所在の繊維会社による貯蓄銀行からの借入が低利に安定していたことの原因として、デービスが利息制限法の存在と金融機関・繊維会社双方の役員の兼任関係の2つを指摘し、前者がより大きな要因であったとしたことである。バッターは、むしろその役員の兼任関係が主な要因と考えるべきだとした。

　バッターはデービスの示した資料を紹介しながら以下のように説明した。すなわち、繊維会社への長期貸付を行っているのはマサチューセッツ病院生命保険会社（the Massachusetts Hospital Life Insurance Company）という信託会社である。また、1858年までニュー・イングランド所在銀行の貸出政策に大きな影響を与えていたのはサフォーク・システム（サフォーク銀行）26)の発券準備管理政策である。この2つの金融機関の役員は繊維会社の役員と兼任関係にあり、病院生命・繊維会社・個別銀行・サフォーク・システムに連なる兼任役員らの意思決定が上述の貯蓄銀行の繊維会社への貸出政策に最も大きな影響を与えていたはずである27)。

　デービスは、役員の兼任が広く行われていたことは事実であるが、役員兼任

関係 (inside) にある借手とその他 (outside) の借手に対する貸出方針の違いまでは証明できないとして、役員兼任主因説には一定の距離を置いた[28]。

1976年のオルムステッド (Olmstead, Alan) 論文も、ニュー・ヨーク市の相互貯蓄銀行の資産運用表の分析を経て、受託者らが個人的な判断で貸出を決定したとまでは言えないし、「インサイダー・レンディング」を直接に証明するものは見つけられなかったとし[29]、その後しばらくの間は、「インサイダー・レンディング」が南北戦争前のニュー・イングランドの銀行業に関する研究の主要なテーマから後退していった。これらの問題を議論の中心に引き戻したのはラモロー (Lamoreaux, Naomi) らの研究である。

2　問題の所在——インサイダー・レンディングとは——

ラモローの1994年の著書『インサイダー・レンディング』[30]は、ニュー・イングランド所在の個別銀行の内部資料の分析を積み重ねた画期的な研究であった。それによれば、19世紀初頭とりわけ南北戦争前のニュー・イングランドでは、企業家自身やその関係者の産業企業を支える資金の供給のために多数の銀行が設立され、銀行のこれらインサイダーに対する信用供与が広く行われていた。企業家でもある銀行の設立者らは、その銀行を自らの資本蓄積と事業への投資手段として利用していたとして、銀行の内部資料や当時の新聞・雑誌記事などを丹念に紡いで論証を試みた。

ラモローの功績はインサイダー・レンディングの実態解明を通して、19世紀前半のニュー・イングランドの銀行が同地域の工業化の牽引車的役割を果たしたとする仮説を提出したことにある。自由な競争こそが経済発展の原動力という、昨今の「常識」からすると、インサイダー・レンディングという用語はいかにも競争抑制的制度であり、経済成長にとって否定的な慣行との評価を受けるところであろう。だが、ラモローは、19世紀前半のニュー・イングランド地方では、インサイダー・レンディングによってむしろ銀行の健全経営を維持していたと言い、こうした銀行活動は、資本蓄積の手段であり、産業発展のエン

ジンであったとしたのである[31]。

　インサイダーとは銀行の取締役や役員のことであり、インサイダー・レンディングとは彼ら自身やその親族およびビジネス仲間に対する当該銀行からの貸出のことである[32]。ジャクソン大統領時代（1829～37年）のニュー・イングランド社会においては、血族関係や個人的な縁故はなにより優先されるべきことであったようだが、それはビジネスの上でも同様であった。ラモローは、インサイダー・レンディングこそ19世紀初頭のニュー・イングランドの銀行制度を理解するカギだとしている[33]。アウトサイダーに対する情報収集手段やその分析の蓄積が十分でない当時の融資環境にあっては、一定の規模にコントロールできていれば、インサイダーの貸出可能性（creditworthiness）に関する情報はアウトサイダーに関する情報に比べればはるかに信頼が置けるわけで、インサイダー・レンディングはむしろより安全であるという理屈であろう。当時の公衆も、現代人のように銀行が公共的機関であるという強い意識を持っていたわけでもなく、インサイダー・レンディングに対する批判も少なかったという事情も重なり、インサイダー・レンディングを抑止するような要素は少なかったようだ[34]。

　インサイダー・レンディングに対して同様の評価を与えたものに、ラモローによる研究の開始とあい前後して発表されたベバリッジ（Beveridge, Andrew A.）の研究[35]がある。ベバリッジはニュー・ハンプシャー州キーン（Keene, New Hampshire）の一金融機関（the Cheshire Provident Institution for Savings of Keene）の1832年から1897年までの1万件を超える貸付を分析し、インサイダー・レンディングの実態を明らかにした。また、同行の貸出金の返済率が非常に高いことを発見し、インサイダー・レンディングが同行の経営にとって決して否定的なものではなかったことを示している。ベバリッジも当時の銀行の貸出方針は概して健全なものであり、借り手に対する情報収集手段が限られている中で、貸出の可否を決定する判断材料となりうるような十分な情報を得られる、インサイダーやその関係者への貸出はむしろ当然であったとし、インサイダー・レンディングに対する肯定的な評価をしている[36]。

これらインサイダーにとって重要であったのは、ボストン・アソシエーツに代表されるような有力商人や企業家の血族関係グループの資金調達手段としての銀行の機能であった。有限責任が確立[37]してはいなかったとはいえ、当時の銀行は株式の発行によって出資を募ったので、銀行の発起者らは株式の募集を通じて、その血族グループ内で集める以上の資金を集めることができた。パートナーの死去や係争などで解散するパートナーシップとは異なり、株式会社組織である銀行を通じた産業企業への資金供給はより安定したものであったはずである。

銀行からの借入に際して企業家らがさかんに利用したのは、アコモデーション・ローンである。先にも述べたが、2〜3カ月ものの融通手形の支払期限の更新を繰り返すことで、体裁上の短期貸付を実質的に長期貸付に転換するという手法であった[38]。アコモデーション・ローンを利用したのは、産業企業ではなく、銀行の兼務役員個人であり、企業はこれら兼務役員から資金を得ていたのである。企業の帳簿には銀行の名ではなく個人の名が掲載されているため、従来、銀行がニュー・イングランド地方の工業化の進展に果たした役割が過小評価されていた、というのがラモローの論理である[39]。

ラモローと同じくベバリッジも、インサイダー・レンディングが工業化のプロセスに寄与した点を強調する。上記の血族グループには多数の工業企業経営者が含まれており、当該期の銀行は、銀行家であると同時に産業家でもあるインサイダーに貸し付けることによって、ニュー・イングランド地方の工業化を進めるエンジンのような役割を果たしたとしている。さらに、当時のニュー・イングランドは銀行の自由参入が可能であったから、ボストン・アソシエーツに代表される少数のエリート家族に限らず、非常に多数の血族グループが銀行を設立し、それによって自らの事業に資金を融通することが可能であった[40]。

ここで、ラモローの主張がどの程度普遍化できるのかが問題となろう。南北戦争以前の米国では様々な地域で同様のことが行われていたのか、それとも、地域によって区々であったのか、また、南北戦争以前といっても、時期によって違いがあったのか、あるいはなかったのかが明らかにされる必要があろう。

その上でインサイダー・レンディングが米国の当時の銀行業務にとって必然的なものであったのかどうかも明らかにされるべきであろう。

　本章の目的は、これまでのインサイダー・レンディングに関連した先行研究を分析しつつ、金融ビジネスモデルとしてのインサイダー・レンディングの可能性を評価することにある。米国初期銀行業に関する研究については膨大な成果が発表されてきた。とくに20世紀に入ってからは、ハーバード大学ベーカー図書館所蔵の銀行企業に関する歴史資料の分析を中心に、ニュー・イングランド地方所在の歴史協会所蔵資料などの豊富な一次資料を利用したものへと深化を遂げている。

　ニュー・イングランド地方初期の銀行企業研究は、現在、ラモロー仮説の提起とそれをめぐる研究の深化を中心に進んでいる。まずは、研究の到達点を確認することから始めたい。

3　インサイダー・レンディングの諸相——時期と分布——

(1)　ラモローによるニュー・イングランドの場合

　ラモローのインサイダー・レンディングに関する仮説は先に紹介しているので、ここでは言及できなかった点を中心に取り上げる。

　ラモローの議論が対象とするのは、およそ南北戦争（1861〜65年）までの時期である。当時、ニュー・イングランド地方では、銀行の取締役や株主およびその関係者に対するインサイダー・レンディングが広範に行われていた。インサイダー・レンディングを通じて、銀行株式購入者の資金がニュー・イングランドの製造業への資金供給に向けられ、銀行が当該地域の資本蓄積と産業発展に重要な役割を果たした。南北戦争以降になると、金融機関が急増したことと産業企業の資金調達手段が多様化したことにより、銀行からのインサイダー・レンディングによる事業資金の需要は減少していったという。

　インサイダー・レンディングの実態としては、19世紀初頭、1830年代までの

ニュー・イングランドとりわけ、マサチューセッツ州、ロード・アイランド州、ニュー・ハンプシャー州の銀行が事例としてあげられている。商人らが銀行を設立する目的が当該銀行から融資を受けることにあり、その結果、インサイダーによる借入が当該銀行の全貸出額の80％に及ぶ場合もあったようだ。そうして、銀行は役員に事業資金を提供するエンジンとなっていった。銀行が貸付可能性（creditworthiness）を判断する十分な情報を得るシステムが整備されていない段階では、インサイダー・レンディングは理にかなった融資方法でもあった。また、サフォーク・システムの存在が、インサイダー・レンディングの経営の健全性を無視した拡大に制動をかけていたから、この貸出が銀行の経営を危うくするようなことは少なかった[41]という。

1830年代末以降、銀行に対する敵意が煽られたジャクソン民主主義の時代、銀行は様々な批判を受けて、貸出金利をはじめとする諸規制が強化されたが、インサイダー・レンディングを根絶するようなことにはならなかった[42]。

1860年代までは、各州のインサイダー・レンディングに対する規制は不徹底であったが、それが経済に悪影響を与えることはなかったし、こうした緩やかな規制のあり方に対する批判も大きくはなかった。なぜなら、貸出の原資は資本金すなわちインサイダーの資金であり、銀行の資金を私物化しているという批判が生じることはあまりなかったからである。また、担保として保有する銀行株式は、当時、流通性のある安全な投資対象であり、なにより銀行の役員らは銀行の名声の維持に気を配っていたので、極端に不健全な経営をするようなことはなかったという。ラモローは、当地域の銀行は、広範なインサイダー・レンディングを通じてこの地域の産業資金供給の重要な一翼を担いつつ成長し、1860年代までには、その全資産が当地の製造業の蓄積資本に匹敵するまでになった[43]としている。

(2) ベバレッジによるニュー・ハンプシャー州の場合

ベバレッジが対象としているのは、ニュー・ハンプシャー州のチェシャー・プロビデント貯蓄銀行（the Cheshire Provident Institution for Savings of

表12-3 チェシャー・プロビデント貯蓄銀行の貸付先別割合

(単位：件、千ドル)

期間	Keeneおよび近隣地域へ		関係先*へ		全体	
	貸付件数(上段)と割合(下段)	貸付額(上段)と割合(下段)	貸付件数(上段)と割合(下段)	貸付額(上段)と割合(下段)	貸付件数(上段)と割合(下段)	貸付額(上段)と割合(下段)
1833～1852	1,006　67.7%	$827　73.2%	445　30.3%	$513　45.8%	1,487　100.0%	$1,130　100.0%
1853～1862	866　55.3%	$977　57.0%	418　28.3%	$689　49.4%	1,567　100.0%	$1,714　100.0%
1863～1872	1,283　66.0%	$1,473　51.4%	337　18.3%	$587　32.4%	1,943　100.0%	$2,864　100.0%
1873～1882	1,066　41.1%	$1,173　47.4%	297　20.3%	$585　40.1%	2,450　100.0%	$2,477　100.0%
1883～1898	886　33.3%	$1,197　31.4%	163　12.7%	$413　27.9%	2,657　100.0%	$3,810　100.0%
全期間合計	5,047　49.9%	$5,647　47.1%	1660　22.0%	$2,787　38.4%	10,104　100.0%	$11,950　100.0%
インサイダー・レンディングの内訳			役員へ　役員の親族へ　役員の事業へ　役員による連帯保証	13.3%　11.9%　25.9%　18.5%		

出典：Beveridge, "Local Lending in the Northeast," pp. 397, 401-402.
注：関係先には、役員、役員の親族、役員の事業、役員による連帯保証のうち少なくともひとつが当てはまるものが含まれる。

Keene；1832～1897年)の貸出先である。同行は小規模の貯蓄相互銀行で、キーン市とその周辺の地域への長期金融の重要な供給源であった[44]。

ベバリッジは同行の長期にわたる膨大なデータを解析し、借り手のデータベースの中に同行の役員や株主とのつながりを突き止め、それらへの貸出の割合を明らかにした。また、関係貸付先の中で役員の兼業する事業への貸付が件数・金額ともに最も多かったことを析出し、表12-3に見られる特徴を明らかにした。

これによれば設立の時期には件数においても、金額においてもキーンとその近隣地区への貸付が7割内外を占めており、コミュニティの金融機関という特徴が見出されるが、時の経過とともにより広範な地域へと貸付先が拡大し、1880年代後半には近隣地域への貸付は件数・金額ともに約30％にまで低下した。ここで注目すべきは、チェシャー・プロビデントの上記期間の貸出は、どの貸

表12-4　チェシャー・プロビデント貯蓄銀行の
貸付先別の返済率

	返済率	
	件　数	金　額
役員への貸付	95%	99%
関係者への貸付	96%	98%
その他	95%	90%

出典：Beveridge, op. cit., p. 402.

出先についても90％以上が返済されているという点である（表12-4）。当時、インサイダー・レンディングが危険な融資手法でなかったことを裏付ける資料のひとつであろう。ベバリッジの研究は、ラモローの断片的な資料の組み合わせによるインサイダー・レンディング仮説を銀行の体系的な内部資料の分析によって支持することになった。

(3)　ライト（Wright, Robert E.）[45]によるニュー・ヨーク州とペンシルベニア州の場合

結論から言えば、独立13州時代と建国初期（1781～1831年）の大西洋岸中部地域（ニュー・ヨーク州とペンシルベニア州）では、ラモローがニュー・イングランド地方で発見したようなインサイダー・レンディングが広範には行われていなかった。ニュー・ヨーク州やペンシルベニア州の銀行は、一般にインサイダー・レンディングを避け、むしろアウトサイダーへの貸出を良しとした。アウトサイダーへの貸出を選好しつつ、その貸付可能性（creditworthiness）を低コストで確保するメカニズムを持っていたからである。また、銀行は狭い範囲の個人や企業によって支配されているわけではなかったという点でも、インサイダー・レンディングの特徴を発見できなかった。

こうした結論に至る過程で、ライトは、北米銀行（the Bank of North America：Pennsylvania）、ニュー・ヨーク銀行（the Bank of New York：New York, N.Y.）、マンハッタン・カンパニー（the Manhattan Company：New York, N.Y.）、マーチャンツ銀行（the Merchants' Bank：New York, N.Y.）、

ユーティカ銀行（the Bank of Utica：N.Y）、ジュネーブ銀行（the Bank of Geneva：N. Y.）、ゲティスバーグ銀行（the Bank of Gettysburg：Pennsylvania）の7行について、株主の持ち株数や職業分布、貸出先の偏りを中心に、インサイダー・レンディングと言える状況が広範に発見できるかどうかを検討した。

　まず、株主について[46]、各行の株主名簿・名義変更元帳などから、株主の分布状況や、株式取引の頻度や数量について拾い出し、いくつかの傾向を明らかにした。それによると、これら銀行の設立時の株主の職業および持ち株数は多様な分布を示しているうえ、これらの銀行株式の多くが設立の初期より活発に取引されていた。この地域の銀行にあっては、ニュー・イングランドに見られるような、一定の人々への株式保有の偏りも明らかでなく、そのような所有構造が固定的であったともいえないとした。表12-5は銀行株式の取引状況を示したものである。標本数が十分とは言えないが、設立直後の取引が活発であることから、設立当初の株主の目的が、当該銀行の支配を通じたインサイダー・レンディングにあったニュー・イングランド地方と同様のものであったとは言えないとした。

　株主の分布に関するライトの分析の一部を紹介すると、ニュー・ヨーク市所在のマーチャンツ銀行の場合、1803年設立時の株主数のうち53％が商人、10％が小売業者、10％が専門家（医師・弁護士など）、7％が職人であった。また、持ち株数で見ると、同行の発行株式22,345株のうち55％が商人、6.5％が小売業者、18％が専門家、4.5％が職人であった。最大株主は全体の2％、475株を、最小株主は5株を保有し、保有株数別の分布の中央値は35株であった。ライトはこれにより、マーチャンツ銀行の株式は半数以上を商人が支配しているものの、その分布状況から「排他的クラブ」[47]のようなものは読み取れないとしている。

　マーチャンツ銀行はニュー・ヨーク市所在であるが、このように多様な株式所有の分布は、ニュー・ヨーク州の地方の銀行であるユーティカ銀行、ジュネーブ銀行の場合にも見られた。表12-6はユーティカ銀行の設立時の株主の職

表12-5　太西洋岸中部地域銀行株式の取引

年	北米銀行		ニュー・ヨーク銀行		マンハッタン・カンパニー	
	取引高(株数)	取引率(取引高／発行済株数)%	取引高(株数)	取引率(取引高／発行済株数)%	取引高(株数)	取引率(取引高／発行済株数)%
1785	456	24.56				
1790	474	25.53	2,513*	139.6*		
1795	122	6.57	428	23.8		
1800	220	11.85	110	6.1	18,667	45.4
1805	194	10.42	101	5.6		
1810	218	10.71	55	3.1		
1815	133	6.38	51**	2.7**		
1820	85	4.07				
1825	316	15.15				
1830	419	16.76				

出典：Wright, "Bank Ownership & Lending Patterns," pp. 43, 45 より抜粋。
注：＊は1791年、＊＊は1814年の数値。

業と持ち株数の分布を示したものである。自らの事業への金融のためにこの銀行を設立したかもしれない、と考えられるような職業グループ（商人・製造業者・銀行役員）は、それぞれ単独でこの銀行を支配しうるような株数を保有していない（もっとも、職業にかかわらず、商人・製造業者・銀行役員らがほかの株主と結びついていれば別であるが）。ライトによれば、大西洋岸中部地域の初期の銀行の多くは、多額の長期信用を得ることを目的として設立されたというよりは、個人の余裕資金の貯蓄的投資先として設立された傾向が強く、持株は配当を主目的としていたという[48]。それは、女性（未婚あるいは未亡人）の持株割合が高いことからも伺えるとしている。

　ライトはこの地域の銀行の貸出先についても割引の記録や当時の新聞記事などを丹念に収集分析し、広範囲なインサイダー・レンディングの支配を示すような事実はなかったし、それが拡大する要因も小さかったとしている。その理由として、第一に、競争関係にある政治的グループ同士が互いにインサイダー・レンディングの行き過ぎを牽制していたこと、第二に、インサイダー・レンディングに対してクレームがあった場合に備えて、銀行は役員への貸出の制

表12-6　ユーティカ銀行の株主の職業別保有状況
（1812年）

職業分類	持ち株数	持株割合
女性（未婚あるいは未亡人）	45	24.73%
農民	28	15.38%
商人	18	9.89%
退職（引退）高齢者	17	9.34%
遺産管財人、遺言執行人、後見人	15	8.24%
弁護士	9	4.95%
製造業者または商人	9	4.95%
土木技師	4	2.20%
銀行役員	3	1.65%
海軍将校	2	1.10%
聖職者	1	0.55%
医者	1	0.55%
ブローカー	1	0.55%
長老派教会	1	0.55%
学区	1	0.55%
不明・その他	27	14.84%
合計	182	100.00%

出典：Wright, "Bank Ownership & Lending Patterns," p. 46.

限やその他の改善策を制度化していたこと、第三に、ニュー・イングランド地域のものと比較して当地域の銀行は規模が大きく、インサイダーへの貸出が太宗を占めることは不可能であったことを挙げた。表12-1からも、ニュー・イングランドにおける1銀行あたりの資本金規模が他地域のそれと比較して最も小さいことがわかる。事実、大西洋岸中部地域のインサイダー・レンディングは、ニュー・イングランド地方と比較すると割合が低かった。たとえば、マンハッタン・カンパニーの場合、最大で資本金の33％程度であった。

ライトはこの地域の地方銀行や地方の支店についてもその借り手の分布を調べ、これらがアウトサイダーへの貸出を広範に行っていること、しかもその貸出可能性を低コストで確保する手段として、個人の信用情報に関するインフォーマルなネットワークや連帯保証人などの制度を利用していたことを挙げている。

(4) ロッカード（Lockard, Paul A.）[49]によるコネティカット・リバー・バレーの場合

ロッカードは、米国初期の工業化地域のひとつであるコネチカット州とマサチューセッツ州にまたがるコネティカット・リバー・バレー（Connecticut River Valley、以下CRVと表記）の4銀行について、貸出のパターンと期間および製造業等向け貸出の割合について分析した。分析の対象となったのは、ハンプシャー銀行（the Hampshire Bank of Northampton：1813〜1837年）、フランクリン銀行（the Franklin Bank of Greenfield：1821〜1864年）、フランクリン貯蓄銀行（the Franklin Savings Institute of Greenfield：1834〜1860年）、ノーザンプトン貯蓄銀行（the Northampton Institute for Savings）の4行である。

ロッカードが、この4行の主要株主の当該銀行全株式に対する持株比率、貸出先の職業分布とその割合、貸出の返済までの期間を分析した結果、それぞれの銀行には貸出先、とりわけ長期の貸出先の職業に特徴があることがわかった。インサイダー・レンディングについては、上記4行のうちハンプシャー銀行とフランクリン銀行の2つの商業銀行では確かに存在していた。またそれは貸出額全体のそれぞれ15％内外であり、ラモローの扱ったケースのような高い割合ではなかったが、それらのインサイダーは銀行の設立者であり最大株主であった。

ハンプシャー銀行については資料の制約からインサイダー・レンディングのデータがとれない期間があり、上記の15％という結果は過小評価である可能性も考えられる。とはいえ、これら2行の最大株主はいずれも不労所得者であり、特定のビジネスや産業との結びつきは発見できなかった。それゆえ、CRVの銀行については、インサイダー・レンディングが工業化を推進する一助になったというようなラモローの仮説は支持できないというのがロッカードの結論である。

(5) 小括

　ここまで、4人の研究者による、19世紀前半を中心にした個別銀行の所有構造と融資先に関する特徴を見てきた。同じニュー・イングランド所在の銀行を対象に分析した、ラモローとベバリッジの研究はインサイダー・レンディングが銀行貸出の重要な位置を占めていたことを示し、それが当該地域の工業化を促進する役割を果たしていたとした。ロッカードもインサイダー・レンディングの存在を確認したが、それはラモローやベバリッジの取り上げたような意義を持つものとは言えないとした。ライトの分析はニュー・イングランドのものではなく、太西洋岸中部地域のニュー・ヨーク州とペンシルベニア州を対象としたものだが、当該地域におけるインサイダー・レンディングの位置は高いものではなく、それを抑止する環境があったとしている。

　4つの研究の結果から、19世紀の初期から半ばにかけて、銀行のインサイダー・レンディングそのものは広範に存在したということは疑いもない。これは、先に紹介したデービスやバッターらの研究からすでに知られた事実でもある。ラモローの仮説は半ば通説化しつつあるが、なぜニュー・イングランド地方に典型的に現れ、他の地域ではそうでなかったのかについては、さらに考察が必要であろう。また、検討の対象とならなかった地域に同様な慣行が発見できるかどうか、発見できたとして、インサイダー・レンディングに重心を置いた銀行に同種の特徴が見いだせるのかについての分析は今後の課題としたい。

　ここでは、インサイダー・レンディングに関わる研究の到達点と、今後の展望について考えたい。

4　インサイダー・レンディング再考
　　──インサイダー・レンディングはビジネスモデルたり得るか──

(1)　ラモロー仮説の検討

　ラモローのインサイダー・レンディングに関する仮説は実証されたと言える

表12-7 マサチューセッツ型繊維会社への貸し手と貸付期間（1820～60年）

(単位：％)

貸し手	要求払いおよび30日未満	30日～6カ月未満	6カ月～1年未満	1年以上	合計2,385件中
商業銀行	22.7	86.9	63.0	3.5	58.1
貯蓄銀行	2.0	1.4	4.3	39.7	10.1
信託会社	5.5	0.6	6.0	29.1	8.2
保険会社	1.2	0.3	1.7	1.5	0.9
個人	19.5	2.5	10.8	22.0	9.9
商館	20.5	4.1	13.2	2.8	7.3
工業会社	26.2	3.9	1.0	0.6	4.9
その他機関	2.4	0.3	0.0	0.8	0.6
合　計	100.0	100.0	100.0	100.0	100.0

出典：Davis, Lance E., "The New England Extile Mills and the Capital Markets: A Study of Industrial Borrowing 1840-1860," *Journal of Economic History*, Vol. 20, No. 1, March 1960, p. 6.

のか。インサイダー・レンディングを通じて、ニュー・イングランドの諸銀行がこの地域の工業化の進展にとって重要な役割を果たしたとする仮説についてである。ラモローはインサイダー・レンディングの事実については多くの一次資料から突き止めているものの、この貸し出された資金が確かに関係企業への融資となったかどうかという点に関しては、実証を助ける資料を提示しえていない。

　表12-7はデービスの作成したマサチューセッツ型繊維株式会社8社[50]の1840～60年の借入先および借入期間別の表を引用したものである。

　ラモローは貸手であるいくつかの金融機関の側から見たインサイダー・レンディングの高い割合とその広範な分布を示したが、関係先企業が直接借りている場合と個人名で借りている場合の割合を示していない。とりわけ、個人で借りて、その資金がその個人の関係先企業へと融資された場合を強調しているが、それを示す証拠は提示し得ていない。彼女のインサイダー・レンディング仮説が支持されるためには、借り手の側に、それを示す記録が必要であろう。金額ではなく、件数を見ているという制約はあるが、表12-7によれば、確かに商業銀行、貯蓄銀行、個人、商館からの貸付が全体の上位にあり、商業銀行は1年未満の、貯蓄銀行は1年以上の、そして個人は短期と1年以上の融資に重点

があったことがわかる。この商業銀行、貯蓄銀行からの借入については、デービスも当該企業の役員の関係先銀行の融資が含まれていることを認めている。しかし、個人については、ラモローの仮説を支持する説明は見つけられない。

デービスによると、個人の中には2つのグループがあり、一方には、ほとんど「永久に」近い長期で貸している。その大部分は引退した商人と繊維以外の事業に関わっている人々である。もう一方は非常に短期で、資金逼迫時などの緊急時に法定金利よりかなり高い金利で貸しているグループである[51]。ラモローは製造会社の資金調達先のうち「個人」とあるのは、名前を変えた銀行からの資金調達で、アコモデーション・ローンによる銀行からのインサイダーによる借入がこれに当たるとしているが[52]、デービスの説明からはそのような類推は困難である。

デービスは、この2,385件の借入記録を整理する中で、安定的な資金調達のために、8つの繊維会社が非常に多様な調達先を維持していたことを指摘している。とはいえ、繊維会社においては商業銀行からの借入が突出しており、これらの調達先には、繊維会社と役員が共通であったり、繊維会社の役員が大株主であったりするような金融機関が含まれている[53]。また、彼は他の論文[54]でプロビデント貯蓄銀行（Provident Institution for Savings, Boston）とマサチューセッツ病院生命保険（Massachusetts Hospital Life Insurance Company）の貸出の記録を分析しているが、この2つの金融機関の役員には上記の繊維会社と共通する役員が含まれていること、そして、その主要な借り手が繊維会社であったことを示す表を掲載している。

デービスの研究成果を得て考察してきたが、銀行は確かに繊維会社の資金調達において重要な役割を果たしたし、その中にはインサイダー・レンディングが相等程度含まれていたことがわかった。ニュー・イングランドの工業化が木綿工業の発展とともに進展したという厳然たる事実[55]から考えれば、当該期の銀行の工業化に果たした役割は大きかったと言いうる。しかし、このこととラモローが特徴づけたインサイダー・レンディングをどの程度関連づけることができるのかについては、さらなる銀行および事業会社の内部資料の分析が蓄積

されなければ明らかとはならないであろう。

(2) インサイダー・レンディングの分布について

本章3における4人の研究からわかることは、インサイダー・レンディングは、19世紀半ばまでの米国初期銀行業においては特殊なものではなく、その多寡を問わなければ、広く見られた銀行活動であった。他の地域と比較すると、ニュー・イングランド地方においては、より重要な位置を占めていたということである。また、ニュー・イングランドの銀行と大西洋岸中部地域の銀行とは大いに異なる面もあった。ライトによれば、大西洋岸中部地域の銀行株式の流通が非常に活発であったため、特定の株主らが相当数の株式を保有しつづけ、当該銀行を長期にわたって支配していたという事実はそもそも発見できない。また、貸出先も多様で、インサイダー・レンディングによる大口の貸出先というものも発見できなかったという。ロッカードは同じニュー・イングランド地方であっても、CRV地域の銀行では、インサイダー・レンディングが支配的であったとまでは言えないとしている。ロッカードの場合は、一定規模のインサイダー・レンディングが存在していたことは認めた。結局、インサイダー・レンディングは、19世紀前半期においてアメリカ東部のすべての地域において支配的であった慣行というより、少なくともニュー・イングランド地方では広範に存在ししかも支配的な銀行のビジネス慣行であったと言えよう。

(3) ビジネスモデル（Business Method）としてのインサイダー・レンディング

先にも言及したが、18世紀～19世紀前半期頃までのニュー・イングランド地方の銀行設立と運営は以下のような手続きによった。

ラモローの初期の論文[56]で子細に検討されているのでこれを紹介する。ニュー・イングランド地方の銀行は小規模のものが多いが、その原因はインサイダー・レンディングを目的とした銀行設立にあったからである。すなわち、銀行は血縁関係を基礎にした商人や製造業者のネットワークに対する資金供給の手

段であった。南北戦争前は、そうして設立された銀行の取締役や、役員、株主や彼らの関係者といったインサイダーに大部分の資金を貸し出していた[57]。さらに、ラモロー=グレーセク（Glaisek, Christopher）の研究によると、ロード・アイランド州のプロビデント銀行も、設立の目的は、設立者とその周囲の狭い範囲の関係者に対する資金供給以外の何者でもなかったという[58]。

　自由銀行法成立までの時代は、州議会による申請一件ごとの当該銀行設立免許法の成立を経て、初めて銀行の設立が可能となった。表12-1に見るように銀行は順調に増加している。議会による承認のために、設立の趣旨には公共性をうたいながらも、実際にはインサイダー・レンディングを目的としていた銀行の設立は、それが繰り返し行われていたことを考えれば、ニュー・イングランド諸州の議会によって容認されていたことになる。これらのインサイダーらが州議会に影響力を持っていたか、このような銀行の設立が排除されるべきものという通念がそもそも存在していなかったかなどの可能性も考えられる。既存の銀行のインサイダーでない者には、事業等のための資金を手に入れるということは即ち自らの新銀行を設立するしかないという環境にあったとすれば、ニュー・イングランド地方に多数の小銀行が設立され、インサイダー・レンディングを中心にした経営をしていたとのラモローの説明も頷ける。

　インサイダー・レンディングが広範に存在していたとされる同時代人の研究者、ストークス（Stokes, Howard Kemble）は、18世紀末から19世紀前半期のロード・アイランド州の銀行の実態を次のように描写している[59]。

　株式手形（stock notes）を利用した、「無から有を生む」信用創造の手法が銀行設立のハードルを下げている。例えば、資金の少ない者が銀行を設立する場合には次のような手順を踏む。まず、発起人らは、法に規定されている通り、最初の分割払込を正貨で行う。第2回目以降の払込は、株式手形で払い込む。株式手形は、最初の払込で手に入れた株式を担保に銀行から借り入れた「銀行券」のようなものである。銀行は、架空とも言える資本金や多少の預金をもとに銀行券などの債務証書を発行して貸出を実行する。また、株式に対しては比較的高率の配当が実施されるため、最初の株主はその配当金によって借り入れ

表12-8 マサチューセッツ州における銀行の収益構造

年	銀行券発行残高／資本金額	貸出額／資本金額	収益／資本金額
1834	24.7%	156.2%	7.2%
1846	48.0%	165.4%	8.1%
1855	39.4%	169.6%	9.3%

出典：Bodenhorn, op. cit., p. 89 (originally form the State of Massachusetts, "True Abstract," 1833, 1834,1845, 1846; U. S. House, 33d. 2d, *Executive Doc*, No. 82; U. S. House, 34th, 1st, *Executive Doc*, No. 102).

　ていた株式手形を徐々に返済する。また、株式の一部を売却することで代わり金を手に入れる。しかし、大部分の株式は保有しており、インサイダーとしての融資の特典は手放さない。このようにして、銀行の利潤は株式手形（いわば架空の資本）を真の資本へと変換するために使われ、やがて銀行の設立者らは大きな収益を手に入れる[60]。

　さて、設立された銀行は、インサイダー・レンディングを中心とした経営だというが、収益性はどのようなものであったろうか。表12-8はマサチューセッツ州における19世紀中葉の銀行の収益構造を示したものである。資本金額に対して貸出額の割合が非常に高い。この時代のマサチューセッツ州の銀行の主な収益源は、銀行券発行と言うよりも、貸出にあったことを示す事例である。この約20年間の収益が7～9％と安定的に推移していることがわかる。

　インサイダー・レンディングは、資本が希少な状態にあった19世紀前半のニュー・イングランド地方においては銀行設立の目的であり、その目的は株式手形による信用創造によって達成されていた。貸出中心の銀行のビジネスモデルとして評価すれば、インサイダー・レンディングは、借り手情報の収集の困難を克服する手段であり、もっと言えば、貸出の安全性＝貸出可能性（creditworthiness）はインサイダー・レンディングへの傾斜によって保証されていたということになろう。とすれば、インサイダー・レンディングというビジネスモデルは、この時期この地方で、一定の有効な銀行の経営手法として採用されていたのであり、これを通じて、この時期の事業創成運動が可能となった点も見逃せない。

おわりに

　2007年春、ベーカー図書館の歴史資料を見る機会を得た。所蔵されている銀行企業の一次資料はそれらの存続期間のすべての帳簿類などを含んでいるわけではないが、膨大なものであり、すべてを閲覧することは不可能であることがわかった。そのため、インサイダー・レンディングとの関係で、どのような資料がこれまでに利用され、どのような資料がまだ分析が十分でないのかを明らかにする必要が出てきた。本章は、そのための準備作業であった。

　本章で示した、インサイダー・レンディングと株式手形による「錬金術」のような「ビジネスモデル」は、21世紀グローバル資本主義のなかで情報産業などを中心に生起し、つい2～3年前まではもてはやされていた時価総額経営を彷彿とさせるものであった。また、わが国の明治期企業勃興を支援した非財閥系銀行家らの活動をも連想させるものであった。しかし、インサイダー・レンディングは、"creditworthiness" を確保するため、アウトサイダーに対する情報収集の困難を所与としていた時代に、むしろ貸出の安全性を確保するための手法でもあったし、収益が安定的であった面からも、金融ビジネスモデルとして一定の評価を与えうるものであることがわかった。インサイダー・レンディングが主要であった時代の諸銀行の経営については、さらに多くのケーススタディが必要である。今後の課題として取り組みたい。

1)　米国初期の銀行史・金融史の概要については以下のものを参照した。Redlich, Fritz, *The Molding of American Banking: Men and Ideas*, Johnson Print Corp., 1968; Fenstermaker, J. Van, *The Development of American Commercial Banking: 1782-1837*, Kent State Univ., 1965; Bodenhorn, Howard, *A History of Banking in Antebellum America*, Cambridge Univ. Press, 2000.
2)　Redlich, *op. cit.*, p. 9.
3)　1836年に、合衆国議会によって第二合衆国銀行の免許年限の更新が否決されて、各州に分布した25の支店も廃止となった。各州はこの空白を早急に埋めるべく、ま

た、銀行業への参入を緩和するべく自由銀行法を導入した。自由銀行法は1860年までに、ニュー・ヨーク州をはじめとする18の州に導入された。詳しくは、Rockoff, Hugh, *The Free Banking Era: A Re-Examination*, New York Arno Press, 1975.
4) Weber, Warren E., "Early State Banks in the United States: How Many Were There and When Did They Exist?" *Journal of Economic History*, Vol. LXVI, No. 6, June 2006, pp. 439-444.
5) 北米銀行は正確には大陸議会により免許を得たもので、1785年にはいったん免許を失うが、1787年より州法銀行として再出発し、曲折を経て現在のワコビア銀行（Wachovia Bank, N. A.）に受け継がれている。
6) Bodenhorn, Howard, *State Banking in Early America*, Oxford Univ. Press, 2003, pp. 11-18, 78.
7) Bolles, Albert S., *Practical Banking*, Homans Publishing Company, 1892, pp. 24, 43, 72, 77, 88, 97, 104.
8) Redlich, *op. cit.*, pp. 18-20. 実際、ハーバード大学ビジネス・スクール・ベーカー図書館所蔵の個別銀行の取締役会議事録（the Directors Records）を見ると、管見の限りではあるが、出席者から取締役の人数が、従業員の給料に関する審議から従業員の種類や人数がほぼ把握できる。また、これらの資料は、支配人（cashier）が記録したものであるが、出席者全員によって署名されているので、出席した取締役の名前と場合によっては発言内容を知ることができる。
9) *Ibid.*, p. 18.
10) Dewey, Davis R., *State Banking Before the Civil War*, Washington: Government Printing Office, 1900.
11) Redlich, *op. cit.*, chapter I-III.
12) Bodenhorn, *State Banking*, pp. 12-18 によると、銀行免許の取得には、味方になる政党の存在が不可欠であったようだ。
13) Dewey, *op. cit.*, pp. 5-22.
14) *Ibid.*, pp. 53-72.
15) *Ibid.*, pp. 104-111.
16) *Ibid.*, pp. 151-200.
17) Redlich, *op. cit.*, p. 11.
18) Dewey, *op. cit.*, pp. 214-216.
19) Redlich, *op. cit.*, pp. 13-14.
20) *Ibid.*, pp. 15 & 238 (foot note 122).
21) *Ibid.*, 43-44.
22) Dalzell, Robert F. Jr., *Enterprising Elite*, W. W. Norton & Company, 1987, pp.

79-81.
23) Shlakman, Vera, *Economic History of a Factory Town: A Study of Chicopee, Massachusetts*, New York, 1935, pp. 39-42.
24) *Ibid.*, pp. 243-247.
25) Davis, Lance E., "New England Textile Mills and the Capital Markets: A Study of Industrial Borrowing, 1840-60," *Journal of Economic History*, Vol. XX, No. 1, March 1960, pp. 1-60; Vatter, Barbra, "Industrial Borrowing by the New England Textile Mills, 1840-60," *Journal of Economic History*, Vol. XXI, No. 2, pp. 216-221; Davis, Lance E., "Mrs. Vatter on Industrial Borrowing: A Reply," *Journal of Economic History*, Vol. XXI, No. 2, pp. 222-227.
26) 当時ニュー・イングランド地域の個別の銀行がそれぞれ発行する銀行券は、サフォーク・システムのもとで額面通りの流通が保証されていた。当時の銀行信用（貸出）は個別の銀行の発券する銀行券によるものが中心であった。信用度の異なるあるいは信用度のはっきりわからない各種銀行券を一定のルールの下で、減価を防ぎつつ流通できるようなシステムとして構築されたのが、サフォーク・システムであり、サフォーク銀行はこのシステムの中央銀行的役割を果たした。これにより、ボストンの商人らは自分たちの商取引において、他の地域では当たり前であった様々な割引率の銀行券への対処を免れることができた。

　サフォーク・システムの傘下各行はサフォーク銀行の要求する正貨預金等の取り決めに従う必要があった。したがって、同システム参加銀行がサフォーク銀行の銀行券償却に関わる方針の影響を直接に受けるばかりでなく、間接的にはボストンの信用市場もシステムの影響を受けていた。ボストンの商人であり、綿工業会社や銀行その他の金融機関の経営者や株主でもあったローエル家（Lowells）、ローレンス家（Lawrences）、アプレトン家（Appletons）らはサフォーク銀行の役員でもあった。詳しくは、大森拓磨『サフォーク・システム――フリーバンキング制か中央銀行制か』日本評論社、2004年を参照されたい。
27) Vatter, *op. cit.*, pp. 213-215.
28) もっとも、オルムステッドによれば、バイジェロー（Bigelow）から引用したデービスの議論の元になるデータにも疑問があるとしている。デービスは1848年の貸付金利が7.9％以下だったとしているが、ロンドンの『エコノミスト』誌は、ニュー・ヨークにおける割引率は1848年1月、1カ月当たり1から1.25％、年率で12から15％と報じているからである。デービスの論拠とする数値より遙かに高い金利水準だったというわけだ。Olmstead, Alan L., "Notes Davis vs. Bigelow Revisited: Antebellum American Interest Rate," *Journal of Economic History*, Vol. XXXIV, No. 2, June 1974, pp. 483-491.

29) Olmstead, Alan, *New York City Mutual Savings Banks, 1819-1861*, University of North Carolina Press, 1976, pp. 97-116.
30) Lamoreaux, Naomi. *Insider lending: Banks, personal connections, and economic development in industrial New England*, NBER and Cambridge University, 1994.
31) *Ibid.*, pp. 80-83.
32) 例えば、ロード・アイランド州に1791年に設立された the Providence Bank の1792年と1798年の「手形割引記録（discount records）」には、当該銀行の取締役およびその親族が貸出額全体の75～80％を占めていたという記録がある（*Ibid.*, p. 12）。
33) *Ibid.*, p. 4.
34) むしろ、銀行設立の特権に対する批判が強く、のちに自由銀行法の制定に結びついた（*Ibid.*, Chapters 1 & 2）。
35) Beveridge, Andrew A., "Local Lending Practice: Borrowers in a Small Northeastern Industrial City, 1832-1915," *Journal of Economic History*, Vol. XLV, No. 2, June 1985, pp. 393-403. ラモロー前掲書に所収されている内容は、彼女が1980年に発表した "The Structure of Early banks in Southeastern New England: Some Social and Economic Implications," *Business and Economic History, Second Series*, Vol. 13, pp. 171-183 が基底になっている。
36) Beveridge, *op. cit.*, pp. 397-402.
37) マサチューセッツ州はパートナーシップの有限責任を許す法律を1835年に制定しているが、南北戦争以前はあまり利用されていなかった。株式会社であっても、州法においても連邦法においても、銀行株主の非有限責任規定は、20世紀初頭まで何らかの形で残った。詳しくは、拙稿「銀行株主の二重責任規定に関する歴史的考察」『萩国際大学論集』第5巻1号、2003年9月、25～46頁を参照されたい。
38) Redlich, *op. cit.*, p. 11 によれば、アコモデーション・ローンとは中長期貸付のことで、2～3カ月の手形を装いながら更新を重ねて長期のものにする方法である。なぜ、アコモデーション・ローンと呼ぶかというと、借り手が度重なる更新や延長によって金を融通して（accommodate）もらうからだそうだ（*Report of the Massachusetts Bank Commissioners for 1839*, p. 15）。
39) Lamoreaux, *op. cit.*, pp. 80-83.
40) Beverige, *op. cit.*, pp. 400-402; Lamoreaux, *op. cit.*, pp. 80-83.
41) Lamoreaux, *op. cit.*, Chapter I.
42) *Ibid.*, Chapter II. マサチューセッツ州では、銀行資本への課税、資本金の2倍を超える銀行券発行の禁止、銀行間の役員兼務の禁止が州法により定められていた。
43) *Ibid.*, Chapter III.
44) Beveridge, *op. cit.*, pp. 393-394.

45) Wright, Robert E., "Bank Ownership and Lending Patterns in New York and Pennsylvania, 1781-1831," *Business History Review* 73, spring 1999, pp. 40-60.
46) *Ibid.*, pp. 42-48.
47) Lamoreaux, *op. cit.*, p. 82 で「19世紀初頭の銀行は今日的意味での商業銀行ではなく、むしろ基本的には投資クラブであった」とする指摘に対応したものであろう。
48) *Ibid.*, pp. 47-48.
49) Lockard, Paul A., *Banks, Insider Lending and Industries of the Connecticut River Valley of Massachusetts, 1813-1860*, A Dissertation submitted to the Graduate School of the University of Massachusetts Amherst for the degree of Doctor of Philosophy, February 2000.
50) 会社名は、the Amoskeag, Boston, Dwight, Cabot, Perkins, Lawrence, Lyman, Massachusetts Cotton の8社である。デービスは、表12-7に収められた2,385件は8社の現金借入のうちの80%だとしている。残りの20%については適当な情報が得られないため除外したという。また、取引信用と借換更新についても除外している。資料はすべて、ハーバード大学ベーカー図書館の The Historical Collection のものである。
51) Davis, *op. cit.*, pp. 7-8.
52) Lamoreaux, *op. cit.*, p. 81.
53) Davis, *op. cit.*, p. 20.
54) Davis, Lance E., *United States Financial Intermediaries in the Early Nineteenth Century: Four Case Studies*, Dissertation: The Johns Hopkins University, 1956, pp. 96-105, 157-162 and 168-202.
55) Ware, Caroline Farrar, *The Early New England Cotton Manufacture: A Study in Industrial Beginnings*, (Boston, 1931), N.Y.: Johnson Reprint Corp, 1966, p. 3.
56) Lamoreaux, Naomi R., "Banks, Kinship, and Economic Development: The New England Case," *Journal of Economic History*, Vol. 46, No. 3, September 1986, pp. 647-667.
57) *Ibid.*, pp. 52 & 65.
58) Lamoreaux, Naomi R. and Christopher Glaisek, "Vehicles of Privilege of Mobility? Banks in Providence, Rhode Island, during the Age of Jackson," *Business History Review*, Vol. 65, No. 4, autumn 1991, p. 507.
59) Stokes, Howard Kemble, *Chartered Banking in Rhode Island, 1791-1900*, Providence, R. I.: Preston & Rounds Company, 1902.
60) *Ibid.*, p. 29.

索　引

〈あ行〉

藍川清成　234, 244, 246
愛知織物　241
愛知銀行　231, 233, 235, 237-247, 251-253, 255-256, 258
愛知工業　241
愛知電気鉄道　241, 244-246
愛知電気鉄道債券　242
愛知時計電機　234, 241
愛知農商銀行　239
愛知馬車鉄道　246
愛知物産組　234
秋田銀行　258
アコモデーション・ローン（accomodation loan）　333-334, 338, 349, 356
浅野総一郎　55
旭ベンベルク絹糸　234
尼崎伊三郎　110
天野久　313
雨宮敬次郎　54
綾部利右衛門　207
生駒重彦　234, 254
石井寛治　199
石井定七　109, 142, 146
石井定七事件　109, 119
一人一業　108
一瀬粂吉　110-116
一万田尚登　279
伊藤英一　163-164, 173
伊藤銀行　231, 239-240, 254
伊藤正直　184, 200
伊藤豊　287
稲沢銀行　254
今西林三郎　156
移民送金　76
伊牟田敏充　200
岩田音次郎　182
岩田作兵衛　55
岩谷松平　56

インサイダー・レンディング（insider lending）　329, 336-340, 342-353
植田欣次　256-257
上田弥兵衛　153, 158, 163
宇都宮商店　39
宇部銀行　86
浦賀船渠　58
荏原土地（株）　268
円貨公債　109
大隈鉄工所　234
大倉組　255
大蔵検査　221, 223, 226
大蔵省　3, 5, 29
大蔵省預金部　10
大阪株式取引所　8
大阪金融市場　85
大阪証券交換所　159, 172
大阪築港公債　43, 45
大阪貯蓄銀行　13
大阪農工銀行　163-167
大島銀行　75-76, 88, 96
大島郡　79
太田一平　112
太田善弥　47
太田鉄道　60
大曲銀行　50
大三輪奈良太郎　234
岡崎電灯　241, 257
岡橋治助　105-107, 126
奥田正香　234
忍商業銀行　208-209, 211-213
小田伴輔　89
オペレーショナル・リスク　221, 223, 226
オルムステッド（Olmstead, Alan）　336, 356

〈か行〉

海外移民　76
外国為替及び外国貿易管理法　20
外国為替及び外国貿易法　27
外国為替業務　130

外国為替銀行法　31
各務幸一郎　233
貸出可能性（creditworthiness）　337，342，353
貸地貸家業　263
貸付信託法　23
鹿島岩蔵　61
加島銀行　157,160,168
加島銀行の取引先　186-188
粕谷誠　258
過疎地域対策緊急措置法　314
片岡直輝　106
片岡直温　107,126
勝浦索道　141,161-162
加藤隆　178,199
加藤晴比古　186
鐘淵紡績　248
ガバナンス　206,223-224,226
株式手形（stock notes）　334,351
華浦銀行　75,86-88,96
紙勇蔵　149-150,154,173
亀崎銀行　231
亀屋　223,225
亀山甚　183,200
加輪上勢七　190-191
川越　207,223
川越藩　207,223
川崎金三郎　183-184
川崎銀行の取引先　182
川崎第百銀行　5-6
川崎貯蓄銀行　13
川崎八右衛門　182-183
川崎八之介　184
川島屋証券　8
神田銀行　8
神田静治　84,89,91,93,95
神田友二　88-89,96
神野金之助　234,246
祇園清次郎　185,190
機関銀行　86,178,188,192
起業銀行　76-77,79
起業貯蓄銀行　77
菊井紡織　241
菊池恭三　109-112,114
北村吉之助　112
木津川土地運河　160
岐阜絹織物　234

木屋瀬採炭株式会社　80,84,85
CAMELS　103,121,133
旧債償還　267
共済信託　234
京都銀行　22
京都貯蔵銀行　148
協和銀行　17
虚構ビジネスモデル　151,167
銀行学伝習所　118
銀行業務改善隻語　115-118
銀行経営理念　97
銀行評定制度　121
銀行法　16-17,26
金融機関経理応急措置法　282
金融機関再建整備法　282
金融機関資産再評価　283
金融恐慌　73,77-79,88,95-97
金融緊急措置　282
金融3法　284
金融取引改革法　27
下松銀行　97
久原房之助　97
クレジット・リスク　221-222,226
軍需融資指定金融機関　283
経営　CAMELSをみよ
経常収支率指導　284
競売　266
芸備銀行　5-6
京浜電気鉄道　59
京浜電力債券　243
競落価格　264
憲政会勢力　232
小池銀行　8
工業銀行　103
工業金融　121
後進地域の開発に関する
　公共事業に係る国の負担
　割合の特例に関する法律　306-307
鴻池銀行の取引先　186-187
甲武鉄道　59
五業銀行　50
国債引受シンジケート団　129,281
国民金融公庫　19
国立銀行　4
後藤新十郎商店　255,257
小山健三　97,106-110,113,119
近藤紡績　241

索　引

〈さ行〉

財政力指数　307-309
埼玉銀行　21-22, 32, 207-208
埼玉県　214-215, 217
西大寺紡績　57
斉藤善右衛門　85
サウンド・バンキング（堅実経営，健全経営）　103-106, 109, 115-116, 118-121
佐伯貯蓄銀行　80
佐々木勇之助　104
佐野政清　110-112
サフォーク・システム（Suffolk System）　335
澤木銀行　52
産業銀行　73
産業銀行構想　96-97
産業組合法　16
三十四銀行　5-6, 105-113, 115-116, 118-123, 125-128, 130-132, 243
三十四銀行台湾支店　132
山陽貯蓄銀行　77-78
燦洋電気　241
三和銀行　111, 113, 128
三和信託　129
志木　207, 220-221, 225
事業資金貸出　124
自己資本　CAMELS をみよ
自己資本比率　209, 211
自己資本利益率　212, 217
市場リスク感応度　103（CAMELS もみよ）
指定金銭信託　6
指定金融機関制度　318, 324
支店実地検査　221-222
信濃電気　247
支払準備　CAMELS をみよ
支払能力　CAMELS をみよ
渋沢栄一　104
渋谷隆一　258
下野製麻　57
シャンド（Shand, Alexander A.）　4, 104
収益性　CAMELS をみよ
十五銀行　243
十三日会　279
住宅金融公庫　19
周東産業銀行　96
シュラクマン（Shlakman, Vera）　334, 355

商栄銀行　144, 170
商業銀行　73, 103-105, 121-122, 125, 130, 176
商業金融　121
証券投資信託法　20
証券取引法　25
商工組合中央金庫　19
上毛モスリン　179, 182
昭和恐慌　213, 225
昭和銀行　252
昭和金融恐慌　213, 225
植民地金融　132
信念　銀行業務改善隻語をみよ
信用　銀行業務改善隻語をみよ
信用金庫法　18, 24
信を失えば則ち立たず（失信則不立）　108, 116
据置貯金　11, 13, 15-16
周防銀行　73-76, 79, 86-87, 89, 96
周防銀行の資金運用方法　89, 95
杉浦英一　256
杉浦甲子郎　184
杉山岩三郎　60, 63
鈴木商店　255
鈴木清右衛門　255
ストークス（Stokes, Howard K.）　351, 357
住友銀行　5-6, 243, 252
住友銀行柳井支店　76
住友信託　7
製糸業　217-218, 220
西武銀行　225
瀬戸電鉄債券　243
銭店　40
全国銀行協会連合会（全銀協）　279
全国金融統制会　279
全国総合開発計画　305-306
全国地方銀行協会　21, 280
相互銀行法　18, 24, 27

〈た行〉

第一銀行　5-6, 21, 252
第一銀行下関支店　76, 88
第一合同銀行　5-6
第三十四国立銀行　105, 118-119, 125
第四十八銀行　49
第十一銀行　231
『大正昭和名古屋市史』　256
大同生命　189

大同電気製鋼　241
大日本製糖　108
大日本紡績　110
第八十五銀行　205-213, 217-218, 221, 223-226
第百三十銀行　254
第百三十国立銀行　106, 119
第百三十四銀行　231
第六十六銀行　74
大和銀行　17
大和証券　19
高倉信二郎　159, 167-169
高倉為三　148-168
高倉藤平　148-153, 161
高倉とよ　150, 153, 157, 159, 164, 168
高田商会　179, 182
滝定助　234
滝信四郎　234
滝兵　234
田口忠蔵　181
竹尾治右衛門　110
田中武兵衛　63
田中長兵衛　60
担保付社債信託法　128
秩父銀行　225
地方財政再建促進特別措置法　309
中央信託　234, 240, 242, 252
中央信託銀行　17
中間据置　269
中国鉄道　60
中小企業金融公庫　19, 311
『中部財界史』　255
長期信用銀行法　18
朝鮮窒素肥料　234
朝鮮中央鉄道　247
貯蓄銀行　11-15, 74-75, 79
貯蓄銀行条例　11
貯蓄銀行法　11-14
津島銀行　234
土屋喬雄　225
恒川小三郎　234254
積立金比率　196-197
低開発地域工業開発促進法　306, 311
定期積金　11, 13, 16
帝國織布　241
帝国製麻　57
帝國撚絲織物　234, 241, 243, 248

デービス（Davis, Lance E.）　335, 347-350, 355, 357
敵対的買収　165, 167
デューイ（Dewey, Davis R.）　330, 354
天満鉄工所　58
土井重吉　88
東海倉庫　234
東華紡績　160
東京株式取引所　8
東京銀行　31
東京市街鉄道　59
東京貯蔵銀行　13, 30
東邦瓦斯　242
東邦電力　242, 244
東洋毛糸紡績　160
東洋信託銀行　17
東洋拓殖会社（東拓）　247
東洋紡績　248
常盤鉱業株式会社　80, 85
都市有力5大銀行　5-7, 238
鳥羽鉄工　58
富田企業株式会社　257
富田重助　234, 246
富山産業銀行　21-22
豊田鉄道　234, 241
豊田式織機　241, 243
豊田紡織　241, 243
取付け　77-79, 86, 95, 97, 220-221

〈な行〉

中井銀行の取引先　179-180
中井新右門（1864-1920）　181, 198
中井新右門（1890-?）　181-182
中根貞彦　111, 114
中埜酢店　241
中山均　279
名古屋瓦斯　242
名古屋銀行　231, 234-236, 238-239, 241-243, 247-248, 250-256
「名古屋財界のぞ記」　256
名古屋住宅　234
名古屋製陶所　234
名古屋貯蓄銀行　234, 238
名古屋鉄道　241-242, 244, 246
『名古屋鉄道百年史』　245
名古屋電気鉄道　246
名古屋電灯　242, 244

索　引

名古屋電灯債券　243
名古屋紡績　241, 243, 248
名取忠彦　319
七尾鉄道　60
南條隆　258
西成紡績　57
西村はつ　255
日露戦後　256
日興証券　8, 19
日清紡績　248
日本開発銀行　19, 311, 316
日本勧業銀行　8-10, 17, 79, 243
日本勧業証券　8, 19
日本共同銀行　107, 126
日本共立火災　234
日本銀行　3, 9, 23-24, 78
日本銀行適格担保事前審査制度　25, 287
日本銀行名古屋支店　233
日本銀行名古屋支店調査（日銀調査）　232, 237, 255-256
日本銀行融資斡旋制度　287
日本興業銀行　8-10
日本債券信用銀行　18
日本車輌　234, 241, 255
日本製鋼所債券　243
日本積善銀行　148-169
日本窒素肥料　233-234
日本窒素肥料債券　243
日本中立銀行　107, 126, 131
日本長期信用銀行　18
日本貯蓄銀行　17, 234, 240
日本不動産銀行　18
日本輸出入銀行　19
農産銀行　232
農林中央金庫　19
野口遵　234
野島泰次郎　181
野々村金五郎　183-184
野村銀行　8
野村證券　19, 243, 247

〈は行〉

馬関商業銀行　75-76, 88
函館船渠　58
箱根土地（株）　265
長谷川一彦　104
破綻モデル　198

バッター（Vatter, Barbara）　335, 347
八田謹二郎　80-81, 85
八田家　80
八田貯蓄銀行　73-74, 78, 80, 84, 86
八田徳三郎　80, 84-86
服部兼三郎　256
服部商店　256
原田二郎　185
阪堺電鉄　168-169
尾三銀行　232
尾三貯蓄銀行　232
尾三電力　241, 257
尾三農工銀行　239
秘密準備金　91
百五銀行　258
百三十銀行　119
百十銀行　75-79, 86-88, 96, 258
兵庫県農工銀行　163
平井熊三郎　77
廣海二三郎　110
広岡浅子　178, 189-190, 192, 198
広岡恵三　185, 190, 192
広岡信五郎　178, 185
広岡久右衛門　178, 185
広島県同志銀行共融会　74, 77
広島商業銀行　77
広島同盟銀行　74
福川銀行　96
福澤桃介　108, 244
福島商業銀行　47
福松銀行　74, 76, 79
富士瓦斯紡績　248
富士銀行　21
藤田組　255
藤本ビルブローカー銀行　8
藤本ビルブローカー証券　243
武州銀行　208-209, 211-212
不動貯金銀行　11, 13, 30
閉鎖機関整理委員会　283
ベバレッジ（Beveridge, Andrew A.）　337-338, 340-342, 347, 356
星野行則　190-192
ポスト・ノート（post note）　332, 354
ボストン・アソシエーツ（Boston Associates）　334-335, 338
保善社　45, 53
北海道製麻　57

北海道拓殖銀行　9,17-18,21-22,30
本庄　207,218,225

〈ま行〉

「誠」の思想　114,116
マサチューセッツ病院生命保険会社
　（the Massachusetts Hospital Life Insurance
　Company）　335,349
増田銀行　51
松尾寅三　88
松本重太郎　106,108-109,119,234
繭仲買商　219-220
三河鉄道　241
三島康雄　185,201
三井銀行　5-6,252,258
三井銀行下関支店　75,88
三井信託　6
三井物産　233,255
三菱銀行　5-6,233,239,243,246,252,255,258
三菱合資会社（銀行部）　96
三菱信託　7
三菱電機　241
南満洲鉄道会社（満鉄）　247
美濃電気軌道　246
三輪常次郎　256
無尽業法　15
村瀬銀行　239
名岐鉄道　246
明治銀行　231-232,234-235,237-241,243,246-248,252-256
名望家　81
森清右衛門　61

〈や行〉

安岡重明　185,201
安田銀行　5-6,252
安田銀行秋田支店　48
安田銀行福島支店　39,46
安田商事　58
安田善次郎　38,54,57
安田貯蓄銀行　13,
柳田藤吉　63
山一合資　243

山一証券　8-19,243
山口銀行　5-6,96,233
山崎嘉七　207,223-224
山崎廣明　200
山梨中央銀行　316
山本弘文　255
有価証券業取締法　19
有価証券引受業法　19
遊金　91
由宇銀行　96
融通手形　219-220,225
湯澤銀行　50
預金銀行　73,108,122,127
預金コスト　84,91
預金比率　176
横手銀行　52
横浜正金銀行　9,31
横浜電気鉄道　60
吉井仲助　190-191
吉田寅松　61
預証率　176,182,206,210-213
預貸率　176,182,187,206,211-212,217

〈ら行〉

ライト（Wright, Robert E.）　342-345,347,357
ラモロー（Lamoreaux, Naomi）　336,338,340,346-351,356-357
リスク・マネジメント　120-121,207,221,223-224,226
りそな銀行　205
流動性　CAMELSをみよ
両替商系銀行　175
臨時償還　272
レドリッチ（Redlich, Fritz）　330,353-354,356
六十九銀行　147
ロッカード（Lockard, Paul A.）　346-347,350,357

〈わ行〉

渡辺義郎　233-234,244,246
割引手形比率　176

【執筆者紹介】（執筆順）

迎　由理男（むかい・ゆりお）〈第2章担当〉
　　1948年生まれ
　　早稲田大学大学院商学研究科博士課程単位取得退学
　　現在、北九州市立大学教授
　　主な業績：「福岡銀行の成立過程——安田保善社と戦時銀行統合——」（荻野喜弘編著『近代日本のエネルギーと企業活動』日本経済評論社、2010年）

高嶋雅明（たかしま・まさあき）〈第3章担当〉
　　1940年生まれ
　　大阪大学大学院経済学研究科博士課程単位取得退学、経済学博士
　　現在、四天王寺大学人文社会学部教授
　　主な業績：『朝鮮における植民地金融史の研究』（大原新生社、1978年）、『企業勃興と地域経済』（清文堂出版、2004年）、『近世近代の歴史と社会』（共編著、清文堂出版、2009年）

齊藤壽彦（さいとう・ひさひこ）〈第4章担当〉
　　1945年生まれ
　　慶應義塾大学大学院商学研究科博士課程単位取得退学、商学博士
　　現在、千葉商科大学商経学部教授
　　主な業績：『金融危機と地方銀行——戦間期の分析——』（共著、東京大学出版会、2001年）、『信頼・信認・信用の構造——金融核心論——』第3版第2刷（泉文堂、2010年）

小川　功（おがわ・いさお）〈第5章担当〉
　　1945年生まれ
　　神戸大学経営学部卒業、滋賀大学名誉教授
　　現在、跡見学園女子大学マネジメント学部教授（観光経営）
　　主な業績：『民間活力による社会資本整備』（鹿島出版会、1987年）、『企業破綻と金融破綻』（九州大学出版会、2002年）、『虚構ビジネス・モデル』（日本経済評論社、2009年）

石井寛治（いしい・かんじ）〈第6章担当〉
　　1938年生まれ
　　東京大学大学院経済学研究科博士課程単位取得退学、経済学博士
　　現在、東京大学名誉教授　日本学士院会員
　　主な業績：『近代日本金融史序説』（東京大学出版会、1999年）、『経済発展と両替商金融』（有斐閣、2007年）

邉　英治（ほとり・えいじ）〈第7章担当〉
　　1977年生まれ
　　東京大学大学院経済学研究科博士課程修了、博士（経済学）
　　現在、横浜国立大学経済学部准教授
　　主な業績：『日本不動産業史』（共著、名古屋大学出版会、2007年）

西村はつ（にしむら・はつ）〈第8章担当〉
　　1933年生まれ
　　東京大学大学院経済学研究科博士課程単位取得退学
　　主な業績：『金融危機と地方銀行——戦間期の分析——』（共著、東京大学出版会、2001年）、「第一次大戦から昭和恐慌期にいたる名古屋有力銀行の経営戦略——銀行合同と支店網の拡大を中心にして——」（『地方金融史研究』）第37号、2006年3月）

植田欣次（うえだ・きんじ）〈第9章担当〉
 1944年生まれ
 東京大学農学系大学院博士課程中途退学、農学博士
 現在、創価大学経営学部教授
 主な業績：『日本不動産業史』（共著、名古屋大学出版会、2007年）、「社債市場と不動産銀行──兵庫県農工債券を中心に」（『地方金融史研究』第41号、2010年5月）

池上和夫（いけがみ・かずお）〈第11章担当〉
 1942年生まれ
 一橋大学大学院経済学研究科博士課程修了
 現在、神奈川大学経済学部教授
 主な業績：『戦後地方銀行史』（共著、東洋経済新報社、1994年）、『金融危機と地方銀行』（共著、東京大学出版会、2001年）、『山梨近代史論集』（共著、岩田書店、2004年）

黒羽雅子（くろは・まさこ）〈第12章担当〉
 1954年生まれ
 法政大学大学院社会科学研究科経済学専攻博士後期課程単位取得満期退学
 現在、山梨県立大学国際政策学部教授
 主な業績：『戦後地方銀行史Ⅱ』（共著、東洋経済年報社、1995年）、『金融危機と銀行』（共著、東京大学出版会、2001年）、『日本の企業家群像』（共著、文眞堂、2008年）

【編者紹介】

粕谷　誠（かすや・まこと）〈「はしがき」、第1章担当〉
　　1961年生まれ
　　東京大学大学院経済学研究科第二種博士課程中退、博士（経済学）
　　現在、東京大学大学院経済学研究科教授
　　主な業績：『豪商の明治──三井家の家業再編過程の分析──』（名古屋大学出版会、2002年）

伊藤正直（いとう・まさなお）〈「はしがき」、第10章担当〉
　　1948年生まれ
　　東京大学大学院経済学研究科博士課程単位取得、経済学博士
　　現在、政治経済学・経済史学会理事代表、東京大学大学院経済学研究科教授
　　主な業績：『日本の対外金融と金融政策1914～1936』（名古屋大学出版会、1989年）、『戦後日本の対外金融──360円レートの成立と終焉』（名古屋大学出版会、2009年）

齋藤　憲（さいとう・さとし）〈「はしがき」担当〉
　　1947年生まれ
　　早稲田大学大学院商学研究科博士課程修了
　　現在、専修大学経営学部教授
　　主な業績：『新興コンツェルン理研の研究』（時潮社、1987年）、『稼ぐに追いつく貧乏なし──浅野総一郎と浅野財閥』（東洋経済新報社、1998年）、『大河内正敏──科学・技術に生涯をかけた男』（日本経済評論社、2009年）

金融ビジネスモデルの変遷──明治から高度成長期まで──

2010年8月18日　　第1刷発行　　　　　定価（本体8000円＋税）

　　　　　　　　　　　　　　　編　者　　粕　谷　　　誠
　　　　　　　　　　　　　　　　　　　　伊　藤　正　直
　　　　　　　　　　　　　　　　　　　　齋　藤　　　憲
　　　　　　　　　　　　　　　発行者　　栗　原　哲　也
　　　　　　　　　　　　　　　発行所　株式会社　日本経済評論社
　　　　　　　　　　〒101-0051　東京都千代田区神田神保町3-2
　　　　　　　　　　電話　03-3230-1661　FAX　03-3265-2993
　　　　　　　　　　　　URL：http://www.nikkeihyo.co.jp/
　　装幀＊渡辺美知子　　　　印刷＊藤原印刷・製本＊高地製本所

乱丁・落丁本はお取替えいたします。　　　　　　　Printed in Japan
　　Ⓒ KASUYA Makoto, et al., 2010　　　　　ISBN978-4-8188-2106-4

・本書の複製権・譲渡権・公衆送信権（送信可能化権を含む）は㈱日本経済評論社が保有します。

・JCOPY〈㈱日本著作出版権管理システム委託出版物〉

本書の無断複写は著作権法上での例外を除き禁じられています。複写される場合は、そのつど事前に、㈱日本著作出版権管理システム（電話　03-3817-5670、Fax　03-3815-8199、e-mail: info@jcls.co.jp）の許諾を得てください。

小川 功著
虚構ビジネス・モデル
―観光・鉱業・金融の大正バブル史―
A5判　五六〇〇円

ハイリスクを選考する虚業家はいつの世にも存在した。本書は大正バブル期の泡沫会社の典型的事例を収録する。現下の金融危機での虚構とのあまりの酷似に驚かされよう。

W・ゼムラー編／浅田統一郎訳
金融不安定性と景気循環
A5判　四六〇〇円

「失われた一五年」をどうみるか。金融不安定性と景気循環をめぐる本書の理論モデルは、一九八〇年代〜二〇〇〇年代の日本経済の分析に多くの示唆を与える。

H・ミンスキー著／岩佐代市訳
投　資　と　金　融
―資本主義経済の不安定性―
（オンデマンド版）
A5判　六八〇〇円

「金融的不安定仮説」を提起した初期の代表的論文を中心に構成。金融自由化で不確実性が高まりつつある今、市場経済における金融過程の本質を考察するのに格好の書である。

安部悦生編著
金融規制はなぜ始まったのか
―大恐慌と金融制度の改革―
A5判　三八〇〇円

金融規制はなぜ始まったか。この問題を一九三〇年代の大恐慌と絡めて、アメリカ、ドイツ、フランス、日本を比較し、金融規制緩和の意味を考える。

服部茂幸著
貨　幣　と　銀　行
―貨幣理論の再検討―
A5判　四二〇〇円

二〇〇一年に日銀は量的緩和政策の採用を決定したがマネーサプライの増加には至らず結局解除となった。量的緩和論のどこが誤っていたか。各国の金融政策も踏まえて検討。

（価格は税抜）　日本経済評論社